海外耕地投资问题研究

卢新海 黄善林 等◎著

国家自然科学基金面上项目（41371522）成果
华中科技大学文科学术著作出版基金资助出版

科学出版社
北　京

内 容 简 介

本书总结了当前国际上海外耕地投资及其模式，基于粮食安全视角对全球耕地资源丰沛国的耕地保障程度及海外耕地投资东道国的投资潜力进行了评价；在分析中国粮食安全现状与保障手段的基础上，研究了中国的海外耕地投资状况与特点以及中国企业海外耕地投资的风险与防范，并以中国在柬埔寨的耕地投资为例进行了实证分析；最后针对中国海外耕地投资区位选择与日本海外耕地投资区位选择进行了比较研究。

本书适合宏观经济管理、可持续发展、农业经济与国土资源等领域的研究人员、管理人员与高校师生阅读。

图书在版编目（CIP）数据

海外耕地投资问题研究/卢新海等著. —北京：科学出版社，2018.10
　ISBN 978-7-03-058958-3

　Ⅰ. ①海… Ⅱ. ①卢… Ⅲ. ①耕地–海外投资–研究–中国
Ⅳ. ①F323.9

中国版本图书馆 CIP 数据核字（2018）第 224068 号

责任编辑：徐　倩／责任校对：孙婷婷
责任印制：吴兆东／封面设计：无极书装

*科学出版社*出版
北京东黄城根北街 16 号
邮政编码：100717
http://www.sciencep.com

北京虎彩文化传播有限公司印刷
科学出版社发行　各地新华书店经销
*
2018 年 10 月第 一 版　开本：720×1000 B5
2018 年 10 月第一次印刷　印张：18 3/4
字数：362 000
定价：156.00 元
（如有印装质量问题，我社负责调换）

作者简介

卢新海，二级教授、博士研究生导师，华中科技大学国土资源与不动产研究中心主任，华中师范大学公共管理学院院长。同济大学管理工程博士，比利时鲁汶大学（KU Leuven）城市经济学博士后，英国伦敦大学学院（University College London，UCL）高级研究学者。主持国家社会科学基金重点项目、面上项目及国家自然科学基金面上项目等研究课题30多项，出版专著与主编教材十余部，发表论文200多篇，获得省部级政府科技奖6次。

黄善林，副教授、硕士生导师，东北农业大学资源与环境学院土地规划系主任。华中科技大学管理学博士，澳大利亚新南威尔士大学联合培养博士。主持国家自然科学基金、黑龙江省社会科学基金等省部级课题7项，合作出版专著与编写教材3部，发表学术论文40篇，获省部级政府科技奖3次。

前　言

一

粮食是人类生存的物质基础，没有足量的食物支撑，人类社会将无法延续。粮食安全事关社会、经济稳定发展的大局，保障粮食安全无疑成为各国政府的基本工作内容及重要战略部署。从粮食生产与消费的总体情况来看，全球基本实现了供需平衡并且有较为安全的储备量。然而，各国社会经济发展的不平衡、区域自然环境的较大差异，除了部分农业资源丰富的国家或地区外，多数国家由于经济结构与发展战略部署、农业资源状况、气候条件、膳食结构、社会因素等各种条件的影响与制约，无法完全通过本国或本地区的自身生产解决国民的粮食需求。因此，国际市场成为各国实现本国粮食供需平衡的重要平台。

进入 21 世纪以来，国际粮食市场价格的大幅上涨以及美国次贷危机引发的全球性金融危机，致使国际粮食市场处于紧张态势。面对国际市场粮食价格快速上涨的局势，一些国家采取抑制粮食出口的政策以确保本国的粮食供应，使得粮食自给率较低国家的粮食安全形势更为紧张。在此背景下，对国际粮食市场依存度较高且较为富裕的国家，如日本、韩国及海湾地区国家，以及人口、资源与环境矛盾较为突出的国家，如印度等国家，除了加强本国农业发展提高土地生产率以增加粮食供给之外，积极寻求稳定的国际市场粮源也成为其保障粮食安全的重要途径，具体表现为通过各种方式（购买、租赁或合作等方式）获取耕地资源进行大规模的农业生产，并将生产出来的粮食通过出口供本国消费。由此，在国际社会引发广泛的关注，land grabbing（土地掠夺）这一名词也不断地出现在新闻媒体上。

二

西方国家之所以使用 land grabbing 来描述跨国耕地交易行为，主要有如下几方面的原因：耕地资源是国家领土的一种存在形式，更是一种十分重要的战略资源，外国投资者通过交易获取耕地资源，免不了使人产生殖民的联想，所以"新殖民主义"一词也随之广泛出现；一些跨国耕地交易行为确实也引发了被投资国政治和经济形势的变化，有的甚至导致被投资国政局的动荡，如马达加斯加民众因不满政府将 130 万公顷耕地租赁给韩国大宇物流公司而引发抗议，导致该国总统马克·拉瓦卢马纳纳（Marc Ravalomanana）下台；此外，由于 21 世纪初的跨国耕地交易主要是应对粮食安全危机而出现的，在学术界还没有来得及进行系统深入研究的情况下，新闻媒体便进行了大量的报道，land grabbing 显然比 land deal 及其他用词更能吸引眼球。

毫无疑问，land grabbing 一词具有负面的含义。当我们在 2007~2008 年关注到跨国耕地交易现象，并针对该现象进行研究的时候，首先也是考虑照搬英文原义将其称为"土地掠夺"。但在学术研究中，用一个具有负面含义的词去描述一种国际社会经济现象，未免有"未审先判"的感觉，也会因为暗示效应而或多或少影响研究结论。联想到古代的屯垦戍边，于是将其称为"海外屯田"，并以"海外屯田"为主题申报了 2009 年教育部人文社会科学基金项目"基于粮食安全的海外屯田研究"。

然而，"屯田"一词通常指一国军民在边疆地区的屯垦戍边活动，"海外屯田"也不足以反映出跨国耕地交易活动所蕴含的意义。考虑到全球化背景下保障粮食安全的重要性及其对不同国别民众的普适性，以及跨国耕地交易的投资属性与学术研究的客观公正性，最后我们将这一现象定名为"海外耕地投资"。随后，以"海外耕地投资"为主题申报了国家社会科学基金重点项目、国家自然科学基金面上项目和青年项目等一系列课题，发表的学术论文和出版的专著也以"海外耕地投资"作为主题。值得一提的是，"海外耕地投资"这一名词以及由此形成的研究领域得到学术同仁的认可，除了我们团队发表的成果外，也有不少学者发表了相同主题的论文，更有不少高校研究生以此作为学位论文选题，获得博士或者硕士学位。

三

我们团队关注和研究"海外耕地投资"问题近十年。之所以专注于这一研究领域，一方面是缘于在全球范围内这是一个新的研究领域，第一次以"land grabbing"为主题的国际学术会议"International Conference on Global Land Grabbing"直到 2011 年 4 月 6~9 日才在位于英国南部海滨城市布莱顿的苏赛克斯大学召开；另一方面则是缘于对我国粮食安全形势的关心，毕竟占世界 22% 的人口要由占世界 9% 的耕地资源和 6% 的水资源来养活。在经济全球化的今天，充分利用国外资源和国际市场，应该成为我国保障粮食安全的重要手段。

在近十年的研究中，我们获得了多项国家课题的资助，取得了丰硕的成果：出版了《中国海外耕地投资战略与对策》、《全球海外耕地投资发展与研究》专著和大量学术论文，完成了十多项专题研究成果和以此为基础形成的博士、硕士学位论文。《海外耕地投资问题研究》就是按照"国外海外耕地投资—中国的海外耕地投资—中外海外耕地投资比较"这一逻辑关系，将部分专题研究成果整合形成的专著。参与专著资料整理或初稿撰写的人员分别为第一章：黄善林、韩璟，第二章：曹小娉，第三章：周倩、刘俞成，第四章：韩璟、黄善林，第五章：黄善林、李周密，第六章：李周密，第七章：喻燕，第八章：郝光伟，第九章：左俊美，第十章：柯善淦。全书由卢新海整理成稿。

本书是笔者主持的国家自然科学基金面上项目"基于国内外粮食市场联动效应的海外耕地资源利用方式及其对我国粮食安全的影响研究"（项目批准号：41371522）成果的一部分，由华中科技大学文科学术著作出版基金资助出版。

卢新海
2018 年 2 月于武汉喻家山

目　　录

第一章　当前国际上的海外耕地投资及其模式…………………………………… 1
　第一节　当前国际上海外耕地投资现状…………………………………………… 2
　第二节　当前国际上的海外耕地投资模式……………………………………… 10
　第三节　海外耕地投资模式选择的影响因素…………………………………… 16
　第四节　当前国际海外耕地投资模式选择的典型案例………………………… 23

第二章　基于粮食安全的耕地丰沛国耕地保障评价…………………………… 29
　第一节　耕地丰沛国的基本概况………………………………………………… 29
　第二节　耕地丰沛国耕地需求量与供给量测算………………………………… 33
　第三节　耕地丰沛国实现国内粮食安全的耕地保障评价……………………… 49
　第四节　耕地丰沛国基于国际粮食安全的耕地保障评价……………………… 53

第三章　海外耕地投资东道国的投资潜力评价………………………………… 61
　第一节　海外耕地投资东道国的分布和特征…………………………………… 61
　第二节　海外耕地投资东道国吸引投资必要性与可能性分析………………… 66
　第三节　海外耕地投资东道国的投资潜力评价指标体系构建………………… 78
　第四节　海外耕地投资东道国的投资潜力评价实证分析……………………… 84

第四章　中国的粮食安全状况与保障手段……………………………………… 96
　第一节　全球粮食供需的基本状况及未来发展趋势…………………………… 97
　第二节　中国的粮食供需状况及其保障………………………………………… 100
　第三节　利用海外耕地投资保障粮食安全的必要性与可行性………………… 108
　第四节　中国实施海外耕地投资保障粮食安全的战略方案设计……………… 114

第五章　中国的海外耕地投资状况及特点……………………………………… 120
　第一节　中国海外耕地投资总体情况…………………………………………… 121
　第二节　中国海外耕地投资的特点……………………………………………… 127
　第三节　关于优化中国海外耕地投资战略的对策……………………………… 133

第六章　中国在柬埔寨的耕地投资……………………………………………… 137
　第一节　中国在柬埔寨耕地投资概况及评析…………………………………… 137

第二节　中国在柬埔寨耕地投资的国际比较……………………………149
　　第三节　中国在柬埔寨耕地投资 SWOT 分析……………………………161
　　第四节　中国在柬埔寨耕地投资的政策展望……………………………168
第七章　中国企业海外耕地投资风险与防范………………………………174
　　第一节　中国企业海外耕地投资战略风险识别…………………………175
　　第二节　中国企业海外耕地投资战略风险评价…………………………186
　　第三节　中国企业海外耕地投资战略风险评价实证……………………189
　　第四节　中国企业海外耕地投资战略风险防范与应对…………………194
第八章　中国海外耕地投资区位选择………………………………………199
　　第一节　中国海外耕地投资区位选择理论假设…………………………199
　　第二节　中国海外耕地投资区位选择实证分析…………………………207
　　第三节　中国海外耕地投资区位选择路径优化…………………………221
第九章　日本海外耕地投资区位选择………………………………………228
　　第一节　日本海外耕地投资空间地域选择现状…………………………228
　　第二节　日本海外耕地投资空间地域选择的影响因素分析……………234
　　第三节　日本海外耕地投资空间地域选择存在的问题及借鉴…………246
第十章　中日海外耕地投资比较分析………………………………………255
　　第一节　中日海外耕地投资概述…………………………………………255
　　第二节　中日海外耕地投资比较分析……………………………………258
　　第三节　日本海外耕地投资对中国的启示………………………………270
参考文献………………………………………………………………………274

第一章　当前国际上的海外耕地投资及其模式

自21世纪以来，尤其是2007~2008年，随着全球粮食危机的不断加剧，世界各国纷纷把粮食安全放到国家安全体系的战略首位，并采取不同措施来保障国家粮食供应。俄罗斯、乌克兰等粮食出口大国通过限制粮食出口的方式保障本国粮食安全；印度尼西亚则采取提高出口关税和取消进口关税等方式为本国人民保持低粮价；而日本、韩国、中东海合会[①]国家等耕地资源严重缺乏、粮食自给率较低的国家则开始在世界范围内投资适合的耕地资源用以种植粮食作物从而满足国内市场需求。此外，作为世界人口大国的印度和中国也相继行动起来，加入全球海外耕地投资（oversea farmland investment，OFI）活动中，并逐渐引发了一轮海外耕地投资热潮。

农业属弱质产业和微利行业的特性，决定了以农业生产为主要目标的海外耕地投资将会具有投入大、见效慢、风险高等不利因素。从当前国际上海外耕地投资的实践来看，因为各投资国在人口数量、自然资源禀赋、发展水平等方面存在着诸多差异，所以各国的海外耕地投资模式也不尽相同，并且选择不同的模式对投资国及东道国也会产生迥异的影响。在中国企业已经涉足全球海外耕地投资活动的背景下，对当前国际上的海外耕地投资情况和投资模式进行系统分析，不但是深刻把握当前海外耕地投资状况的需要，也是中国建立海外耕地投资战略、规避海外耕地投资风险和制定海外耕地投资规划的必要基础性工作。

---

① 海湾阿拉伯国家合作委员会是海湾地区最主要的政治经济组织，简称海合会。

第一节　当前国际上海外耕地投资现状

一、海外耕地投资的总体概况

在全球粮食供应趋紧和粮价走高的预期下，以及各国对粮食贸易管制日益严格的背景下，粮食安全问题已经被很多大国和粮食进口国置于相当重要的战略地位，进而导致越来越多的国家纷纷加入通过海外耕地投资保障国家粮食安全的行列中。根据国际非政府组织 GRAIN 统计发布的全球海外耕地投资案例权威统计数据，2006~2012 年全球共发生海外耕地投资项目 416 个，涵盖了 56 个海外耕地投资国，既有英国、美国等传统发达国家，也有中国、印度、巴西等新兴发展中人口大国，更有沙特阿拉伯、日本、韩国等耕地资源匮乏国（表1.1）。

表 1.1　海外耕地投资国投资概况

编号	投资国	投资面积/万公顷	编号	投资国	投资面积/万公顷
1	英国	494.177	21	西班牙	27.000
2	美国	416.239	22	丹麦	25.086
3	中国	355.353	23	俄罗斯	25.000
4	阿联酋	318.295	24	利比亚	23.700
5	印度	210.140	25	科威特	22.000
6	韩国	161.239	26	越南	21.400
7	埃及	149.069	27	巴西	19.688
8	新加坡	120.388	28	捷克	16.400
9	沙特阿拉伯	114.887	29	苏丹	16.200
10	南非	114.517	30	日本	12.200
11	马来西亚	100.390	31	澳大利亚	11.369
12	卡塔尔	100.000	32	比利时	11.156
13	阿根廷	88.230	33	印度尼西亚	10.000
14	瑞典	84.111	34	泰国	9.600
15	法国	77.638	35	毛里求斯	9.288
16	德国	69.535	36	吉布提	6.420
17	哈萨克斯坦	66.685	37	孟加拉国	6.020
18	加拿大	60.675	38	尼日利亚	4.150
19	意大利	47.721	39	立陶宛	4.000
20	葡萄牙	29.522	40	百慕大群岛	3.430

续表

编号	投资国	投资面积/万公顷	编号	投资国	投资面积/万公顷
41	瑞士	2.718	49	文莱	1.000
42	菲律宾	2.500	50	伊朗	1.000
43	保加利亚	2.140	51	以色列	1.000
44	爱尔兰	1.759	52	科特迪瓦	0.880
45	西非	1.129	53	开曼群岛	0.220
46	阿曼	1.000	54	荷兰	0.120
47	巴林	1.000	55	新西兰	0.085
48	蒙古	1.000	56	冰岛	0.027

资料来源：GRAIN 统计案例（http://www.grain.org/article/entries/4479-grain-releases-data-set-with-over-400-global-land-grabs）；桂婷婷（2013）

从东道国方面看，被投资的 3 480.5 万公顷土地广泛分布于 66 个海外耕地投资东道国之中。从被投资面积来看，澳大利亚、苏丹和俄罗斯三个国家的被投资总面积均在 300 万公顷以上；从东道国分布区域来看，非洲、拉丁美洲是当前海外耕地投资东道国分布的主要区域（表 1.2）。

表 1.2 海外耕地投资东道国被投资概况

编号	东道国	被投资面积/万公顷	编号	东道国	被投资面积/万公顷
1	澳大利亚	494.638	18	哥伦比亚	57.400
2	苏丹	345.443	19	柬埔寨	27.468
3	俄罗斯	304.121	20	马里	47.333
4	巴西	293.685	21	印度尼西亚	44.850
5	菲律宾	175.000	22	加蓬	40.730
6	莫桑比克	158.315	23	塞内加尔	37.557
7	苏丹南部	142.530	24	马达加斯加	36.910
8	坦桑尼亚	108.408	25	尼日利亚	36.229
9	埃塞俄比亚	104.260	26	乌拉圭	34.560
10	乌克兰	99.760	27	老挝	33.000
11	阿根廷	96.155	28	巴布亚新几内亚	31.440
12	乌干达	86.941	29	贝宁	26.830
13	塞拉利昂	70.545	30	刚果民主共和国	23.500
14	摩洛哥	70.000	31	赞比亚	22.651
15	刚果（布）	66.400	32	加纳	21.046
16	利比里亚	64.980	33	喀麦隆	21.000
17	巴基斯坦	57.550	34	巴拉圭	20.116

续表

编号	东道国	被投资面积/万公顷	编号	东道国	被投资面积/万公顷
35	冈比亚	20.000	51	阿尔及利亚	3.100
36	中国	14.500	52	玻利维亚	2.950
37	埃及	14.150	53	缅甸	2.020
38	塔吉克斯坦	11.000	54	牙买加	1.800
39	几内亚	10.642	55	斯威士兰	1.639
40	罗马尼亚	10.023	56	尼日尔	1.592
41	东帝汶	10.000	57	南非	1.390
42	美国	9.568	58	肯尼亚	1.388
43	新西兰	9.491	59	塞尔维亚	1.214
44	保加利亚	8.563	60	匈牙利	1.130
45	秘鲁	8.550	61	波兰	1.032
46	安哥拉	8.350	62	津巴布韦	0.991
47	马拉维	8.000	63	立陶宛	0.868
48	毛里塔尼亚	5.200	64	斯洛伐克	0.517
49	科特迪瓦	4.700	65	西班牙	0.505
50	纳米比亚	4.020	66	毛里求斯	0.250

资料来源：GRAIN 统计案例（http://www.grain.org/article/entries/4479-grain-releases-data-set-with-over-400-global-land-grabs）

从历史的视角看，日本应该是现代海外耕地投资的鼻祖，早在20世纪初期，日本就开始有目的地在拉丁美洲进行农业开垦，这可以看作日本海外耕地投资的开始。第二次世界大战以后，日本的海外耕地投资项目在全球范围内迅速扩展，据韩国《朝鲜日报》的报道，目前日本在全球获得的耕地总面积已经相当于其国内耕地总量的3倍。韩国作为耕地资源极其匮乏的国家之一，其政府一直重视粮食安全问题，早在1962年该国就制定了《海外移驻法》，鼓励韩国企业进行海外耕地投资。2008年，韩国政府还通过提供200万美元的无偿援助方式，与蒙古签署农业合作协议，在该国获得了27万公顷耕地50年的使用权，并且每公顷耕地的年租金仅为76美分。实际上，受国际政治和海外耕地投资特点的影响，海外耕地投资的道路并非一帆风顺，有不少投资项目就以失败告终，其中最具代表性和最引起国际社会关注的就是韩国大宇物流公司在马达加斯加投资失败的案例。2008年韩国大宇物流公司与马达加斯加政府签订海外耕地投资协议，在该国东部和西部分两个项目区共租用了130万公顷的耕地（相当于马达加斯加已利用耕地总面积的1/2），租期为99年。由于130万公顷耕地相当于马达加斯加已利用耕地总量的一半，该项目一经推出便引起当地居民的强烈反对，最终引发的骚乱也直接导致马达加斯加当时执政政府的更迭，新政府上台后就立马取消了以上海外耕地投资协议。除了日本、韩国这样的耕地资源匮乏国以外，水资源和土地资源极度缺乏、经济优势明显的海外国家也是当前海外耕地投资的主要力量。FAO（Food and Agriculture Organization of the United Nations，即联合国粮食及农业组织）统计数据显示，在2014年阿联酋谷物进口量就高达281.11万吨，而其谷物产量仅有0.004万吨，谷物进口量与产量之比高达7万多倍。在经历了2007~2008年的全球粮食危机以后，海湾诸国意识到了国际粮食市场的不可靠性，因此采用海外耕地投资保障国家粮食供给，这一做法逐渐引起了相关国家的关注。以阿联酋、卡塔尔、沙特阿拉伯等国为例，它们不但独立进行海外耕地投资，而且还利用海合会这一平台在全球范围内寻找耕地资源，仅阿联酋一国的海外耕地投资总面积就高达318.295万公顷。另外，海湾国家还积极在菲律宾、巴基斯坦、印度尼西亚、老挝、柬埔寨等亚洲国家，俄罗斯、西班牙和罗马尼亚等欧洲国家及非洲的苏丹和乌干达等国进行战略部署，引导本国企业积极参与海外耕地投资项目的磋商。

实际上，日本、韩国及海合会的6个成员国具有一些相似的特征（表1.3）。一方面，这些国家耕地资源极度贫乏，它们人均耕地面积均大大低于世界平均水平，如海合会成员国巴林的人均耕地面积仅为世界平均水平的1/203。另一方面，这些国家的人均国民收入水平远远高于世界平均值，如海合会成员国卡塔尔，其国民收入水平是世界平均水平的8倍，这一优势也为其顺利进行海外耕地投资提供了强大的资金支撑。因此，通过海外耕地投资的方式保障国家粮食安全、保证国内农产品供给已经成为当前一些耕地资源匮乏、经济富裕国家的重要选择，如沙特阿拉伯就通过建立国家层面的海外耕地投资战略在全球规划海外耕地投资目标国。

表1.3 日本、韩国和海合会成员国的相关海外耕地投资情况

国家	人均国民收入/美元	人口/万人	人均耕地面积/公顷	谷物进口量/万吨	谷物产量/万吨	海外耕地投资面积/万公顷
日本	45 180	12 655.2	0.03	2 560.45	1 136.26	12.200
韩国	20 870	4 796.4	0.03	1 344.45	634.52	161.239
巴林	15 910	117.0	0.00	17.50		1.000
科威特	48 910	264.6	0.00	82.45	0.36	22.000
阿曼	19 260	271.2	0.04	73.85	5.85	1.000
卡塔尔	80 440	159.8	0.01	47.48	0.98	100.000
沙特阿拉伯	17 820	2 680.9	0.12	1 222.45	178.40	21.231
阿联酋	40 760	693.9	0.01	281.11	0.00	318.295

资料来源：世界银行统计数据库（http://www.worldbank.org/）和笔者整理

从产业政策方面看，生物能源产业的发展也为全球海外耕地投资的迅猛扩张

注入了新的动力。近年来，作为世界上最主要的粮食出口国之一的美国，其政府大力推行"生物燃料政策"，不仅将原本用于出口的玉米、大豆用于生产生物能源，还间接刺激美国农业企业在全球范围内投资大量耕地资源进行生物能源原材料的种植。根据 GRAIN 的不完全统计数据，美国企业的成规模海外耕地投资项目数量已有 41 个，居全球第一。另外，耕地资源相对充裕、人口规模庞大的印度也积极投身到海外耕地投资中，如印度已经在埃塞俄比亚获得了 31 万公顷耕地的长期租赁协议，投资项目将用于生产农产品，并出口回国。实际上，我国情况与印度类似，同样面临着人口众多、耕地资源不充裕的人地关系矛盾，目前已经有部分中国企业自发参与到全球海外耕地投资的潮流中。据 GRAIN 的统计数据，在国际上由中国投资的海外耕地投资项目共计 37 个，面积达到了 355.353 万公顷，项目主要分布于拉丁美洲、非洲和东南亚地区。

综合而言，目前在国际上有一些耕地资源和水资源丰富但经济发展落后、农业生产投入不足、粮食生产能力较低的国家，希望借助投资国先进的农业生产技术，实现本国农业的现代化，以及第一产业的发展，这也成为海外耕地投资发展的重要客观现实。例如，埃塞俄比亚总理海尔马里亚姆·德萨莱尼就曾公开表示，全球 60% 的未开垦耕地在非洲，目前非洲仅耕作了 17% 的耕地，其政府极其乐意为外国人开发本国的耕地资源提供方便。巴基斯坦政府也积极出台了各种激励措施鼓励外国人开发本国耕地资源，如试图用免税、免除劳工法等政策吸引外国企业前来购买和租用土地。阿根廷政府也表示希望外国企业前来投资耕地进行农业种植，并且承诺外国投资者可与国内投资者享受同等待遇，利润和资金的汇出将不受限制。

二、海外耕地投资的地域分布

（一）投资国的地域分布

据 GRAIN 统计的全球海外耕地投资案例数据，目前 56 个海外耕地投资国大约有 2/3 都集中在欧洲、北美洲、亚洲东南部及海湾地区（表 1.4）。其中，欧洲以英国和德国最为典型，北美洲以美国和加拿大为代表，亚洲以日本、韩国、中国和沙特阿拉伯为代表。从海外耕地投资的项目数量来看，美国以 41 个项目总数位居榜首，其投资区域主要分布在拉丁美洲、非洲和东南亚地区；英国以 40 个投资项目位居第二名，其投资区域则集中于拉丁美洲、非洲和中亚地区；中国则以 37 个投资项目位居第三名，投资区域主要为非洲和拉丁美洲地区。此外，海合会国家也投资了 43 个项目，其投资区域则主要为非洲西北部、中亚、东欧，以及东南亚地区。

表 1.4 主要海外耕地投资国的地域分布

地域分布	投资国	获取耕地面积/万公顷	投资项目数/个
欧洲	英国	494.177	40
	德国	69.535	23
北美洲	美国	416.239	41
	加拿大	606.754	7
亚洲东南部	中国	355.353	37
	印度	210.140	28
	韩国	161.239	17
	新加坡	120.388	18
	日本	12.200	3
海湾地区	阿联酋	318.295	19
	卡塔尔	100.000	4
	沙特阿拉伯	93.656	18
	科威特	22.000	2

从投资目的方面看，投资国大致可以被划分为三种类型：一是以美国、英国、德国为首的发达国家，其实施海外耕地投资的主要目的是发展本国生物能源产业，即利用他国的耕地资源种植玉米、棕榈油、麻风树、木薯以获取生物乙醇加工原材料，最终从生物能源产业发展中获取高额投资利润；二是以中国、印度为代表的发展中国家，作为新兴发展中国家，其面临着巨大的粮食供给缺口和耕地资源承载压力，为保障国家粮食安全、耕地资源安全和实行可持续发展而进行的战略性投资；三是以日本、韩国、海合会国家为代表的经济条件较好、耕地资源严重匮乏的粮食进口大国，其实施海外耕地投资的主要目的是获取农产品供应国内市场，保障国家农产品供给的安全。

（二）海外耕地投资东道国的地域分布

世界银行专家 Deininger（2011）对全球可以耕种的土地面积进行了估算，发现全球大概有 15 亿公顷的土地没有开垦，其中有 4.45 公顷的土地是可以开垦用于耕种的。Arezki 等（2012）的研究显示，全球可用于开垦耕种的土地有 2.01 亿公顷分布在撒哈拉以南的非洲地区，1.23 亿公顷分布在拉丁美洲地区，0.52 亿公顷则分布在东欧地区。有关当前海外耕地投资的统计案例数据也显示，经济发展水平较低的非洲国家、耕地资源充裕的拉丁美洲国家、农业耕作水平低下的东南亚国家和俄罗斯、乌克兰等地广人稀的国家是当前海外耕地被投资的重要对象。从投资案例方面看，在 66 个海外耕地投资东道国中，莫桑比克一共被投资了 25

个项目，位于海外耕地投资东道国的榜首，其投资主要来自于英国、法国、瑞典等发达国家；巴西作为拉丁美洲的代表一共被投资了 23 个项目，位于海外耕地投资东道国的第二名，其投资则主要来自于美国、日本和韩国；澳大利亚以 22 个被投资项目位于海外耕地投资东道国的第三名，其投资者既有英美等发达国家，也有中国、印度等发展中国家；来自东南亚地区的菲律宾也有 14 个海外耕地投资项目（表 1.5），其被投资的耕地面积也达到了 175 万公顷。

表 1.5　主要海外耕地投资东道国的地域分布

地域分布	东道国	供应耕地面积/万公顷	被投资案例数/个
大洋洲	澳大利亚	494.638	22
东欧	俄罗斯	304.121	21
	乌克兰	99.760	11
拉丁美洲	巴西	293.685	23
	阿根廷	96.155	15
	乌拉圭	34.560	8
	巴拉圭	20.116	4
亚洲	菲律宾	175.000	14
	巴基斯坦	57.550	5
	印度尼西亚	44.850	8
	老挝	33.000	6
	柬埔寨	27.468	10
非洲	苏丹	345.443	18
	莫桑比克	158.315	25
	坦桑尼亚	108.408	17
	埃塞俄比亚	104.260	21
	乌干达	86.941	7
	刚果（布）	66.400	4
	马里	47.333	12
	马达加斯加	36.910	4
	赞比亚	22.651	7
	加纳	21.046	12

此外，值得引起注意的一个问题是，虽然非洲和拉丁美洲地区诸国具有丰富的耕地资源禀赋，但是制度与政策的短板却限制了海外耕地投资在以上地区的发展。例如，在非洲地区，大多数国家的产权制度不明晰，既有国家所有，又有部

落或酋长所有制，甚至还存在习俗认定所有的习惯，这就导致该地区土地登记成本奇高，而且产权不易明晰。世界贸易组织（World Trade Organization，WTO）估计，在整个非洲地区，仅有10%~20%的土地完成了登记造册。由于土地产权制度的巨大缺陷，土地所有者和耕地投资者之间极易产生矛盾，没有产权制度的保护也使很多投资者对以上地区的投资望而却步。另外，东道国没有足够的资金和技术进行土地勘测定界、地籍调查、确权登记等不利因素，也成为导致该地区一些海外耕地投资项目不能顺利实施的重要障碍。

三、海外耕地投资主体的行业特征

海外耕地投资作为一项投资标的物特殊的跨国经济活动，在当前国际环境下，企业是各个投资国家开展海外耕地投资活动一线的主要践行者。根据对GRAIN统计的416个海外耕地投资案例中投资企业行业的分析，在以上海外耕地投资项目中，农业企业、金融机构和政府部门是当前海外耕地投资活动的主要构成主体。在416个海外耕地投资项目中，由农业企业、金融机构和政府部门主导的案例总数高达337个，占所有投资案例总数的81%，投资总面积也达到了3 073.80万公顷，占所有投资面积的88%。在以上三个主体中，来自农业企业投资的项目数量最多，达到了200个，占所有项目总数的48%；然后是来自金融机构的投资项目，其总量为97个，占所有项目总数的23%；来自政府部门投资的项目数量为40个，占所有投资项目总数的10%；来自其他部门的投资项目数量为79个，占所有项目总数的19%（图1.1）。

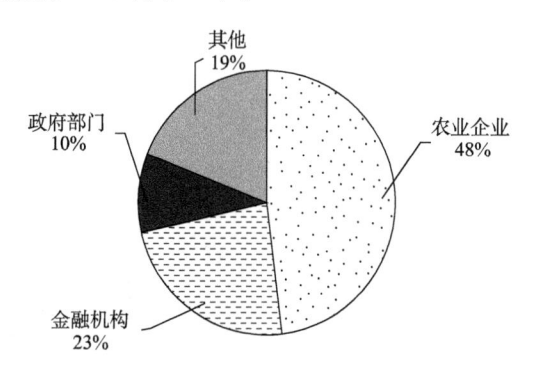

图1.1 海外耕地投资主体的构成

在海外耕地投资的实施主体上，除了农业企业、金融机构和政府部门这三大主要构成对象以外，还有来自其他行业的投资主体，如能源部门、建筑部门、通信部门及采矿部门等。实际上，除农业企业和政府部门以外，其他行业参与海外耕地投资的主要动力就是全球优质耕地资源有限，未来耕地增值空间较大，投资收益前景较好。例如，来自阿联酋的一家跨国颜料公司，已经在苏丹投资了一个150万公顷的海外耕地项目；中国最大的国有电信通信公司——中兴集团，也在刚果（金）收购了一个面积高达10万公顷的油棕榈种植园。另外，一些海外耕地投资项目还呈现出了多部门、多主体联合投资的特征。例如，葡萄牙在塞拉利昂投资的一个12.6万公顷的项目就由农业企业和能源企业合力完成；沙特阿拉伯也通过农业企业、金融机构和房地产企业的三方联合，在赞比亚投资了1.25亿美元，取得了5 000公顷农地的使用权用以建设水果生产、加工综合体。

第二节　当前国际上的海外耕地投资模式

据GRAIN统计的全球海外耕地投资案例数据，在416个海外耕地投资项目中，共有337个项目主要由农业企业、金融机构和政府部门实施。由此可将当前国际海外耕地投资的主流模式分为政府部门主导型投资模式、农业企业主导型投资模式和金融机构主导型投资模式三类，并采用文献资料法和案例分析法对以上投资模式进行分类总结。

一、政府部门主导型投资模式

（一）投资模式的基本特征

政府部门主导型海外耕地投资模式主要是指投资主体均为两国的政府部门，双方政府通过谈判达成合作协议，由投资国提供资金、技术支持和农业援助等，东道国则主要负责提供耕地资源，投资国进行投资的一个主要出发点是保障国家粮食安全或者农产品供给，投资目标的显著表现就是要求将农产品运回投资国。在实际操作中，来自中东地区的海湾国家大多采取这种政府主导型的投资模式进行海外耕地投资，如沙特阿拉伯政府就通过与苏丹政府签署海外耕地投资协议，获取了苏丹10.5万公顷耕地25年的使用权。韩国政府以农业援助为依托的海外耕地投资方式也大多属于此类模式，如韩国投资0.5亿美元在坦桑尼亚获得10万公顷耕地进行开发种植，其中的一个投资条件就是对坦桑尼亚提供基础设施建设和农业贷款援助（图1.2）。

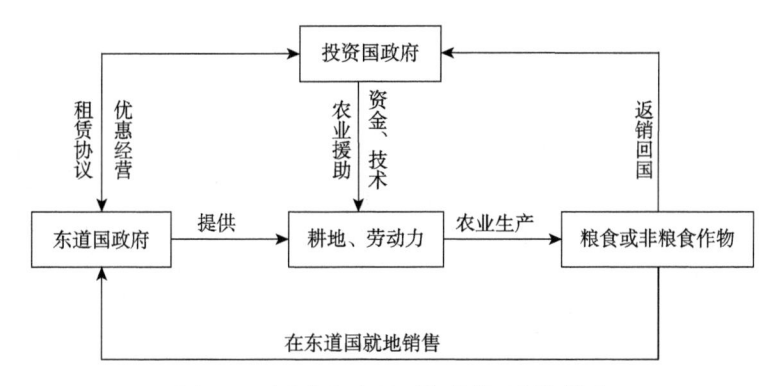

图1.2　政府部门主导型海外耕地投资模式

(二) 耕地资源的获取方式

耕地资源的可获取性是海外耕地投资能够顺利进行的首要基本前提。在实际海外耕地投资项目操作中，由于东道国有关土地权利规定的内容、完善程度及实施状况的差异性，这就决定了投资国要采取不同的方式来获取耕地资源。目前，政府部门主导型海外耕地投资模式主要通过签订租赁协议和优惠经营方式获取耕地的使用权。具体做法就是由投资国与东道国政府进行谈判，通过签署一定年限的租赁协议或者获得东道国政府提供的优惠经营条件，从而获得被投资项目的耕地使用权。采取这种投资模式的一个重要优势就是可以利用双方政府信用作担保，项目执行障碍较小，可以减少投资企业的经营风险。

在政府主导型海外耕地投资模式的具体项目操作中，又以签订租赁协议的方式居多。例如，埃及农业部与乌干达政府谈判后，在乌干达获得了80万公顷的耕地用以进行小麦种植；韩国政府与苏丹政府签署了一项农业合作协议，允许韩国在苏丹北部地区42万公顷的土地和中部地区27万公顷的土地上进行小麦种植；沙特阿拉伯政府与阿根廷政府签署了一项4亿美元的农业项目协议，获得了阿根廷20万公顷耕地的使用权用以进行农作物种植。

除了直接签订租赁协议的操作方式以外，还有一些投资项目是以优惠经营方式获取耕地资源。在具体的项目操作上，一般是东道国为获得投资国在农业种植技术、基础设施建设等方面的援助，而以一定的优惠条件（如低地租，甚至零地租等）将耕地提供给投资国使用。例如，韩国政府与菲律宾政府签署协议，由菲律宾提供10万公顷的耕地，韩国提供农业技术援助进行玉米、水稻等农作物的生产；马来西亚的一家种植园企业与刚果（布）政府签署土地优惠协议，仅投资3亿美元就获得了刚果（布）47万公顷耕地的长期使用权。

（三）投资的运营方式

政府主导型海外耕地投资模式在对投资项目的具体运营中，一般是由投资国负责提供资金支持和技术指导，东道国负责提供土地和劳动力的方式进行农业生产。另外，也有一些投资项目并非直接雇佣东道国农民进行农业种植，而是由投资国提供劳动力到东道国进行农业生产。例如，中国政府就与塔吉克斯坦政府达成协议，由塔吉克斯坦提供给中国 11 万公顷农地用于种植棉花和玉米，中国则派出 1 500 名农民到塔吉克斯坦农场负责农作物的种植工作。

对不同的海外耕地投资组合来说，所面临的国际粮食市场的运行态势和各投资国国内的粮食安全形势不同，也就决定了各国对最终产品的需求存在差异，进而导致海外耕地投资产品的利用方式也有所差异。目前，海外耕地投资的最终产品的流动轨迹主要有三种基本组合方式：一是返销投资国国内市场；二是在东道国就地销售；三是既不运回投资国也不在东道国就地销售，而是直接流向国际市场。

从投资目的方面来看，政府行为显著不同于追求利润最大化为目标的微观企业行为，所以选择政府主导型海外耕地投资模式的投资国，主要将生产的最终产品返销回国。因此，采取政府主导型海外耕地投资模式的投资国，往往具有国内农业资源禀赋不足、农业生产条件受限的特点，这也决定了此类投资主体在投资过程中较为重视投资产品的最终处置权，并多以将农产品返销回国为主要投资目的。另外，还有一些投资国会采用收益分成的方式进行投资，即将部分投资产品实物或收益让渡于东道国，实现合作双方的互利共赢，从而达到减少投资风险的目的。

二、农业企业主导型投资模式

（一）投资模式的基本特征

农业企业主导型投资模式主要是指海外耕地投资项目为大型跨国农业企业直接操控的投资模式，这里的大型跨国农业企业通常具有先进的技术或者拥有雄厚的资金势力，并且其海外耕地投资活动总是或明或暗地得到本国政府的补贴和支持（图 1.3）。例如，全球四大粮商之一的法国路易达孚公司已经在巴西获得了 32.9 万公顷耕地的使用权，美国的嘉吉公司也在巴西获得了 32 万公顷的耕地使用权。另外，中国也有大量的农业企业参与海外耕地投资，如中国主要国有粮食企业之一的重庆粮食集团已在巴西建立了一个 20 万公顷的农业生产基地，进行大豆生产，中国的北大荒集团在 2011 年获得了澳大利亚一个 8 万公顷农场的土地使用权，用于生产粮食作物。

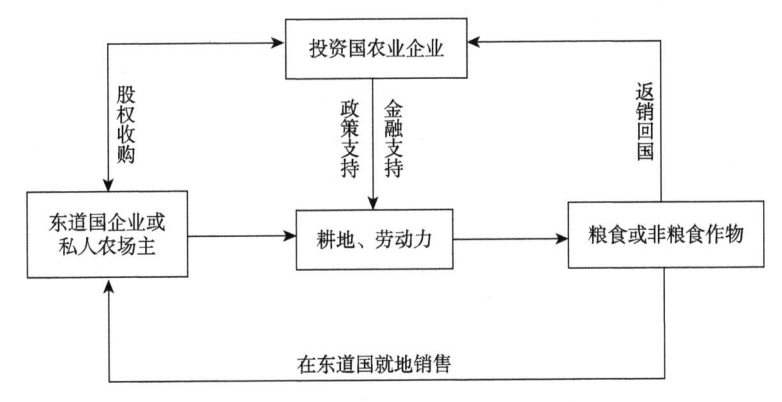

图 1.3　农业企业主导型海外耕地投资模式

（二）耕地资源的获取方式

在实际的海外耕地投资项目操作过程中，农业企业主导型投资模式多采取股权收购方式，主要表现就是投资国企业以现金、证券或其他形式购买东道国企业的部分或全部资产或股权，从而获得对该企业的控制权。从投资效果上看，通过股权收购方式能够使投资企业迅速进入目标市场、缩短项目的投资建设周期，不仅可以快速获取东道国企业的原有资产（包括其所拥有的大量耕地），还有利于投资企业快速占领东道国企业的销售市场。

从当前海外耕地投资案例中的农业企业投资项目案例中还发现，投资国的大型农业投资企业收购东道国企业股份的一个重要目的就是获取东道国企业自身所拥有的大量优质耕地资源，间接实现通过控股获取耕地的目的。例如，全球四大粮商之一的法国路易达孚公司在巴西的一个投资项目就明显体现了此类特征，路易达孚公司通过收购巴西一个甘蔗生产企业 60%的股份实现对巴西甘蔗种植园土地的控制。

（三）投资的运营方式

在农业企业主导型海外耕地投资模式中，大型农业投资企业在提供开发资金、技术的同时，通常往往还伴随着投资国政府所提供的政策支持，利用股权收购的方式实现对东道国企业或私人农场主所有的耕地或者廉价劳动力的获取。具体而言，在经营方式上主要有两种表现形式：一是采取与东道国当地企业创建合资公司的方式进行生产经营，如中国的国有粮食企业重庆粮食集团，就通过与巴西当地企业建立合资公司的方式进行企业运营，即由重庆粮食集团控股70%，巴西企业控股30%，该项目目前已投资8.79亿美元，建立了一个20万公顷的大豆生产基地；二是采取与当地农户联合经营的方式进行项目运营，这方面以日本企业最为典型，目前日本企业的海外耕地投资项目几乎没有完全独资的农场，往往是通过与当地农户签订购买合同的方式获取农产品，这样既保证了国内粮食供应，也降低了项目投资的风险。采用农业企业主导型海外耕地投资模式的企业，在运营过程中往往是以将农产品返销国内为主要目的，即使有少量是在东道国就地销售的情况，往往也是在满足投资国供给情况下的考虑。

在农业企业主导型海外耕地投资模式的具体运作中，一些农业企业还会通过证券交易所的股票交易方式筹集企业发展资金。例如，巴西农业企业Brasil Agro在圣保罗股票交易所就采取这种方式为其海外耕地投资项目筹集资金。目前，Brasil Agro公司在巴西已拥有近20万公顷耕地，该企业的中期规划中还打算在纽约或圣保罗的证券交易机构发行股票来扩大其所拥有的土地规模。另外，还有一些农业企业利用金融机构获取其海外耕地投资资金。例如，新加坡的农业企业Export Trading Group就通过世界银行下属的国际金融公司和英国渣打银行获取投资资金支持，并顺利完成了一个位于赞比亚5.7万公顷农场的投资。

三、金融机构主导型投资模式

（一）投资模式的基本特征

2008年全球金融危机爆发以来，金融机构也成为海外耕地投资活动中一支不可忽视的力量。金融机构积极参与全球海外耕地投资的动因主要有以下两个方面：一是全球金融危机的爆发使金融机构必须寻找一个可以实现资产保值增值的新投资标的物；二是全球粮食危机的爆发和生物能源产业的发展为金融机构提供了参与全球海外耕地投资的重要契机。面对全球金融危机和国际粮价的不断攀升，一些跨国银行和私募股权基金、对冲基金、养老基金等金融机构看到了耕地资源的稀缺性，并将农业生产视为一种新型的投资利润来源，一方面把大量资金投资到回报率高且供求平衡相对紧张的大宗粮食商品市场，另一方面还积极介入粮食生产上游，积极投身到全球海外耕地投资活动中，从而实现对国际农产品市场和农业资源的强力干预。

基于以上动机，金融机构纷纷大规模介入海外耕地投资活动中，甚至还通过直接操控国际农产品市场的方式强化对东道国农业资源和市场的控制，特别是欧美发达国家金融机构在非洲、拉丁美洲和苏联地区的投资（图1.4）。德国德意志银行（Deutsche Bank）已经在澳大利亚、阿根廷、赞比亚和坦桑尼亚等国购买了近 10 万公顷的农场；英国的对冲基金 Altima Partners 联合世界银行和美国的一些私人股权公司积极在巴西、乌拉圭等南美洲国家进行海外耕地投资；英国的泰丰资本（Terra Firma Capital）2009 年就在澳大利亚投资了 4.25 亿美元进行海外耕地投资，目前已经控制了昆士兰州约 320 万公顷的耕地。GRAIN 统计的数据显示，在当前进行海外耕地投资的金融机构中，养老基金是最为积极的参与者，在养老基金控制的 30 万亿美元资本中，目前已有 150 亿~200 亿美元的专项资金被用于进行海外耕地投资。

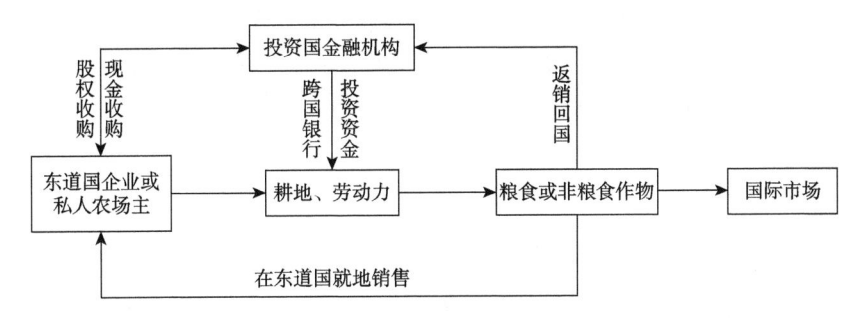

图 1.4　金融机构主导型海外耕地投资模式

（二）耕地资源的获取方式

在金融机构进行海外耕地投资项目的操作中，其获取耕地资源的方式也主要是通过股权收购、现金收购的方式进行。例如，美国的金融机构 Jarch Management 就通过对苏丹一家公司 70% 的股权进行收购，获得了该国南部 40 万公顷土地的使用权。金融机构的现金收购方式中，一般是通过对东道国农场的直接收购实现的。美国的金融公司 NCH Capital 管理着近 30 亿美元的投资基金，该公司成立的一个资金规模为 1.4 亿美元的投资团队，专门负责在东欧地区进行耕地投资，目前已经分别在俄罗斯收购了一个 25 万公顷的农场，在乌克兰收购了一个 45 万公顷的农场，并且以上农场均位于全球著名的黑土带上。

（三）投资的运营方式

金融机构主导的海外耕地投资项目在运营方式上，一般分为两步：首先，通过股权收购和现金收购的方式获取东道国企业或者农场的耕地和劳动力；其次，通过与当地企业、农户合作或者联合经营的方式进行农业生产。美国最大的养老基金——退休教师基金会管理着 4 260 亿美元的庞大资金，该基金公司就在巴西成立了一家控股公司（控股比例为 81.1%），专门负责在该国的海外耕地投资，目前该公司已经在巴西投资了 12.4 亿美元，联合巴西最大的制糖公司收购了该国

240个农场用以种植玉米、棕榈等生物乙醇加工原材料。

从产品利用方式方面看，金融机构主导型海外耕地投资项目的最终产品主要流向了利润最高的地方，即农场产品的流向是以盈利为主要目标，不像一些粮食紧缺国，投资是为了将最终农产品运回国内。实际上，来自美国、巴西、欧盟成员国的金融机构，其实施海外耕地投资主要是因为生物能源产业发展的光明前景，它们主要是通过投资耕地资源种植玉米、棕榈、麻风树、木薯等为生物能源企业供应加工原材料，从而达到获取高额投资利润的目的。在投资产品的流动轨迹上，金融机构主要根据世界市场形势、投资国国内市场形势、东道国国内市场供求状况等条件来决定其要投资产品的目标销售市场。通常情况下，金融机构都会与一些生物能源企业保持良好的合作关系，有的生物能源企业甚至会跟着金融机构的海外耕地投资项目建立生物能源生产工厂，以便及时转化农场生产的最终产品，获取丰厚投资利润。

第三节 海外耕地投资模式选择的影响因素

一、海外耕地投资模式选择影响因素的理论识别

在当前学术界对海外耕地投资问题的研究中，还鲜有涉及海外耕地投资模式的研究，更没有对海外耕地投资模式选择影响因素进行系统的分析。对投资模式的识别，既涉及定性分析的理论归纳方面，更涉及定量分析的实证检验方面。在分析海外耕地投资模式选择的影响因素时，一方面要注意吸收当前理论研究成果，另一方面也要重视海外耕地投资案例的实证分析。从当前对对外投资模式的研究方面看，当前相关研究大多是以跨国投资企业为研究对象，分析企业在跨国投资过程中的模式选择则是从倾向于跨国并购还是创建方式，是合资经营还是独资经营而展开的。在投资模式选择的影响因素分析方面，则主要有国家、行业和企业三个层面，其中国家层面包括投资国与东道国的文化差异、投资国与东道国的经济发展水平、东道国的限制政策等；行业层面包括市场增长率、销售强度等；企业层面包括企业的规模、企业的研发强度、企业的国际化经营经验等。

对海外耕地投资来说，模式的选择问题不仅涉及跨国投资企业，而且还涉及政府部门和金融机构为主体的研究对象。因此，不能单从适用于跨国投资企业投资模式选择的影响因素中进行分析，而应该结合以上三个研究对象都能适用的相关方面去选择指标。基于以上分析，本节将利用GRAIN提供的416个海外耕地投资案例统计数据，在对其相关投资模式信息抽取的基础上对影响海外耕地投资模

式选择的因素进行分析。

二、海外耕地投资模式选择的实证分析

（一）样本与数据

本节对海外耕地投资模式选择的实证研究是建立在 GRAIN 发布的 416 个海外耕地投资案例统计的基础上的，从前文研究中可知，当前主要的海外耕地投资模式涉及政府部门主导型投资模式、农业企业主导型投资模式和金融机构主导型投资模式三种类型。笔者通过对当前海外耕地投资案例的整理发现，其中有完整投资信息的案例共有 72 个，所以对海外耕地投资实证的分析将基于这 72 个完整海外耕地投资案例展开。

（二）实证的理论假说

为分析海外耕地投资模式选择的影响因素，结合相关文献分析和案例数据提出以下 5 个理论假说。

假说 1：在其他条件不变的情况下，在政府部门主导型投资模式、农业企业主导型投资模式和金融机构主导型投资模式之间，当投资面积越大时，投资国越倾向于选择政府部门主导型投资模式。在大部分国家，土地被视为一种特殊的资产，政治上极度敏感。当投资面积越大时，越容易引发东道国民众的抗议，认为会对东道国的粮食安全构成威胁，此时更需要政府主导型投资模式以提供政治层面的保障。例如，通过投资国政府为当地提供农业援助或为当地修建配套基础设施等形式进行的海外耕地投资，可以大大降低政治层面的风险，减少东道国当地民众的抗议。

假说 2：在其他条件不变的情况下，投入资金越多，投资国越倾向于选择金融机构主导型投资模式。海外耕地投资项目涉及的投入资金越多的时候，对投资项目的融资能力的要求越高，此时投资国越倾向于选择金融机构主导型投资模式，以提高投资项目在国际金融市场的融资能力，减少投资项目的运营风险，同时还可以获取更高的利润回报。

假说 3：在其他条件不变的情况下，在政府部门主导型投资模式、农业企业主导型投资模式和金融机构主导型投资模式之间，投资国与东道国的文化差异越大，选择政府部门主导型投资模式就越多。文化差异主要是指投资国和东道国在语言、文化、价值观和生活等方面的差异。投资国与东道国之间的社会文化差异较大时，选择政府部门主导型投资模式能够有效地避免文化差异所引发的矛盾。

假说 4：在其他条件不变的情况下，东道国经济发展水平越高，在政府部门主导型投资模式、农业企业主导型投资模式和金融机构主导型投资模式之间，投资国越倾向于选择金融机构主导型投资模式或农业企业主导型投资模式。一般而言，东道国经济发展水平越高，其各行业企业的经营效率也越高，也越可能满足投资国在技术上的需求，此时投资国就越倾向于选择金融机构主导型投资模式或者农业企业主导型投资模式，通过股权收购方式快速进入东道国市场。

假说 5：在其他条件不变的情况下，投资国的经济发展水平越高，投资国越会优先选择金融机构主导型投资模式。投资国的经济发展水平越高，意味着投资国的资产规模越大，投资国就越有能力优先采取金融机构主导型投资模式，从一些发达国家的例证中便可得知。

（三）变量的设定与研究方法

1. 因变量的选取

实证研究所研究的海外耕地投资模式具体包括政府部门主导型投资模式、农业企业主导型投资模式和金融机构主导型投资模式三种。因此，用虚拟变量来表示模型的因变量，把选择政府部门主导型投资模式进行海外耕地投资的设为"1"，把选择农业企业主导型投资模式进行海外耕地投资的设为"2"，把选择金融机构主导型投资模式进行海外耕地投资的设为"3"。

2. 自变量的选取

（1）投资国发展水平。由于一国的发展水平很难通过单一的指标来准确地测量，这里同样将投资国的发展水平用虚拟变量来表示，将发展中国家设为"0"，发达国家设为"1"。

（2）投资面积。GRAIN 提供的统计案例中有具体的数据可供使用，所以直接采用数值型变量。

（3）投入资金。也可以直接采用 GRAIN 提供的统计案例中的具体数值。

（4）文化差异。由于海外耕地投资的投资国和东道国均分布在世界各个地方，有的投资国也会作为东道国出现在海外耕地投资案例中，为了便于区分，本书用虚拟变量来表示文化差异，我们将处于同一洲系的两国，即文化差异相对较小的设为"0"，将不同洲系的两国即文化差异相对较大的设为"1"。

（5）东道国发展水平。变量设定同投资国的取值，即将发展中国家设为"0"，发达国家设为"1"。

3. 研究方法的选择

由于本章的因变量为三项选择变量，并且在变量设定中大多采用的是虚拟变量，故采用多元 Logistic 回归模型（multivariate Logistic regression model）对上述影响因素的影响程度进行实证研究，具体采用 SPSS 16.0 统计分析软件对数据进行分析和解释。Logistic 回归分析实质上是考察事件发生概率的自然对数值，通常意义上的 Logistic 回归要求因变量 Y 为二项选择变量，当因变量 Y 为两种以上时，就要用多元 Logistic 回归分析，这种分析是将某一类别作为基准参照类别，以获取其他类别相对于基准参照类别的发生概率的自然对数值。

设因变量 Y 是 j 类的分类变量，其各类的赋值依次为 $1,2,\cdots,j$，$x_1, x_2, \cdots, x_k$ 是与 Y 相关的可以精确测量的变量，实测的 n 组观测数据为 $(x_{i1}, x_{i2}, \cdots, x_{ik}; Y_i)$ $(i=1, 2, \cdots, n)$，其中，$Y_1, Y_2, \cdots, Y_n$ 为取值为 $1, 2, \cdots, j$ 的随机变量。

在因变量为名义定性变量时，用其中的一个水平作对照水平（一般以最后一个水平为参照水平），用每一个分类与对照水平作比较，就可以用来拟合 j 个广义 Logistic 回归模型：

$$\begin{cases} \text{Logit} p_1 = \ln\left(\dfrac{p_1}{p_j}\right) = \beta_{10} + \beta_{11} x_1 + \beta_{12} x_2 + \cdots + \beta_{1k} x_k \\ \text{Logit} p_2 = \ln\left(\dfrac{p_2}{p_j}\right) = \beta_{20} + \beta_{21} x_1 + \beta_{22} x_2 + \cdots + \beta_{2k} x_k \\ \quad\quad\quad \vdots \\ \text{Logit} p_j = \ln\left(\dfrac{p_j}{p_j}\right) = \ln 1 = 0 \end{cases} \quad (1.1)$$

式（1.1）同时应满足 $p_1 + p_2 + \cdots + p_j = 1$。其中，$\beta_{i0}, \beta_{i1}, \cdots, \beta_{ik}$ 是待估的未知参数。发生事件的概率是一个由解释变量 x_i 构成的非线性函数，表达式如下：

$$p = \dfrac{\exp(\beta_0 + \beta_1 x_1 + \beta_2 x_2 + \cdots + \beta_k x_k)}{1 + \exp(\beta_0 + \beta_1 x_1 + \beta_2 x_2 + \cdots + \beta_k x_k)} \quad (1.2)$$

随着 x 的变化，主体做出某项选择的概率会相应地发生变化，式（1.2）中 β_0 是与各因素 x 无关的常数项；β_k 是回归系数，表示各因素 x_i 对 p_i 的贡献量。

（四）实证结果

采用多元 Logistic 回归分析法对选定的 72 个海外耕地投资案例进行分析，分析结果如表 1.6 所示。

表 1.6　Logistic 回归模型拟合信息表

模型	模型拟合标准	似然比检验		
	对数似然估计函数值	卡方	df	Sig.
截距	124.838			
结果	88.152	36.685	10	0.000

表 1.6 给出了最终模型和模型中只包含截距项（其他参数系数全为 0）时的似然比检验结果，可见卡方检验的 Sig.<0.01，说明最终模型要优于只含截距的模型，即最终模型显著成立。

从表 1.7 可见，模型的拟合优度检验不显著（$P=0.995>0.05$），而用来检验的 0 假设是模型能很好地拟合原始数据，因此不能否定 0 假设，说明模型能够很好地反映实际情况，即实际观察数与期望数之间很接近。

表 1.7　模型拟合优度评价结构

项目	卡方	df	Sig.
残差	94.143	132	0.995
偏差	88.152	132	0.999

表 1.8 是分别对每个自变量的作用进行的似然比检验，0 假设为某效应从模型中剔除后系数没有变化。从表 1.8 中可见，东道国发展水平对模型的作用在统计学上有显著性意义（$P=0.001<0.01$），说明如果剔除了东道国发展水平这一指标将对模型产生显著的影响，故不能剔除。然后为投入资金、投资国发展水平和文化差异，而投资面积对模型的作用则相对不那么显著（$P=0.532>0.01$）。

表 1.8　模型似然比检验结果

结果	模型拟合标准	似然比检验		
	简化后的模型的 2 倍对数似然值	卡方	df	Sig.
截距	88.152	0.000	0	
投资面积	89.415	1.263	2	0.532
投入资金	96.414	8.261	2	0.016
文化差异	91.419	3.266	2	0.195
东道国发展水平	102.677	14.524	2	0.001
投资国发展水平	94.420	6.267	2	0.044

基于观测频率和预测频率统计而得到的表 1.9 中，对政府部门主导型投资模式的分类正确率只有 20.0%，而对农业企业主导型投资模式的分类正确率达到 90.5%，对金融机构主导型投资模式的分类正确率为 52.0%，对总体样本判断正确的概率为 72.2%，可见模型的分类效果较好，但还有改进的余地，主要是由于在这三项上，观察的频数是不等的，因为更多的数据会被分到观察频数最多的那个项上。

表 1.9 预测分类表

观测量	预测量			
	政府部门主导型	农业企业主导型	金融机构主导型	修正后的百分比
政府部门主导型	1	4	0	20.0%
农业企业主导型	1	38	3	90.5%
金融机构主导型	0	12	13	52.0%
总体百分比	2.8%	75.0%	22.2%	72.2%

表 1.10 中标识为政府部门主导型投资模式的部分为第一个广义 Logistic 模型的参数估计，而标识为农业企业主导型投资模式的部分为第二个广义 Logistic 模型的参数估计，金融机构主导型投资模式作为政府部门主导型投资模式和农业企业主导型投资模式的对照组。同时文化差异=1，东道国发展水平=1 和投资国发展水平=1 也作为参照，因此它们的参数默认为 0，无法估计。

表 1.10 多元 Logistic 回归分析的参数估计结果

投资模式[1]		B	参数的渐近标准误差	卡方检验统计量	df	Sig.	Exp(B)	Exp(B)在95%的置信度下的置信区间	
								置信区间下限	置信区间上限
政府部门主导型	截距	−60.963	1.361	2 005.361	1	0.000			
	投资面积	0.000	0.000	1.481	1	0.224	1.000	1.000	1.000
	投入资金	−3.772	2.084	3.277	1	0.070	0.023	0.000	1.366
	[文化差异=0]	1.082	1.539	0.494	1	0.482	2.950	0.144	60.243
	[文化差异=1]	0[2]			0				
	[东道国发展水平=0]	59.491	0.000		1	.	6.863×10^{25}	6.863×10^{25}	6.863×10^{25}
	[东道国发展水平=1]	0[2]			0	.	.	.	.
	[投资国发展水平=0]	2.749	1.644	2.796	1	0.095	15.624	0.623	391.827
	[投资国发展水平=1]	0[2]			0				
农业企业主导型	截距	−1.437	0.669	4.618	1	0.032			
	投资面积	0.000	0.000	0.015	1	0.904	1.000	1.000	1.000
	投入资金	−0.018	0.018	0.956	1	0.328	0.983	0.949	1.018
	[文化差异=0]	−0.903	0.858	1.109	1	0.292	0.405	0.075	2.178
	[文化差异=1]	0[2]			0	.			
	[东道国发展水平=0]	2.396	0.738	10.553	1	0.001	10.978	2.587	46.590
	[东道国发展水平=1]	0[2]			0				
	[投资国发展水平=0]	1.589	0.740	4.607	1	0.032	4.900	1.148	20.916
	[投资国发展水平=1]	0[2]			0				

1）参考分类为金融机构主导型
2）该参数设置为 0，因为它是多余的

由此可得，当投资国与东道国的发展水平较低（东道国发展水平=0，投资国发展水平=0）且投资双方的文化差异较小（文化差异=0）时，选择投资模式的 Logistic 模型的值为

$$\text{Logit} p_1 = \ln\left(\frac{p_1}{p_3}\right) = -60.963 - 3.772 \times 投入资金 + 1.082 \times 文化差异 \\ + 59.491 \times 东道国发展水平 + 2.749 \times 投资国发展水平 \quad (1.3)$$

$$\text{Logit} p_2 = \ln\left(\frac{p_2}{p_3}\right) = -1.437 - 0.018 \times 投入资金 - 0.903 \times 文化差异 \\ + 2.396 \times 东道国发展水平 + 1.589 \times 投资国发展水平 \quad (1.4)$$

$$\text{Logit} p_3 = \ln\left(\frac{p_3}{p_3}\right) = 0 \quad (1.5)$$

其中，p_1、p_2、p_3 分别表示选择政府部门主导型投资模式、农业企业主导型投资模式还是金融机构主导型投资模式的概率。通过多元 Logistic 回归分析对假设进行检验，期望与实际一致的为"+"，反之为"−"，具体结果见表 1.11。

表 1.11 实证研究结果

变量名称	期望选择模式	实际选择模式	假设检验的一致性
投资面积	政府部门主导型	无明显影响	−
投入资金	金融机构主导型	金融机构主导型	+
文化差异	政府部门主导型	农业企业主导型	−
东道国发展水平	金融机构或农业企业主导型	金融机构主导型	+
投资国发展水平	金融机构主导型	金融机构主导型	+

由以上分析可知，实证结果支持假说 2、假说 4 和假说 5，否定假说 1 和假说 3。

假说 2：在其他条件不变的情况下，投入资金越多，投资国越倾向于选择金融机构主导型投资模式。投入资金对投资模式选择的影响系数分别为−3.772 和−0.018，均为负值，可见随着投入资金的增多，投资国更倾向于选择金融机构主导型投资模式，根据影响系数的值可以进一步分析投入资金对投资模式选择的影响程度，即随着投入资金的增多，选择金融机构主导型投资模式的概率略大于农业企业主导型投资模式，而选择政府部门主导型投资模式的概率则较低。

假说 4：在其他条件不变的情况下，东道国经济发展水平越高，在政府部门主导型投资模式、农业企业主导型投资模式和金融机构主导型投资模式之间，投资国越倾向于选择金融机构主导型投资模式或农业企业主导型投资模式。无论是对政府部门主导型投资模式与金融机构主导型投资模式的选择，还是农业企业主

导型投资模式与金融机构主导型投资模式的选择,东道国发展水平对投资模式的选择有显著性的影响(Sig.值都小于 0.05)。从影响程度上来看,当东道国的发展水平较低时,选择政府部门主导型投资模式的概率远大于选择金融机构主导型投资模式的概率(政府部门主导型投资模式的影响系数为 59.491%),而农业企业主导型投资模式与金融机构主导型投资模式相比,更倾向于选择农业企业主导型投资模式(农业企业主导型投资模式的影响系数为 2.396%);反之,当东道国的发展水平较高时,则更倾向于选择金融机构主导型投资模式,然后是农业企业主导型投资模式,最后才会选择政府部门主导型投资模式。

假说 5:在其他条件不变的情况下,投资国的经济发展水平越高,投资国越会优先选择金融机构主导型投资模式。投资国发展水平对投资模式选择的影响系数分别为 2.749 和 1.589,均为正值,可见对于发展水平较低的投资国,会倾向于选择政府部门主导型投资模式,然后是农业企业主导型投资模式,最后才会选择金融机构主导型投资模式,而对于发展水平较高的发达国家,则会优先选择金融机构主导型投资模式。

假说 1:在其他条件不变的情况下,在政府部门主导型投资模式、农业企业主导型投资模式和金融机构主导型投资模式之间,当投资面积越大时,投资国越倾向于选择政府部门主导型投资模式。但从实证结果来看,无论是政府部门主导型投资模式与金融机构主导型投资模式的选择,还是农业企业主导型投资模式与金融机构主导型投资模式的选择,投资面积对投资模式的选择均无显著性的影响(影响系数均为 0)。

假说 3:在其他条件不变的情况下,在政府部门主导型投资模式、农业企业主导型投资模式和金融机构主导型投资模式之间,投资国与东道国的文化差异越大,选择政府部门主导型投资模式就越多。但从文化差异对投资模式选择的影响系数上来看,分别为 1.082 和 -0.903,可知当投资国与东道国的文化差异较小时,才会优先选择政府部门主导型投资模式,反之,当文化差异较大时,选择农业企业主导型投资模式的概率更大一些,然后选择金融机构主导型投资模式,而选择政府部门主导型投资模式的概率最小。

第四节 当前国际海外耕地投资模式选择的典型案例

从对海外耕地投资模式选择影响因素的实证研究中,可以得出在不同的影响因素下投资国将会倾向于选择何种模式。本节将在以上分析的基础上,采用案例分析法对当前国际上的海外耕地投资典型案例进行归纳,总结投资国在模式选择中的经验和教训，以期为进一步探究模式选择的一般规律和中国投资者选择恰当的海外耕地投资模式提供经验借鉴。

一、政府部门主导型海外耕地投资模式案例

（一）埃及与乌干达政府间的海外耕地投资合作

埃及是世界上最主要的小麦进口国之一，每年小麦的消费量中有超过一半是通过进口获得的。埃及政府为保证国内主要农产品的供应特别是小麦的进口来源，采取了一系列措施。例如，加大农业技术的研发力度，提高小麦单产量；扩大小麦的种植面积，提高小麦总产量等。同时，积极寻求国际合作也是埃及确保小麦供应稳定的重要选择，其中就包括对非洲国家开展的海外耕地投资项目，并且该国项目大多选择的是政府部门主导型海外耕地投资模式。

2008年8月，埃及政府与乌干达政府达成一项小麦合作协议。具体由埃及政府代表团赴乌干达进行具体谈判，规定由埃及政府提供资金、农业技术支持及小麦品种，并派遣专家进行技术指导，乌干达政府则同意提供80万公顷的土地，两国在乌干达联合经营农场进行小麦生产并将小麦出口埃及。该项目建成后的合作农场不仅使埃及在非洲地区的小麦生产基地数量增加，而且进一步保证埃及国内的小麦供应和粮食安全，同时作为农业技术研究中心和培训基地，为乌干达培训小麦生产和技术推广人员，最大限度地开发了乌干达的耕地资源，使两国的农业发展实现双赢。

（二）沙特阿拉伯与苏丹政府间的海外耕地投资合作

在新一轮的海外耕地投资大潮中，对粮食进口依赖较为严重的海湾国家，脚步不但迈得最快，而且投资成果也最为显著。作为耕地资源极度紧缺、资金实力雄厚的海湾国家，其在海湾耕地投资项目中较多选择政府主导型投资模式，尤其以沙特阿拉伯最为典型。

2010年，沙特阿拉伯通过与苏丹政府签署租赁协议，获取了苏丹10.5万公顷的耕地，租期25年，每年的租金为12.5万美元。在具体协议中，沙特阿拉伯会与苏丹政府进行协商，规定将生产的粮食作物按一定的比例出口回国，以保障沙特阿拉伯国内的粮食供应，而另一部分则归苏丹当地所有，让苏丹当地农民切实看到参与和分享未来收益的前景。这一点在海外耕地投资中至关重要。另外，沙特阿拉伯在对苏丹进行耕地投资的过程中，除了为苏丹提供资金、技术支持和为当地农户提供就业岗位，还积极为苏丹修建道路、桥梁等基础设施以及学校、医院

等配套设施,不仅使苏丹的农业生产水平得到提高,还改善了苏丹当地居民的生活水平。

二、农业企业主导型海外耕地投资模式案例

（一）日本农业企业 Kobebussan 的海外耕地投资

由于日本耕地资源紧缺、人口规模较大,故该国一直非常重视粮食安全保障问题,并制定了官民一体的海外耕地投资战略,并采取多种举措保障本国企业的海外耕地投资成效,如成立专门的金融支持部门、建立海外耕地投资协力机构等。

日本 Kobebussan 公司在对巴西的耕地投资项目中就是采用农业企业主导型投资模式。早在第二次世界大战之前日本就有大量移民在巴西落户,日本政府会鼓励已移民巴西的人购置土地,由于移民已经加入当地国籍,生产经营各方面都要方便很多,而且从业者心态也会稳定很多。具体而言,Kobebussan 公司考虑到直接经营农场收益低、风险大,所以不直接在海外农场种植玉米、大豆等需求量大的作物,而是通过与当地农户签订购买合同的方式,既保证了国内粮食供应,也降低了项目投资的风险。同时,日本政府对农业企业参与海外耕地投资项目给予了很大的支持,不仅通过政府外交和经贸协定为企业的海外耕地投资提供政治层面的保障,还通过国际合作银行等政策性银行为企业提供贷款和股权融资,这大大提高了企业在国际市场的融资能力,减缓了企业独自面对国际市场的风险和压力。

（二）印度农业企业 Shree Renuka Sugars 的海外耕地投资

印度作为世界最大的食糖消费国,在全球糖价不断上涨的趋势下,向世界最大的糖类生产国——巴西展开了海外耕地投资。在海外耕地投资项目中,印度企业通常会选择农业企业主导型的投资模式,如印度最大的糖业公司 Shree Renuka Sugars 对巴西的耕地投资项目。

2010 年 11 月,印度最大的糖业公司 Shree Renuka Sugars 投资 2.4 亿美元,收购了位于巴西巴拉纳州的 Vale Do Ivai SA Acucar E Alcool 糖厂 100%的股权,其中还包括了该糖厂 1.8 万公顷的甘蔗种植园,并且 Shree Renuka Sugars 公司还一并接收了该巴西公司的债务。此后,印度 Shree Renuka Sugars 公司进一步地扩张,又投资 3.29 亿美元,收购了巴西另一家糖厂 Equipav SA Acucar e Alcool 公司 51%的股权,其中还包括该公司在巴西东南部 11.5 万公顷的甘蔗种植基地。印度

Shree Renuka Sugars 公司通过农业企业主导型的投资模式，迅速将巴西变成了其最大的糖生产基地。实际上，该投资项目在使印度公司获利的同时，也有助于巴西公司的资本开支、偿还债务、增加营运资本，使印度和巴西的公司形成良好的合作关系。

三、金融机构主导型海外耕地投资模式案例

（一）英国金融机构 Terra Firma Capital 的海外耕地投资案例

英国金融机构 Terra Firma Capital 是一家欧洲领先的私募股权投资公司，它在对澳大利亚的海外耕地投资过程中选择了金融机构主导型投资模式，该项目也是 GRAIN 提供的 416 个案例中涉及投资面积最大的一个成功案例。

Terra Firma Capital 作为一家私募股权投资公司，通过从大型机构投资者（如养老基金、金融机构、主权财富基金、慈善基金和家族企业）那里筹集长期资金，在关键行业里收购那些业务具有可持续性、有资产支持和可以通过根本性变革带来价值的企业，在可能不被看好的行业里寻求被市场忽略的投资机会，并积极研究那些管理不善或投资不足的企业，通过投入大量时间、资金和专业知识以改造被并购企业的战略、运营和财务，从而为利益相关人创造价值。目前，Terra Firma Capital 已经在全球 30 家企业中投资超过 130 亿欧元，企业价值超过 440 亿欧元。澳牛集团（Consolidated Pastoral Company）是澳大利亚最大的野生肉牛牧场企业，掌握着澳大利亚西部、北部和昆士兰州共 580 万公顷的土地。2009 年，英国 Terra Firma Capital 投资 4.25 亿美元收购了澳牛集团 93%的股权，不仅占有了澳牛集团的销售市场，还成功控制了澳大利亚昆士兰州约 320 万公顷的土地。

（二）荷兰合作国际银行 Rabobank 的海外耕地投资案例

荷兰合作国际银行是荷兰合作银行集团（Rabobank Group）下属的一家国际性银行机构。它在世界 34 个国家设有 116 个分行，是世界上实力最雄厚的银行之一，并在国际上属于信用级别最高的银行之列。荷兰合作国际银行在对波兰和罗马尼亚的耕地投资项目中选择的就是金融机构主导型投资模式。

荷兰合作国际银行不仅是一家大型跨国银行，还是世界上食品和农业方面的主要投资者之一，并且为国际农产品贸易提供资金支持。由于其在国际金融市场上享有最高的信用级别，这为其开展海外耕地投资项目提供了大量的资金支持。2008 年荷兰合作国际银行创建的 Rabo Farm 公司，是专门用作收购和管理农场的

投资工具。2012年1月，Rabo Farm 又推出了一个专项农业投资基金——Rabo Farm欧洲基金，目前该基金已经筹集了3.15亿美元，直接通过现金收购的方式，获得了波兰和罗马尼亚共15个农场的经营权，进行农业生产，并将生产的产品出口全球。

四、对中国海外耕地投资模式选择的经验借鉴

从上述海外耕地投资案例中不难看出，选择恰当的海外耕地投资模式是顺利实施海外耕地投资项目的关键。实际上，在GRAIN的统计案例中，还有3例被迫中止的海外耕地投资项目，而且其中有2项为中国企业的投资（表1.12）。因此，在对当前海外耕地投资模式分析和总结的基础上，总结成功案例的相关经验，对中国企业更好地实施海外耕地投资将有明显的积极意义。

表1.12 海外耕地投资中的失败案例

投资国	东道国	面积/万公顷	产品	失败的原因	投资模式
中国	菲律宾	128	水稻和其他农作物	遭到民众反对	政府部门主导型
中国	阿根廷	32	玉米、大豆和小麦	经阿根廷高级法院裁定宣告暂停	农业企业主导型
意大利	塞内加尔	2	向日葵、甜土豆	当地抗议活动引发暴力冲突	金融机构主导型

对失败案例的分析发现，无论最初选择了哪种模式，项目都有可能因受到东道国当地的抗议而以失败告终。这并不是由模式本身所导致的，而是由于这些失败案例在具体运作过程中没有遵循模式的一般特征和规律。具体在这些失败案例中，它们往往忽略了土地在大部分国家中被视为一种特殊的财产，特别是在政治上非常敏感。例如，在非洲的一些贫困地区，它们本身就面临着粮食安全的重大问题，要依靠世界粮食计划署的紧急援助才能得以生存，如果投资国只将在东道国土地上生产的粮食全部运回本国，必然会遭到东道国当地民众的强烈抗议。另外，相对于东道国的小生产者，投资国往往拥有更多的"话语权"，如一些跨国投资公司在粮食丰收时可能会打压价格、廉价收购，小生产者的利益就会因此受到损害，从而进一步加剧那些利益受损民众的竭力反抗。因此，中国在进行海外耕地投资模式选择时应考虑以下内容。

（1）在指导思想方面，中国的投资应强调"利益和谐、互惠共赢"。特别是在选择政府主导型投资模式时，由于海外耕地投资具有典型的资源开发性质，容易被视为掠夺国际资源的行为，此时更应该注重双方的共赢。例如，埃及的海外耕地投资项目在保障国内粮食安全的前提下，也使东道国的农业得到大力发展；海湾国家的海外耕地投资在关注本国投资效益的同时，还关注对东道国的回

报,为东道国提供资金和技术支持、带动当地就业和修建基础设施等,使东道国的农业生产水平和当地居民的生活水平得到了提高,从而实现了双赢。

(2)在耕地的获取方面,中国应加强资本运作,通过现金收购和股权收购方式获取耕地资源。在农业生产方面,土地、资金、劳动力三者缺一不可,都起着重要的作用,而在耕地资源的获取方面,资金则显得更加重要,通过有效的资本运作可以快速获取耕地资源。一方面,可以直接通过现金收购东道国的农场,从而快速获取东道国的耕地资源;另一方面,也可以通过股权收购东道国当地企业,不仅可以快速获取东道国企业的原有资产(包括其所拥有的大量耕地),还可以快速占有东道国企业原有的销售市场。

(3)在运营方式方面,中国投资者应选择与东道国当地企业或农户联合经营的方式,为东道国提供资本和技术支持,让东道国农民和利益相关者看到参与和分享未来收益的前景。以大部分非洲国家为例,大部分土地为小农掌握,中国在进行海外耕地投资时不要试图直接拥有土地,或是派遣中国劳动者来耕种,而是最好和非洲当地的小农签订购买合同,因为直接经营农场收益低,且中国劳动者没有东道国当地农户了解他们自己的土地,当地农户也愿意同投资国建立这样的关系,从而能保障收获后的农产品市场和价格。另外,单个企业在海外进行耕地投资项目很难引起东道国的重视,项目进展难度较大,因此,还需要中国政府给予大力支持,不仅应在外交上提供政治保障,还应在融资方面加大金融支持力度,为企业制定特殊的融资政策。

第二章　基于粮食安全的耕地丰沛国耕地保障评价

　　粮食作为国民经济发展的重要物质条件，是一个国家社会稳定和经济发展的基础和保障。而与粮食安全息息相关的就是耕地的数量与质量，从世界耕地资源分布的态势及变化趋势来看，在未来人口不断增加、粮食需求水平不断提高及生物质燃料研发的大背景下，未来耕地供给承受的压力越来越大，而农作物单产水平在未来的提升空间也十分有限。从这方面看，后备耕地资源丰富的国家就成为提高粮食产量、确保粮食安全的重要根据地。

　　耕地资源是粮食生产的物质基础。对国际粮食市场而言，要保证充足的粮食生产与供应，最重要的还是要落实于充足的耕地资源及充分的耕地利用，未来世界粮食生产与供给的压力、粮食生产对耕地的需求压力都呈现出逐年递增的趋势。而未来粮食增产总量中有近 20%需要通过不断提高播种面积和增加耕地面积来实现。从这方面看，这些后备耕地资源丰富的国家耕地供给能否满足粮食增产的需求，将直接影响世界粮食供求格局和粮食安全。

　　因此，在全球相继发生能源危机、金融危机及粮食危机的背景下，耕地开始逐渐成为一种全球战略性公共资源，全球开始进入耕地争夺战，各国纷纷开始探索与实施海外耕地投资来保障粮食安全。在这种复杂的国际形势下，对耕地丰沛国的耕地保障进行研究，对于维持国际粮食市场充足的粮食生产与供给、维护全球粮食安全是具有重要意义且刻不容缓的，同时还可以为耕地资源短缺国家的海外耕地投资选择提供理论解析。

第一节　耕地丰沛国的基本概况

　　耕地作为粮食生产的载体具有稀缺性与不可替代性。目前世界上适宜作为耕地的土地面积约为42亿公顷，占世界总土地面积的30%左右，相当于目前世界上所有农地面积（14.2亿公顷）的近三倍。FAO统计数据显示，世界耕地数量各大洲的分布情况和分布比例显著不同，亚洲、欧洲、北美洲不但拥有明显的数量优势，而且还拥有明显的比例优势（表2.1）。

表2.1 耕地的洲际分布情况

洲际	亚洲	非洲	欧洲	大洋洲	北美洲	南美洲	中部美洲
耕地面积/万公顷	51 146	21 312	28 007	5 146	22 011	10 832	3 662
所占比例/%	36	15	20	3.5	15.5	7.5	2.5

资料来源：FAO数据库（http://faostat.fao.org/）

同时，耕地数量与人口的分布也呈现出明显的不平衡性（表2.2）。近年来，随着世界人口的不断增长，粮食单产增加趋缓，生物能源的研发及城市发展的不断扩张带来的粮食刚性需求和粮食多样性需求不断增长，而世界总体耕地面积增长的趋势却呈逐渐趋缓态势，人均耕地面积不断缩小，耕地的供需矛盾进一步加剧，耕地保障形势不容乐观。

表2.2 典型国家的耕地面积、人口情况

国家	耕地面积/万公顷	占世界耕地面积的比例	总人口/万人	人均耕地面积/公顷	人均耕地面积排名	耕地面积排名
美国	17 444	12.27%	29 831.3	0.580	8	1
印度	15 965	11.23%	110 337.1	0.140	21	2
中国	12 206	10.08%	132 334.5	0.110	24	3
俄罗斯	12 178	8.57%	14 320.2	0.850	5	4
巴西	5 900	4.15%	18 640.5	0.316	12	5
澳大利亚	4 940	3.48%	2 015.5	2.450	1	6
加拿大	4 566	3.21%	3 226.8	1.420	3	7
乌克兰	3 245	2.28%	4 648.1	0.700	7	8
尼日利亚	3 200	2.25%	13 153.0	0.240	16	9
阿根廷	2 850	2.01%	3 874.7	0.720	6	10
墨西哥	2 500	1.76%	10 702.9	0.230	17	11
土耳其	2 383	1.68%	7 319.3	0.330	10	12
印度尼西亚	2 300	1.62%	22 278.1	0.100	24	13
哈萨克斯坦	2 236	1.57%	1 482.5	1.510	2	14
巴基斯坦	2 127	1.50%	15 793.5	0.130	23	15
苏丹	1 943	1.37%	3 623.3	0.540	9	16
法国	1 850	1.30%	6 049.6	0.306	15	17
伊朗	1 653	1.16%	6 951.5	0.240	16	18
南非	1 475	1.04%	4 743.2	0.311	14	19

续表

国家	耕地面积/万公顷	占世界耕地面积的比例	总人口/万人	人均耕地面积/公顷	人均耕地面积排名	耕地面积排名
尼日尔	1 448	1.02%	1 395.7	1.040	4	20
泰国	1 420	1.00%	6 423.3	0.220	18	21
西班牙	1 370	0.96%	4 306.4	0.318	11	22
埃塞俄比亚	1 311	0.92%	7 743.1	0.170	20	23
波兰	1 214	0.85%	3 853.0	0.315	13	24
德国	1 190	0.84%	8 269.8	0.140	21	25
缅甸	1 006	0.71%	5 051.9	0.200	19	26

资料来源：FAO 数据库（http://faostat.fao.org/）

本章所界定的耕地丰沛国主要是以世界各国耕地总面积排名为依据，并根据耕地数量的洲际与国别分布，结合数据的可获得性以及这些国家在世界粮食生产、流通上的作用进行选取。耕地丰沛国，既包括现有耕地利用状况较好的国家如美国、澳大利亚等国家，也包括后备耕地资源丰富，但是缺乏资金、技术予以开发的非洲国家，具体选取的国家名单及缘由如下。

（1）亚洲国家：亚洲国家由于其独特的地理和气候优势，历来都是世界粮食生产的重要基地。选取的亚洲国家包括中国、印度及泰国。

中国：中国作为世界人口第一大国，其粮食消费量是不言而喻的。但是中国以世界10%的耕地养活了世界20%的人口，这主要得益于低纬度带来的充足光照及中国农民的精耕细作，包括修建农业水利设施，使用大量的农药和化肥；但是由于中国开阔的平原很少，大量的耕地属于梯田和零星耕地，因此不利于机械耕作。耕地的水源不够充足，北方和西北地势平坦，却降雨量稀少；南方多山，却降雨丰沛。这种精耕细作的生产模式同时也反映了中国耕地可挖掘潜力较小。

印度：印度作为世界主要谷物出口国，是亚洲耕地面积最大的国家，领土面积虽然只有中国的1/3，但是耕地面积占其国土的55%，且其领土绝大部分处于低纬度地带，光照资源条件优越，西南季风带来充足降雨，作物平均熟制高于中国。因此，其耕地开发条件较好。

泰国：泰国位于东南亚，为热带气候，是世界上最大的稻谷出口国。国土面积为51.3万平方千米，其中可耕地占41%，4%可全年种植作物，主要为传统的小农场生产，这对发展农业、提高粮食产量有很大的制约性。

（2）非洲国家：FAO 认为，世界耕地未来能够保持增长的主要潜力就来自于非洲农业欠发达的地区。目前非洲的陆地面积中，用作耕地的仍然只有一小部分，对非洲土壤、植被及气候特征的研究表明，即使不进行森林砍伐，非洲耕地增加的潜力也非常大。本章选取的非洲国家如下。

南非：南非是非洲最大的蔗糖产地及出口国。由于自然条件、科学技术及农业资金投入等的限制，南非的耕地面积仅占国土面积的12.1%。南非农业生产面临的首要问题仍然是土地改革问题。目前，南非83%的农业用地仍被白人农场主拥有。南非耕地面积总共约1 475万公顷，农业人口比例仅为9%，而耕地单产却很高。因此，南非的耕地利用存在很大的潜力可挖掘。

尼日利亚：尼日利亚位于非洲中部地区，拥有可耕地面积约6 800万公顷，且地理环境条件好，适宜开展机械化耕作，绝大多数耕地可以全年耕种。但是其农业生产主要为传统的小农户，生产者耕作的土地规模90%以上都仅为1.2公顷，大部分耕作的土地处于轮休制度下，农业技术及生产方式落后，劳动生产率很低。

（3）欧洲国家：欧洲地广人稀，耕地面积占世界耕地面积的20%，而人口仅占世界人口的11%。其优越的地理环境、自然条件及高度发达的经济发展水平和农业开发技术，使其具有很大的耕地开发潜力。本章选取的欧洲国家为俄罗斯和乌克兰。

俄罗斯：俄罗斯人口1.46亿，面积1 709.82万平方千米，农地面积占国土面积的30%，其中可耕地面积约1.3亿公顷，是农地资源最丰富的国家。但是耕地闲置率同样很高，这个占世界上约8%的耕地的国家约1/6的耕地（约3 500万公顷）都处于闲置状态，因此，可开发潜力很大。

乌克兰：乌克兰有6 000多万公顷的土地，其中4 200万公顷为可耕地。农业生产条件优越，资源丰富，土壤肥沃，为世界三大黑土带之一，素有"欧洲粮仓"之美称，其黑土面积至少占国土面积的1/3，约为20万平方千米，且大量黑土都处于闲置与休耕状态，粮食生产能力有足够的挖掘空间。

（4）美洲国家：美洲地区可开发耕地潜力较大，耕地面积占世界耕地面积的比值约为25.5%，其丰富的耕地资源成为保障未来粮食需求的重要屏障。本章选取的研究国家如下。

美国：美国作为世界上耕地面积最大的国家，是世界上主要的粮食出口国。地势平坦，利于机械耕作，农业生产率高。其耕地主要位于中部平原，不受东西岸高速扩张的城市化影响，至今密西西比河流域仍保有120万平方千米的黑土地，是美国维护粮食安全的重要后备力量。美国高度发达的农业生产条件，使其有条件在大量生产农产品的同时，坚持耕地轮休制度，很好地保持了耕地生产能力的可持续发展，因此，大量土地可以被开垦为耕地，耕地数量上的潜力远大于中国。

巴西：巴西国土辽阔，土地肥沃，气温较高，阳光充足，雨量丰沛，可耕地占领土面积的21%以上，达1.8亿公顷。巴西80%以上的土地尚未被开发利用，耕地面积还在不断扩大。已开发的土地中不到10%用于种植农作物，20%左右的土地为牧场，其余的可耕地闲置。这就是说，土地的利用率不足30%，垦种指数很低，土地资源的开发潜力巨大。巴西国土面积相当于中国的9/10，人口约占中国的1/7，而拥有的可耕地却是中国的3倍。

加拿大：加拿大国土面积约998万平方千米，仅次于俄罗斯；人口约3 700万；可耕地面积约占其国土面积的16%。加拿大由于气候、地理和土壤等方面反差较大，因此虽然国土面积很大，但只有6 800万公顷即7%的国土用于农业生产。

（5）本章选取的大洋洲国家主要为澳大利亚。

澳大利亚：澳大利亚人口2 486万，面积769.2万平方千米，农牧业用地为4.75亿公顷，占国土面积的61.8%。土壤耕作条件良好。占国土面积1/3的农地适宜开展畜牧业，占国土面积1/3的农地适宜开展种植业，且这些地区的农业条件都比较适宜，良好的水温和光照条件、平整的平原地势都为种植小麦、水稻等农作物创造了良好的条件；同时由于澳大利亚社会经济发展水平较高，农业机械化在全国大范围内推行，农作物都施行了机械化生产。

第二节　耕地丰沛国耕地需求量与供给量测算

一、基于粮食安全的耕地需求量测算

（一）基于粮食安全的耕地需求量模型构建

1. 耕地需求量的影响因素及评价指标

基于粮食安全需要的耕地资源数量受到经济发展、自然条件及生活水平等各方面因素的影响。在粮食需求上，每个国家由于人口基数的不同以及人口政策的不同会引起不同的人口发展趋势，而人口是决定粮食需求的最根本的因素；人均粮食消费量由于受到各国生活习性、经济条件及膳食结构的影响，会呈现不同趋势；在耕地的生产能力方面，不同国家的粮食自给水平不同，从而会对国内耕地需求产生差别；与此同时，由于人们对食物和农产品的全面需求，耕地在生产粮食作物的同时也必须生产一定比例的经济品种、饲料作物以及蔬菜、园艺作物，这也对耕地数量提出了不同要求；不同区域国家的耕地肥力、科技水平及土地政策的不同，会引起单位耕地的利用率的差别。因此，基于区域粮食安全的耕地需求量评价指标主要包括人口总数、人均粮食消费量、粮食自给率、复种指数、粮作比、粮食作物平均单产。

2. 耕地需求模型的构建

从对基于粮食安全保障的区域耕地安全内涵的影响因素进行分析可以得出，区域耕地数量是粮食自给率、耕地生产能力、消费水平等因子的函数，即

$$S = L \cdot \frac{P \cdot Q}{K \cdot M \cdot N} \tag{2.1}$$

其中，S 为基于粮食安全保障的耕地需求量（公顷）；L 为粮食自给率（%）；P 为人口总数（人）；Q 为人均粮食消费量（千克）；K 为粮作比（%）；M 为粮食作物平均单产（千克/公顷）；N 为复种指数。本章所定义的粮食作物为稻谷、玉米、小麦和大豆这四种主要粮食作物。

（二）耕地需求量模型指标的预测

由于本节研究的是耕地丰沛国实现粮食安全的耕地保障，故在粮食自给率的设定上统一设定为 100%，以此来考察耕地丰沛国耕地的国内保障能力，以及是否拥有让国际上其他国家进行海外耕地投资的盈余耕地。因此，本节主要从人口、人均粮食需求量、粮作比、复种指数以及耕地单产能力这五个指标进行分析预测。

1. 人口预测

粮食最基本的功能就是满足人类的食物需求，世界粮食供给必须保障的粮食消费就是由于世界人口持续增长带来的粮食消费的增加。基于目前世界粮食消费的基本状况可以预知，虽然人口增长速度趋缓，但巨大的人口基数带来的粮食刚性消费仍不容小觑，未来世界粮食消费情况与人口的发展息息相关。而粮食需求增长会使对耕地的需求量发生变化，从而对未来耕地安全保障产生影响，因此，预测未来人口发展趋势对研究未来耕地安全保障至关重要。

人口预测的方法很多，主要有生态足迹法、人口自然增长法、灰色预测法及回归分析法等。本章基于收集已有的耕地丰沛国 1995~2009 年的人口数量，根据人口和时间的回归，采用回归分析法对未来人口进行预测，分别得到回归方程如下。

中国：$y = 8.6 \times 10^6 x + 1.2 \times 10^9$ $\quad (R^2 = 0.988\,1)$ （2.2）

泰国：$y = 6.7 \times 10^5 x + 5.9 \times 10^7$ $\quad (R^2 = 0.995\,5)$ （2.3）

印度：$y = 1.7 \times 10^7 x + 9.5 \times 10^8$ $\quad (R^2 = 0.999\,9)$ （2.4）

南非：$y = 4.1 \times 10^6 \ln(x) + 3.7 \times 10^7$ $\quad (R^2 = 0.944\,1)$ （2.5）

尼日利亚：$y = 3.2 \times 10^6 x + 1.1 \times 10^8$　　$(R^2 = 0.9964)$　　（2.6）

俄罗斯：$y = -4.9 \times 10^5 x + 1.5 \times 10^8$　　$(R^2 = 0.9809)$　　（2.7）

乌克兰：$y = -4 \times 10^5 x + 5.2 \times 10^7$　　$(R^2 = 0.9879)$　　（2.8）

美国：$y = 2.9 \times 10^6 x + 2.6 \times 10^8$　　$(R^2 = 0.9987)$　　（2.9）

加拿大：$y = 3.0 \times 10^5 x + 2.9 \times 10^7$　　$(R^2 = 0.9973)$　　（2.10）

巴西：$y = 2.3 \times 10^6 x + 1.6 \times 10^8$　　$(R^2 = 0.9960)$　　（2.11）

澳大利亚：$y = 2.6 \times 10^5 x + 1.8 \times 10^7$　　$(R^2 = 0.9849)$　　（2.12）

其中，y 代表总人口数；x 代表年份；R^2 均大于 0.9，且 Sig.小于 5%，表示这些国家的人口增长与时间序列有着很强的相关性，拟合效果好。由此可以对耕地丰沛国 2020 年的人口进行回归预测。耕地丰沛国人口变化趋势及预测见表 2.3。

表 2.3　耕地丰沛国人口变化趋势及预测（单位：10^8 人）

年份	中国	泰国	印度	南非	尼日利亚	俄罗斯	乌克兰	美国	加拿大	巴西	澳大利亚
1995	12.11	0.59	9.64	0.39	1.10	1.48	0.52	2.66	0.29	1.62	0.18
1996	12.24	0.60	9.83	0.40	1.13	1.48	0.51	2.69	0.30	1.64	0.18
1997	12.36	0.61	10.00	0.41	1.15	1.47	0.50	2.73	0.30	1.67	0.18
1998	12.48	0.62	10.18	0.42	1.18	1.47	0.50	2.76	0.30	1.69	0.19
1999	12.58	0.62	10.36	0.43	1.21	1.46	0.49	2.79	0.30	1.72	0.19
2000	12.67	0.63	10.54	0.44	1.24	1.46	0.49	2.82	0.31	1.74	0.19
2001	12.76	0.64	10.71	0.45	1.27	1.46	0.49	2.85	0.31	1.77	0.19
2002	12.84	0.65	10.89	0.45	1.30	1.45	0.48	2.88	0.31	1.79	0.20
2003	12.92	0.65	11.06	0.46	1.33	1.44	0.48	2.90	0.32	1.82	0.20
2004	12.99	0.66	11.23	0.47	1.36	1.44	0.47	2.93	0.32	1.84	0.20
2005	13.08	0.67	11.40	0.47	1.40	1.43	0.47	2.96	0.32	1.86	0.20
2006	13.14	0.67	11.57	0.48	1.43	1.42	0.47	2.98	0.33	1.88	0.21
2007	13.21	0.68	11.74	0.48	1.47	1.42	0.46	3.01	0.33	1.89	0.21
2008	13.28	0.68	11.91	0.49	1.51	1.42	0.46	3.04	0.33	1.92	0.21
2009	13.35	0.69	12.08	0.49	1.54	1.42	0.46	3.07	0.34	1.93	0.22
2020	14.24	0.76	13.92	0.51	1.93	1.37	0.42	3.35	0.37	2.19	0.25

资料来源：世界银行数据库（http://data.worldbank.org.cn/catalog）

2. 人均粮食需求量预测

区域粮食需求量包括人口粮食需求量、饲料粮需求量、工业用粮需求量及种子用粮需求量。国内外关于人均粮食需求量的学术成果很多，加之这个问题不是本章的研究重点，因此，本章主要结合前人的研究成果，并根据各个国家的具体情况来对2020年的人均粮食需求进行测算。

中国——由于中国庞大的人口基数，口粮消费量仍占据到总体粮食消费量的50%以上，而随着中国城市化进程的推进以及生活水平的提高，对畜产品和水产品需求的提高也导致了饲料用粮和种子用粮的需求增加，具体比重如表2.4所示。

表2.4 中国三大粮食品种各用途消费比重

用途	稻谷/吨	比重	小麦/万吨	比重	玉米/万吨	比重	总量/万吨	比重
口粮	15 600	86.1%	8 050	75.9%	1 385	9.4%	25 035	57.6%
饲料用粮	1 400	7.7%	1 050	9.9%	9 100	61.8%	11 550	26.6%
工业用粮	1 000	5.5%	1 040	9.8%	4 100	27.9%	6 140	14.1%
种子用粮	119	0.7%	469	4.4%	129	0.9%	717	1.7%
总量	18 119	100%	10 609	100%	14 714	100%	43 442	100%

资料来源：尹成杰. 粮安天下：全球粮食危机与中国粮食安全[M]. 北京：中国经济出版社，2009

中国农业科学院在《21世纪中国的粮食安全和对水的需求与对策》研究中指出，随着未来食物消费结构和营养标准的可能变化，我国人均粮食消费需求量将在2020年达到410~430千克、2030年达到420~450千克。而《中国粮食安全技术对策研究》则按照高、中、低3种方案预测2030年我国人均粮食消费量分别为499千克、439千克和399千克。考虑到我国粮食消费趋势变化态势以及小康社会的建设标准，本章采用的是2020年人均粮食占有量420千克的标准。

泰国——泰国的主要农作物和产品是水稻、玉米、糖、木薯、橡胶和菠萝，而消费主要集中在大米上，小麦、玉米的消费量很小，作为世界上主要的粮食出口国，泰国的粮食消费总量在1 500万~2 000万吨，主要粮食作物的总消费量以及人均粮食消费量变化情况如表2.5所示。

表2.5 泰国主要粮食作物消费情况

粮食作物消费	1995~1996年	2002~2003年	2005~2006年
大米/万吨	850	960	950
玉米/万吨	396.2		410
小麦/万吨	80	90	105
大豆/万吨			172.4
总消费量/万吨	1 326.2	1 050	1 637.4
人均粮食消费量/千克	222.32	231.1	245.49

资料来源：由 http://www.usda.gov/wps/portal/usda/usdahome 及 http://faostat.fao.org 数据库数据处理得到

根据泰国近年来粮食消费的趋势，结合前人研究成果（李瑾和泰富，2007），可将未来泰国人均粮食需求量定义为 2020 年 285 千克。

印度——印度北部和西部以小麦产品为主食，南部和东部以稻米为主食，而根据 FAO 的数据，由于印度的低城市化水平和低工业化水平，加之国民的宗教意识和消费习惯，近五十年来，印度的人均粮食消费量基本维持在 150~250 千克的水平，其国内粮食消费状况如表 2.6 所示。

表 2.6 印度主要粮食作物消费情况

粮食作物消费	2000~2001 年	2003~2004 年	2007~2008 年
大米/万吨	7 619	8 380	8 450
小麦/万吨	6 663	6 119	6 450
玉米/万吨	1 184	1 185	1 205
大豆/万吨	529	540	580
粮食作物消费总量/万吨	15 995	16 224	16 685
人均粮食消费量/千克	162	178	185

资料来源：由 http://www.usda.gov/wps/portal/usda/usdahome 及 http://faostat.fao.org 数据库数据处理得到

因此，根据泰国人均粮食消费趋势，用 SPSS 进行时间序列预测定义印度未来的人均粮食需求量为 2020 年 280 千克。

南非——南非的主要农产品有玉米、小麦、甘蔗以及时令水果等，产量因年份的干旱情况而差别较大，而粮食消费额年均差别则比较小。其主要粮食作物的消费总量与人均粮食消费量变化情况如图 2.1 和图 2.2 所示。

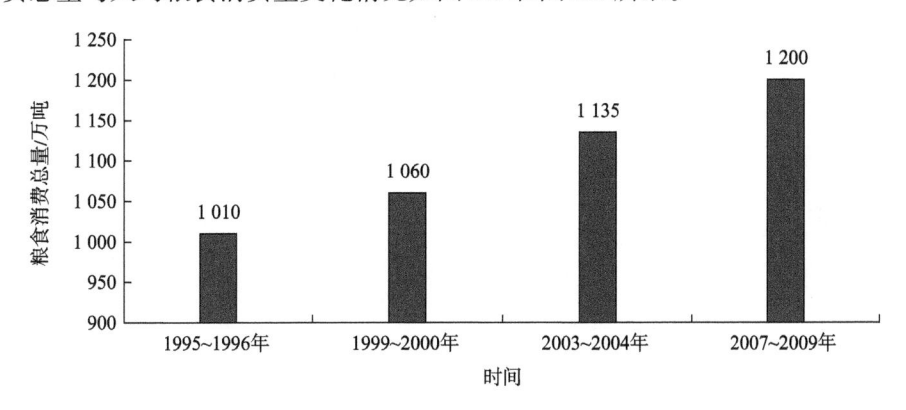

图 2.1 南非主要粮食作物消费总量

因此，在 SPSS 中根据时间序列模型可预测定义南非未来的粮食需求量为 2020 年 250 千克。

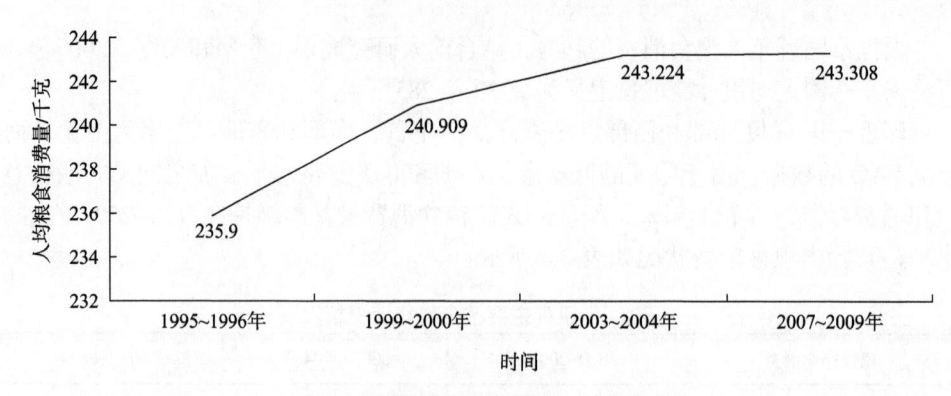

图 2.2 南非主要粮食作物人均消费量

尼日利亚——尼日利亚的粮食作物以粗粮为主,其中主要品种为高粱、谷子和玉米,而水稻则是其主要细粮作物,随着国内经济的发展,其粮食消费结构也随之不断发生调整,逐渐由粗粮作物开始倾向细粮作物食品。其主要粮食作物的消费总量与人均粮食消费量变化情况如图 2.3 和图 2.4 所示。

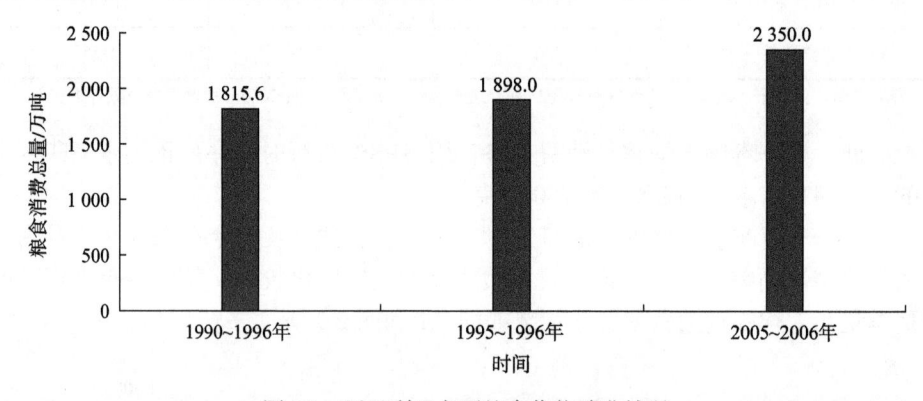

图 2.3 尼日利亚主要粮食作物消费情况

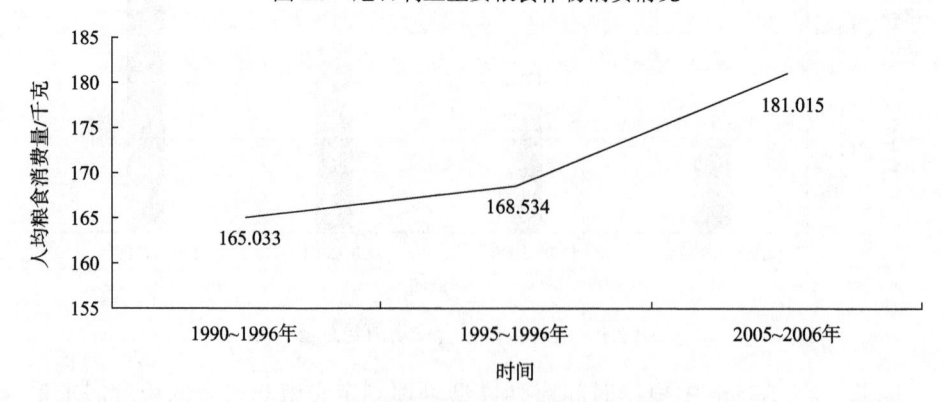

图 2.4 尼日利亚主要粮食作物人均消费量

因此，在 SPSS 中根据时间序列模型可预测定义尼日利亚未来的粮食需求量为 2020 年 230 千克。

俄罗斯——俄罗斯以生产玉米、大米、粮用豆类以及小麦等农作物为主，最主要的粮食作物小麦的生产量占全国粮食总产量的 60%以上，但随着膳食结构的改善，小麦的消费量趋于减少。国内粮食安全保障程度高，粮食消费主要以饲用和食用消费为主，作为世界重要的粮食出口国，对欧盟、以色列和埃及等国的粮食市场有着重要作用。其主要粮食作物消费状况如图 2.5 所示。

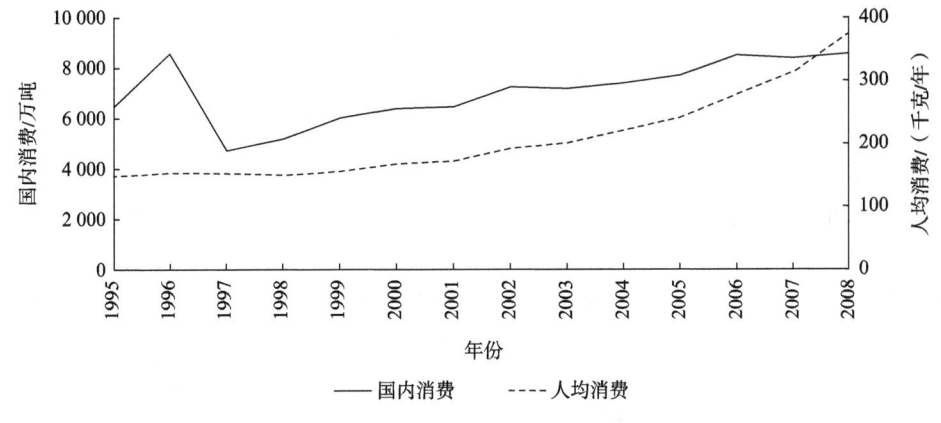

图 2.5 俄罗斯主要粮食作物消费情况

因此，在 SPSS 中根据时间序列模型可预测定义俄罗斯未来的粮食需求量为 2020 年 580 千克。

乌克兰——作为世界主要的粮食出口国，乌克兰的主要农产品为小麦、大麦、玉米及甜菜，其国内每年的粮食消费量在 2 600 万吨左右。其主要粮食作物的消费状况如图 2.6 和图 2.7 所示。

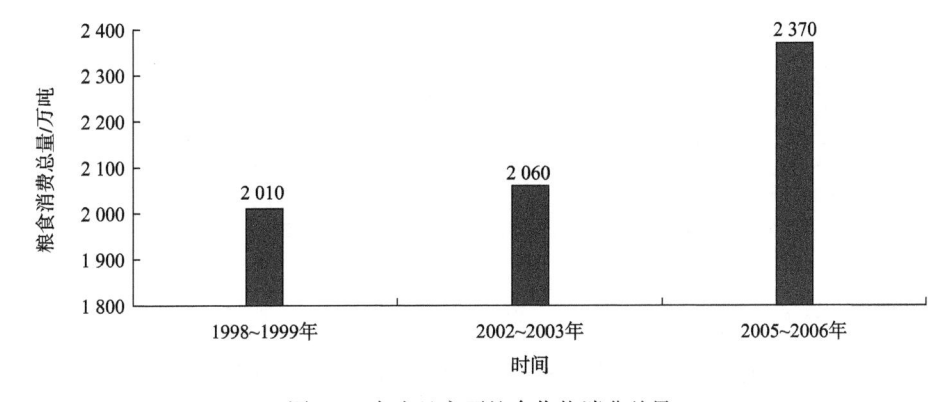

图 2.6 乌克兰主要粮食作物消费总量

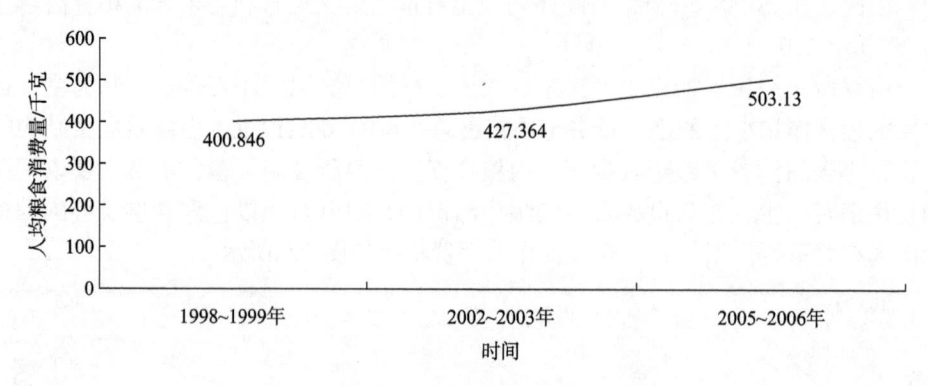

图 2.7 乌克兰主要粮食作物人均消费量

因此，在 SPSS 中根据时间序列模型可预测定义乌克兰未来的粮食需求量为 2020 年 600 千克。

美国——美国作为世界粮食主要出口国，其主要粮食作物为小麦、粗粮、大豆和稻米等，其人均粮食消费量由于受到美国大规模生物能源政策的影响，从人均 600~900 千克/年一举突破到 1 000 千克/年，依据美国农业部发布的数据，美国 2007 年人均粮食（小麦、大米以及黑麦和大麦等所有粗粮）消费量约为 1 046 千克，相当于印度人均粮食消费量（178 千克）的 6 倍左右。其粮食消费总量和人均粮食消费量变化趋势如图 2.8 所示。

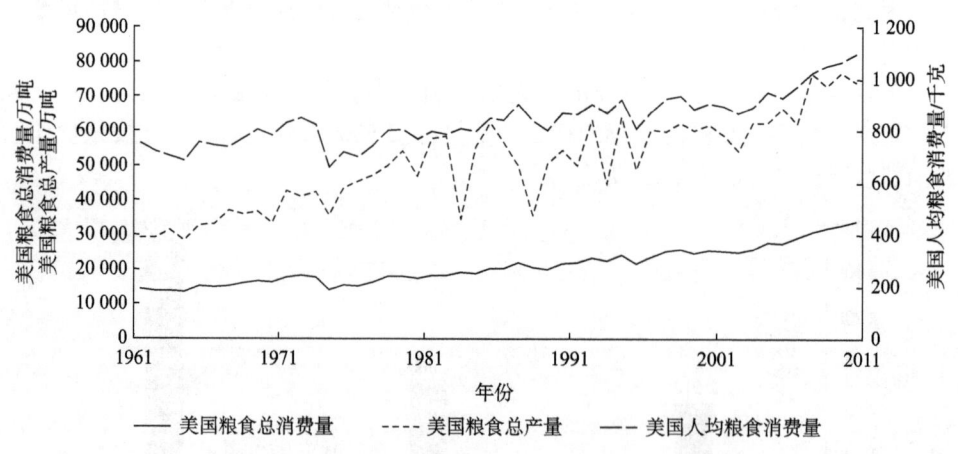

图 2.8 美国历年粮食总产量、总消费量和人均消费量
资料来源：刘涛，魏旖旎. 全球粮食消费波动的超宏观解析[N]. 上海证券报，2012-03-10

因此，在 SPSS 中根据时间序列模型可预测定义美国未来的粮食需求量为 2020 年 1 200 千克。

加拿大——加拿大地广人稀，幅员辽阔，粮食生产条件很好，国内粮食生产量的 60%以上都用于库存和出口。作为重要的粮食出口国，加拿大对于维持世界粮食市场稳定有着重要作用，小麦出口居世界第四位，大麦的国际占有率约为 6%，居世界第三位。结合相关学者的研究成果，可定义加拿大未来的粮食需求量为 2020 年 650 千克。

巴西——巴西的主要农作物包括咖啡、大豆、稻米、玉米及小麦等。耕地资源丰富，耕作条件也较好，基本不存在国内粮食供应困难问题，对国际粮食市场的保障程度高。国内年均主要粮食作物消费量在 10 000 吨左右。在相关学者的研究基础上，可定义巴西未来的粮食需求量为 2020 年 550 千克。

澳大利亚——澳大利亚的粮油品种结构相对集中，主要的粮食作物是小麦、大麦和高粱，其中小麦是第一大粮食作物，播种面积为 1 300 万公顷，相当于其他农作物播种面积之和。其粮食消费情况如图 2.9 和图 2.10 所示。

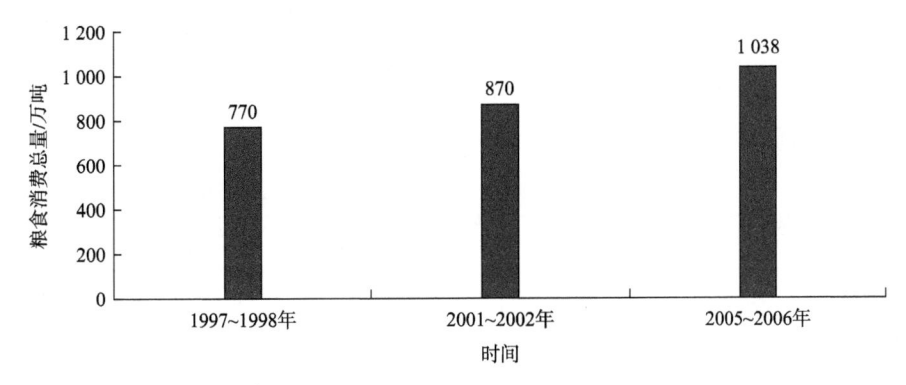

图 2.9 澳大利亚主要粮食作物消费总量

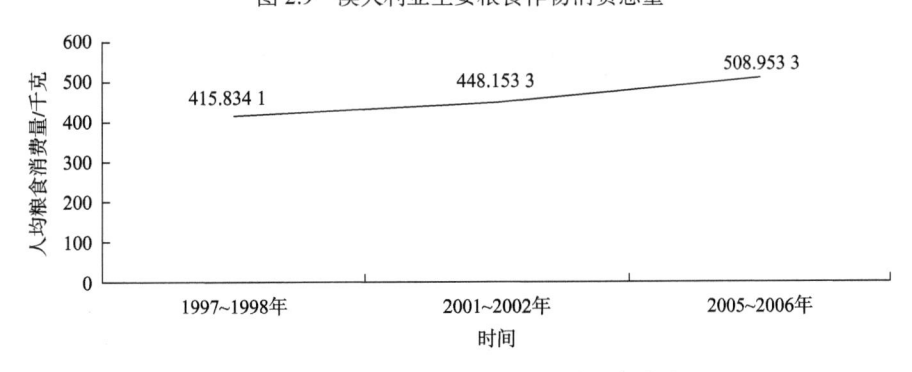

图 2.10 澳大利亚主要粮食作物人均粮食消费量

在 SPSS 中根据时间序列模型可预测定义澳大利亚未来的粮食需求量为 2020 年 560 千克。

3. 粮作比预测

由于受到本国农业市场化机制、农业资源条件、农业政策及农业收益等各方面因素的影响，在满足粮食需求的基础上，各国居民也会种植一定比例的经济品种、饲料作物以及蔬菜、园艺作物。因此，测算基于粮食安全的耕地保障数量时必须考虑到各国粮作比带来的影响。粮作比是指种植粮食作物（包括谷物、豆类）的耕地面积占耕地总播种面积（包括粮食作物、经济作物和饲料作物）的比例（%），它反映了种植业的结构比例关系。而本章在国际粮食数据的可获得性的基础上，定义粮作比为粮食作物的收获面积占耕地总收获面积的比例。

根据表 2.7，虽然都是耕地资源总量丰富的国家，在经济发展水平、地理要素条件、风俗习惯及国家政策的影响下，各大洲各国家的粮作比有所不同。随着时间推移，由于经济的不断发展以及人们膳食结构的改善，粮食作物占耕地面积的比重总体趋于下降，如尼日利亚的粮作比就由 1995 年的 0.88 下降到 2012 年的 0.58。而美国作为世界上最重要的粮食出口国，其国内耕地主要用于粮食生产，故粮作比一直维持在比较高的水平。

表 2.7 1995~2012 年耕地丰沛国粮作比变化一览表

国家	1995年	2000年	2001年	2002年	2003年	2004年	2005年	2006年	2007年	2008年	2009年	2010年	2012年
中国	0.73	0.69	0.68	0.67	0.65	0.66	0.67	0.69	0.69	0.68	0.68	0.70	0.71
泰国	0.89	0.86	0.81	0.80	0.79	0.78	0.76	0.77	0.79	0.78	0.78	0.80	0.78
印度	0.78	0.81	0.76	0.74	0.74	0.69	0.74	0.70	0.75	0.75	0.75	0.75	0.74
南非	0.92	0.87	0.82	0.83	0.83	0.85	0.84	0.83	0.82	0.81	0.81	0.84	0.84
尼日利亚	0.88	0.81	0.67	0.62	0.62	0.63	0.63	0.61	0.67	0.61	0.62	0.53	0.58
俄罗斯	0.97	0.96	0.96	0.95	0.94	0.94	0.95	0.94	0.92	0.91	0.91	0.89	0.89
乌克兰	0.89	0.88	0.87	0.88	0.86	0.84	0.83	0.83	0.82	0.81	0.82	0.84	0.85
美国	0.96	0.96	0.89	0.87	0.89	0.92	0.87	0.92	0.93	0.93	0.93	0.91	0.92
加拿大	0.78	0.81	0.76	0.74	0.75	0.76	0.76	0.74	0.72	0.73	0.72	0.68	0.65
巴西	0.84	0.86	0.85	0.81	0.80	0.79	0.78	0.75	0.74	0.75	0.75	0.74	0.74
澳大利亚	0.93	0.90	0.89	0.87	0.86	0.88	0.85	0.91	0.90	0.89	0.89	0.85	0.84

资料来源：由《国际统计年鉴》数据处理得到

以 1995~2009 年各个国家的粮作比为基数，建立基于粮作比与时间变化的时间序列函数，在综合考虑各个国家发展概况及生产能力的基础上，可修正得出 2020 年耕地丰沛国粮作比，如表 2.8 所示。

表 2.8 2020 年耕地丰沛国粮作比

国家	中国	泰国	印度	南非	尼日利亚	俄罗斯	乌克兰	美国	加拿大	巴西	澳大利亚
预测值	0.70	0.81	0.78	0.82	0.62	0.85	0.74	0.90	0.70	0.72	0.91

4. 复种指数预测

耕地的农作物复种指数是指某地区农作物总播种面积与耕地面积的比值（%），它是反映农业综合开发水平、衡量耕地资源利用集约化程度的首要指标，也是反映耕地利用状况的重要技术性指标。和粮作比一样，本章由于数据的可获得性将复种指数定义为地区农作物总收获面积占耕地面积的比值。1995~2012年耕地丰沛国复种指数变化如表2.9所示。

表2.9 1995~2012年耕地丰沛国复种指数变化

国家	1995年	2000年	2001年	2002年	2003年	2004年	2005年	2006年	2007年	2008年	2009年	2010年	2012年
中国	1.57	1.22	1.22	1.23	1.24	1.26	1.27	1.25	1.26	1.28	1.29	1.27	1.35
泰国	0.71	0.87	0.90	0.89	0.87	0.92	0.94	0.96	0.95	0.96	0.96	1.01	1.09
印度	0.82	0.82	0.86	0.88	0.92	0.91	0.91	0.92	0.93	0.92	0.91	0.91	0.96
南非	0.38	0.39	0.39	0.39	0.38	0.37	0.32	0.34	0.33	0.32	0.33	0.32	0.45
尼日利亚	0.73	0.82	0.89	0.95	0.95	1.01	1.05	1.10	1.08	1.07	1.06	0.78	0.91
俄罗斯	0.43	0.34	0.34	0.35	0.36	0.36	0.37	0.37	0.38	0.38	0.38	0.31	0.38
乌克兰	0.43	0.42	0.44	0.47	0.48	0.52	0.52	0.54	0.53	0.55	0.56	0.56	0.61
美国	0.51	0.52	0.54	0.55	0.56	0.54	0.56	0.52	0.53	0.55	0.59	0.62	
加拿大	0.54	0.52	0.52	0.52	0.52	0.52	0.51	0.51	0.53	0.54	0.52	0.47	0.57
巴西	0.69	0.70	0.71	0.72	0.76	0.78	0.81	0.83	0.85	0.88	0.90	0.92	0.88
澳大利亚	0.31	0.40	0.40	0.41	0.42	0.42	0.44	0.45	0.47	0.49	0.51	0.47	0.47

资料来源：由《国际统计年鉴》数据处理得到

由已知数据可以看到，这些耕地资源比较丰富的国家复种指数差别很大，中国的复种指数大于1，尼日利亚、泰国、巴西及印度次之，都是复种指数比较大的国家。其中非洲国家主要由于农业经济水平较低、农业技术水平有限造成的低复种指数。而美国和澳大利亚虽然农业科学技术水平很高，推行的是大规模的农业机械化生产，但两国都施行严格的休耕制度。因此，复种指数也比较小。而由于各国既定的资源条件以及农业技术发展水平，总体而言，其复种指数并没有发生很大的变化。因此，在综合考虑各个国家发展概况、农业政策以及光照、温度等生产能力的基础上，预计各国在未来可能实现的复种指数的提高值，可定义2020年耕地丰沛国复种指数如表2.10所示。

表2.10 2020年耕地丰沛国复种指数

国家	中国	泰国	印度	南非	尼日利亚	俄罗斯	乌克兰	美国	加拿大	巴西	澳大利亚
预测值	1.41	1.15	0.98	0.35	1.43	0.49	0.75	0.60	0.56	1.15	0.71

5. 耕地单产能力预测

耕地单产指的是单位耕地播种面积的粮食收获量，随着世界范围内可耕地面积的日趋减少、农作物生产结构的不断变化调整，耕地播种面积也将趋于下降，在这种情况下，提高粮食单产水平将成为保障粮食安全的最终选择。

耕地单产反映了耕地的粮食生产能力，而粮食单产由于受到气候变化、农业生产、自然条件及国家制度等许多综合因素的影响而呈现出显著的灰信息覆盖特点。同时，无论这些综合因素如何影响粮食单产，粮食生产能力（即粮食产量）都是具体确定而显性的，具有白信息覆盖特点，这表明不论粮食生产的具体影响因素还是粮食生产能力都符合灰因白果律。因此，以粮食单产的历史数据为基础数据，通过建立灰预测模型，综合考虑历年来所有相关影响因素（灰覆盖信息集）的综合作用，对耕地丰沛国未来粮食单产能力进行预测分析。

表2.11表明，耕地丰沛国的粮食生产基本能维持很高的生产力，但就具体国家而言，单产水平存在很大差别。中国、泰国、美国作为世界上最重要的粮食出口国，农业投入高，农业经济水平发达，粮食生产能力很强；巴西、加拿大、乌克兰等欧美国家由于地广人稀，农业规模化生产程度很高，耕地单产水平也较高；尼日利亚由于水资源和气候条件的限制，耕地生产能力则相对较低。

表2.11　1995~2012年耕地丰沛国粮食单产变化一览表（单位：吨/公顷）

国家	1995年	2000年	2001年	2002年	2003年	2004年	2005年	2006年	2007年	2008年	2009年	2010年	2012年
中国	4.24	4.26	4.27	4.40	4.33	4.62	4.64	4.75	4.75	4.95	4.87	4.67	5.23
泰国	2.40	2.44	2.69	2.66	2.64	2.65	2.70	2.75	2.78	2.71	2.93	2.39	2.60
印度	2.05	2.23	2.24	2.25	2.28	2.34	2.37	2.41	2.42	2.45	2.48	1.73	1.95
南非	2.51	2.72	2.84	3.05	3.43	3.62	3.77	3.89	4.01	4.12	4.13	1.49	1.24
尼日利亚	1.21	1.16	1.18	1.21	1.23	1.29	1.31	1.33	1.34	1.34	1.35	1.79	0.77
俄罗斯	1.16	1.60	1.68	1.72	1.77	1.82	1.89	1.93	2.05	2.12	2.35	0.50	0.59
乌克兰	2.31	2.31	2.48	2.52	2.69	2.73	2.77	2.79	2.78	2.82	2.83	4.54	1.49
美国	3.97	4.76	4.76	5.01	5.22	5.34	5.36	5.35	5.41	5.41	5.46	3.13	2.83
加拿大	2.70	2.80	2.85	2.93	2.91	2.94	3.05	3.27	3.32	3.33	3.32	1.79	1.23
巴西	2.39	2.45	2.57	2.55	2.68	2.97	3.02	3.15	3.27	3.31	3.32	2.35	2.15
澳大利亚	1.77	1.75	1.77	1.89	1.86	1.89	1.91	1.95	1.98	2.01	2.15	0.71	0.92

资料来源：由《国际统计年鉴》数据处理得到

根据选定的GM（1，1）灰色预测模型，对耕地丰沛国的耕地单产能力进行灰色拟合预测，分别得到模型如下：

$$中国：Y_t = 309.72e^{0.013t} - 305.48 \tag{2.13}$$

$$泰国：Y_t = 171.98e^{0.0138t} - 169.59 \tag{2.14}$$

印度：$Y_t = 180.7e^{0.0117t} - 178.65$ （2.15）

南非：$Y_t = 53.22e^{0.0445} - 50.71$ （2.16）

尼日利亚：$Y_t = 84.64e^{0.0134} - 83.43$ （2.17）

俄罗斯：$Y_t = 30.15e^{0.0424} - 28.99$ （2.18）

乌克兰：$Y_t = 116.2e^{0.0196} - 111.58$ （2.19）

美国：$Y_t = 213.9e^{0.02t} - 209.93$ （2.20）

加拿大：$Y_t = 143.72e^{0.0182t} - 141.02$ （2.21）

巴西：$Y_t = 71.69e^{0.031t} - 69.31$ （2.22）

澳大利亚：$Y_t = 112.03e^{0.015t} - 110.26$ （2.23）

得到模型的平均预测误差均小于3%，模型精度很高。因此，依据预测模型，各耕地丰沛国到2020年可达到的粮食单产能力如表2.12所示。

表2.12　2020年耕地丰沛国粮食单产灰色预测值（单位：吨/公顷）

国家	中国	泰国	印度	南非	尼日利亚	俄罗斯	乌克兰	美国	加拿大	巴西	澳大利亚
预测值	5.61	3.37	2.85	7.37	1.59	3.78	3.75	7.12	4.16	4.89	2.46

（三）测算结果

根据设定的基于区域粮食安全保障的耕地需求预测模型，结合测算的各个国家耕地需求模型的参数值，可以计算出2020年耕地丰沛国基于粮食安全保障的耕地需求量（表2.13）。

表2.13　2020年耕地丰沛国耕地需求指标预测值及测算结果

国家	人口/亿人	人均粮食需求量/千克	粮作比	复种指数	单产/（吨/公顷）	耕地需求量/万公顷
中国	14.24	420	0.70	1.41	5.61	10 801.38
泰国	0.76	285	0.81	1.15	3.37	690.00
印度	13.92	280	0.78	0.98	2.85	17 890.88
南非	0.51	250	0.82	0.35	7.37	602.78
尼日利亚	1.93	230	0.62	1.43	1.59	3 148.91
俄罗斯	1.37	580	0.85	0.49	3.78	5 047.09
乌克兰	0.42	600	0.74	0.75	3.75	1 210.81
美国	3.35	1 200	0.90	0.60	7.12	10 455.68
加拿大	0.36	650	0.70	0.56	4.16	1 466.84
巴西	2.19	550	0.72	1.15	4.89	2 985.73
澳大利亚	0.24	600	0.91	0.71	2.46	905.99

二、耕地可供给量预测

经济社会的不断发展、城市化进程的推进和生态环境保护的要求不断加强，对耕地利用保护提出了更高要求。如何在平衡生态经济和耕地保护的前提下，更好地规划和利用各业用地，平衡发展，是现在耕地保护面临的重要命题。通过对各耕地丰沛国耕地资源条件、可耕地潜力及耕地增减趋势进行综合分析，建立基于耕地变化数量的 SPSS 时间序列模型，预测 2020 年耕地丰沛国耕地可供给量。各国的耕地资源基本情况如下。

中国——中国耕地数量的减少主要是由经济社会快速发展带来的建设用地扩张、保护环境防止灾害带来的生态退耕、膳食结构变化以及消费水平提高引起的农业结构调整等因素引起的，耕地数量的增加则主要是因为土地整理以及后备耕地资源的开发。据《2016 中国国土资源公报》，截至 2016 年末全国耕地面积为 13 495.66 万公顷（20.24 亿亩[①]）。在中国坚守 18 亿亩耕地红线的基础上，未来中国耕地面积不会发生很大的变化。

泰国——泰国国土面积为 51.3 万平方千米，其中 41% 即 2 103.3 万公顷为可耕地面积，可耕地面积开发程度很大，主要用来种植稻谷，并大量用于出口。由于泰国良好的气候和土壤条件，耕地一直保持着较高的生产能力，作为世界重要谷物出口国，其未来耕地安全形势良好。

印度——印度拥有丰富的土地资源，耕地面积数量居亚洲之首。但印度巨大的人口基数带来的粮食需求量也是对耕地安全的严峻考验，在有限的技术经济和农业投入条件下，印度未来的粮食生产能力提升空间十分有限。与此同时，随着过度的耕地利用以及经济建设占用耕地，近年来印度也同时面临着耕地面积锐减的趋势，前总统卡拉姆就曾在第二届国际植物生理学会议开幕式上指出，到 2020 年，印度的可耕地面积将由 1.7 亿公顷减少至 1 亿公顷。未来的耕地安全保障情况不容乐观。

南非——南非农业较发达，是非洲最大的蔗糖产地及出口国。国土面积 122 万平方千米，可耕地约占土地面积的 12%，但肥沃土地仅占可耕地的 22%，灌溉面积为 1 300 万公顷。

尼日利亚——尼日利亚土地面积 92.38 万平方千米，其中可耕地约 6 800 万公顷，目前有牧场 2 830 万公顷，林地 1 090 万公顷，水面 1 300 万公顷。但由于尼日利亚地处赤道，严峻的气候条件和贫瘠的土壤肥力是制约其耕地开发的重要因素。

[①] 1 亩 ≈ 666.67 平方米。

俄罗斯——俄罗斯地广人稀，人均耕地面积居世界第五，耕地资源十分丰富。目前全境农业用地总面积为1.68亿公顷，其中有近1/4耕地处于闲置状态，后备耕地资源充足，国内开放的农业政策以及丰富的耕地资源也吸引了很多国家对其进行耕地投资开发利用。

乌克兰——乌克兰国土面积603 700平方千米，大部分是肥沃的平原和高地，可耕地约占56.65%，即3 420万公顷。南部和西部是重要的农业生产地区。乌克兰拥有世界上最肥沃的"黑土壤"，有"苏联的面包篮"的美称。良好的气候条件、高度发达的农业经济以及肥沃的土壤条件，为乌克兰未来的粮食安全提供了充足的耕地保障。

美国——美国国土总面积为93 700万公顷，其中耕地达19 745万公顷，占世界耕地总面积（150 151万公顷）的13.15%，是世界上耕地面积最大的国家。美国人均耕地0.7公顷，是世界人均耕地（0.23公顷）的3.0倍。处于高度经济发展水平的美国，具有非常先进的耕地保护技术并施行严格的耕地保护制度，美国"耕地储备项目"（cultivated land reserve project，CRP）即"土地休耕保护"计划延续了《食品安全法案》和《联邦农业发展与改革法》对土地进行休耕保护的理念，经过二十多年的贯彻执行，美国全境约有3 640万英亩（1英亩≈4 046.856平方米）的土地都处于休耕保护之下。因此后备耕地资源十分丰富。

加拿大——加拿大国土面积998万平方千米，居世界第二位。已耕地面积为6 800万公顷，占总面积的7%。而加拿大在20世纪就开始大力推广保护性耕作技术，取得了良好的效果，耕地的生产力得到有效续存，拥有丰富的可耕地面积。

巴西——巴西是农牧业大国，农牧业是巴西经济的支柱产业。巴西以广阔的国土面积、丰富的可耕地资源、宜农气候特点等优势以及世界对农产品需求不断增长为依据，确定了"以农立国"的可持续发展战略。巴西80%以上的土地尚未被开发利用，耕地面积还在不断扩大。已开发的土地中不到10%用于种植农作物，20%左右的土地为牧场，其余的可耕地闲置。这就是说，土地的利用率不足30%，垦种指数很低，土地资源的开发潜力巨大。

澳大利亚——澳大利亚国土面积769.2万平方千米，农牧业用地广阔，人均占有农牧用地19公顷，耕地面积0.47亿公顷，澳大利亚农牧业已成为主要经济支柱之一。由于过去不合理的土地开发利用，土壤翻耕造成严重水土流失。因此，澳大利亚开始施行保护性耕作，目前澳大利亚全国免耕播种和精准农业面积已占耕地面积的15%。

由于各个国家的具体情况不同，本章结合国内外学者对耕地保有量预测的结果，根据表2.14显示的已有的各国可耕地数据进行拟合，利用SPSS时间序列模型对耕地丰沛国历年来可耕地面积变化趋势进行预测分析，并在此基础上根据各国的具体情况进行修正可预测得到 2020 年耕地丰沛国实际耕地可供给量，如表 2.15 所示。

表 2.14　1995~2012 年耕地丰沛国耕地面积变化趋势一览表（单位：10^7公顷）

年份	中国	泰国	印度	南非	尼日利亚	俄罗斯	乌克兰	美国	加拿大	巴西	澳大利亚
1995	9.49	1.68	16.22	1.49	3.04	12.75	3.33	17.69	4.54	5.35	5.01
1996	13.03	1.69	16.22	1.55	3.01	12.74	3.32	17.69	4.55	5.34	5.18
1997	12.99	1.71	16.19	1.54	2.82	12.60	3.31	17.69	4.56	5.33	5.29
1998	12.96	1.68	16.15	1.48	2.82	12.60	3.29	17.69	4.56	5.32	5.38
1999	12.92	1.47	16.17	1.47	2.82	12.50	3.27	17.69	4.57	5.32	5.25
2000	12.82	1.55	16.11	1.47	2.88	12.30	3.26	17.54	4.57	5.51	5.01
2001	12.76	1.55	16.08	1.48	2.99	12.46	3.27	17.56	4.57	5.79	4.92
2002	12.59	1.58	16.17	1.47	3.02	12.34	3.26	17.60	4.57	5.89	4.83
2003	12.34	1.41	16.05	1.47	3.05	12.26	3.28	17.34	4.57	5.90	4.76
2004	12.24	1.49	16.00	1.45	3.18	12.24	3.25	17.46	4.57	5.90	4.89
2005	12.21	1.42	15.96	1.47	3.20	12.18	3.25	17.44	4.57	5.90	4.94
2006	12.18	1.50	15.85	1.44	3.37	12.65	3.24	17.35	4.56	5.99	4.85
2007	12.17	1.58	15.56	1.45	3.46	12.12	3.24	17.04	4.52	6.08	4.68
2008	12.17	1.62	15.86	1.45	3.75	12.25	3.25	17.05	4.51	6.10	4.40
2009	12.23	1.60	15.60	1.56	3.88	12.01	3.35	17.69	4.55	6.15	4.40
2010	11.00	1.53	15.79	1.43	3.40	12.17	3.25	16.28	4.51	6.12	4.72
2011	10.65	1.66	15.62	1.20	3.50	11.98	3.25	15.51	4.59	7.26	4.71
2012	10.59	1.67	15.60	1.20	3.50	11.98	3.25	15.51	4.59	7.26	4.71

资料来源：《国际统计年鉴》

表 2.15　2020 年耕地丰沛国实际耕地可供给量（单位：10^4公顷）

国家	中国	泰国	印度	南非	尼日利亚	俄罗斯	乌克兰	美国	加拿大	巴西	澳大利亚
预测值	11 097	1 413.3	13 570	1 586	4 500	11 626	3 210.9	17 550	5 500	6 896	4 855

三、耕地供需差测算

将基于粮食安全的耕地需求量与实际各国耕地可供给量进行比较，可得到未来耕地丰沛国基于粮食安全战略下的耕地供需差（表 2.16）。

表 2.16 2020 年耕地丰沛国耕地供需状况一览表

国家	耕地需求量/万公顷	耕地可供给量/万公顷	供需差/万公顷	保障度
中国	10 801.4	11 097	295.6	103%
泰国	689.9	1 413.3	723.3	205%
印度	17 890.9	13 570	-4 320.9	76%
南非	602.8	1 586	983.2	263%
尼日利亚	3 148.9	4 500	1 351.1	143%
俄罗斯	5 047.1	11 626	6 578.9	230%
乌克兰	1 210.8	3 210.9	2 000.1	265%
美国	10 455.7	17 550	7 094.3	168%
加拿大	1 466.8	5 500	4 033.2	375%
巴西	2 985.7	6 896	3 910.3	231%
澳大利亚	906.0	4 855	3 949.0	536%

第三节 耕地丰沛国实现国内粮食安全的耕地保障评价

一个国家的耕地资源要有效地保障国内粮食需求，实现国内粮食安全，应该既要满足人类生存发展的基本需求，也要在可持续战略的基础上，应对经济发展、人口增长和生态保护等对耕地利用提出的严峻考验。因此，对耕地丰沛国的耕地资源保障程度进行评价和分析，从而提出更好的保护耕地和利用耕地的政策建议，对耕地丰沛国实现国内粮食安全具有重要意义。

一、基于保障度的耕地保障评价

通过第二节的测算结果可将各耕地丰沛国的耕地保障程度划分为以下四个层次（表 2.17）。

表 2.17 耕地保障层级划分

程度	内涵
不安全 （保障度 <100%）	供给小于需求，在国内现有经济技术条件、国内农业政策发展趋势下，未来国内耕地可供给量无法保障粮食安全下的国内耕地需求量，国内耕地资源态势严峻，粮食和耕地安全无法实现
基本安全 （100%≤保障度<150%）	供给基本大于需求，在国内现有经济技术条件、国内农业政策发展趋势下，未来国内耕地可供给量能基本保障粮食安全下的国内耕地需求量，国内耕地资源丰富，粮食和耕地安全得以基本实现

续表

程度	内涵
安全 （150%≤保障度< 300%）	供给大于需求，在国内现有经济技术条件、国内农业政策发展趋势下，未来国内耕地可供给量能很好地保障粮食安全下的国内耕地需求量，国内耕地资源丰富，粮食和耕地安全得以有效实现
十分安全 （300%≤保障度）	供给大大超过需求，在国内现有经济技术条件、国内农业政策发展趋势下，未来国内耕地可供给量能充分保障粮食安全下的国内耕地需求量，国内耕地资源非常丰富，后备耕地资源充足，粮食和耕地安全能够得到充分实现

根据划分出的耕地安全保障度，可以知道，虽然都是耕地资源十分丰沛的国家，但是由于受到社会经济发展条件、居民生活消费水平、政治经济整体环境以及农业生产结构、生产水平等综合因素的影响，总量上耕地资源丰富的国家在耕地安全保障度上会呈现不同趋势。当一国耕地实际可供给量大于其满足粮食安全的耕地需求量时，表明该国的耕地处于安全状态，能够很好地保障粮食安全；当一国的耕地实际可供给量小于其满足粮食安全的耕地需求量时，表明该国的耕地处于不安全状态，不能够实现基于粮食安全的耕地需求。依据划分的耕地保障层级，可知耕地丰沛国耕地保障状况如表 2.18 所示。

表 2.18 耕地丰沛国耕地保障状况

国家	耕地保障层级	耕地保障度
澳大利亚	十分安全	556%
加拿大		374%
乌克兰	安全	265%
南非		263%
巴西		231%
俄罗斯		230%
泰国		205%
美国		168%
尼日利亚	基本安全	143%
中国		103%
印度	不安全	76%

二、评价结果分析

由表 2.18 可知，位于不安全维度的国家只有印度。作为耕地总面积排名居世界第二的国家，印度不能保障耕地需求的主要原因在于：一是印度的气候属于热带季风气候，有明显的雨季与旱季，这导致印度耕作制度一般是一年一熟，耕地复种指数不高；二是印度巨大的人口基数及其增长带来的粮食刚性需求的增加，导致耕地需求的增长；三是印度国内农业投入不足，农业技术科技水平较低，导致耕地的粮食生产能力没有得到有效提高。

位于第二层级的即耕地能基本保障国内粮食安全需求的国家包括中国和尼日利亚这两个亚非国家。中国耕地数量排名第三，虽然在20世纪80年代中国就开始实行计划生育政策，但巨大的人口基数带来的粮食消费需求仍是中国保障粮食安全的重心。得益于中国农业科技的不断投入，粮食单产能力得到很大提高，因此，国内耕地生产的粮食基本能够保障需求。而尼日利亚虽然耕地总量较之中国和印度都小，但是其剩余耕地数量占到可耕地数量的30%左右，因此具备一定潜力。但是由于总体耕地数量有限，故考虑到气候变化、灾害等因素，其耕地数量只能基本保障粮食安全。

位于第三层级的国家主要包括乌克兰、南非、巴西、俄罗斯、泰国和美国在内的欧美国家及亚非农业发达国家。欧美国家的普遍特征表现为：一是经济发展水平很高，农业投入充分，耕地的粮食单产水平很高，特别是美国和巴西，由于其农业科技化水平很高，单位耕地的投入产出比很高；二是自身的耕地资源条件比较丰富；三是耕地保护政策制度非常完善。这些欧美国家的耕地休耕制度非常完善，能够很好地提高农业生产效益，保护土地肥力，促进耕地合理利用，促进农业生产技术的提高。而泰国及南非作为亚非两国主要的农业出口国，由于耕地单产能力比较高，虽然总体供需差数不大，但是其国内耕地的保障度很高，需要的耕地数量只占到可供给耕地数量的一半左右。因此，可以对这些耕地进行休耕或是吸引国外投资进行开发利用。

位于第四层级即十分安全的国家包括加拿大和澳大利亚。两国都属于地广人稀、耕地资源丰富、后备耕地资源充分的国家，且耕地保护制度完善，农业气候适宜，土壤肥力高，耕地可开发潜力大。

由此可知，耕地丰沛国总体而言基本上都能实现国内的粮食安全。就开发潜力而言，除却泰国和南非之外的亚非耕地资源丰沛的发展中国家，由于受到人口基数大、经济发展水平有限、农业科技水平不高和农业投入有限等因素的影响，其耕地保障只能基本实现粮食安全的需求；而欧美和大洋洲等耕地资源丰沛的发达国家，由于其雄厚的经济发展水平、大量的农业产业投入以及完善的耕地地力保护政策，其耕地保障能够充分实现粮食安全的需求，且后备耕地资源丰富，土壤肥力很强，具有很高的开发利用价值。

而就总体可利用耕地潜力而言，基于耕地供需差的测算表明除印度的供需差呈负数缺乏可利用耕地潜力外，各耕地丰沛国都拥有比较丰富的耕地资源。由表2.16可知，欧美等发达国家的可利用耕地潜力排名都前于亚非国家。其中，美国的可利用耕地潜力最大，为7 094.3万公顷，而中国的可利用耕地潜力最小，为295.6万公顷。总体而言，各个国家的耕地剩余保有量的总和达到了26 631.8万公顷，相当于泰国可耕地面积的13倍。若这些耕地资源能够得到很好的开发利用，将是对世界粮食安全的最大保障。

三、耕地丰沛国实现国内粮食安全的耕地保障政策建议

由评价结果可知，虽然欧美和大洋洲耕地资源丰沛的大多数国家都处于耕地能够充分保障粮食安全的状态，但仍有部分亚非耕地资源丰沛的国家实际上耕地只能基本保障或是不能实现粮食安全。这就表明，耕地资源总量丰富的国家，由于受到社会经济条件以及自然环境的约束，并不都能充分保障国内的耕地需求，从而实现国内粮食安全。因此，针对耕地保障水平不同的耕地丰沛国，应制定不同的耕地保护利用对策，从而更好地实现国内粮食安全，促进耕地充分使用。

针对亚非国家而言，由于其耕地保障只能基本实现或不能实现粮食安全的需求，故其耕地保障必须立足国内，放眼国际，综合考虑，从而充分保障国内的粮食安全。

（1）科学、合理控制人口数量，提高劳动力素质。由研究结果可知，亚非国家的人口基数很大，且人口发展呈增长趋势，特别是印度和中国，人口总数居世界前列，而人口增长必然会加重人口与粮食、耕地之间的矛盾。亚非国家由于城市化水平不高，经济处于快速发展阶段，人口的增长一方面加大了对建设用地的需求，另一方面也要求在有限的耕地资源基础上，生产更多的粮食以满足粮食需求。因此，必须科学合理地制定计划生育政策，将人口增长控制在规划目标以内，才能减轻人口增长对粮食和耕地需求的压力。

（2）加大农业投入，适度规模经营，提高耕地产出水平。必须加大农业产业投入，施行科学种田，充分挖掘耕地增产潜力。虽然耕地丰沛国耕地总量丰富，但是相较于其耕地需求量而言，并不一定能实现粮食安全。由于耕地面积有限，要实现粮食安全，一方面要加大农业科技投入、加快农业技术改造的步伐，从而稳定粮食播种面积、提高粮食单位面积产量、提高土地的生产率；另一方面也要改变过去小户分散经营的耕作模式，适度推行规模经营，从而提高耕地的产出水平。

（3）提高认识，转变观念，强化耕地资源保护意识。从盲目相信本国耕地资源取之不尽用之不竭、"地大物博"的观念中解放出来，从各国的国情出发，认清耕地资源安全态势的严峻性以及粮食安全对社会经济发展和国家安全的重要性，把保护耕地作为国家的基本政策，制定严格的保护耕地的法律制度，从而强化耕地资源保护意识。

（4）放眼国际，在经济全球化趋势下积极探索海外耕地投资。亚非国家，尤其是印度、中国等人口大国，由于庞大的人口基数和人口增长惯性，实现本国粮食安全对耕地资源提出了更高要求，而在本国有限的耕地资源基础上，应该利用经济

全球化的趋势，抓住机遇，积极探索海外耕地投资，加强国际合作，充分利用他国耕地资源以发展农业生产，从而在一定程度上减轻本国粮食和耕地需求压力。

针对欧美和大洋洲国家而言，由于本身丰沛的耕地资源和完善的耕地保护政策制度，其耕地保障能够充分实现粮食安全的需求。因此，为了更好地维护本国粮食安全，这些国家应该坚持耕地保护制度，继续通过税费优惠等激励政策替代对农产品直接价格补贴来实现耕地保护、严格控制城镇增长对耕地的占用以及利用耕地发展权购买（purchase of development rights，PDR）控制耕地的非农化等耕地保护政策对耕地利用进行严格限制，并在满足本国需求的基础上，加强国际合作，为他国粮食安全提供一定的耕地保障。

第四节　耕地丰沛国基于国际粮食安全的耕地保障评价

衡量一个国家在维持自身粮食安全的基础上对国际粮食安全和耕地的保障作用最重要的就是体现在其是否拥有充足后备可开发利用的耕地资源潜力供其他缺少耕地、粮食不能自给的国家来进行耕地开发利用和粮食生产。而海外耕地投资是以获取他国一定时期内土地使用权为投资手段，通过对他国耕地资源的联合开发，以获取农产品的优先处置权为目的的海外投资。在世界耕地资源分布的不平衡性、生物燃料生产抢占大量优质耕地资源、粮食进口国在世界粮食危机的冲击下为了更好地保障国内粮食安全以及国际金融资本为了获取高额粮食作物投资回报率等因素的推动下，越来越多的国家，不论是作为非洲以及拉丁美洲等耕地投资的东道国，或是美洲、欧洲等耕地投资的投资国，都将海外耕地投资战略纳入国家农业发展及粮食安全的战略体系当中。因此，本章讨论的耕地丰沛国基于国际粮食安全的耕地保障主要通过对其海外耕地投资的分析评价得到，而分析一国海外耕地投资状况也能够很好地衡量其在国际粮食安全和耕地保障上的作用。评价主要从耕地资源总量丰沛的国家在参与国际粮食安全的耕地利用上是否起到了保障作用、其可供海外耕地投资的利用潜力、耕地丰沛国目前的海外耕地投资政策以及为了保障国际粮食安全，这些耕地丰沛国应该如何更好地发挥自身的耕地潜力优势这几个方面展开。

一、基于可利用潜力的耕地保障评价

目前耕地丰沛国进行海外耕地投资的基本情况在各大洲有所不同，其基本概

况如下。

亚洲国家：①中国。中国作为世界上人口数量最大的国家，其耕地能基本保障粮食需求，但总体粮食安全形势不容乐观。因此，中国正在积极探索政府援外、企业运作的海外农业合作的方式，许多国企和私人企业都纷纷进行海外耕地投资实践。以国家主导型、企业主导型及个人主导型为特性的海外耕地投资包括中国重庆和老挝、中国新疆和巴西、中国云南和缅甸、中国四川和柬埔寨、中国安徽和莫桑比克、中国湖北和莫桑比克的合作等。通过不断的探索实践，中国通过海外耕地投资在他国获取的农地所有权和使用权面积不断增加。②泰国。泰国由于其丰富的耕地资源以及良好的气候条件，是东南亚最重要的稻谷出口国。农业和农产品加工业的发展潜力很大，在土地、水源、食品加工方面具有优势，作为东盟的重要国家，其政治和经济环境稳定，国内市场容量大、政府重商、生产成本相对较低等优势使泰国吸引了大量外国资本进行海外耕地投资。1997年泰国曾出台法律，允许投资超过100万美元的外国人在泰国持有土地，此情况成为外国人在泰国大肆收购持有土地的开端。而"泰国发展成为世界厨房政策"，也为外国资本进入泰国进行耕地投资提供了政策保障。③印度。印度作为新兴的发展中国家，面临着国内人口不断增长，耕地压力不断增加的困境。因此，印度一直都在积极探索进行海外耕地投资，以期保障国家的粮食安全。据印度《经济时报》（2008年9月3日）报道，印度相关政府部门为了更好地推行海外耕地投资，方便国企和私企的海外耕地投资将拟定修改海外投资条款，从而将在他国耕地种植的粮食作物运回国内以缓解国内粮食和耕地需求不断增长的压力（FAO，2002）。据英国《每日电讯报》（2009年6月28日）报道，印度公司在非洲地区大肆购买土地，利用当地低廉的劳动力种植农作物，并将所有农作物运回印度本土。印度农业公司在非洲已经购买了遍及埃塞俄比亚、肯尼亚、马达加斯加、塞内加尔和莫桑比克在内的非洲地区几十万公顷的土地。通过在这些土地上种植大米、甘蔗、玉米和小扁豆等粮食作物以应对本国食用油和玉米稀缺的紧张局势。同时，印度政府对这些公司提供低息贷款，希望通过此举建立高效率大规模农业体系，从而不断推进海外耕地投资的健康发展。

非洲国家：非洲地区由于气候和经济条件的限制，大量的小麦和水稻等粮食作物都依赖于进口。由于受到本国经济条件的限制，这些国家大多希望引进外国资本来发展本国农业。南非的农业在国家经济中占有非常重要的地位，农业及相关产业支持了近1/3的人口就业。南非在结束种族制度之后一直探索在农村经济中消除种族差别的土地改革，以确保占南非人口绝大多数的黑人能够得到土地。其中的措施之一就是禁止外国人拥有南非土地所有权。为了有更多的土地分配给黑人，政府正在考虑拥有土地的三种模式：只可用于租赁的国家所有的土地、私人有限拥有的土地和可租赁给外国人的土地，但土地所有权必须属于南非人。这将对外国投资进入南非造成破坏性影响。尼日利亚位于非洲西部，国土面积约92.38万平方千米，人口约1.9亿，是非洲人口最多的国家。据统计，尼日利亚全国可耕地面积达6800多万公顷，但目前已耕种面积只有3400万公顷左右。尼日利亚为了实现其经济发展目标，制定了一系列的税收优惠、投资补贴等政策措施来吸引外国资本进行农业投资，目前尼日利亚掌握在外国人手中的耕地面积约占总耕地面积的1%。

美洲国家：包括巴西、阿根廷、乌拉圭等在内的部分美洲国家通过为外国投资者建立平等的投资环境、予以税收政策优惠等一系列措施，积极地吸引海外耕地投资，从而促进本国经济发展、缓解国内就业压力、提升政府财政收入以及促进本国土地资源的更好开发。巴西的耕地发展条件优越，可耕地面积占国土总面积的21.14%，已开发的耕地面积占可耕地面积约42.61%。农业人口比例较低，仅为11%，大量农产品依赖于进口。因此，巴西政府正积极吸引海外耕地投资以促进本国土地开发利用，缓解粮食进口压力。目前巴西总耕地面积的2%为外国人所开发利用。加拿大也在积极探索海外耕地投资。据加拿大《明报》报道，加拿大草原省份萨斯喀彻温省（Saskatchewan）的耕地面积约占加拿大总耕地面积的40%，享有"面包篮子"的美誉。萨斯喀彻温省的农田现已成为备受中国、印度和韩国追捧的投资产品，这些国家在当地豪掷现金购买大片农田，由此改变了萨斯喀彻温省乡村的传统面貌。美国作为世界耕地面积最大、粮食出口量最多的国家之一，主要对邻近的拉美国家以及非洲国家等土壤肥沃、耕地面积丰富、廉价劳动力充足的国家进行海外耕地投资。目前，美国通过一系列的海外耕地投资实践，在墨西哥、乌克兰及苏丹等国获得了超过45.7万公顷的农田。

欧洲国家：俄罗斯、乌克兰的后备土地资源丰富，较低的农业人口比例表明这些国家拥有农业规模化经营的基础。而通过融资、基础设施建设、农业科学技术发展以及农业机械化的不断推广，土地密集型和资本密集型的现代农业可得到大力发展。受到本国土地市场化程度的限制，两国的私人农场规模都较大，土地集中在农场主手中，因此，这些大型农场为西欧国家的对外直接投资创造了新的增长点。但在海外耕地投资具体土地利用政策上，俄罗斯可通过协商确定一定土地的租赁与购买年限，而乌克兰的政策则较为严格，不允许土地购买，只允许不超过25年的土地租赁。

大洋洲国家：澳大利亚地广人稀，拥有丰富的耕地资源，农业政策开放，吸引了包括中国在内的许多国家对其进行海外耕地投资，罗温渡农场（占地约1000公顷）、鹰山农场和宝博拉农场都被中国购买。澳大利亚土地分为国有和私有两大类，私人土地可自由交易。太古集团子公司Clyde农业公司就曾拥有总面积达16.5万公顷的澳大利亚农业资产。

根据GRAIN组织在2012年1月发布的对全球所有参与海外耕地投资国家

（包括投资方与被投资方）的已经开展或正在进行中的海外耕地投资的数据，可得到耕地丰沛国进行海外耕地投资概况，如表2.19所示。

表2.19　耕地丰沛国进行海外耕地投资概况（单位：公顷）

国家	接收他国海外耕地投资面积	对他国进行海外耕地投资面积	接收和投资面积差
中国	145 000	4 151 716	-4 006 716
印度	0	1 789 700	-1 789 700
泰国	14 678	86 000	-71 322
尼日利亚	362 292	5 500	356 792
南非	13 900	1 065 174	-1 051 274
美国	95 677	3 679 665	-3 583 988
巴西	2 761 827	196 878	2 564 949
加拿大	21 355	606 754	-585 399
澳大利亚	4 946 381	113 691	4 832 690
乌克兰	997 600	0	997 600
俄罗斯	2 655 920	250 000	2 405 920

资料来源：GRAIN. Land grab deals[R]. GRAIN, 2012-02-23（http://www.grain.org/article/entries/4479-grain-releases）

由表2.19可知，选取的耕地丰沛国中除了印度只作为投资者角色和乌克兰只作为东道国的角色外，大多数国家在海外耕地投资中既扮演了投资国的角色，也同时扮演了东道国的角色。就接收海外耕地投资面积与对他国进行海外耕地投资面积的差值而言，澳大利亚、巴西、俄罗斯、乌克兰和尼日利亚是主要的海外耕地投资东道国；中国、美国、印度、南非和加拿大是主要的海外耕地投资国。同时，基于表2.19所显示的耕地丰沛国在接收海外耕地投资和进行海外耕地投资的耕地面积差值，可将耕地丰沛国参与国际粮食安全的耕地保障程度划分为四个层级（表2.20）。

表2.20　基于接收和投资海外耕地面积差的耕地丰沛国保障层级划分

保障层级划分	国家	接收和投资耕地面积差/公顷
一级（差值≥2 000 000）	澳大利亚	4 832 690
	巴西	2 564 949
	俄罗斯	2 405 920
二级（0≤差值<2 000 000）	乌克兰	997 600
	尼日利亚	356 792
三级（-1 000 000≤差值<0）	泰国	-71 322
	加拿大	-585 399

续表

保障层级划分	国家	接收和投资耕地面积差/公顷
四级（差值<-1 000 000）	南非	-1 051 274
	印度	-1 789 700
	美国	-3 583 988
	中国	-4 006 716

二、评价结果分析

由表 2.20 可知，能够达到一级保障的国家包括澳大利亚、巴西和俄罗斯，这些国家为国际提供了丰富的耕地资源，是实现国际粮食安全的重要保障国。第二层级是指能够提供一定数量耕地保障的国家，包括乌克兰和尼日利亚。第三层级指的是虽然作为耕地总量丰沛的国家，但是就对他国进行耕地投资与接收他国耕地投资的耕地面积总差值而言，没有为国际提供耕地资源保障的国家，包括泰国和加拿大；第四层级指那些没有对国际耕地利用提供保障，且在他国进行大量投资与利用耕地的国家，包括南非、印度、美国和中国。由之前的研究可知这些耕地资源丰富的国家在满足国内国际粮食安全需求上的耕地保障基本状况，如表 2.21 所示。

表 2.21 耕地丰沛国参与海外耕地投资角色划分与实际潜力状况表

国家	是否具备可利用耕地资源潜力/10^4 公顷	作为主要投资国	作为主要东道国
美国	是（7 094）	√	
俄罗斯	是（6 579）		√
加拿大	是（4 033）	√	
澳大利亚	是（3 983）		√
巴西	是（3 910）		√
乌克兰	是（2 000）		√
尼日利亚	是（1 351）		√
南非	是（983）	√	
泰国	是（723）	√	
中国	是（296）	√	
印度	否（-4 321）	√	

由表 2.21 可知，包括印度、中国、泰国和南非在内的后备耕地资源潜力较小的亚非耕地丰沛国在国际上主要是作为海外耕地投资的投资国。虽然耕地总量丰富，但是由于本国基于粮食安全的耕地需求较大，特别是印度，在未来耕地供给

已不能实现其粮食需求。因此在国际上虽然由于比较优势以及经济发展需求吸引了部分海外耕地投资，但是总体来说，这些国家在积极寻求耕地资源丰富、地理便利以及政局稳定的国家，并对其进行海外耕地投资以减轻本国的粮食和耕地需求压力，从而更好地实现粮食安全。

包括俄罗斯、澳大利亚、巴西、乌克兰和尼日利亚在内的国内后备耕地资源丰富的耕地丰沛国，在国际上主要是作为海外耕地的东道国。这些国家地广人稀、气候宜人，且国内农业经济发展水平很高，农业投资和经济政策开放，能够利用自身丰富的耕地资源优势吸引国际海外耕地投资，从而为本国工业现代化发展、国土资源更好开发利用、就业压力得到缓解、财政收入得到提高做出贡献。在更好地实现本国经济发展的同时也为他国缓解粮食安全压力提供耕地保障。

美国和加拿大虽然国内耕地资源丰富，可利用耕地潜力很大，能充分实现国内的粮食安全，但两国在国际上均作为主要的耕地投资国存在。这主要是由于两国严格的耕地保护制度提高了他国对其进行海外耕地投资的成本，特别是美国，通过建立联邦、洲、地方政府和私人团体各种层次的耕地保护体系，严格限制了包括耕地购买、农业用途管制、农地发展权购买以及农地利用规划等在内的一系列耕地交易的相关经济活动，且两国由于高度发达的经济水平和生物能源战略，促使其通过对他国进行海外耕地投资获取高额利润。

三、耕地丰沛国基于国际粮食安全的耕地保障对策建议

耕地是粮食生产的基础，因此未来粮食需求的增长必然会引致耕地需求量的增加。而由于耕地面积的有限性，在未来耕地资源必将成为一种越来越重要的战略性资源。研究选取的耕地丰沛国的数量为世界国家和地区总数的 5%，人口总数占世界总人口的 32.8%，但其耕地总面积约占到世界耕地面积的 60%，因此，耕地丰沛国在满足自身粮食需求的基础上，对世界粮食安全的保障应承担义不容辞的责任和义务。基于第二和第三部分研究结果我们可以得知，选取的耕地丰沛国除印度和中国之外的九个国家未来耕地可供给量都能很好地保障其国内的粮食安全需求，这就表明这些国家有能力在实现自身粮食安全需求的基础上，提供丰富的可利用的后备耕地资源为其他国家的粮食安全做出贡献。而这些未利用的后备耕地资源是满足未来世界粮食需求增加的重要保障。

基于对耕地丰沛国参与国际粮食安全的耕地保障现状和自身可利用耕地资源潜力的分析可以发现，目前各国开展海外耕地投资的规模不大，虽然除印度和中国之外的其他耕地丰沛国都拥有不同程度的可利用耕地潜力，但实际上为国际粮食安全提供耕地保障的国家只有澳大利亚、巴西、俄罗斯、乌克兰和尼日利亚，

包括泰国、加拿大、南非、印度、美国和中国在内的六个国家实际上都是主要的对外耕地投资国。这种情况将加大世界耕地资源利用的不平衡性，对世界耕地和粮食安全产生不利影响。为了保障世界粮食安全和耕地资源的充分合理利用，耕地丰沛国在保障自身粮食安全的基础上，应该充分挖掘利用剩余可利用耕地资源潜力，针对耕地丰沛国耕地保障的具体情况，制定以下政策。

（1）就后备耕地潜力不足，且作为主要耕地投资国的中国、印度、南非和泰国而言，应该结合本国粮食安全状况制定符合本国发展需要的措施。中印两国作为世界人口大国，经济发展水平相对其他欧美国家落后，为了满足国内人口增长带来的粮食需求增加的要求、应对国内经济社会快速发展造成的城市扩张和耕地减少的压力，其国内粮食安全形势不容乐观。由于中国严格的耕地保护政策，中国能基本维持粮食安全的耕地保障；而印度作为新兴发展中国家，其耕地压力很大，国内耕地已不能满足其未来的粮食需求。因此，中印两国都必须积极探索海外耕地投资，利用其他国家丰富的耕地资源来切实保障国内的粮食安全。同时应该严格施行耕地保护制度，坚持计划生育政策，加大农业投入，切实保护耕地质量，以期保障国内的粮食安全和耕地需求，从而减少对世界耕地的压力。而作为亚非两国重要的粮食生产出口国的南非和泰国，虽然国内相对耕地保障度高，但是可利用耕地潜力相对较小，因此在本国粮食生产自然条件优越的基础下施行对他国投资的海外耕地投资政策的主要原因在于他国农业投资比较优势较高。因此，两国应大力发展农业经济，改善农业基础设施条件，提高水稻之外的其他粮食作物的种植和生产优势，从而提高自身的耕地满足度并吸引更多的海外耕地投资，充分挖掘可利用耕地潜力。

（2）就后备耕地资源丰富，且作为海外耕地投资东道国的澳大利亚、巴西、俄罗斯、乌克兰和尼日利亚而言，其耕地资源在满足本国需求的基础上，为国际粮食安全提供了充分的耕地保障。位于大洋洲的澳大利亚和巴西、俄罗斯、乌克兰这些欧美国家，土地资源禀赋条件优越，地广人稀，适合发展机械化种植的大型农场，农业的规模效益高。因此，这些国家应该施行更加积极的海外耕地投资政策，广泛开展国际投资和合作项目，通过积极的出售和长期出租耕地（未开发土地）来吸引外国投资。而地处非洲的尼日利亚由于低廉的土地价格与劳动力价格、当地政府积极地以土地资源换取海外投资的政策，成为发达国家竞相投资的区域。就国内而言，尼日利亚应通过维持国内政治的稳定，大力发展农业经济，提高农业生产基础设施状况，创造良好的农业生产条件，从而吸引更多的海外耕地投资。

（3）就后备耕地资源丰富，但是作为主要的耕地投资国的美国和加拿大而言，美国和加拿大在耕地资源十分丰富、农业经济发展水平很高、耕地地力在休耕政策的保护下维持很高生产能力的基础上，仍然对他国进行海外耕地投资的主要原因在于扩大对外投资的经济领域，建立海外生物燃料基地。并通过建立全球农产品生产基地，延伸本国的农业产业链，从而获取更大的经济效益，而实际上，美加两国大量的处于闲置和休耕状态的耕地资源未得到充分利用。因此，为了更好地保障世界粮食安全，促进耕地资源合理利用，美加两国应该从对他国的耕地资源进行投资利用转向本国耕地资源的开发利用，充分利用本国富余的耕地资源。并在此基础上取消国内高昂的耕地取得成本、运营成本和政策壁垒等造成他国对其进行农业投资的障碍，允许耕地稀缺国投资利用其丰富后备耕地，以改善由于世界耕地分布不平衡造成的耕地需求压力，从而缓解他国粮食和耕地需求压力。

第三章　海外耕地投资东道国的投资潜力评价

从耕地投资中东道国的现状与需求出发，分析影响其投资吸引力的因素并对其进行综合评价，从理论上为我国企业今后进行海外耕地投资的区域或东道国选择提供依据，完善关于对外直接投资区位选择以及投资环境的理论研究，为我国开展海外耕地投资与农业"走出去"战略提供理论指导。同时，不同于传统的对外直接投资理论大多以投资国为研究主体，本章从东道国的角度出发，对其参与耕地投资的驱动因素以及有利条件进行分析，从理论上论述海外耕地投资活动能够缓解粮食问题与保障粮食安全的可行性及必要性。

第一节　海外耕地投资东道国的分布和特征

海外耕地投资有别于以前的海外殖民。西班牙和葡萄牙在早期的殖民活动中是以对当地财富的掠夺为主的商业殖民；而英国是以农业生产为主的农业垦殖；而美国的海外殖民地则效仿英国，将他国土地的占领与垦殖作为全部的贸易活动。

海外耕地投资可以定义为：本国的公民或组织通过契约的形式获取他国一定时期内土地资源的种植权并进行农业生产的跨国投资。海外耕地投资东道国即被投资的耕地资源丰富的国家，这些国家主要集中在非洲、拉丁美洲、东南亚、南亚、大洋洲以及东欧与中亚地区。

一、海外耕地投资东道国的分布

（一）非洲

非洲农业资源丰富，被誉为世界原料库，可开发耕地有 8 亿多公顷，实际只利用了 1/4，森林面积 6.8 亿公顷，约占土地面积的 21%，草原牧场 8.9 亿公顷，占土地面积的近 30%，是棉花、香蕉、油棕、可可、咖啡、椰枣的起源地，主要粮食作物为玉米、小麦、高粱、木薯、水稻等。

虽然非洲幅员辽阔，自然条件优越，发展农业的条件也得天独厚，但是由于各方面的原因，非洲国家不仅没能实现粮食自给自足，反而成为世界上唯一的粮食净进口大陆。粮食危机严重制约了非洲国家经济发展和消除贫困的步伐，也成为社会不稳定的重要因素之一。

近年来，一些非洲国家意识到农业发展的重要性之后，纷纷加大对农业的投资力度，同时也张开怀抱拥抱海外投资带来的先进技术和经验，并出台了一系列优惠政策。例如，赞比亚把农业作为经济发展中的重中之重。2011 年初，赞比亚政府签署了非洲农业发展综合计划协议，承诺将该国年度预算的 10%投入农业开发，并将利用国家优势增加农业产量，加大研发投入，推动农业走多元化发展道路。赞比亚农业部部长称，赞比亚政府决定加快农业发展速度，将农业增长率从目前的1%提高到2015年的10%。坦桑尼亚地域辽阔，可耕地面积 4 400 万公顷，但只有少部分得到开发。为提高可耕地使用率，政府已划定一批土地富饶区域，通过制定一系列农业发展规划，如农业领域发展计划（Agriculture Sector Development Programme，ASDP）、坦桑尼亚南部农业发展走廊（Southern Agricultural Growth Corridor of Tanzania，SAGCOT），提高农业生产率，以期通过出口获得更多收入。

（二）拉丁美洲

拉丁美洲水土资源十分丰富，拥有可耕地近 1.65 亿公顷，约占本地区土地总面积的 8%。每个农业劳动力平均拥有可耕地面积 2.35 公顷，高于主要亚洲国家和一些西欧国家。拉丁美洲盛产甘蔗、咖啡、稻米、小麦、玉米、可可、热带水果、烟草、葡萄等农产品和牛肉、羊毛等畜产品。

20 世纪 80 年代拉丁美洲贸易自由化后，许多国家和地区只重视出口导向型作物的生产，导致对农业的投入大幅减少，尤其是收益较低的粮食生产则主要靠小农来进行，但小农受资金、生产规模、技术落后等限制而长期得不到发展。进入21世纪,一些拉美国家为促进本国国土资源开发、解决国内就业问题,积极鼓励外国企业进行投资,给予外国投资者国民待遇,同时还给予一定的税收优惠。例如,秘鲁规定,在国土资源产权方面,外国人,无论是自然人还是法人,与秘鲁人拥有同样的权利。

(三)东南亚

在东南亚地区,棕榈、橡胶与水稻是最具经济效益的农作物,从农作物出口的种类与总量来看,仅有个别国家的农产品具备出口优势。例如,文莱、东帝汶、老挝、缅甸等国的农产品出口种类单一,出口总量偏少,农产品不具备任何比较优势;而印度尼西亚、马来西亚、泰国、越南的部分农产品在国际上具有较大的出口份额。

2010年,泰国大米总产量3 073万吨,大米出口894万吨,出口金额56亿美元;橡胶总产量306万吨,出口273万吨,出口金额83亿美元;木薯产量2 017万吨,出口727万吨,出口金额23亿美元。2010年马来西亚油棕种植面积为485万公顷,同比增加了3.4%,原棕油产量为1 699万吨;天然橡胶产量约为94万吨,出口约90万吨,其中38.6%出口中国。2000年印度尼西亚农业用地4 937万公顷,其中可耕地3 045万公顷,2003年,从事农业的人口有4 200.1万人。它的主要经济作物有棕榈油、橡胶、咖啡、可可。2007年,印度尼西亚的棕榈油产量达到1 750万吨,成为全球最大的棕榈油生产国。

一些农业发展滞后的国家也出台了一些鼓励外国企业投资农业的优惠政策,如柬埔寨对外商投资农业出台了一些鼓励措施,如项目在实施后,从第一次获得盈利的年份算起,可免征盈利税的时间最长为8年,如连续亏损则被准许免征税。如果投资者将其盈利用于再投资,可免征其盈利税;政府只征收纯盈利税,税率为9%;分配投资盈利,不管是转移到国外,还是在柬埔寨国内分配,均不征税;等等。

(四)东欧与中亚

东欧及中亚地区虽然纬度较高,气候条件不如其他地区优越,但是这一地区黑土资源丰富,集中分布在俄罗斯、乌克兰、哈萨克斯坦三个国家。

俄罗斯的国土总面积居世界第一位,有17多亿公顷,其中耕地面积有1.22亿公顷,人均耕地面积约为0.84公顷。俄罗斯的主要农业区集中在中央黑土区、顿河流域、伏尔加河沿岸、西西伯利亚和外高加索等几个区域。俄罗斯的种植业以小麦、亚麻、甜菜、马铃薯为主。

乌克兰耕地资源丰富,土质肥沃,黑土面积占世界黑土总量的25%。全国农业用地达 4 210 万公顷，占国土面积的近 70%，其中耕地面积 3 420 万公顷，草地牧场 690 万公顷。该国大部分地区为温带大陆性气候，水利资源充足，灌溉便利，较适宜开展农业生产。乌克兰主要农作物包括谷类粮食、土豆、糖类作物和油料作物等。多年来，乌克兰农作物产量平均可达其国内需求量的 1.5~2 倍，除自给自足外还向欧盟、北非地区出口。目前乌克兰是全球第二大葵花籽油出口国，糖类制品在欧洲市场也有重要份额。

哈萨克斯坦地广人稀，全国可耕地面积超过 2 000 万公顷，每年农作物播种面积为 1 600 万~1 800 万公顷，粮食产量在 1 800 万吨左右。哈萨克斯坦主要农作物包括小麦（占粮食作物产量的 90%左右）、玉米、大麦、燕麦、黑麦。哈萨克斯坦不仅是粮食生产大国，也是粮食出口大国，年出口粮食 200 万~500 万吨，主要出口品种为小麦和面粉。

虽然这些国家资源丰富，但也存在一定问题，如乌克兰农业发展中存在法律禁止买卖农业用地的规定；耕地利用率低，耕地复种指数仅为 0.6；农产品精深加工能力不足，附加值较低；农产品仓储和物流等基础设施落后；国内农产品价格波动较大；等等。

二、海外耕地投资东道国的特征

（一）耕地资源充足，气候条件较好

首先，这些东道国都有着充足的耕地资源或者在某一农业资源上具有独特的竞争优势，在满足本国需求的同时能够为投资者提供耕地。例如，澳大利亚的耕地面积有 0.47 亿公顷，人均耕地面积为 2.15 公顷；哈萨克斯坦的耕地面积有 0.23 亿公顷，人均耕地面积为 1.45 公顷，远远高于世界平均水平 0.22 公顷。而部分国家虽然人均耕地面积低于世界平均水平，但由于拥有独特的气候条件，能够生产一些独有或者品种良好的作物，对投资者来说有较大的吸引力。例如，马来西亚的人均耕地面积仅 0.06 公顷，不到世界平均水平的 30%，但是该国的油棕具有较大的竞争优势，油棕的种植面积和产量都较大且大部分出口到国际市场；印度尼西亚的人均耕地面积为 0.10 公顷，不到世界平均水平的一半，但其棕榈油产量很大，是目前世界上最大的棕榈油生产国（表 3.1）。

表 3.1 主要海外耕地投资东道国基本情况

地区	国家	耕地面积/公顷	人均耕地面积/公顷	平均年降水量/毫米
大洋洲	澳大利亚	47 161 000	2.15	534
	新西兰	471 000	0.11	1 732

续表

地区	国家	耕地面积/公顷	人均耕地面积/公顷	平均年降水量/毫米
东南亚和南亚	柬埔寨	3 900 000	0.28	1 904
	巴基斯坦	20 430 000	0.12	494
	泰国	15 300 000	0.22	1 622
	越南	6 280 000	0.07	1 821
	马来西亚	1 800 000	0.06	2 875
	印度尼西亚	23 600 000	0.10	2 702
东欧与中亚	乌克兰	32 478 000	0.71	565
	俄罗斯	121 750 000	0.86	460
	哈萨克斯坦	23 400 000	1.45	250
拉丁美洲	阿根廷	31 000 000	0.77	591
	巴西	61 200 000	0.32	1 782
	墨西哥	25 133 000	0.22	752
	哥伦比亚	1 775 000	0.04	2 612
	秘鲁	3 650 000	0.13	1 738
	乌拉圭	1 881 000	0.56	1 265
非洲	坦桑尼亚	10 000 000	0.23	1 071
	尼日利亚	34 000 000	0.22	1 150
	喀麦隆	5 963 000	0.31	1 604
	马里	6 361 000	0.43	282
	乌干达	6 600 000	0.20	1 180
	加纳	4 400 000	0.18	1 187
	马达加斯加	2 950 000	0.15	1 513
	埃塞俄比亚	13 948 000	0.17	848
	乍得	4 300 000	0.39	322
	南非	14 350 000	0.29	495
	肯尼亚	5 400 000	0.14	630
	塞内加尔	3 850 000	0.32	686
	赞比亚	3 350 000	0.26	1 020
	津巴布韦	4 180 000	0.34	
	莫桑比克	5 050 000	0.22	1 032
	塞拉利昂	1 085 000	0.19	2 526

资料来源：以上数据均来自于世界银行数据库（http://data.worldbank.org.cn/）。

其次，从海外耕地投资东道国的分布地区来看，除东欧与中亚几个国家外，其他国家多集中在中低纬度地区，这一地区的气候多为热带或者亚热带气候，热量充足、降水丰沛，能够为农业发展提供良好的气候条件。例如，非洲的塞拉利昂、马达加斯加、喀麦隆，东南亚的各个国家以及拉丁美洲的秘鲁、巴西、哥伦比亚等，都位于热带季风气候区或者热带雨林气候区，这些地区光照充足，降水丰沛，雨热同期，年降水量在1 500毫米以上，一些粮食作物能够一年三熟；其他位于热带或者亚热带的国家，如果完善农业基础设施，尤其是灌溉条件，农作物也能一年三熟或一年两熟，与其他温带地区一年一熟的国家或地区相比，这些地区能够为投资者带来更多收益。

（二）集中在发展中国家

从海外耕地投资东道国的经济发展水平来看，除澳大利亚和新西兰外，其他国家都为发展中国家，尤其在非洲，这些国家的经济发展普遍落后，负债较重，国内资金短缺，同时由于国内农业基础设施落后，粮食自给率也较低，因此这些国家也非常希望外国对它们进行投资，尤其是农业方面的投资，希望改善本国农业基础设施条件，实现本国粮食自给自足，逐步摆脱贫穷落后的局面。

这些国家为了发展本国农业经济，都相继出台了一系列优惠的投资政策以吸引更多投资。例如，巴西政府积极鼓励外国企业到巴西进行投资，出台的优惠政策框架包括：给予外国投资者国民待遇；对外资给予税收优惠；外资企业在巴西境内生产的产品，如向第三国出口，可向巴西政府申请出口信贷和保险。在喀麦隆，为了吸引外来资金、技术和人才，该国设立了经济特区和自由工业园区，并颁布了《喀麦隆投资法》，支持和促进生产性投资；鼓励利用本地资源、创造就业、生产和销售有竞争力的出口商品和服务、增加成品出口、引进先进技术、保护环境和改善城乡居民生活水平。同时新的《投资法》规定，任何喀麦隆籍和外籍的自然人和法人，都可以按照喀麦隆的现行法律和法规，投资从事经济活动，并享受与喀麦隆国民同等国民待遇。

第二节　海外耕地投资东道国吸引投资必要性与可能性分析

一、东道国吸引海外耕地投资的现状

在全球粮食供需失衡的大背景下，不少国内耕地少、粮食严重依赖进口的国家早已开始把目光投向海外，海外耕地投资已不是一个新鲜事物。早在20世纪初期，日本就开始有组织、有规模地在中亚、巴西和非洲等地开展此类投资活动，

其主要方式是到东道国购买或租用农地用来进行粮食生产活动（Rieple and Singh，2010）。韩国也是积极开展海外耕地投资活动的国家之一，其在 2008 年提出建立海外粮食基地，政府当局大力支持本国企业到海外开展耕地投资。印度由于拥有较大的人口基数，在 2008 年就开始在南美洲地区开展耕地投资活动，在亚洲的缅甸、印度尼西亚等国也有其参与的农业投资项目。在新一轮的海外耕地投资大潮中，主要的投资国为海湾地区的国家，典型代表如阿联酋、沙特阿拉伯、科威特、巴林等，这些国家的粮食供给主要依赖于国际粮食市场，它们的投资目标区域包括泰国、老挝、印度尼西亚、柬埔寨、菲律宾等东南亚国家，以及俄罗斯、乌克兰和土耳其等中亚、东欧国家。

2012 年 3 月，国际非政府组织 GRAIN 发布了从 2006 年起全球 416 个大规模的海外耕地投资案例，包括已经完成和正在进行中的国际耕地投资项目，接受投资的东道国达到 66 个，总投资面积达到 3 480.5 万公顷以上。通过对 GRAIN 发布的 416 个海外耕地投资案例的相关数据进行归纳整理，本章得出了各大洲参与耕地投资的东道国数量与投入耕地情况，如表 3.2 所示。

表 3.2 各洲接受海外耕地投资的东道国情况

地区	东道国数量/个	投入的耕地面积/公顷	东道国数量比例	耕地面积比例
亚洲	9	3 668 900	13.64%	10.54%
非洲	35	16 255 179	53.03%	46.70%
南美洲	8	5 152 167	12.12%	14.80%
北美洲	1	95 677	1.52%	0.27%
大洋洲	3	5 355 693	4.55%	15.39%
欧洲	10	4 277 328	15.15%	12.29%

资料来源：国际非政府组织 GRAIN 发布的 416 个案例，http://www.grain.org/

其中，东道国数量比例是指该洲东道国数量占全球所有东道国数量的比例，耕地面积比例即该洲投入耕地投资项目中的耕地面积占所有东道国投入耕地面积的比例，这些比重反映了东道国在全球各大洲的分布状况以及各大洲参与耕地投资的规模。

通过表 3.2 可以看出，在参与海外耕地投资项目的 66 个国家中，非洲地区无论是在国家数量上，还是在投入耕地的面积上都远远超过其他地区，其东道国数量占总数的比例达 53.03%，表明目前有超过一半的东道国是来自非洲地区，其他参与投资项目较多的地区包括亚洲、南美洲及欧洲地区。从实际投入的土地面积来看，非洲地区投入的耕地数量最为突出，达到 1 600 多万公顷，占全球海外耕地投资总面积的 46.70%，其次是大洋洲、南美洲。在表 3.2 中，尽管欧洲地区的东道国数量达到 10 个，但是其中大多是位于欧洲东部的国家，如保加利亚、乌克兰、波兰、罗马尼亚等，俄罗斯是其中投入耕地面积最大的国家，占到整个欧洲地区投入面积的 71%。亚洲的代表性东道国如菲律宾、巴基斯坦、印度尼西亚、老挝等，大多分布在东南亚及中亚地区。通过分析可以得出，目前接受海外耕地投资的国家大多分布在非洲以及东南亚地区，这些国家大多都属于发展中国家，具有经济发展水平和人均收入水平较低的共同点。南美洲地区的巴西、阿根廷、巴拉圭和乌拉圭等国家，由于拥有充足的耕地面积和良好的水热条件，也是海外耕地投资较为集中的区域。一些发达国家，如美国、加拿大、澳大利亚等，也作为东道国参与到海外耕地投资项目中，发生在欧洲地区的耕地投资项目多集中于自然资源丰富的东欧国家。

根据表 3.2 可以看出，各大洲拥有的东道国数量比例由高到低分别为 53.03%、15.15%、13.64%、12.12%、4.55%、1.52%，排名前四位的大洲分别为非洲、欧洲、亚洲及南美洲。本章拟从这些主要被投资以及潜在投资地区选取代表东道国进行下文的实证研究。非洲是东道国数量和投入耕地面积最大的地区，平均每个东道国参与的投资项目达到 6 个，本章将参与投资项目数量在平均水平之上的国家列为拟考虑的代表东道国；欧洲地区，俄罗斯投入的土地面积占到总量的 70%以上，参与的项目数量也远高于其他东欧国家，是这一地区最具代表性的东道国；南美洲地区投入的耕地面积以及参与项目数量都排在前四位的国家为巴西、阿根廷、哥伦比亚和乌拉圭；亚洲地区，投入耕地资源和参与项目均在前列的国家为菲律宾、巴基斯坦、印度尼西亚和老挝。

以各洲东道国投入的耕地规模、参与投资项目的数量为基础，优先选取各洲投入耕地及参与项目数量前四位的东道国作为代表国，并结合实际中相关国家数据资料的可获取性，选取了包括安哥拉、阿根廷、玻利维亚、巴西、缅甸、哥伦比亚、埃塞俄比亚、印度尼西亚、老挝、莫桑比克、尼日利亚、巴基斯坦、俄罗斯、苏丹、坦桑尼亚、乌干达、乌拉圭、菲律宾等 18 个国家在内的代表性东道国进行下文中的投资吸引力研究。

二、东道国吸引海外耕地投资的必要性

（一）保障国家粮食安全的根本途径

自 2006 年以来，世界粮食的供求形势发生了新的变化，全球粮食价格在波动中不断上涨，2006 年全年涨幅超过 10%，部分国家的粮食价格持续高涨，引发了世界性的饥饿和粮食危机，对世界和平与安全造成严重威胁（Antkiewicz and Whalley，2006）。

在粮食价格不断上涨的趋势下，粮食的总产量的增长速度却在下降，其原因是多方面的。一方面，2003 年持续的自然灾害使世界主要产粮国如加拿大、澳大

利亚和乌克兰等粮食产量大幅下降，包括欧盟、美国、泰国、印度尼西亚、阿根廷等在内的一些国家和地区都受到了影响。另一方面，城市化的进程、人类社会的不断发展需要大面积的土地资源，在这一过程中耕地资源不断被城市用地侵蚀占用，造成了耕地面积和粮食播种面积的减少，从而影响到世界粮食的产量。尽管随着农业科学技术的不断发展，粮食单产水平也在不断提高，但是目前看来，其增长速度已经开始呈现减缓的趋势，难以满足国际上日益上涨的粮食需求。在全球粮食危机中受到影响最为严重的是广大发展中国家和地区，不仅仅是对这些国家的贫困人口带来困扰，也对发展中国家的经济、社会、安全等方面造成了不良影响。粮食安全问题如果不能得到妥善的处理，会对世界的和平与安全带来巨大的隐患，它直接关系着全球社会经济的稳定性，尤其是一些发展程度较低的国家和地区在这一趋势中处于更为不利的位置。

表3.3反映了东道国饥饿指数情况。饥饿指数越高表明这一国家的饥饿问题越严重，分数低于4.9表示"低饥饿"，分数在5~9.9表示"适度饥饿"，10~19.9表示"严重饥饿"，20~29.9表示"惊人"，而30以上表示"非常令人担忧的"饥饿问题。除了俄罗斯、巴西、阿根廷等国家，大部分的东道国的饥饿指数都在10以上，不少国家甚至达到20以上，即饥饿问题已经达到"惊人"的程度。其中，饥饿指数排名越靠后表明这一国家的饥饿问题越严重，在存在饥饿问题的81个国家中，排名靠后的国家几乎都来自于撒哈拉沙漠以南的非洲和东南亚地区，这些国家和地区的饥荒问题十分严重。

表3.3 主要东道国饥饿指数排名

国家	营养不良者占人口的百分比	饥饿指数（2011年）	饥饿指数排名
安哥拉	41%	24.2	69
阿根廷	2%	4.0	
玻利维亚	27%	12.2	29
巴西	6%	4.0	
埃塞俄比亚	41%	28.7	77
印度尼西亚	13%	12.2	29
老挝	23%	20.2	57
莫桑比克	38%	22.7	65
尼日利亚	6%	15.5	40
巴基斯坦	26%	20.7	59
乌拉圭	3%	4.0	
俄罗斯	1%	4.0	
缅甸	16%	16.3	41
坦桑尼亚	34%	20.5	58

续表

国家	营养不良者占人口的百分比	饥饿指数（2011年）	饥饿指数排名
苏丹	22%	21.5	61
哥伦比亚	10%	5.7	8
巴拉圭	11%	5.4	2
菲律宾	15%	11.5	27
孟加拉国	27%	24.5	70
乌干达	21%	16.7	42
马达加斯加	25%	22.5	63
塞拉利昂	35%	25.2	71

资料来源：《2011年全球饥饿指数报告》，http://www.ifpri.org/publication/2011-global-hunger-index

一些落后国家和地区的粮食安全问题已经引起了国际社会的关注。根据联合国粮食及农业组织最新估算，由于作物歉收、冲突或动荡、自然灾害及国内高粮价等原因，2011年世界上有32个国家处于危机状况，需要外部援助，其中非洲占到24个，包括埃塞俄比亚、肯尼亚、莫桑比克、苏丹、乌干达等国，其余均为亚洲和拉丁美洲国家。2011年低收入缺粮国（人均年收入水平低于世界银行国际开发协会资格水平的国家）名单中包括70个国家，其中大部分位于非洲、亚洲。表3.4反映了低收入缺粮国谷物进口形势，其中进口需求量是指利用量（粮食、饲料、其他用量、出口量加季末库存量）与国内供应量（产量加季初库存量）之差。2011~2012年低收入缺粮国的谷物进口需求总量增加约400万吨，比上年增长5%。其中，非洲、亚洲地区的进口总量的增幅最为明显，并且，非洲的大部分地区以及亚洲的东印度洋地区所需的粮食援助最多，2012年亚洲地区的粮食援助呈减少的趋势。

表3.4 低收入缺粮国谷物进口形势（单位：万吨）

地区	2011年 进口总量	2011年 其中粮援	2012年 进口总量	2012年 其中粮援
非洲（39国）	3 768.9	186.0	4 034.4	271.0
北部非洲	1 567.1	0.0	1 567.1	0.0
东部非洲	578.6	115.1	782.2	206.6
南部非洲	171.5	22.5	187.0	20.3
西部非洲	1 261.7	36.9	1 307.2	29.6
中部非洲	190.0	11.5	190.9	14.5
亚洲（22国）	3 892.0	143.0	4 034.8	104.6
亚洲独联体	362.0	5.1	382.9	4.2
远东	2 293.1	121.3	2 182.7	83.4

续表

地区	2011 年		2012 年	
	进口总量	其中粮援	进口总量	其中粮援
近东	1 236.9	16.6	1 469.2	17.0
中美洲（3 国）	173.2	13.0	169.6	18.3
大洋洲（5 国）	45.5	0.0	46.4	0.0
欧洲（1 国）	7.0	0.0	8.6	0.0
合计（70 国）	7 886.6	342.0	8 293.8	393.9

资料来源：《2011 年作物前景与粮食形势》，http://www.fao.org/giews/chinese/cpfs/index.htm#2011

另外，半数以上（约 36 个）低收入缺粮国在 2012 年及以前五年进口量在国内利用总量中所占比重平均高于 30%，低收入缺粮国（不含印度）谷物进口比重的加权平均值约为 20%，由此可见这些国家对谷物进口的依赖度很高，因此极易受到国家高粮价引起的粮食不安全的冲击。2010~2011 年主要粮食谷物品种（小麦、稻米和玉米）的国际价格大涨，对这些高度依赖进口国家的谷物进口费用产生了不利影响。

在发展中国家，大多数的农村人口都靠农业生存，所以农业生产对于保障粮食安全至关重要，对于撒哈拉以南非洲的 12 个国家以及 2 亿人口而言，农业尤其关键，主要是因为这些国家国内生产波动大，主要粮食作物可贸易性低，并且外汇储备限制了其利用国际市场满足国内需求。目前少数国家掌控着世界粮食的出口，再加上全球气候异常、自然灾害频繁、生产资料紧缺、农业用品成本增加、生物燃料发展等不利因素，通过国际粮食贸易这一常规途径来满足国内粮食需求具有不确定性。通过粮食进口与国际援助来解决国内粮食安全问题并不能从根本上保障国家的粮食安全。想要摆脱失效市场、减小对粮食进口的依赖度的最佳途径就是积极参与国际耕地投资活动，借助国际农业合作吸引外来资金与人才、学习农业技术与管理经验等，提高本国的粮食生产水平与粮食自给率，在提高和稳定国内生产的基础上保障粮食安全。

（二）谋求国家发展的必要途径

农业是人类抵御自然威胁及赖以生存的根本，对于面临粮食短缺和购买力不足的国家，农业生产具有消除饥饿和营养不良的功能。除此之外，它还具有一定的经济功能、环境功能和社会功能等，尤其是非洲地区的国家，主要依靠农业提供就业、刺激经济增长、换取外汇和创造税收，更应当特别关注其农业发展，充分利用当地的农业资源、创建现代农业产业链是促进非洲经济增长的最好途径。

在减少贫困方面，农业的作用已经举世公认。多项跨国评估结果都显示，农业带来的国内生产总值（GDP）增长对脱贫的促进作用，至少是非农业的GDP增长的两倍。在拉丁美洲，农业带来的总体经济增长对于脱贫的作用比非农业高出2.7倍，技术创新、制度创新等原因带来的农业迅速增长都促使农村贫困显著下降。目前世界农村人口中以农业作为主要谋生方式的比例达到了86%，农业为13亿人口带来了就业机会，发展中国家55亿人口中，有30亿人（将近人类总数的一半）住在农村。这些农村居民中，据估计有25亿人的家庭生计与农业密切相关，其中15亿人所在的家庭属于小农经营。在经济萧条或是社会不稳定的环境下，农业还具备类似于社会福利的保障作用。一旦世界农业出现危机，将会给这些人的日常生活带来不可估量的严重后果。

在促进经济发展方面，农业可以极大地促进国民经济增长。在传统农业国中，农业增加值占GDP的平均比重为29%，创造这部分增加值使用了劳动力总数的65%。在转型中国家和已经实现城市化的国家，与农业相关的制造业和服务业通常占GDP的30%以上。对于传统农业国，农业在GDP中占据很大比重，是增长的主要源泉，对GDP的贡献率平均达到32%，农业能够在实现经济增长战略方面成为领军部门。这类国家的典型代表位于撒哈拉以南的非洲地区，约有82%的农村人口生活在传统农业国家，这一区域也是吸引海外耕地投资的重要目标地区。

科学技术的发展与进步能够极大地推动农业增长，随着发达国家在农业技术方面的投资越来越大，发达国家和发展中国家的农业技术差距正在逐渐拉大。将公共和私人的资源都计算在内，发展中国家农业研发投资占农业生产总值的比重，只有工业化国家的九分之一。在过去二十年中，中国和印度的农业研发投资增长了两倍，但撒哈拉以南的非洲仅增长了五分之一，这一地区约有一半国家的农业研发投资下降了。此外，非洲国家还受到其他不利影响，相比其他地区，非洲地区农业生态特征的特殊性使其从国际技术转移中获益的能力更薄弱；许多非洲国家面积很小，很难获得规模经济。在撒哈拉以南的非洲地区，由于其技术水平与科研投入都十分有限，谷类产量难以提高，越来越落后于世界其他国家。对于这些国家而言，大幅提高研发投资、加强研发领域的区域合作是一项紧急任务。

为了缩小这一差距，这些国家必须大幅增加研发投资，加强农业专家、农业技术领域的区域合作，通过吸引海外投资弥补自身专业人才匮乏、生产技术落后的劣势，大力提高农业科学技术水平。通过海外耕地投资活动，东道国可以在自己国家的土地上，采用与吸纳投资国带来的农业优良品种、先进技术和实用技术等资源。尤其是通过吸引投资国农业人才、农业技术方面的投资，当地的农民可以向农业技术指导人员学习科学技术知识和生产技能，提高东道国农业劳动者的综合素质，逐步走上依靠科技进步和劳动者素质提高等方式来发展农业的轨道。

三、东道国吸引海外耕地投资的可能性

(一) 东道国拥有良好的农业资源

农业资源是指人们从事农业生产或农业经济活动所利用或可利用的各种资源,一般包括农业自然资源和农业经济资源。其中,自然资源主要是指农业生产需要的自然环境要素,如土地资源、水资源、气候资源和生物资源等;经济资源是指直接或间接对农业生产发挥作用的社会经济因素和社会生产成果,如东道国的农业人口、农业劳动力数量和质量、农业技术设备与基础设施等。其中,耕地资源、水资源和劳动力资源是开展农业活动最重要的基础性资源,也是投资国在海外耕地投资活动中选择投资地区需要考虑的重要因素。

东道国较为集中的非洲、南美洲和东南亚地区,拥有广阔的土地面积或是丰富的耕地资源,并且由于各方面的原因,一些地区的耕地开发利用程度并不高,具有较大的投资开发潜力。非洲总面积约3 020万平方千米,约占世界陆地总面积的20.3%。一些非洲国家如安哥拉、莫桑比克,实际耕作面积分别占国土面积的3.44%和6.63%,如表3.5所示。中部非洲已耕地仅为0.21亿公顷,实际耕作面积占可耕地面积的12%。南美洲的耕地资源主要分布在世界面积最大的亚马孙平原上。南美洲的耕地资源具有较大的开发潜力,除了智利以外的全洲可耕地中,约有90%处于休耕、轮作状态或是被遗弃,缺乏有效的开发利用。农业在东南亚国家的经济发展中起着重要作用,东南亚国家通过大力开发土地、发展农业来解决人民温饱问题。东南亚代表性国家如越南、泰国、印度尼西亚、老挝等,都是通过大量开发土地来实现农业的发展,1972年这些国家耕地占国土面积的比例为18.62%、28.75%、13.65%、3%,2009年分别增至29.09%、37.02%、22.37%、6.20%。在表3.5中,根据FAO的定义,可耕地面积包括短期作物用地、供割草地或放牧的短期草场、供应市场的菜园和自用菜园,以及暂时休闲的土地;实际可耕作面积含永久性作物(permanent crops)用地,即种植作物的土地,它长期占用土地,不需要在每个收获期之后再重新种植,如可可、咖啡和橡胶。

表 3.5 东道国耕地资源状况

国家	国土面积/万公顷	可耕地面积/万公顷	实际耕作面积/万公顷	实际耕作占土地总面积比例
安哥拉	12 467.0	400.0	429.0	3.44%
阿根廷	27 804.0	3 100.0	3 200.0	11.51%
玻利维亚	10 985.8	373.5	395.4	3.60%

续表

国家	国土面积/万公顷	可耕地面积/万公顷	实际耕作面积/万公顷	实际耕作占土地总面积比例
巴西	85 148.8	6 120.0	6 850.0	8.04%
哥伦比亚	11 417.5	177.5	335.4	2.94%
埃塞俄比亚	11 043.0	1 394.8	1 498.5	13.57%
印度尼西亚	19 045.7	2 360.0	4 260.0	22.37%
老挝	2 368.0	136.0	146.8	6.20%
莫桑比克	7 993.8	505.0	530.0	6.63%
缅甸	6 765.9	1 103.5	1 213.5	17.94%
尼日利亚	9 237.7	3 400.0	3 700.0	40.05%
巴基斯坦	7 961.0	2 043.0	2 128.0	26.73%
菲律宾	3 000.0	540.0	1 045.0	34.83%
俄罗斯	170 982.4	12 175.0	12 354.1	7.23%
苏丹	25 058.1	2 016.0	2 039.1	8.14%
乌干达	2 415.5	660.0	885.0	36.64%
乌拉圭	1 762.2	188.1	191.2	10.85%

资料来源：FAO AQUASAT 数据库，http://www.fao.org/nr/water/aquastat/data/query/index.html?lang=en

在水资源方面，非洲拥有九条国际河流，其流域面积占非洲总面积的 42.3%。但是其水资源存在分布不均的问题，排灌设施的建设仍然有待加强，具备一定的开发潜力。南美洲大部分地区属热带雨林和热带草原气候，以热带为主，温暖湿润，降水充沛，具有开展农业生产的水热条件。其河流水量也极为丰沛，径流模数为亚洲或北美洲的两倍以上。南美洲第二大河系拉普拉塔河流域面积约占全洲面积的 20%，流经阿根廷、玻利维亚、巴西、巴拉圭及乌拉圭等国，为这些国家提供了丰富的水资源。东南亚地区主要是热带季风气候和热带雨林气候，位于中南半岛和菲律宾群岛北部的越南、老挝、泰国和菲律宾等国以及马来群岛大部分地区全年高温多雨、降水丰富。东南亚国家地处热带，各国气候差异小，温暖湿润，雨量充沛，适合种植热带经济作物和热带农副产品。

在农业劳动力方面，整个非洲人口密度仅为 29 人/千米^2，而农业人口比例高达 61%。通过表 3.6 可看出，埃塞俄比亚、莫桑比克、安哥拉等非洲国家的农业人口比例明显高于巴西、阿根廷等经济发展水平较高的国家。加之农业在非洲国家的国民经济中的基础地位，如果采取合适的农业投资与合作，非洲具有粮食自给及向外部输出的能力。南美洲人口密度也较低，约为 21 人/千米^2，尤其是在亚马孙平原上，人口密度低于1 人/千米^2，具有巨大的农业开发潜力。亚洲人口数量居世界第一，其中位于东南亚地区的 11 个国家共有 5.6 亿人，是世界上人口比较稠密的地区之一，典型国家如菲律宾、印度尼西亚等，人口密度分别为316.20 人/

千米^{2}和127.20人/千米^2。东南亚国家大多是传统的农业国家，因此农业人口比例也较高，可以为农业生产活动提供丰富的劳动力资源。

表3.6 东道国人口及农业人口数量

国家	人口总量/万人	人口密度/（人/千米^2）	农业人口/万人	农业人口占总人口比例
安哥拉	1 961.8	15.74	603.6	30.77%
阿根廷	4 076.5	14.66	139.6	3.42%
玻利维亚	1 008.8	9.18	201.5	19.97%
巴西	19 665.5	23.10	1 076.3	5.47%
哥伦比亚	4 692.7	41.10	350.8	7.48%
埃塞俄比亚	8 473.4	76.73	3 240.3	38.24%
印度尼西亚	24 232.6	127.20	4 948.9	20.42%
老挝	628.8	26.55	242.4	38.55%
莫桑比克	2 393.0	29.94	885.6	37.01%
缅甸	4 833.7	71.44	1 896.5	39.23%
尼日利亚	16 247.1	175.90	1 227.7	7.56%
巴基斯坦	17 674.5	222.00	2 502.2	14.16%
菲律宾	9 485.2	316.20	1 347.3	14.20%
俄罗斯	14 283.6	8.35	610.1	4.27%
苏丹	4 463.2	17.81	723.1	16.20%
乌干达	3 450.9	142.90	1 131.7	32.79%
乌拉圭	338.0	19.18	18.5	5.47%

资料来源：FAO AQUASAT 数据库，http://www.fao.org/nr/water/aquastat/data/query/index.html?lang=en

（二）东道国政府积极改善投资环境

农业在非洲国家发展中起到了支柱性的作用，不少国家在经济发展中把农业放在了主导地位，希望通过农业的发展来推动国家经济发展的速度。随着农业问题越来越复杂化，影响范围越来越广，许多非洲国家已经意识到仅仅靠一个国家的力量难以根本解决这一问题，一些国家开始通过实施优惠的土地租赁制度、减免或退还农业的税收等方式积极吸引外国投资，利用国际资源发展本国农业。

代表国家如莫桑比克、赞比亚、尼日利亚、坦桑尼亚等，它们均针对外国投资者在农业领域的投资提供了相关的优惠政策。莫桑比克把发展农业确定为摆脱贫困和发展经济的重点，规定农业领域的投资可以享受税收和用地方面的优惠，其中农业投资土地使用费每年每公顷仅 0.25~1 美元；尼日利亚将农业作为提供外资优惠政策的优先领域之一，可享受 3~5 年的所得税免收；坦桑尼亚规定农业项目除建筑物外免征原材料、资本货物进口关税。对于外来企业投资，非洲国家大多持欢迎态度。

在南美洲以及东南亚地区，一些国家的政府也采取了各种优惠措施吸引外国投资者，包括减免税收、给予国民待遇等，通过各种方式鼓励外国企业到本国投资，其中代表性国家如巴西。巴西政府在早期就实行开放的农业投资政策，积极吸引国外投资者来开发农业资源，在20世纪初日本就开始在巴西开展了大规模的农业投资活动（Zoomers，2010）。老挝政府鼓励外资参与农业开发，并制定了一些吸引投资的优惠政策，外国人到老挝实施农业开发项目，可向国家、集体、个人租赁土地；越南允许外资企业租赁土地，使用期限一般不超过50年，对于投资大而资金回收慢，以及在社会经济条件困难地区投资的项目，其土地使用期限最长可达到70年。

越来越多的东道国针对外国投资者采取了更为开放的投资政策，推行一系列的优惠政策，积极吸引国外的资金、技术、人才等资源，同时加大国内的基础设施建设，完善相关法律法规，这些都为海外耕地投资活动提供了良好的投资环境。

（三）投资国对于耕地资源有较强的需求

世界上的耕地资源是有限的，其在全球的分布并不均匀，在过去一些缺少耕地资源的国家往往通过国际粮食贸易来满足国内的粮食需求，直到海外耕地投资渐渐成为这些国家解决国内粮食安全的新途径。

根据上文中提及的海外耕地投资案例可以看出，日韩和海湾地区的国家由于国土面积有限，粮食自给率较低，是当前国际耕地投资活动中的主要投资方，其主要目的是建立较稳定的粮食供给，避免对国际粮食市场的过度依赖。对于国土面积相对狭小，耕地资源相对匮乏的国家来说，到海外市场寻找合适的耕地资源，是其满足或保障国内的粮食安全的一条重要途径，并且日本、韩国及海湾地区的国家经济发展水平较高，拥有充足优质的资金、人力及技术水平等资源，具备开展大规模海外投资的能力。

当然，成功的海外耕地投资活动离不开投资国政府的大力支持，早在1927年，日本政府就针对海外投资成立了专门的协调管理机构，对于本国企业或机构参与海外投资活动持鼓励态度；韩国政府为确保本国粮食供给安全，专门建立了农田管理基金用于支持本国企业进行海外投资活动，还制定了《海外农业投资指南》，为本国企业提供帮助指导；沙特阿拉伯政府为便于对其海外农业投资公司进行管理，成立了专门的管理委员会，并对到海外投资农业的企业提供一系列的优惠政策。

除了分布不均，世界耕地资源的质量正受到严重退化的威胁，可供开垦的土地资源日益稀少。随着人类社会的不断发展，大量的耕地资源被占用或消耗，耕地质量不断下降，而一旦耕地被用于建设用地或是工业用地等其他用途，就难以再恢复为耕地用于粮食生产。在耕地资源供给能力逐渐下降的同时，世界人口却持续增长、消费结构不断优化升级，人们对农产品的需求呈现上涨趋势。随之而来的是全球粮食价格普遍上涨，国际市场粮价波动较大，土地的预期租金呈现上升趋势，在来自各个方面的因素的驱动下，不仅仅是前文中提及的耕地资源较为匮乏的国家或地区，英、美、德等发达国家以及中国、印度等发展中国家也参与到其中。随着越来越多的国家加入"抢占"耕地资源的行列，国际上对于耕地资源的需求会越来越强烈，这一趋势为东道国吸引外来投资提供了契机。

（四）和平与发展主题提供了有利的国际环境

从总体上来说，当今的世界局势较为稳定，和平与发展的主题已经深入人心，在国际社会中，合作共赢的理念已经成为各方的共识。在这样的背景与趋势下，全球一体化的步伐也随之加快，这一过程为国际投资活动带来了新的机遇。

相对稳定的国际政治经济环境，推动着全球经济一体化、资源一体化向前发展，越来越多的国家积极参与其中，投资方在全球范围内寻求合适的投资国家或地区，以建立稳定安全的资源供应渠道，东道国则凭借自身的资源优势获取发展需要的资金、技术、人力等资源，同时带动本国的经济发展。双方通过国际合作与交流，一方面各取所需，互利互惠，实现双赢，另一方面也利于双方友好关系的发展。世界科学技术发展迅速，促使通信交流手段日新月异，国家与国家之间的信息沟通与交流日益频繁，为资源的提供方和需求方提供了便利、开放的信息交流的渠道，进一步促进了国际投资活动的发展。

在全球化的进程中，跨国公司成长为世界经济的重要行为主体，从全球战略目标出发开展经营活动是其经营战略的特点，在全球范围内合理配置各种资源，且以国际市场为导向，其跨国经营的理念打破了国内与国外业务的界限，大大地促进了国际直接投资活动。全球化、区域性的国际组织或机构的作用与职能得到加强，非政府组织的力量与地位也有所提高，国际惯例或区域性的法规、条例、投资协定等得到广泛认可与执行，有利于对参与投资活动的各方行为进行管理、协调或者调整，为国际投资活动提供平等、有序的平台，降低投资风险。

随着各个国家在经济上越来越多地相互依存，国际社会对于发展中国家和地区的关注日益加强，相关的援助、合作活动也不断开展，特别是与平民百姓生活息息相关的粮食问题，往往是援助的重点内容。我国早在20世纪50年代末就在非洲地区开展农业援助活动，将农作物种植、品种繁殖等技术带到了非洲国家，并由最初的无偿援助一步步转变为后来的互利互惠，实现了双方合作，共同受益。中非的合作项目为我国在非洲当地赢得了良好的声誉，不仅加强了中非人民之间的友谊，还为我国与非洲的相关投资活动提供了良好的合作基础，同时也为非洲国际主义援助形式上的创新提供了可能。

第三节　海外耕地投资东道国的投资潜力评价指标体系构建

一、评价指标体系建立的原则

本节主要从投资者角度出发，对海外耕地投资东道国的投资潜力进行综合评价。由于目前缺少对该领域的研究，故在参照其他学者关于投资潜力、农业竞争力评价指标体系构建原则的基础上，并结合研究对象的特点，确立以系统、客观、科学、可操作性等为原则，尽可能科学、客观、公正、全面地反映海外耕地投资东道国的投资潜力状况并衡量投资潜力大小，为此，在评价指标体系的建立中应遵循以下原则。

（一）科学性与现实性原则

指标的选取必须建立在科学的基础上，客观真实地反映海外耕地投资东道国各国的基础设施情况、经济发展情况、耕地资源状态以及未来的潜在发展能力。因此所选取的指标应能尽量科学地、全面地反映海外耕地投资东道国发展现状，反映海外耕地投资东道国经济发展与耕地资源利用的关系。评价指标必须内涵明确，体现统计分析方法的客观性和科学性。同时，指标的选取也要考虑现实性原则。鉴于目前海外耕地投资东道国各国的实际情况，从科学的角度出发，尽可能选取能够反映海外耕地投资东道国的投资潜力的衡量指标，以求对海外耕地投资东道国的投资潜力有一个真实可靠的评价。

（二）目的性原则

评价是一种目的明确而非盲目的行为，每一个评价的评价目的各不相同。评价目的是整个评价过程的核心，只有在明确评价目的的前提下，才能够在整个评价活动中做到有的放矢。因此，所选取指标必须与海外耕地投资东道国的投资潜力评价的目的性一致。

（三）可比性原则

可比性是指评价指标应具有可比较性，使海外投资东道国之间能够实现横向比较。在量纲上存在差异的指标，能比较容易根据规定的原则转化为无量纲指标，达到有利于指标间的比较和综合评价的目的。同时由于各个海外投资东道国的发展水平不同，在进行横向比较时，不能仅看绝对数指标而是要侧重于相对数指标。

（四）可操作性原则

评价指标的设计要含义明确，计算简便，与现行统计指标口径一致，便于数据的采集。为提高海外耕地投资东道国的投资潜力评价的准确性，定量分析起着关键作用，而评价定量化的前提是保证指标的定量化处理。可操作性是指以达到评价目的和评价需要为基础，评价指标要含义明确、表述简洁，数据便于收集，但是如果数据来源匮乏，或者虽然能够获取数据，但其可信度较低，则宁缺毋滥，尽量避免以主观判断代替客观度量。

（五）系统性原则

投资潜力系统是一个具有一定结构和功能的有机整体。它不是一个绝对的、静止的概念，而是一个相对的、持续变化发展的概念。所以，在建立评价指标体系时，对于指标的选取和确定需要注意对投资潜力的整体性和系统性的综合考虑，指标的选取既要体现子系统的发展情况，又要包括各个系统之间和系统外部的关系。

二、评价指标体系的构建

海外耕地投资东道国的投资潜力评价属于多指标综合评价问题，为了系统准确地评价投资潜力大小，须采用系统分析的方法，根据影响投资潜力的主要因素按其隶属的关系分解为一级和二级指标，然后在此基础上可以根据因子分析（factor analysis）得出的因子权重进行加权，综合计算出投资潜力指数，因此在这个过程中指标的选取对评价结果是否科学至关重要。

（一）评价指标的选取和体系的构建

投资潜力涉及面较广，可以从不同侧面加以衡量，特别是当前国内外对海外耕地投资东道国的投资潜力的研究甚少，为了使所建立的评价指标体系能够客观、全面地评价海外耕地投资东道国的投资潜力，在参考其他学者对农业竞争力和投资潜力评价研究的基础上，以及在保证数据的准确性和可获得性的前提下，结合研究区域的实际情况，除了选取海外耕地投资东道国的基本农业指标作为研究变量外，还选取《全球竞争力报告》中的多项指标，希望使评价结果更加可信、更加科学。

选取农业基本条件指标、社会基础指标、经济技术指标和社会效率指标等四大因素作为一级指标，人均耕地面积、农村人口占总人口百分比、化肥消费量等16个指标作为二级指标构建海外耕地投资东道国的投资潜力指标体系。这些指标除了涉及海外耕地投资东道国的农业状况和投资环境外，还包括其他方面，能够较为全面、有效地反映一国的投资潜力状况（表 3.7）。

表 3.7　海外耕地投资东道国的投资潜力指标体系

一级指标	二级指标	指标性质
农业基本条件指标	人均耕地面积	正指标
	农村人口占总人口百分比	正指标
	化肥消费量	适度指标
	农村改善的水源	正指标
	自然灾害	逆指标
	谷物产量	正指标
社会基础指标	基础设施指数	正指标
	医疗及基础教育指数	正指标
经济技术指标	宏观经济稳定指数	正指标
	GDP 增长率	正指标
	近五年与中国贸易年均增长率	正指标
	创新指数	正指标
社会效率指标	商品市场效率指数	正指标
	劳动市场效率指数	正指标
	金融市场成熟指数	正指标
	制度完善指数	正指标

（二）评价指标的基本内涵

本章主要从农业基本条件、社会基础、经济技术、社会效率等四个方面概括海外耕地投资东道国评价指标的基本内涵，下面将对16个二级指标逐一进行解释。

（1）人均耕地面积是指一国的耕地面积除以该国的人口，单位为公顷，是正指标，一个国家的人均耕地面积越多，说明其耕地投资潜力越大。

（2）农村人口占总人口百分比是指在农村居住的人口与国家总人口的比

值,单位为%,也是正指标,该指标值越大,说明农村劳动力越充足,劳动力价格也会相对越低,其耕地的投资潜力就越大。

(3)化肥消费量是指每公顷耕地使用的化肥千克数,单位为千克/公顷,是一个适度指标。化肥的使用能够提高耕地产量,但是耕地的产量并不是随着化肥使用的数量的增加而增加,而是当化肥使用达到一定的数量时耕地的产量会达到最大,但如果再继续增加,可能会导致耕地产量下降。因此,化肥消费量越接近适度值说明其潜力越大。

(4)农村改善的水源是指从改善的水源合理获得足够用水的人口比例,单位为%,是一个正指标。该指标值越高,说明农村在改善水源方面的基础设施越完善,越有利于投资,说明投资潜力越大。

(5)自然灾害是指受到干旱、洪水和极端气温等自然灾害影响的年平均比例,单位为%,是一个逆指标。该指标值越小,说明自然灾害对农业的影响就越小,耕地投资潜力越大。相反,该值越大说明对农业、基础设施和财产造成的破坏就越大,投入的收益就越没有保障,耕地的投资潜力也就越小。

(6)谷物产量按照收获土地每公顷千克数来计量,包括小麦、水稻、玉米、大麦、燕麦、黑麦、小米、高粱、荞麦和杂粮,单位为千克/公顷,是正指标。该值越大,说明每公顷耕地的产出越高,获得的收入也会越多,因此,谷物产量越大的国家其投资潜力也就越大。

(7)基础设施指数包括基础设施的总体质量、铁路基础设施质量、港口基础设施质量、航空运输基础设施水平、供电质量、主要电话线数量(每百人)等,无量纲,是正指标,该指标来源于《全球竞争力报告》,该值越大说明国家的设施越完善,能够为投资者提供越便利的服务,越有利于降低投资者的投资成本,因此,基础设施越完善的国家其投资潜力越大。

(8)医疗及基础教育指数包括疟疾对商业的影响程度、疟疾发病率、结核病对商业的影响程度、艾滋病对商业的影响程度等,无量纲。该指标来源于《全球竞争力报告》,反映了一国的劳动力素质及健康状态。对投资者来说,该指标值越大,说明投资的风险就越小,可获得的收益就越大,因此,它也是一个正指标。

(9)宏观经济稳定指数包括中央政府账户余额、政府总债务、国民储蓄率和利率波动范围。无量纲,该指标来源于《全球竞争力报告》,反映了一国宏观经济稳定情况,该值越高说明该国的宏观经济越稳定,越有利于投资者进行投资,因此是正指标。

(10)GDP增长率反映的是一个国家经济发展速度,单位为%。GDP的增长率越高,说明该国的经济发展速度越快,投资的机会也就越多,因此一国的GDP增长率越高,其投资潜力也越大,也是正指标。

(11)近五年与中国贸易年均增长率反映的是该国近五年来与中国对外贸易

关系的活跃程度，单位为%，是正指标。其值越高，说明该国与中国的贸易双边关系发展越快，中国到该国投资的机会也会越多。

（12）创新指数包括创新能力、科研机构的质量、公司研发支出、大学与企业的合作研究、先进技术设备的政府采购、科学家和工程师的可用性、美国专利商标局实用专利数量。该指标来源于《全球竞争力报告》，反映了一国的技术创新水平和科研实力，无量纲，是正指标。该指标值越高，说明国家的科研能力和技术创新水平越高，越能够为投资者提供良好的科研和技术服务。

（13）商品市场效率指数包括当地的竞争强度、贸易壁垒强度、关税税率、外国直接投资制度对经济的影响、消费程序的复杂度、顾客导向度、买方成熟度、腐败等。该指标来源于《全球竞争力报告》，反映了一个国家的商品市场效率，对于投资者的影响较大，无量纲，是正指标。该指标值越高说明该国的市场效率越高，对于投资者来说其投资成本越低，所以该指标值越高的国家其投资潜力也就越大。

（14）劳动市场效率指数包括劳资关系中的合作程度、工资确定的灵活性、非工资劳动成本、就业的刚性指数、雇佣和解雇行为、解雇成本等。该指标来源于《全球竞争力报告》，反映了一个国家的雇佣成本，该指标值越高说明该国的劳动力雇佣成本越低，越能够为投资者提供廉价的劳动力及雇佣成本，由于耕地投资对劳动力的需求较高，因此该指标值越高说明该国的投资潜力越大，无量纲，是正指标。

（15）金融市场成熟指数包括金融市场的成熟度、通过本地市场的融资难度、获取贷款的难易、风险资本的可用性、对投资者的保护程度、合法权益的保护强度等。该指标来源于《全球竞争力报告》，反映了一国的金融市场环境，该指标值越高，说明一国的金融市场成熟度越高，投资者进行投资的风险也就越低，对投资者的保护程度以及投资的安全性也会越高。因此，我们认为该指标值越高的国家其投资潜力也就越大，无量纲，也是一个正指标。

（16）制度完善指数包括产权、国家政治的公信度、司法独立性、政府决策的透明度、恐怖主义的商业成本、犯罪和暴力、有组织的犯罪的发生可能、对小股东权益的保护程度等。该指标来源于《全球竞争力报告》，反映了一国的制度完善程度、政策的稳定性及社会稳定性，无量纲，是正指标。该指标值越高，说明该国的制度越完善、社会治安越稳定，投资者的安全感越高。

三、评价方法的选取

（一）综合评价方法的选定

目前学界对于评价研究的方法有很多，每一种方法都有其优缺点，总的来说，可以分为以下三类。

第一类是基于决策和智能的综合评价方法，它是一种定性和定量相结合的评价方法，主要有层次分析法、模糊综合评价法和人工神经网络法。

第二类可以归纳为咨询法，它是一种操作简单、应用方便的方法，目前使用比较多的是专家咨询法和德尔菲打分法，但该类方法由于受人的主观因素影响较大，同时也比较费时，故采用该方法得到的评价结果可能有失客观性和时效性。

第三类是数值和统计的方法，它主要是一种定量分析的评价方法，能够客观地反映评价结果。这类方法主要有 TOPSIS 法和因子分析法等。

在投资潜力评价中，不仅希望通过分析得到潜力大小情况，还希望找出影响潜力的主要因素，这样海外耕地投资东道国就能够针对这些主要矛盾，着力提升和完善这些关键因素，从而提高国家的投资潜力，投资者也根据这些因素来选取投资对象。而因子分析法就是用几个综合性指标来反映原变量的全部信息，这几个综合性指标是从原指标中分析得出的，它能有效避免由于原指标的相关性导致的信息重叠问题带来的重复评价，因此我们选用因子分析法确定投资潜力评价模型。

（二）因子分析法

因子分析法是一种利用降维的思想，从众多相关的指标中找出少数几个综合性指标来反映原来指标所包含的主要信息，主要是以较少的因子反映原始资料的大部分信息的多元统计方法。因子分析的原理如下。

设 p 个可观测的指标为 $x_1, x_2, \cdots, x_p$，m 个不可观测的因子为 $F_1, F_2, \cdots, F_m$，则因子分析的数学模型描述如下：

$$\begin{cases} x_1 = a_{11}F_1 + a_{12}F_2 + \cdots + a_{1m}F_m + a_1\varepsilon_1 \\ x_2 = a_{21}F_1 + a_{22}F_2 + \cdots + a_{2m}F_m + a_2\varepsilon_2 \\ \vdots \\ x_p = a_{p1}F_1 + a_{p2}F_2 + \cdots + a_{pm}F_m + a_p\varepsilon_p \end{cases} \quad (3.1)$$

其中，x_i 为实测变量；a_{ij} 为因子载荷，即第 i 个变量在第 j 个主因子上的负荷或叫作第 i 个变量在第 j 个主因子上的权值，它反映了第 i 个变量在第 j 个主因子上的相对重要性；$F_1, F_2, \cdots, F_m$ 为公共因子，即在各个变量中共同出现的因子；$\varepsilon_i \, (i=1,2,\cdots,p)$ 为特殊因子。特殊因子之间及特殊因子与公共因子之间互不相关，同时如果各公共因子的典型代表变量并不显著，还需进行因子旋转，进而求出具有较好解释能力的新公共因子。

因子分析法主要的六个步骤如下。

第一，数据的处理，由于数据存在着不同量纲和量纲单位，考虑到数据的可比性，所以要把数据进行无量纲化处理和趋同化（同向化）处理。

第二，检验数据是否适合做因子分析，主要采用 KMO 检验和巴特利特（Bartlett）球形度检验。

第三，确定主因子数量，假设有 n 个因子，其中前 m 个因子所包含的数据信息总量即其累积贡献率大于 80%时，说明主因子具有代表性并且丢失的信息很少，可取前 m 个因子来反映原评价指标。

第四，对主因子进行命名解释，因子提取必须具备一定的实际意义，因此采用方差最大法对因子载荷矩阵实行正交旋转以使因子具有命名解释性。

第五，通过统计软件计算出每个主因子变量的得分，再根据各主因子的权重最终计算出综合得分。

第六，根据主因子变量得分和综合得分的情况作相应的评价。

（三）聚类分析法

聚类分析（cluster analysis）法是指在没有或不用样品所属类别信息的情况下，依据样品集数据的内在结构，在样品间相似性度量的基础上，对样品进行归组分类的一种多元统计分析方法。

系统聚类法是目前运用最多的一种聚类分析法，它的基本原理如下：先将一定数量的样本各自看成一类，然后根据样本的亲疏程度进行分类，将亲疏程度最高的两类进行合并。接着考虑合并后的类与其他类之间的亲疏程度，再进行合并。重复这一过程，直至将所有的样本（或指标）合并为一类。最终可以用图来表示分类的结果，最常用的一种图叫聚类图（又称谱系图、聚类树）。

第四节 海外耕地投资东道国的投资潜力评价实证分析

一、数据来源

本节所用数据来自于商务部网站上的《对外投资合作国别（地区）指南》、世界银行数据库、*The Global Competitiveness Report 2012-2013*（《全球竞争力报告 2012—2013 年》）。由于部分国家的数据获取困难，故最终选择了澳大利亚、印度尼西亚、莫桑比克、哈萨克斯坦、哥伦比亚等 32 个国家进行分析，具体见表 3.8。

表 3.8 海外耕地投资东道国分布

地区	国家
非洲	南非、喀麦隆、塞内加尔、加纳、乌干达、马达加斯加、肯尼亚、坦桑尼亚、赞比亚、尼日利亚、津巴布韦、马里、埃塞俄比亚、莫桑比克、塞拉利昂、乍得
拉丁美洲	巴西、阿根廷、乌拉圭、墨西哥、秘鲁、哥伦比亚
东南亚、南亚	巴基斯坦、越南、马来西亚、印度尼西亚、泰国、柬埔寨
东欧与中亚	乌克兰、俄罗斯、哈萨克斯坦
大洋洲	澳大利亚

二、数据的处理与分析

（一）数据的预处理

数据的预处理主要包括无量纲化处理和同向化处理（趋同化处理）。其中同向化处理主要是将指标体系中的适度指标和逆指标转化成正指标。本章中用于评价投资潜力的指标中有 14 个指标属于正指标，即越大越好；其中有 1 个适度指标即化肥消费量，这个指标不是越大越好而是有个适度值，因此需要对化肥消费量指标进行同向化处理，本章采用具体公式如下：同向化肥消费量指标 = 1/（1+ |原始化肥消费量指标-原始化肥消费量指标的平均值|）。还有 1 个逆指标即自然灾害指标，指标越低越好，因此也需要对该指标进行同向化处理。本章采用的是取倒数的方法，具体公式：同向自然灾害指标=1/自然灾害指标。

由于数据存在着不同量纲和量纲单位，故需要对数据进行无量纲化处理，从而使各指标数据具有可比性。本章对数据的无量纲化处理采用数据标准化的方法，主要是运用 SPSS 19.0 软件方法采用正态分布假设下的正态标准化处理方法，具体公式如下：

$$\begin{cases} z_{ij} = \dfrac{x_{ij} - \overline{x}_j}{s_j} \\ s_j = \sqrt{\sum_{i=1}^{n}(x_{ij} - \overline{x}_j)^2 \Big/ (n-1)} \end{cases} \quad (3.2)$$

其中，$i=1,2,\cdots,n$（n 代表样本个数）；$j=1,2,\cdots,p$（p 代表指标变量个数）；z_{ij} 代表无量纲化后的样本值；$\overline{x}_j$ 代表 x_{ij} 均值；s_j 代表 x_{ij} 的标准差。处理后数据见表 3.9。

表 3.9　海外耕地投资东道国处理后的评价指标

国家	人均耕地面积	农村人口占总人口百分比	谷物产量	农村改善的水源	化肥消费量	自然灾害	GDP增长率	近五年与中国贸易年均增长率
澳大利亚	4.11	-1.64	-0.62	1.34	-0.30	-0.70	-1.30	-0.47
马来西亚	-0.73	-0.92	0.93	1.30	-0.40	1.66	-0.10	-0.09
印度尼西亚	-0.65	-0.13	1.73	0.22	-0.20	0.70	0.41	0.07
南非	-0.20	-0.47	1.20	0.43	-0.20	-0.60	-0.80	0.26
肯尼亚	-0.56	1.21	-0.71	-0.73	-0.30	-0.70	-0.30	-0.15
巴西	-0.14	-1.53	1.12	0.69	4.30	-0.30	-0.90	0.01
塞内加尔	-0.14	0.33	-1.02	-0.56	-0.30	-0.40	-1.00	-0.47
赞比亚	-0.27	0.63	-0.01	-0.99	-0.30	-0.70	0.21	1.07
墨西哥	-0.36	-1.16	0.70	0.95	-0.20	0.81	-0.50	0.12
柬埔寨	-0.23	1.18	0.41	-0.47	-0.30	-0.70	0.58	0.12
泰国	-0.36	0.71	0.28	1.13	3.11	-0.70	-1.90	-0.18
乌克兰	0.76	-0.75	0.13	1.25	-0.30	0.11	0.00	-0.06
哥伦比亚	-0.79	-1.04	1.00	0.13	-0.40	-0.40	0.22	0.59
乌拉圭	0.43	-1.78	1.26	1.34	0.55	0.13	0.14	0.47
坦桑尼亚	-0.34	1.03	-0.91	-1.08	-0.30	-0.60	0.36	-0.90
尼日利亚	-0.37	0.03	-0.85	-1.12	-0.30	3.51	0.49	-0.53
喀麦隆	-0.16	-0.33	-0.63	-0.73	-0.30	2.49	-0.60	-0.50
巴基斯坦	-0.60	0.58	0.03	0.87	-0.30	-0.50	-1.10	-0.56
越南	-0.71	0.93	1.94	1.04	-0.40	-0.60	0.20	-0.08
马里	0.11	0.74	-0.70	-0.78	-0.30	-0.40	-0.90	-0.01
乌干达	-0.40	1.59	-0.71	-0.04	-0.30	-0.50	0.50	-0.71
加纳	-0.45	-0.04	-0.55	0.48	-0.30	-0.50	3.26	-0.41
俄罗斯	1.11	-0.95	-0.53	1.00	-0.30	1.01	-0.40	-0.08
阿根廷	0.92	-1.78	1.77	0.91	-0.30	0.65	1.28	0.39
马达加斯加	-0.54	0.87	0.32	-1.51	-0.30	-0.50	-1.60	-0.74
哈萨克斯坦	2.50	-0.34	-1.31	0.91	-0.30	0.32	0.78	-0.59
埃塞俄比亚	-0.48	1.40	-0.66	-1.51	-0.30	-0.70	0.71	-0.96
乍得	0.03	0.98	-1.33	-1.08	-0.30	-0.70	-0.80	4.79
秘鲁	-0.58	-0.89	1.00	-0.17	0.32	-0.60	0.57	-0.65
津巴布韦	-0.10	0.52	-1.35	0.00	-0.30	-0.10	1.43	0.87
莫桑比克	-0.37	0.52	-1.16	-1.73	-0.30	-0.70	0.64	-0.25
塞拉利昂	-0.44	0.52	-0.75	-1.47	-0.30	0.19	0.24	-0.36

续表

国家	基础设施指数	宏观经济稳定指数	医疗及基础教育指数	商品市场效率指数	劳动市场效率指数	金融市场成熟指数	创新指数
澳大利亚	2.52	1.19	1.71	1.86	0.87	2.07	3.06
马来西亚	1.89	0.83	1.40	2.55	1.34	2.07	2.83
印度尼西亚	0.43	1.31	0.89	0.48	-0.76	0.19	1.03
南非	0.85	0.00	-0.97	1.40	-0.76	2.51	0.80
肯尼亚	-0.19	-1.42	-0.25	0.02	0.87	1.06	0.58
巴西	0.75	0.12	0.58	-0.44	0.41	0.62	0.58
塞内加尔	-0.82	-0.23	-0.66	0.25	0.17	-0.10	0.35
赞比亚	-0.40	0.00	-0.76	0.94	-0.52	0.62	0.35
墨西哥	0.75	0.72	0.89	0.25	-0.52	0.33	0.35
柬埔寨	-0.19	-0.23	0.47	0.71	1.34	0.19	0.13
泰国	1.37	1.07	0.78	1.17	0.17	0.77	0.13
乌克兰	0.85	-0.23	0.99	-0.67	0.41	-0.68	0.13
哥伦比亚	0.12	0.83	0.58	-0.21	-0.06	0.19	0.13
乌拉圭	1.16	0.12	1.09	0.71	-1.69	-0.24	0.13
坦桑尼亚	-1.03	-0.59	-0.25	-0.44	0.87	-0.10	-0.10
尼日利亚	-1.03	0.72	-1.69	0.25	0.64	0.19	-0.10
喀麦隆	-0.82	0.24	-0.35	0.02	0.64	-0.53	-0.10
巴基斯坦	-0.61	-1.77	-0.35	-0.21	-1.22	0.05	-0.10
越南	0.02	-0.47	0.99	0.02	0.64	-0.10	-0.10
马里	-0.30	0.00	-1.49	-0.44	-0.76	-0.68	-0.32
乌干达	-1.03	-0.94	-0.46	-0.21	1.34	0.19	-0.32
加纳	-0.40	-0.59	-0.15	0.25	-0.29	0.33	-0.32
俄罗斯	1.27	1.43	0.89	-1.13	-0.06	-1.11	-0.32
阿根廷	0.33	-0.35	0.99	-2.04	-2.16	-1.11	-0.32
马达加斯加	-1.24	-0.35	-0.15	-0.67	0.64	-1.55	-0.55
哈萨克斯坦	0.75	1.78	0.58	0.25	1.81	-0.68	-0.55
埃塞俄比亚	-0.71	-0.83	-0.25	-0.67	-0.06	-1.11	-1.00
乍得	-1.44	0.60	-2.00	-2.27	-0.29	-1.40	-1.00
秘鲁	0.23	1.55	0.58	0.71	0.87	0.77	-1.00
津巴布韦	-0.92	-0.94	-0.35	-1.13	-1.92	-0.53	-1.23
莫桑比克	-0.92	-1.06	-1.38	-0.67	-1.22	-1.26	-1.23
塞拉利昂	-1.24	-2.49	-1.90	-0.67	-0.76	-0.97	-1.90

（二）检验数据是否适合做因子分析

本章采用检验变量间偏相关性的 KMO 统计量及 Bartlett 球形度检验对数据进行检验，利用 SPSS 19.0 软件分析得出的 KMO 检验和 Bartlett 球形度检验结果见表 3.10，从表中可看出 KMO 检验结果是 0.631，大于 0.5，说明该组数据可以运用因子分析法。Bartlett 球形度检验得出的相伴概率值为 0，小于显著性水平 0.05，拒绝零假设，说明各个指标不是相互独立的，可以运用因子分析。

表 3.10 KMO 检验和 Bartlett 球形度检验

取样足够度的 KMO 度量		0.631
Bartlett 球形度检验	近似卡方	334.997
	df	120
	Sig.	0.000

（三）确定主因子数量

通过 SPSS 19.0 软件，主要是运用因子分析中的主成分分析方法来算出各公共因子特征值、方差贡献率和累计方差贡献率，进而确定主因子的数量。

为了保证所提取的公共因子可以尽可能多地表达原始指标的信息，同时又有较好的降维作用，通常情况下，保留特征值大于 1 的公共因子，并使累计贡献率达到 80%左右。从表 3.11 中的数据结果可以看出，6 个主因子的特征值都大于 1 而且提取的 6 个主因子累计贡献率为 82.318%大于 80%，说明 16 个指标可以提取 6 个丢失信息很少的具有代表性的主因子，因此利用这些主因子进行海外耕地投资东道国的投资潜力分析是比较合适的。

表 3.11 方差贡献分析表

成分	初始特征值			旋转后的特征值		
	合计	方差	累积	合计	方差	累积
1	5.943	37.141%	37.141%	3.833	23.953%	23.953%
2	2.076	12.974%	50.115%	3.558	22.238%	46.192%
3	1.541	9.628%	59.743%	1.515	9.467%	55.659%
4	1.373	8.584%	68.327%	1.491	9.318%	64.977%
5	1.176	7.348%	75.675%	1.407	8.791%	73.768%
6	1.063	6.643%	82.318%	1.368	8.549%	82.318%

续表

成分	初始特征值			旋转后的特征值		
	合计	方差	累积	合计	方差	累积
7	0.797	4.982%	87.300%			
8	0.657	4.104%	91.403%			
9	0.400	2.499%	93.902%			
10	0.275	1.717%	95.619%			
11	0.246	1.535%	97.154%			
12	0.169	1.055%	98.209%			
13	0.124	0.774%	98.983%			
14	0.073	0.458%	99.440%			
15	0.051	0.319%	99.759%			
16	0.038	0.241%	100.000%			

注：提取方法为主成分分析

（四）主因子的命名解释

因子提取必须具备一定的实际经济意义，因此采用方差最大法对因子载荷矩阵实行正交旋转以使因子具有命名解释性。由因子载荷矩阵（表 3.12）可以看出，医疗及基础教育指数、农村改善的水源、农村人口占总人口百分比、基础设施指数、谷物产量等五项指标在主因子 F1 上有较高的载荷，这五个指标反映了东道国的农业、医疗、教育等基本情况，故可以把主因子 F1 称为社会基础条件潜力因子；商品市场效率指数、金融市场成熟指数、制度完善指数、创新指数等四个指标在主因子 F2 上有较大的载荷，这四个指标反映的是东道国经济环境、制度环境、技术发展程度的好坏，可以把主因子 F2 命名为投资环境潜力因子；GDP 增长率、化肥消费量在主因子 F3 上有较大的载荷，这两个指标分别反映东道国经济发展情况和化肥消费情况，可以把主因子 F3 命名为经济发展潜力因子；人均耕地面积在主因子 F4 上有较高载荷，该指标反映的是东道国人均耕地面积的高低，可将主因子 F4 命名为耕地发展潜力因子；近五年与中国贸易年均增长率、劳动市场效率指数在主因子 F5 上有较高的载荷，这两个指标分别反映东道国与中国贸易发展情况以及东道国的劳动力用工情况，可以把主因子 F5 命名为外贸及用工潜力因子；自然灾害和宏观经济稳定指数在主因子 F6 上有较高的载荷，它们反映东道国自然环境和经济环境的稳定情况，可以把主因子 F6 命名为稳定潜力因子。

表 3.12　因子载荷矩阵

指标	F1	F2	F3	F4	F5	F6
Zscore（医疗及基础教育指数）x_1	0.851	0.218	0.057	0.073	0.287	-0.001
Zscore（农村改善的水源）x_2	0.849	0.261	0.055	0.095	-0.013	-0.003
Zscore（农村人口占总人口百分比）x_3	-0.799	-0.130	0.041	-0.096	0.195	-0.327
Zscore（基础设施指数）x_4	0.775	0.491	0.188	0.227	0.026	0.062
Zscore（谷物产量）x_5	0.653	0.182	0.095	-0.592	-0.072	0.014
Zscore（商品市场效率指数）x_6	0.139	0.905	0.066	-0.059	0.265	0.088
Zscore（金融市场成熟指数）x_7	0.174	0.900	0.123	-0.119	0.048	-0.013
Zscore（制度完善指数）x_8	0.249	0.857	-0.085	0.174	0.073	-0.112
Zscore（创新指数）x_9	0.346	0.792	0.174	0.130	0.025	0.166
Zscore（GDP 增长率）x_{10}	0.054	-0.158	-0.814	-0.089	0.092	-0.015
Zscore（化肥消费量）x_{11}	0.336	-0.033	0.675	-0.234	0.075	-0.183
Zscore（人均耕地面积）x_{12}	0.379	0.102	-0.014	0.876	-0.009	0.001
Zscore（近五年与中国贸易年均增长率）x_{13}	-0.109	-0.119	0.198	0.104	-0.853	0.049
Zscore（劳动市场效率指数）x_{14}	-0.173	0.267	0.328	0.256	0.674	0.226
Zscore（自然灾害）x_{15}	0.068	-0.027	-0.166	-0.073	0.069	0.905
Zscore（宏观经济稳定指数）x_{16}	0.431	0.194	0.335	0.297	-0.017	0.549

注：提取方法：主成分

旋转法：具有 Kaiser 标准化的正交旋转法

（五）因子得分分析

为了对海外投资东道国的投资潜力做出客观、综合的评价，同时由于计算得出的因子得分可以用来衡量投资潜力高低，利用因子得分可以从不同角度对海外耕地投资东道国的投资潜力进行比较分析。其计算方法如下：用回归法计算各公共因子得分，根据因子得分系数矩阵给出的系数和原始变量的标准化值可以计算每个观测量的各公共因子得分，并可以据此对观测量进行进一步分析，主因子得分表达式如下：

$$\begin{aligned}F1 =\ & 0.851x_1 + 0.849x_2 - 0.799x_3 + 0.775x_4 + 0.653x_5 \\ & + 0.139x_6 + 0.174x_7 + 0.249x_8 + 0.346x_9 + 0.054x_{10} \\ & + 0.336x_{11} + 0.379x_{12} - 0.109x_{13} - 0.173x_{14} + 0.068x_{15} + 0.431x_{16}\end{aligned} \quad (3.3)$$

$$\begin{aligned}F2 =\ & 0.218x_1 + 0.261x_2 - 0.130x_3 + 0.491x_4 + 0.182x_5 \\ & + 0.905x_6 + 0.900x_7 + 0.857x_8 + 0.792x_9 - 0.158x_{10} - 0.033x_{11} \\ & + 0.102x_{12} - 0.119x_{13} + 0.267x_{14} - 0.027x_{15} + 0.194x_{16}\end{aligned} \quad (3.4)$$

$$F3 = 0.057x_1 + 0.055x_2 + 0.041x_3 + 0.188x_4 + 0.095x_5$$
$$+ 0.066x_6 + 0.123x_7 - 0.085x_8 + 0.174x_9 - 0.814x_{10} \quad (3.5)$$
$$+ 0.675x_{11} - 0.014x_{12} + 0.198x_{13} + 0.328x_{14} - 0.166x_{15} + 0.335x_{16}$$

$$F4 = 0.073x_1 + 0.095x_2 - 0.096x_3 + 0.227x_4 - 0.592x_5$$
$$- 0.059x_6 - 0.119x_7 + 0.174x_8 + 0.130x_9 - 0.089x_{10} \quad (3.6)$$
$$- 0.234x_{11} + 0.876x_{12} + 0.104x_{13} + 0.256x_{14} - 0.073x_{15} + 0.297x_{16}$$

$$F5 = 0.287x_1 - 0.013x_2 + 0.195x_3 + 0.026x_4 - 0.072x_5$$
$$+ 0.265x_6 + 0.048x_7 + 0.073x_8 + 0.025x_9 + 0.092x_{10} \quad (3.7)$$
$$+ 0.075x_{11} - 0.009x_{12} - 0.853x_{13} + 0.674x_{14} + 0.069x_{15} - 0.017x_{16}$$

$$F6 = -0.001x_1 - 0.003x_2 - 0.327x_3 + 0.062x_4 + 0.014x_5$$
$$+ 0.088x_6 - 0.013x_7 - 0.112x_8 + 0.166x_9 - 0.015x_{10} \quad (3.8)$$
$$- 0.183x_{11} + 0.001x_{12} + 0.049x_{13} + 0.226x_{14} + 0.905x_{15} + 0.549x_{16}$$

得出结果后再进一步对所提取的 6 个公共因子得分按相应的贡献比重进行加权平均求和。其中权重为各公共因子的方差贡献率，6 个旋转后公共因子的方差贡献率依次是 23.953%、22.238%、9.467%、9.318%、8.791%、8.549%，于是可得各海外耕地投资东道国的投资潜力得分的计算公式如下：

$$ZF = 23.953\% \cdot F1 + 22.238\% \cdot F2 + 9.467\% \cdot F3$$
$$+ 9.318\% \cdot F4 + 8.731\% \cdot F5 + 8.549\% \cdot F6 \quad (3.9)$$

其中，ZF 为综合得分；F1、F2、F3、F4、F5、F6 为各主因子得分。根据以上因子得分和综合得分的计算公式运算得出 32 个海外耕地投资东道国各公共因子得分及综合得分表，如表 3.13 所示。

表 3.13　各海外耕地投资东道国各公共因子得分及综合得分

国家	F1	F2	F3	F4	F5	F6	ZF
澳大利亚	1.078 32	2.407 61	0.187 36	3.409 44	-0.030 81	-0.671 92	1.07
马来西亚	0.458 58	2.675 52	-0.256 27	-0.732 65	0.240 69	1.626 57	0.77
印度尼西亚	0.724 65	0.499 66	-0.328 56	-1.131 47	-0.434 50	0.910 30	0.19
南非	-0.187 63	2.104 43	0.036 35	-0.812 40	-1.384 10	-0.450 12	0.19
肯尼亚	-1.073 37	0.628 77	0.256 65	-0.145 26	0.505 69	-0.817 68	-0.13
巴西	1.382 32	-0.459 60	2.553 49	-1.035 53	0.263 56	-0.576 89	0.35
塞内加尔	-0.937 51	0.246 68	0.425 12	0.356 65	0.211 56	-0.107 88	-0.09
赞比亚	-0.958 66	1.188 73	-0.188 75	-0.179 30	-1.177 22	-0.384 54	-0.14
墨西哥	0.912 13	0.090 05	0.037 67	-0.503 93	-0.442 88	0.887 71	0.23
柬埔寨	-0.458 88	0.486 17	-0.054 00	-0.133 01	0.822 18	-0.531 05	0.01
泰国	0.636 03	0.244 60	2.830 76	-0.538 05	0.520 66	-0.805 02	0.40
乌克兰	1.121 14	-0.917 64	-0.044 35	0.664 39	0.413 31	-0.019 63	0.16

续表

国家	F1	F2	F3	F4	F5	F6	ZF
哥伦比亚	0.603 50	-0.114 17	0.005 70	-0.678 63	-0.533 69	0.373 40	0.04
乌拉圭	1.706 58	0.386 97	-0.652 09	-0.316 10	-1.173 74	-0.396 64	0.27
坦桑尼亚	-0.950 87	-0.115 37	-0.188 13	0.195 22	1.159 57	-0.526 52	-0.20
尼日利亚	-1.355 37	0.054 51	-0.389 69	-0.427 08	0.411 61	3.310 87	-0.07
喀麦隆	-0.674 41	-0.361 89	0.106 40	-0.085 43	0.607 41	2.265 09	0.01
巴基斯坦	-0.103 76	-0.118 54	-0.058 51	-0.739 09	-0.219 91	-1.166 35	-0.24
越南	0.645 48	-0.112 55	-0.090 73	-1.106 76	0.669 81	-0.735 62	0.01
马里	-0.873 75	-0.313 25	0.481 68	0.426 17	-0.573 69	-0.167 60	-0.26
乌干达	-0.939 78	-0.029 76	-0.183 59	0.020 26	1.325 22	-0.648 10	-0.19
加纳	0.210 62	0.199 38	-2.288 75	-0.288 27	0.391 19	-0.733 51	-0.18
俄罗斯	1.184 96	-1.377 33	0.255 74	1.339 98	0.158 69	1.123 09	0.24
阿根廷	2.178 97	-1.799 14	-1.387 90	-0.381 82	-1.102 06	0.140 85	-0.13
马达加斯加	-0.735 16	-1.153 76	1.136 55	-0.333 65	1.015 66	-0.061 41	-0.27
哈萨克斯坦	0.537 61	-0.472 33	-0.256 96	2.715 24	1.406 30	0.567 58	0.42
埃塞俄比亚	-0.744 99	-0.573 16	-0.655 26	0.007 07	1.008 25	-0.968 27	-0.36
乍得	-1.624 09	-1.129 88	1.566 94	1.269 89	-3.460 25	0.442 13	-0.64
秘鲁	0.587 99	-0.160 06	0.287 54	-0.731 08	0.922 73	0.308 31	0.17
津巴布韦	-0.196 68	-0.687 91	-1.419 73	0.235 36	-1.141 13	-0.713 58	-0.47
莫桑比克	-0.950 05	-0.709 46	-0.796 67	0.088 07	-0.293 12	-0.799 87	-0.55
塞拉利昂	-1.203 91	-0.607 30	-0.928 02	-0.428 22	-0.086 99	-0.673 69	-0.62

从表 3.13 可知海外耕地投资东道国各个主因子得分值及投资潜力综合得分情况，澳大利亚、巴西、马来西亚、俄罗斯等 16 个国家的综合得分为正数，而尼日利亚、塞内加尔、巴基斯坦等 16 个国家为负数。由于在进行因子分析时对数据进行了标准化处理，各主因子得分与综合得分的均值均为零，因此以 0 为参考基准，综合得分大于 0 的海外耕地投资东道国相应的投资潜力较大，并且综合得分越大表明其投资潜力越大，得分等于 0 或接近于 0 的国家，表明其投资潜力处于一般水平，得分小于 0 的国家其投资潜力也相应较小，且绝对值越大表明其投资潜力越小。从评价的海外耕地投资东道国的主因子来看，社会基础条件潜力和投资环境潜力所占的比重最大，其他依次是经济发展潜力、耕地发展潜力、外贸及用工潜力和稳定潜力，这六个公共因子反映了海外耕地投资东道国的投资潜力，可根据这些对海外耕地投资东道国的投资潜力有一个基本的判断。

（六）聚类分析

通过前文的综合评价分析可以得知各海外耕地投资东道国的投资潜力大小差异较大，但是对于这些国家如何进行分类尚无一个标准，不能简单地以某个具体的分析来作为分界限,因此为了更加科学合理地对各东道国的投资潜力进行分类研究,本章采用最短距离法对各东道国的投资潜力进行聚类划分,经过系统聚类分析后,得到的聚类结果见图 3.1。根据聚类谱系图并根据 Demirmen 的分类准则,可以将 32 个海外耕地投资东道国分为以下三类。

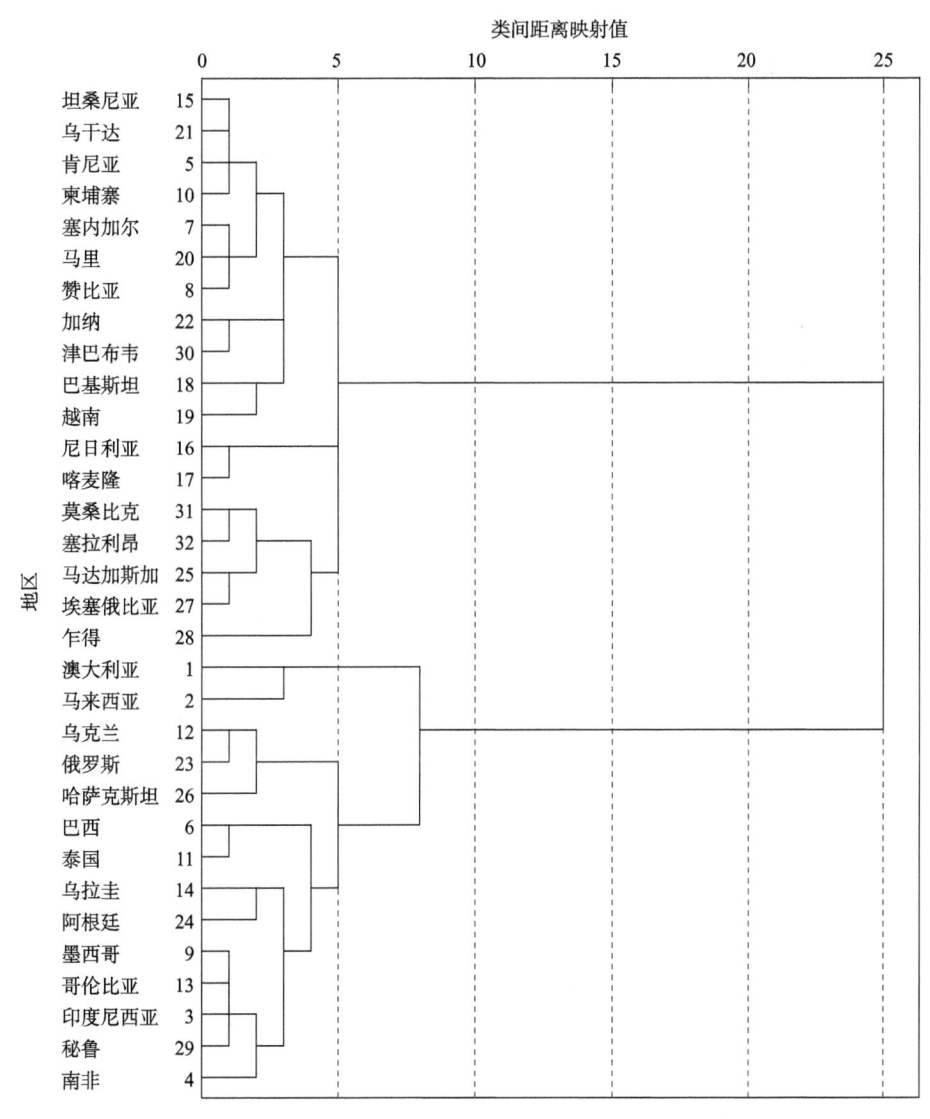

图 3.1 海外耕地投资东道国的投资潜力聚类谱系图
使用 Word 连接的树状图,重新调整距离聚类合并

第一类:澳大利亚、马来西亚。
第二类:乌克兰、俄罗斯、哈萨克斯坦、巴西、泰国、乌拉圭、阿根廷、墨

西哥、秘鲁、印度尼西亚、哥伦比亚、南非。

第三类：越南、坦桑尼亚、塞内加尔、柬埔寨、乌干达、肯尼亚、赞比亚、加纳、津巴布韦、巴基斯坦、尼日利亚、喀麦隆、埃塞俄比亚、莫桑比克、马里、塞拉利昂、马达加斯加、乍得。

三、结果分析

运用因子分析法和聚类分析法，本节将32个海外耕地投资东道国分成了三类，结合对各海外耕地投资东道国的指标数据分析，海外耕地投资东道国的投资潜力按重要性依次为东道国的社会基础条件潜力、投资环境潜力、经济发展潜力、耕地发展潜力、外贸及用工潜力、稳定潜力六个方面。从综合得分和聚类的结果可以看出，澳大利亚、马来西亚、巴西等经济比较发达的国家的投资潜力都较大，且排名都在前列，而乍得、塞拉利昂、莫桑比克、埃塞俄比亚等经济落后国家都属于投资潜力较小，且排名倒数的国家，这与当前国际上海外耕地投资的实际情况基本保持一致，说明了采用因子分析法和聚类分析法对海外耕地投资东道国的投资潜力分析是比较客观可信的。

通过前文的因子分析和聚类分析，可以将海外耕地投资东道国的投资潜力情况归纳如下。

首先，海外耕地投资东道国的投资潜力大小主要体现在社会基础条件潜力和投资环境潜力方面。从因子分析的结果来看，主因子F1社会基础条件潜力因子和F2投资环境潜力因子对海外耕地投资东道国的投资潜力影响最大，基本上可以从该因子的得分来判断东道国的投资潜力是大是小。结合聚类分析的结果来看，凡是社会基础条件潜力因子和投资环境潜力因子得分都大于0的国家中，除了加纳以外都属于高潜力区或者中潜力区。相反，社会基础条件潜力因子和投资环境潜力因子得分都小于0的国家都属于低潜力区。因此，对于东道国来说，应该从医疗及基础教育指数、农村改善的水源、农村人口占总人口百分比、基础设施指数、谷物产量等社会基础条件和投资环境入手，加大本国基础设施投入，不断改善和提升国家的投资环境以提高本国的耕地投资潜力，吸引更多的投资者；对于投资者来说，在选择耕地投资东道国时要考虑的就是东道国的社会基础条件和投资环境，优先选择社会基础条件较好、投资环境好的国家，才能使自己的投资获得更多的利润，实现投资效益最大化。

其次，潜力较大的地区都是目前经济发展较好的国家，经济发展落后的国家其投资潜力相对较小。从数据及分析中我们可以看出，经济发展较好的国家，不仅具备良好的社会基础条件，如丰沛的耕地资源、农业基础设施以及较多的耕地等,还有着良好、稳定的投资环境,使投资者的投资风险大大降低,获得较高的收益。相比之下,那些经济发展落后的国家可能拥有较好的耕地资源,如乍得在这一指标上得分排名第三,但是由于其基础条件落后、投资环境较差、政局不稳定等不利因素,投资者在该国的投资风险较大,预期收益不确定。鉴于此,投资者在选择东道国的时候不能仅仅看东道国的耕地资源是否丰富,虽然耕地资源在耕地投资中通常被视为主要考虑的因素,但是由于投资的过程中要综合考虑多种因素,尤其是投资环境、投资风险和投资回报率,在有许多东道国可供选择的情况下,耕地资源的多少对投资者来说其影响力也就小得多。

再次,结合因子分析对32个海外耕地投资东道国的投资潜力的综合得分及聚类分析得出的分类结果,可以将32个海外耕地投资东道国分为高潜力区、中潜力区、低潜力区三类,具体见表3.14。

表3.14 海外耕地投资东道国投资潜力分类

类别	国家
高潜力区	澳大利亚、马来西亚
中潜力区	乌克兰、俄罗斯、哈萨克斯坦、巴西、泰国、乌拉圭、阿根廷、印度尼西亚、墨西哥、秘鲁、哥伦比亚、南非
低潜力区	越南、坦桑尼亚、塞内加尔、柬埔寨、乌干达、肯尼亚、赞比亚、加纳、津巴布韦、巴基斯坦、尼日利亚、喀麦隆、埃塞俄比亚、莫桑比克、马里、塞拉利昂、马达加斯加、乍得

最后,通过对海外耕地投资东道国的投资潜力分析可以看出,运用因子分析的方法对海外耕地投资东道国的投资潜力进行综合评价,为了消除不同指标数据不同量纲无法比较的影响,对每个指标进行了标准化处理,采用系数相关性检测方法确保该研究适合用因子分析法,进而保证整个评价研究合理地进行;运用因子分析法还避免了信息重叠给评价造成的不良影响以及确定权重的随意性(陈爽英和唐小我,2009),使评价更加客观和准确;从因子分析法的实证分析中可以得到各主因子的得分和综合得分情况,从而发现海外耕地投资东道国的投资潜力各方面的差异,进而有利于我国能够更好地选择东道国进行投资,降低投资风险,提高投资收益。

第四章　中国的粮食安全状况与保障手段

粮食是人类生存的物质基础。没有适量的食物支撑，人类社会将无法延续。食物作为一项基本的需求越来越受到各国政府及非政府部门的广泛关注。粮食安全事关社会、经济稳定发展的大局，保障粮食安全无疑成为各国政府的基本工作内容及重要战略部署。从全球的粮食生产与消费的总体情况来看，基本实现了供需平衡并且有较为安全的粮食储备量。然而，各国社会经济发展不平衡，区域自然环境存在较大差异，除了部分农业资源丰富的国家或地区外，多数国家由于经济结构与发展战略部署、农业资源状况、气候条件、膳食结构、社会因素等各种条件的影响与制约，无法完全通过本国或本地区的自身生产解决国民的粮食需求。国际市场（包括商品粮市场和粮食援助）成为各国实现本国粮食供需平衡的重要平台。

近年国际粮食市场价格的大幅上涨及由美国次贷危机引发的全球性金融危机，致使国际粮食市场处于紧张态势。面对国际市场粮食价格快速上涨的局势，一些国家通过抑制粮食出口来确保本国的粮食供应，使粮食自给率较低国家的粮食安全形势较为紧张。在此背景下，对国际粮食市场依存度较高且较为富裕的国家，如日本、韩国及海湾地区国家，以及人口、资源与环境矛盾较为突出的国家，如印度等国家，除了加强本国农业发展提高土地生产率以增加粮食供给之外，积极寻求稳定的国际市场粮源成为其保障粮食安全的重要途径，具体表现为通过各种方式的耕地交易（购买、租赁或合作等形式）进行大规模的海外耕地投资，将生产出来的粮食通过出口供本国消费（Cotula and Vermeulen, 2009）。

本章基于当前全球粮食供需的基本现状，通过梳理当前国际上海外耕地投资模式，在中国耕地资源与粮食安全状况的背景下，剖析中国实施海外耕地投资以保障粮食安全的必要性与可行性，并作初步的实施战略设计。

第一节　全球粮食供需的基本状况及未来发展趋势

一、全球粮食供需及国际市场粮食价格运行状况

以稳定的粮食供给满足不断增长的粮食需求是维持全球粮食形势平稳发展的基本条件。在粮食供需关系中，粮食生产与粮食需求具有不同属性。由于粮食生产受到经济的、自然的各方面因素影响，全球粮食产量具有波动性及不确定性特征。同时，由于全球人口增长、城市化水平不断提高、膳食结构变化及生物燃料需求等因素的作用，粮食需求呈现刚性特征及不断增长的态势。可见，受粮食供需关系决定的粮食价格对粮食生产状况的反应更为敏感。局部地区尤其是粮食主产国及主要粮食出口国的恶劣气候变化造成的全球粮食产量及国际市场粮食供应量的减少，推动了近年来国际市场食品价格尤其是粮食价格的高企，进而引发了全球紧张的粮食形势。

由图4.1可见，全球粮食需求量不断增加，2016年达到25.69亿吨，较2015年增长5.3%，较2000年的18.65亿吨，年均增长2.02%；全球粮食生产量总体呈上升趋势，然而个别年份的产量降低，不断消化库存粮食，使近几年全球粮食储备率不断降低。例如，由于2005年和2006年气候变化对粮食主产国及主要粮食出口国粮食生产的影响，澳大利亚和加拿大减产20%，虽然与阿根廷及巴西共计仅占全球粮食产量的15%，却占全球粮食出口总量的35%~40%（FAO，2008），使粮食供需缺口增大，粮食储备率持续降低。2000~2012年全球粮食储备率总体处于不断降低趋势，至2008年末降为19.4%，2012年更是降至FAO 19%的警戒线，仅能维持全球53天的需求。2012年之后，全球粮食储备率有所回升。

全球粮食供需状况变化及粮食储备率的降低，引发了国际粮食市场的紧张局面。从2006年下半年开始，国际粮价不断高企。如图4.2所示，依据FAO的统计数据，以2002~2004年的食品及粮食价格为基准，至2011年国际市场食品及粮食价格指数分别为229.9和240.9，较2006年分别上涨87.8%和98.3%；其中，主要粮食作物大米和小麦的价格在2008年达到历史最高水平，玉米价格则在2012年达到最高水平；大米和小麦的价格分别由2006年的216.65美元/吨和199.65美元/吨上涨到2008年的507.65美元/吨和344.68美元/吨，涨幅达到134%和73%，而玉米则由2006年的121.07美元/吨上涨到2012年的308.72美元/吨，涨幅达155%。

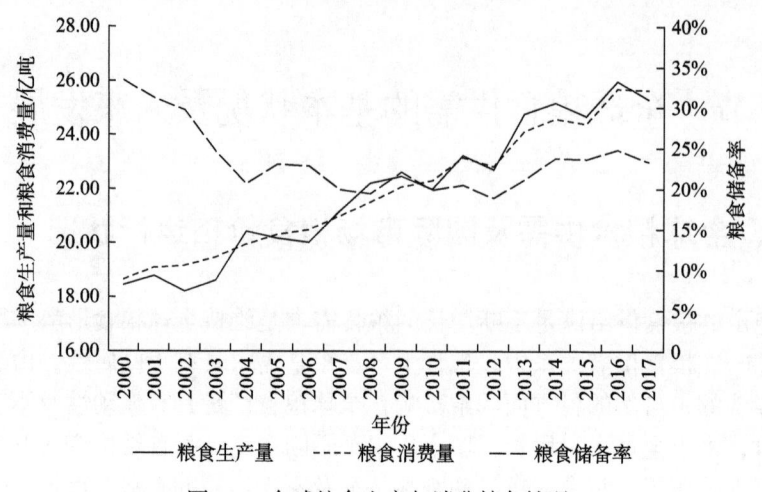

图 4.1　全球粮食生产与消费储备情况

资料来源：其中粮食生产量、消费量和2009~2017年粮食储备率（包括小麦、粗粮及以碾米计的大米）来源于美国农业部的生产、供给及分配数据库（USDA. Foreign agricultural service, production, supply, and distribution database. http://www.fas.usda.gov/psdonline/psdHome.aspx，访问日期：2016年6月14日），其中2017年数据截至2017年5月；2000~2008年粮食储备率（等于当年末粮食储备量除以下一年度的粮食消费量）数据来源于FAO《作物前景与粮食形势》2009年第一期和2006年第一期（FAO. Crop prospects and food situation, 2006, No.1: 4; FAO. Crop prospects and food situation, 2009, No.1: 34. 网址：http://www.fao.org/giews/english/cpfs/index.htm）

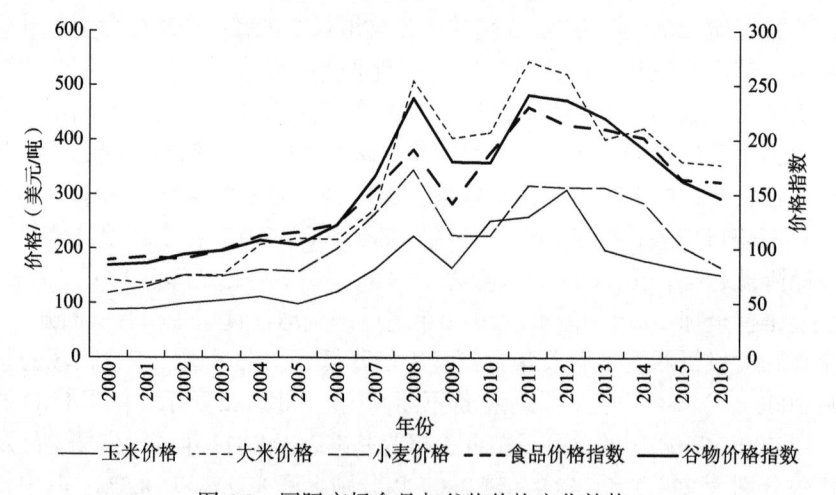

图 4.2　国际市场食品与谷物价格变化趋势

资料来源：其中食品和谷物价格指数来源于FAO, World Food Situation, http://www.fao.org/worldfoodsituation/FoodPricesIndex/en/，2017年6月14日访问。以2002~2004年的价格为基准即2002~2004=100。其中食品价格指数为肉、奶、粮食、油、糖类等食品的综合价格指数，粮食价格指数为小麦、大米、玉米的综合价格指数。各谷物价格数据来源于FAO国际商品价格数据库（FAO. International Commodity Price. http://www.fao.org/es/esc/prices/PricesServlet.jsp?lang=en，访问日期：2017年6月14日），其中玉米价格为美国2号黄玉米的美国海湾地区离岸价，大米价格为泰国白碎米（A1特级）的曼谷离岸价，小麦价格为美国2号红硬粒冬小麦的美国海湾地区离岸价

此次由全球粮食供需关系变化及国际市场粮食价格快速增长引起的全球粮食紧张局势，在短期内可能由 2007 年和 2008 年全球粮食产量增加及今后加大粮食生产投资以增加粮食产量等措施得以缓解，但从长期来看，全球粮食形势将愈发紧张。

二、全球粮食供需关系发展态势

仅从当前全球粮食供需及储备情况来看，基本实现了粮食供给与需求的平衡。然而从粮食生产的自然及经济制约和粮食需求的刚性属性角度分析，未来全球的粮食供需关系将更加紧张。

从粮食生产角度来看，粮食产量的增加面临众多挑战：①土地本身的生产能力有限。虽然可以通过育种、使用高效肥料与杀虫剂、改进农业生产经营方式与管理水平等手段提高土地产出水平，然而由于土地自身的限制及土地报酬的递减效应，其提高程度是有限的。②全球气候变化影响粮食生产。全球气候变化使恶劣气候条件发生的频率增加及影响程度变大。目前，每年与气候相关的自然灾害大概发生 500 次，是 20 世纪 80 年代 120 次的 6 倍（Frame et al., 2007）。全球气候变化除了直接影响农作物生长外，还通过影响土地质量，如引起土地退化而间接影响粮食产量。③粮食生产成本不断提高。近些年来，石油价格的快速上涨使粮食生产尤其是机械化程度较高地区和国家的粮食生产成本及运输成本增加，再加上粮食生产投入的原材料，如化肥、农药等价格的提高，增加了粮食生产成本，降低了从事粮食生产的比较效益，削弱了农民种植粮食作物的积极性，形成经济作物与粮食作物争地的局面，从而影响粮食产量。

从粮食供需角度来看，粮食需求更加多元化：①人口总量增长及城市化水平的提高。人口增长及城市化水平提高是粮食需求的重要影响因素。2008 年，全球总人口约为 66 亿，其中城市人口首次占到总人口的 50%达到 33 亿（United Nations Population Fund, 2007）。据联合国经济与社会理事会人口与发展委员会的预测，至 2030 年全球总人口为 83.18 亿，其中城市人口为 49.65 亿，城市化水平达到 59.7%；2050 年全球总人口将达到 91.91 亿，其中城市人口为 63.98 亿，城市化水平达 69.6%（Al-Yaman, 2004）。可见，一方面，总人口的增长使粮食需求量增加；另一方面，城市化水平的不断提高占用大量城市周边的农田影响粮食生产，而且城乡人口比例变化将引起食物消费结构的变化。②生物燃料需求增加。影响粮食需求的另一重要因素生物燃料的需求越来越大，形成与人类争粮的局面。由于原油价格的不断增长，近年来各国纷纷制订生物燃料生产与利用计划（其中主要的生物燃料生产国为美国、欧盟及巴西）。据 FAO 估算，2008/2009 年度用于生物燃料生产谷物利用总量为1.04亿吨，比2007/2008年度的估算水平增加22%，占全球谷物产量的4.6%（FAO，2009）。2000~2007年，由生物燃料需求增加而导致的粮食需求量增加贡献了粮食价格增长的30%左右（von Braun et al.，2008）。③膳食结构变化。膳食结构是随着人类每天摄入热量增加而变化的。据预测，全球每人每天摄入的热量将由1997~1999年的2 803大卡上升到2030年的3 050大卡，每人年均食用的粮食数量基本不变，然而糖、蔬菜油、肉、奶制品食用量不断增加（FAO，2002）。人类对高热量食物需求的增加，意味着转化成等热量的粮食作物的需求量不断增长。

第二节　中国的粮食供需状况及其保障

"仓廪实，衣食足，天下安"，古今中外，粮食安全问题都是事关国家兴衰、生死存亡的大事，并一直为各国政府所重视。我国作为世界上人口最多的国家，历届政府始终把粮食安全问题放在重要位置，并在粮食生产上取得了巨大成就，用占世界9%的耕地资源和占世界5.8%的水资源生产了约占世界23%的粮食、27%的肉类、43%的禽蛋和6%的奶类，养活了世界20%的人口，基本解决了数千年来的粮食短缺问题（许世卫和信乃诠，2010）。然而，随着我国经济的发展、人口数量的增长、国民膳食结构的改善，特别是饲料用粮和工业用粮需求量的大幅攀升，粮食供求形势也有了新的变化。从2003年开始，我国已转变为一个粮食净进口国，粮食净进口数量由2003年的171万吨迅速扩张到2011年的6 103万吨。尽管国家发展和改革委员会一直强调要保证我国粮食自给率不低于95%，但2012年我国三大主要粮食品种的净进口总量已达到1 398万吨，大豆净进口量更是创纪录地达到5 800多万吨，粮食自给率也下降到88.4%，其中大豆自给率还达不到20%。

一、中国的粮食供求状况

自20世纪70年代末开始的经济改革，特别是家庭联产承包责任制在农村的推行，使我国在粮食生产上取得了举世瞩目的成就。国家统计局统计数字显示，我国的粮食年产量已由1979年的3.3亿吨增加到2015年的6.2亿吨，36年间净增长了2.9亿吨，年增长率约1.77%，截至2015年底我国粮食生产已实现"十一连增"。我国在1979~2015年粮食产量一直处于上升趋势，其增长过程大致可分为三个阶段：①1979~1998年的增长波动期，该阶段我国粮食总产量由1979年的3.3

亿吨增长到 1998 年的 5.1 亿吨，在整体的上升趋势中稍有波动；②1998~2003 年的跌落徘徊期，该阶段我国粮食总产量由 1998 年的 5.1 亿吨减少到 2003 年的 4.3 亿吨，粮食总产量在徘徊中下降；③2003~2015 年的持续增长期，该阶段我国粮食总产量由 2003 年的 4.3 亿吨增长到 2015 年的 6.2 亿吨，粮食总产量又开始新一轮的增长。我国的粮食单位面积产量大致也经历了以上三个阶段，从 1979 年的 2.78 吨/公顷增长到 1999 年的 4.49 吨/公顷，再到 2015 年的 5.48 吨/公顷，36 年间的年均增长率达到 1.90%，粮食总产量与粮食单位面积产量高度相关（图 4.3）。

图 4.3　中国 1979~2015 年粮食生产情况

资料来源：《中国统计年鉴》

在粮食持续增产的同时，我国的粮食需求规模也逐年大幅攀升，国内粮食消费量由 1980 年的 3.3 亿吨提高到 2011 年的 6.3 亿吨，31 年间增加了 91%，年均提高 2.11%。在不同阶段，我国的粮食需求也呈现出明显的阶段性：①1979~1996 年，我国粮食需求量增长迅速，由 3.3 亿吨迅速增长到 5.2 亿吨，17 年间净增长了 1.9 亿吨；②1997~2003 年，我国的粮食需求量有所下降，从 4.9 亿吨逐渐下降为 4.3 亿吨；③2004 年以后，我国粮食需求重新开始进入快速增长阶段，从 4.9 亿吨急剧增长到 2011 年的 6.3 亿吨，短短 7 年间净增长了 1.4 亿吨，占 2011 年我国粮食总产量的 1/4。与此同时，我国的粮食自给率状况也不容乐观。1980~2007 年我国粮食自给率在波动中徘徊，但是仍保持在国家粮食安全警戒线 0.95 以上；从 2008 年开始，随着我国粮食净进口数量的扩大，粮食自给率水平也急速下降，并开始低于国家粮食安全警戒线，2012 年粮食自给率更是跌至 0.88，已低于国家粮食安全警戒线 7 个百分点（图 4.4）。

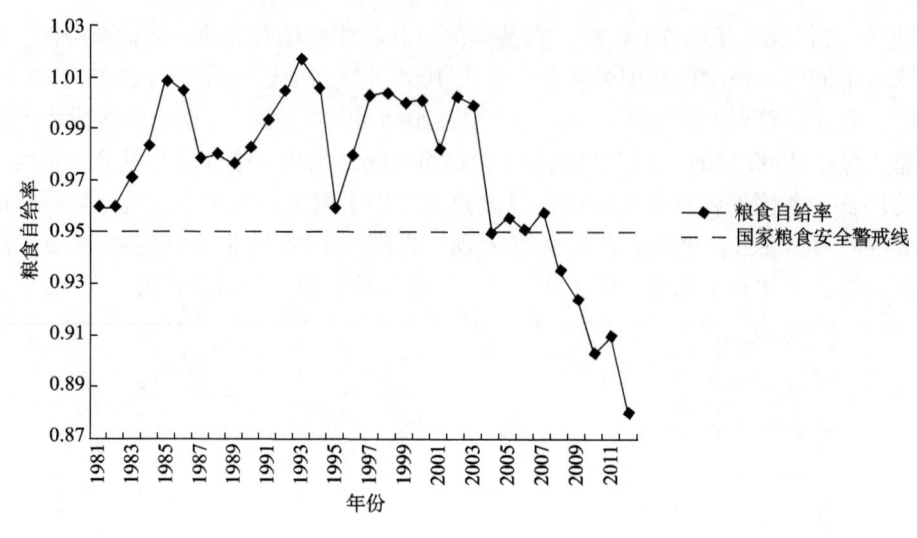

图 4.4　中国 1980~2012 年的粮食自给率情况
资料来源：据《中国农业发展报告》数据计算

从粮食需求的用途来看，口粮需求仍是我国粮食的第一大需求，占全国粮食消费量的一半以上；然后是饲料用粮需求，随着经济的发展和国民膳食结构的改善，国民对肉、奶、蛋等副食需求的提升导致养殖所需的饲料用粮逐年攀升，特别是玉米、大豆消费量迅猛增长；最后是工业处理需求，特别是以粮食作为原料的生物能源产业的发展，给我国粮食需求带来了更多的不确定性。目前，我国的玉米深加工能力已超过 4 000 万吨，而且还有 1 000 万吨在建，玉米加工乙醇项目的发展，将给我国粮食供需平衡带来更大挑战。《国家粮食安全中长期规划纲要（2008—2020）》明确指出，农业是我国国民经济的薄弱环节，随着工业化和城镇化的推进，我国粮食安全形势将面临以下问题：粮食生产逐步恢复，但继续稳定增产的难度加大；粮食供求将长期处于紧平衡状态。程国强（2013）预测，在今后的 5 年中，我国的大米、小麦、玉米需求增长率均会超过 10%，牛奶的需求增速也将超过 9%，肉类需求的增长率将达到 19.45%。从中长期看，我国粮食需求逐年扩大的趋势将难以逆转，未来粮食安全将面临严峻挑战。

二、中国粮食供应的内部要素约束

粮食供应充足是保障粮食安全的最核心内容，因此利用国内生产要素进行粮食生产成为我国政府保障粮食供应的重中之重。目前，我国政府主要采取两种手段加强粮食供应：一是加大对国内农业资源的开发和利用，力求"饭碗端在自己手中"；二是积极参与国际粮食贸易，利用国际市场购买粮食保障国内供应量。

但是，随着我国城市化、工业化的快速推进，农业生产环境也发生了很大的变化，利用国内资源保障粮食供应主要面临着以下挑战：①耕地数量持续下降，质量状况也不容乐观；②农业水资源日益匮乏；③化肥对粮食生产的效用呈持续降低态势；④气候和农业自然灾害问题突出。

耕地数量的锐减和质量的下降是我国改革开放后在土地利用方面最引人注目的现象。国家统计局统计数字显示，我国耕地面积从1979年的13.36亿公顷减少到了2009年的12.17亿公顷，30年间净减少1.19亿公顷。从耕地流失特点上看，这一时期我国东中部大量优质耕地被建设占用，而补充的耕地多位于水土条件较差的边远西部省份。东中部地区土地肥沃，水资源条件优越，粮食生产可实现一年两熟、三熟，而西北省份的粮食生产仅为一年一熟或者一年两熟，耕地流失区域差异造成的粮食生产隐性损失同样不容乐观。目前，我国耕地约有2/3位于山区、丘陵和高原地区，随着中东部优质耕地被城市建设大量占用，我国当前的高产、一般和低产农田的比例也变为28.7%、30.1%和41.2%，中低产田比例已经超过70%。此外，受生态环境恶化、化肥过度施用、农药污染、工业废水污染等方面的影响，我国耕地生产能力急剧下降，土壤板酸化和有机质含量降低现象严重，耕地粮食生产能力受到重要影响，利用国内耕地资源保障粮食供应的形势十分严峻。

水利部2009年公布的数据显示，我国淡水资源总量约为2.8万亿立方米，其中地表水2.7万亿立方米，地下水0.83万亿立方米，淡水资源总量居世界第6位，人均水量仅有2 200立方米，仅为世界人均水平的1/4，是全球13个贫水国之一。目前，我国农业用水约占全国用水总量的70%，其中90%以上用于农田灌溉，耕地平均水量也仅为世界平均水平的3/4，每年耕地缺水约300亿立方米。在耕地数量持续下降的同时，我国还面临着水土资源分布不均衡的挑战，南方地区的耕地面积占全国的35.2%，淡水资源却占80.4%，北方地区的耕地面积占64.8%，淡水资源仅占19.6%。《全国新增1 000亿斤粮食生产能力规划（2009—2020年）》显示，到2020年我国新增的千亿吨粮食产量中，北方缺水地区要贡献65%。Xiong等（2009）、Brown and Halweil（1998）也认为，水资源紧缺将是影响我国未来粮食生产的核心问题，我国的水资源短缺也会影响世界粮食安全。

改革开放以来，化肥的施用对我国粮食增产效果明显。目前，我国是全球最大的化肥生产、消费和进口国。据FAO统计，1960~2002年全球每公顷耕地的化肥施用量从60千克增长到了110千克，而我国的化肥施用量占到了全球化肥施用总量的1/3，特别是20世纪80年代以来，我国的化肥施用增长量约占全球化肥施用增长量的90%。Liu and Chen（2007）认为，从1982年开始，化肥施用对我国粮食生产的贡献已经超过传统生物肥料，改革开放以来氮肥的施用，对我国的粮食增产效果显著。但是，最近几年，大规模化肥施用造成的土壤板结、农业水污染等问题，使化肥对我国粮食增产的正效应快速减弱。Huang 和 Tang（2010）的研究发现，在 1978~1984 年，化肥对我国粮食增产的贡献达到 30.8%，而在 1999~2003 年这一贡献率已经降低为 10.4%。宋海燕等（2005）的案例研究也表明，我国 1990~2003 年的化肥增产效率已经是负值，单位面积化肥投入量的增加并没有引起产量的明显增加，化肥投入对粮食生产的作用已处于规模报酬递减阶段。

气候和自然灾害对粮食生产的影响同样不容忽视。联合国政府间气候变化专门委员会（Intergovernmental Panel on Climate Change，IPCC）第四次评估报告认为，20 世纪 90 年代全球极端气象灾害比 50 年代高出了 5 倍以上。按照目前趋势，在今后的 20~50 年，当全国的平均气温升高 2.5℃~3℃之后，我国三大主要粮食作物（水稻、小麦和玉米）的产量将持续下降。近年来，农业自然灾害对我国粮食生产的侵扰也日渐突出。国家统计局公布的数据显示，1979~2009 年，这 30 年我国每年农业受灾面积平均为 4 572.4 万公顷，农业成灾面积为 2 362.8 万公顷，成灾率约为 52%。2000~2009 年每年农业成灾面积为 2 554.8 万公顷，其中旱灾为 1 446.6 万公顷，洪涝灾为 539.1 万公顷，旱灾已成为威胁我国粮食生产的首要灾害，并呈现出成灾面积逐年扩大的趋势，洪涝灾害的成灾面积则呈现出了波动放缓的趋势。总体看来，我国的农业自然灾害区域特征差异变得更为复杂，"南涝北旱"的整体规律正变得越来越不明显，取而代之的则是旱涝灾害频发，并且在区域分布上更加分散。

全国耕地面积持续减少、土壤肥力下降，中低产田比例大，以及水资源不足、水利基础设施不完善，抗御水旱灾害能力低，季节性干旱突出将会成为未来我国利用内部要素保障粮食供应的主要问题。在综合考虑耕地面积下降、农业用水减少、温度升高等因素的情况下，我国 2050 年的粮食总生产水平可能会在 2000 年 5 亿吨的水平上下降 14%~23%。

三、中国粮食安全保障的贸易手段

国家发展和改革委员会一直强调要保证我国的粮食自给率不低于 95%，但是保证过高的粮食自给率就意味着国内要加大对粮食生产的物质投入，这种高投入、高消耗、高产量也意味着我国日益紧缺的耕地资源、水资源、劳动力资源等生产要素将面临更大的压力。正是基于我国未来粮食生产的内部资源约束，随着经济全球化的深入推进和我国加入 WTO，利用国际粮食市场保障我国粮食供应逐渐成为我国政府保障粮食安全的补充手段。

（一）我国的粮食贸易状况

从国际市场进口粮食，就相当于进口了他国的土地、水和劳动力资源，这已成为当前的社会共识。从近 20 年来我国对国际粮食市场的利用情况来看，粮食贸易对保障我国粮食供应的作用正逐渐凸显。1992~2014 年，我国从国际市场一共进口粮食约 7.8 亿吨，超出任何一年国内粮食生产总量。在加入 WTO 前，我国粮食净进口形势并不明显，粮食净进口产量比也没有超过 5%。加入 WTO 后，我国对国际粮食市场的依赖程度显著提升，特别是 2003 年以后我国的粮食净进口规模从 171.2 万吨急剧扩张到 2014 年的 10 042.4 万吨，11 年间粮食净进口规模增加了近 60 倍，2010 年的粮食净进口产量比甚至达到了 11.75%（表 4.1）。从粮食品种上看，除大量进口大豆外，我国已连续三年成为小麦、稻谷和玉米的净进口国，尤其在小麦、大麦和大豆上对国际粮食市场依存度非常高。

表 4.1 我国 1992~2014 年粮食进出口贸易情况

年份	粮食产量/万吨	粮食进口/万吨	粮食出口/万吨	净进口量/万吨	净进口产量比
1992	44 265.8	1 182.1	1 390.8	−208.7	−0.47%
1993	45 648.8	16.3	151.5	−135.2	−0.30%
1994	44 510.1	925.1	1 306.3	−381.2	−0.86%
1995	46 661.8	2 082.5	162.2	1 920.3	4.12%
1996	50 453.5	1 105.6	134.9	970.7	1.92%
1997	49 417.1	738.4	878.1	−139.7	−0.28%
1998	51 229.5	742.0	939.0	−197.0	−0.38%
1999	50 838.6	808.8	840.3	−31.5	−0.06%
2000	46 217.5	1 390.7	1 452.4	−61.7	−0.13%
2001	45 263.7	1 950.4	991.2	959.2	2.12%
2002	45 705.8	1 605.1	1619.6	−14.5	−0.03%
2003	43 069.5	2 525.8	2354.6	171.2	0.40%
2004	46 946.9	3 351.5	620.4	2 731.1	5.82%
2005	48 402.2	3 647.0	1 182.3	2 464.7	5.09%
2006	49 804.2	3 713.8	774.4	2 939.4	5.90%
2007	50 160.3	3 731.9	1 169.5	2 561.5	5.11%
2008	52 870.9	4 130.6	378.9	3 751.7	7.10%
2009	53 082.1	5 223.1	328.3	4 894.8	9.22%
2010	54 647.7	6 695.4	275.1	6 420.3	11.75%
2011	57 120.9	6 390.0	287.5	6 102.5	10.68%
2012	58 958.0	8 024.6	276.6	7 748	13.14%
2013	60 193.8	8 645.2	243.1	8 402.1	13.96%
2014	60 702.6	10 042.4	211.4	9 831	16.20%

资料来源：《中国粮食年鉴》

在全球粮食产量持续增长的背景下，随着我国粮食净进口规模的扩大和对国际粮食市场依赖程度的加深，国际粮食价格成为影响我国粮食获取能力的主要因素。纵观近20年国际粮食价格指数的变动情况可以发现，1992~2006年，这15年全球粮食价格相对比较平稳，基本呈波动徘徊态势，其波峰点的1997年也仅为110.31，但是从2007年全球粮食价格开始飙升，2008年全球粮食价格指数达到175.64，从此国际粮价进入高位徘徊阶段，全球粮价波动性风险逐渐增大的趋势也日渐明显。三大主要粮食品种大米、小麦和玉米的价格均呈现出强烈的上升趋势，分别由1992年的151美元/吨、119美元/吨和81美元/吨增长到2011年的420美元/吨、266美元/吨和244美元/吨；我国对国际粮食市场最为依赖的大豆，其价格更是从1992年的271美元/吨增长到2011年的755美元/吨。在2000年以后全球大豆价格也进入高位徘徊阶段。国际粮食价格的攀升，一方面加大了我国利用国际粮食市场调节国内粮食供应的购买压力，另一方面也使我国利用国际粮食市场的风险不断提升。

（二）贸易保障手段的不可靠性

美国学者Brown（1995）在其《谁来养活中国》一文中提出了著名的"布朗论断"，他认为到2030年中国的粮食产量将会因耕地面积减少而减产20%，届时中国将会每年从国际市场进口粮食2.0亿~3.69亿吨，相当于1995年全球粮食贸易的总量，并且中国巨大的粮食缺口以及其由于经济发展而形成的强大购买能力将会买断全球粮食出口，从而致使其他贫穷国家难以通过国际粮食市场买到足够的粮食，最终，我国将致使全球粮食安全状态发生动摇，养活中国恐成世界难题。

比较优势理论认为，在完全竞争的国际市场上，贸易双方不存在贸易壁垒，并且彼此作为价格的接受者，可以通过贸易实现资源的优化配置，从而提高彼此的福利水平。纵观当前的国际粮食市场，其贸易状况并不如理论分析中那样理想。当一个国家的粮食进口量或者出口量在国际粮食贸易总量中所占份额较大时，它往往会对国际价格具有举足轻重的影响力，这就是所谓的"大国效应"。正式加入WTO后，我国利用国际市场保障粮食供应的外部环境也在发生深刻的变化。在农产品方面的入关承诺上，我国政府同意不对农产品出口进行补贴，并承诺对农民的国内支持总量不超过农业生产总值的8.5%，然而其他发展中国家国内支持总量却可以达到农业生产总值的10%。我国政府还承诺进行关税减让、实施关税配额制度、限制对农产品的国内支持和出口补贴，以及取消相关技术壁垒等，以上让步使我国粮食生产上的比较劣势更加突出。根据我国政府的入世谈判承诺，从2006年12月11日开始，我国加入WTO的5年过渡期就全部结束，我国也成为世界农产品关税总水平最低和农产品市场最开放的国家之一。

基于以上政策稳定性分析，利用 EViews 软件对 2007 年 1 月至 2011 年 12 月这 5 年我国月度大米、小麦、玉米和大豆进口数量、国内外价格数据进行了格兰杰因果检验分析，考察在新的贸易环境下大米、小麦、玉米和大豆进口对其相关国际市场的影响情况。在保证相关变量平稳性的情况下，根据 AIC（Akaike Information Criterion，即最小信息准则）和 SC 准则（Schwarz Criterion，即施瓦兹准则）确定各变量的最优滞后阶，最终检验结果如表 4.2 所示。

表 4.2　主要粮食品种格兰杰因果检验结果

	零假设	滞后阶	F-统计量	Prob.
大米	大米进口量变动不是国际大米价格变动的原因	7	3.139 7	0.010 5
	国际大米价格变动不是大米进口量变动的原因		0.175 3	0.988 8
	国内大米价格变动不是国际大米价格变动的原因	13	0.201 6	0.997 5
	国际大米价格变动不是国内大米价格变动的原因		3.356 6	0.008 4
小麦	小麦进口量变动不是国际小麦价格变动的原因	19	986.337 0	0.025 1
	国际小麦价格变动不是小麦进口量变动的原因		8.877 0	0.259 2
	国内小麦价格变动不是国际小麦价格变动的原因	15	0.564 4	0.855 8
	国际小麦价格变动不是国内小麦价格变动的原因		0.344 7	0.974 2
玉米	玉米进口量变动不是国际玉米价格变动的原因	2	2.543 2	0.008 8
	国际玉米价格变动不是玉米进口量变动的原因		1.897 2	0.160 2
	国内玉米价格变动不是国际玉米价格变动的原因	18	2.470 6	0.197 3
	国际玉米价格变动不是国内玉米价格变动的原因		10.992 8	0.015 9
大豆	大豆进口量变动不是国际大豆价格变动的原因	5	1.304 4	0.280 0
	国际大豆价格变动不是大豆进口量变动的原因		0.613 3	0.690 1
	国内大豆价格变动不是国际大豆价格变动的原因	2	1.641 9	0.203 5
	国际大豆价格变动不是国内大豆价格变动的原因		3.791 6	0.029 0

检验结果表明，我国的大米、小麦、玉米进口数量的变动均对国际粮食市场的价格变动产生了显著影响，即我国大米、小麦和玉米进口数量对国际粮食市场具有较强的需求价格弹性；而大豆进口数量的变动并没有对国际大豆价格产生显著影响，即我国大豆进口数量对国际大豆市场具有较小的需求价格弹性。从国内外价格互动关系上看，大米、玉米、大豆国际价格的变动均对国内大豆价格的变动产生了显著影响，即国内外大米、玉米和大豆市场在价格变动上具有较强的传递效应；而小麦的国际价格变动对国内小麦价格变动并没有显著影响，即我国小麦价格还处于相对封闭的状态，国内外小麦市场在价格上的敏感性则相对弱于大米、玉米和大豆市场。

以上检验结果说明，作为我国主粮的大米、小麦和玉米的进口数量对国际粮食市场均有较强的需求价格弹性，并且大米、玉米和大豆的国内价格对国际价格具有较高的敏感性，伴随着我国大米、小麦、玉米和大豆净进口规模的扩大，我国利用国际粮食市场保障国内粮食供应所面临的风险也愈来愈大，即我国贸易手段保障国内粮食供应所面临的"布朗论断"可能性日渐明显。韩俊（2012）也认为，目前我国粮食贸易方面的大国效应已经非常明显，一旦增加相当于国内需求1~2个百分点的粮食，就会引起国际市场相关粮食价格的巨大波动。在当前全球粮食价格高位徘徊的国际环境中，我国粮食贸易大国效应的凸显，一方面增加了我国在国际社会所面临的道义压力；另一方面也降低了我国将贸易手段作为粮食安全保障补充措施的可靠性。

第三节　利用海外耕地投资保障粮食安全的必要性与可行性

粮食安全问题与能源安全、金融安全并称当今世界三大经济安全（韩俊，2012）。粮食作为一种极具战略意义的特殊商品，对一国的经济安全和战略安全都极为重要。1970年美国国务卿基辛格就提出："如果你控制了石油，你就控制了所有国家；如果你控制了粮食，你就控制了所有人。"FAO也提出保障粮食安全应着重考虑四个方面的内容：①可得到（availability），即有充足的粮食可以供人们使用，侧重于对供给的考虑；②可接近（access），即粮食是需求者可以接触到的，侧重于对时空匹配的考虑；③可利用（utilization），即粮食需求者可以利用其需要的粮食产品，侧重于对需求者粮食获取能力的考虑；④稳定性（stability），即粮食供应和价格要保持稳定，侧重于对需求者粮食购买力的考虑。也正是基于以上考虑，我国政府始终将立足国内农业资源解决粮食问题作为保障国家粮食安全的首要举措。

然而，在我国粮食供应对外部依赖日益提升的背景下，如何有效保障我国的粮食安全也成为学术界关心的重要议题。面对国内耕地数量、质量流失，农业生态环境恶化等资源约束，在预期粮食贸易不稳定性和政治风险较低的情况下，利用国际市场保障粮食供应是合乎理性的选择。从目前各国的粮食供应保障手段上看，日本、韩国、沙特阿拉伯、印度等粮食紧缺国主要以三种方式保障国内粮食供应：①加大国内农业投资，提高国内粮食产量；②利用国际粮食市场，保证粮食数量的可得性；③支持本国企业进行海外耕地投资，掌握粮食供应主动权。我国目前主要采用前两种方式保障粮食供应能力，而以海外耕地投资方式保障粮食安全的做法尚未引起有关方面的重视。因此，有必要通过对我国粮食安全形势及其相关保障手段和成效的分析，论证海外耕地投资这一手段对保障我国粮食安全的必要性与可行性。

一、实施海外耕地投资的必要性

对于拥有 13 亿人的人口大国来说，中国粮食安全问题备受国际社会的关注，中国政府也极力通过采取各种措施刺激国内生产来满足本国的粮食需求。1978~2006 年，中国粮食自给率一直保持在 94%以上，其中最低年份的 2004 年也高达 94.71%，其余年份均高于 95%，并有 9 年达到 100%以上（殷切和蓝雯斐，2009）。同时，中国一直保持着较高的粮食储备率。虽然，从目前的粮食生产与消费来看，中国以其国内生产基本解决了庞大人口的粮食问题。然而，从中国粮食生产与需求的长期形势及经济发展全球化、经济贸易自由化趋势，以及资源利用的有效配置来看，中国实施农业"走出去"，以海外耕地投资更有效益地保障国家粮食安全有其必要性。

（1）满足国内粮食需求刚性增长的需要。一方面，人口的不断增长增加了粮食需求；另一方面，国民收入及城市化水平提高，使整体膳食结构发生变化，对肉、禽、蛋、奶、水产品及食用植物油的需求增加，从而增加对口粮以外的其他粮食需求。据《国家粮食安全中长期规划纲要（2008—2020 年）》预测，至 2020 年中国粮食需求将达 5 725 亿千克，粮食产量达 5 400 亿千克以上，则粮食进口量将达 300 亿千克，若按目前的国际市场 2.5 亿吨左右的粮食贸易量计算，中国将消耗国际市场粮食贸易量的 12%。同时，由于受主要粮食出口国，如美国、欧洲国家及巴西等国的生物燃料生产与消费的计划影响，大量粮食将用于生物燃料的生产，势必影响国际市场粮食供给，再加上粮食紧张时期各国家可能采取限制出口等影响粮食自由贸易的政策，通过海外耕地投资保障稳定的粮食进口来源是弥补本国粮食刚性需求缺口的理想选择。

（2）克服耕地及水资源短缺的需要。耕地及水资源短缺制约未来粮食产量的持续增长。据《国土资源公报》（1997~2008 年）公布的数据，1997~2008 年的 11 年共减少耕地 13 123.6 万亩，年均净减少 1 193 万亩，2008 年全国耕地保有量 18.257 亿亩，人均耕地 1.37 亩，不到世界平均水平的 40%（世界人均耕地水平以 2006 年的 0.24 公顷合 3.6 亩为参照依据）。同时，目前中国正处于工业化、城镇化加速发展阶段，再加上退耕还林及农业结构调整的原因，以及通过土地整理复垦增加耕地潜力的有限性，捍卫"18 亿亩耕地红线"的压力巨大。另外，水资源短缺是制约中国粮食生产的另一重要因素。目前，我国人均占有水资源量约为 2 200 立方米，不到世界平均水平的 28%，每年农业生产缺水 200 多亿立方米。然而，世界上很多国家耕地资源丰富，雨水充足，但受其自身农业技术落后、资金、劳动力及基础设施建设不足等因素限制，土地开发程度及产出水平不高。这些为中国实施海外耕地投资以克服本国资源短缺的困境提供了有效路径。

（3）合理布局国内资源利用及有效利用国际资源的需要。一直以来，依赖于国内生产而保持较高的粮食自给率及粮食储备对于中国这个人口大国的经济、社会稳定发展来说是有必要的，然而也因此付出了不少的代价。一方面，由于国内生产成本相对较高，而粮食价格较国际市场较低，农民增收困难，粮食生产比较利益较低，削弱了农民种粮积极性；另一方面，过度的粮食储备量，造成较高的粮食储备成本及不可避免的粮食损耗。在当前经济全球化日趋深入及中国已加入WTO的背景下，完全依赖国内生产解决粮食需求问题，既是不现实的，也是不经济的。有效地利用国际市场资源，合理布局国内资源利用，既能解决粮食问题，又能达到国内、国际资源的合理配置，同时可在国际粮食贸易中争取更多的主动权，从而实现粮食安全及国际经济贸易的最佳效益。

此外，从耕地资源及粮食生产状况来看，中国与当前实施海外耕地投资的主要国家存在一定的共性。耕地资源及粮食生产状况是反映国家粮食形势的重要指标。由表4.3可见，中国与主要海外耕地投资国具有以下相似性：一是耕地占陆地面积的比例较低，除印度相对较高外，中国与日本、韩国略高于世界平均水平，海合会成员国均低于世界平均水平；二是人均耕地面积均低于世界平均水平；三是中国与日本、韩国的粮食单位面积产出较高，均高于世界平均水平；四是中国与印度的国民收入水平都较低，且对国际粮食市场依存度都较低，然而庞大的人口基数使其未来的粮食形势日趋紧张。

表4.3　中国与主要海外耕地投资国的耕地资源及粮食生产能力状况比较

国家和组织	耕地占陆地面积的比例	人均耕地面积/公顷	粮食单位面积产出/（千克/公顷）
中国	16.4%	0.12	5 303.8
日本	12.8%	0.04	5 852.5
韩国	18.6%	0.04	6 391.3
印度	57.0%	0.15	2 453.2
海合会	2.8%	0.05	3 104.72
巴林	8.5%	0.01	
科威特	1.0%	0.01	2 666.6
阿曼	0.03%	0.04	3 147.9
卡塔尔	1.8%	0.03	3 615.2
沙特阿拉伯	1.7%	0.15	4 093.9
阿拉伯联合酋长国	3.5%	0.07	2 000.0
世界	11.9%	0.24	3 260.7

资料来源：人均耕地面积等于耕地总量除以总人口。耕地面积、陆地面积、总人口及粮食单产数据均来源于FAOSTAT数据库，http://faostat.fao.org/，访问日期：2009年6月1日。其中巴林的粮食生产能力数据缺失，海合会的各项指标为其成员国的算数平均值

可见，无论是从中国自身耕地状况及未来粮食供需状况来看，还是从中国与当前主要实施海外耕地投资国家的状况比较来看，中国实施海外耕地投资有其一定的必要性。

二、实施海外耕地投资的可行性

中国实施海外耕地投资的可行性可以从以下几个方面进行分析。

（1）一些亚洲发展中国家和非洲及拉丁美洲等国家的耕地资源比较丰富，气候条件比较好，然而由于经济落后，其农业生产投入不足，农业基础设施落后，耕地总体开发程度不高，粮食生产水平低下。

如图 4.5 所示，1997~1999 年拉丁美洲及加勒比海地区的可开发耕地达 8.6 亿公顷，撒哈拉以南的非洲地区达 8 亿公顷。此外，虽然亚洲地区的耕地开发程度较高，但其耕地产出水平较低（表4.4）。这些农业资源丰富而综合农业生产技术水平较低的国家，多数是低收入、缺粮国家，由于其经济发展水平较低，通过粮食进口解决粮食短缺问题受到制约。这些国家渴望也正在积极吸纳海外资金进行农业投资，以提高本国农业生产水平及改善农业基础设施状况，增加粮食供应。这为海外耕地投资提供了投资对象。

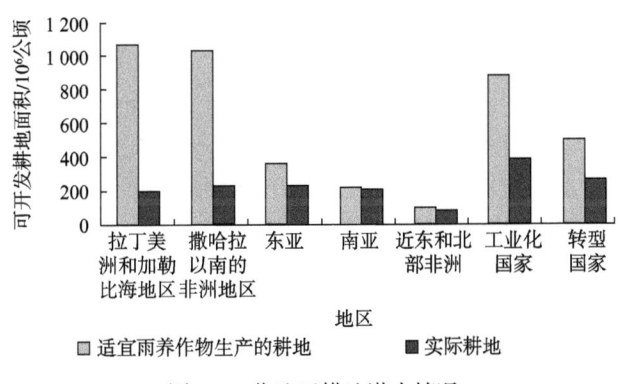

图 4.5 分地区耕地潜力情况

表 4.4　2006 年世界分地区的粮食单位面积产出水平

国家或地区	粮食单位面积产出/（千克/公顷）
欧洲（苏联 12 国除外）	5 315
中国	5 012
北美洲	4 793
北部非洲	3 476
中南美洲	3 169

续表

国家或地区	粮食单位面积产出/（千克/公顷）
亚洲（中国除外）	2 938
苏联12国	1 982
撒哈拉以南的非洲	1 659
大洋洲	995
世界	3 530

资料来源：本表中的数据是白石和梁书民（2007）根据美国农业部国外农业研究所（FAS，USDA）公布的统计数据整理所得，其与本书其他来源FAOSTAT数据库中数据存在一定的差异。然而，这并不影响本书的分析结果。

（2）中国在综合农业生产技术上具有明显优势。粮食生产水平体现了综合农业生产技术水平。中国作为传统的农业大国，其粮食单产一直处于全球领先水平。如表4.4所示，中国粮食单产仅低于欧洲（苏联12国除外），稍高于北美洲、北部非洲和中南美洲，远高于亚洲（中国除外）、苏联12国、撒哈拉以南的非洲及大洋洲。中国的农业技术优势具体体现在农作物杂交生产技术（如杂交水稻、杂交玉米技术）、动植物保护技术、设施农业技术及农业机械化技术（朱菲娜等，2008）。可见，除欧洲（苏联12国除外）以外，中国较世界其他地区或多数国家在综合农业生产技术上具有较大的优势，为海外耕地投资奠定了坚实的技术基础。

（3）中国已与世界多个国家建立了农业国际合作关系及援助计划，农业"走出去"已具有一定的规模并积累了相关经验，这对中国实施海外耕地投资有较强的促进作用。目前，中国已同主要国际农业和金融组织以及140多个国家建立了农业科技交流和经济合作关系，并与50多个国家和地区建立了近60个双边农业或渔业合作工作组（朱菲娜等，2008）；农业援助方面，改革开放以来，中国向亚非拉（即亚洲、非洲、拉丁美洲）地区120多个国家提供了农业援助，共承担实施了158个农业生产项目（如农场、农业技术示范中心、农田水利等），实施了39个农产品加工项目及61个农业技术合作项目（袁丽，2008）。中国已有的农业"走出去"实践为实现农业国际合作及援助向实施海外耕地投资跨越提供了基础信息，并为最终的投资项目实施奠定了坚实的基础。

（4）中国在自然资源，尤其是石油、天然气、有色金属及黑色金属等矿产资源的长期对外直接投资为实施海外耕地投资提供了众多可借鉴的宝贵经验与探索。为保障中国快速城市化及工业化对各类自然资源的大量需求，矿产资源成为中国对外投资的战略重点。据国家统计局数据，2007年中国采矿业的对外直接投资净额为40.63亿美元，占当年对外直接投资净额的15.33%；2012年中国采矿业的对外直接投资净额为135.44亿美元，占当年对外直接投资净额的15.43%。耕地与石油等矿产资源同属自然资源，是与普通商品有别的特殊商品，其投资具有独特性。中国企业对海外矿产资源等自然资源的投资过程中所积累和探索的有关自然资源投资涉及的投资模式、股权结构及各种风险评估与规避的经验与教训，对海外耕地投资具有重要的指导与借鉴作用。

此外，高达 30 000 多亿美元的外汇储备为中国实施海外耕地投资提供了资金保障，境外耕地投资与粮食生产正是国家庞大外汇储备的重要投资渠道。另外，中国企业对外农业投资的意向有上升趋势。据中国国际贸易促进委员会经济信息部于 2009 年初对 1 104 家企业的调查，目前已投资农业及农产品领域企业占 6%，未来有农业及农产品领域投资意向的企业达 8%（中国国际贸易促进委员会经济信息部，2009）。

三、中国实施海外耕地投资所面临的主要挑战

尽管我国实施海外耕地投资有其必要性和可行性，但也面临挑战。中国进行海外耕地投资所面临的挑战主要存在于耕地属性特殊、缺乏政策指引与支持、国际化复合型人才缺失、竞争环境严峻、舆论环境不利、规则制定参与能力和程度不足六个方面。

耕地属性特殊，政治敏感性强。在全球粮食价格上涨的背景下，耕地对一些粮食自给率低、农业生产方式落后、基础设施薄弱的发展中国家来说，不但关系着本国的粮食生产，更关系着本国农民的生计。全球也有部分研究人员认为，富裕国家的海外耕地投资会影响当地人的生活，特别对一些政府治理较差的国家来说，这种行为还有引发农户贫困的风险。因此，将本国耕地出售、租赁给他国投资者耕种也被一些研究人员赋予了更多的政治内涵，耕地的特殊属性也使海外耕地投资具有较高的政治敏感性。

缺乏政策指引与支持，企业自发性突出、发展困难。在中国政府官员不断否认进行海外耕地投资的政策背景下，当前中国企业的海外耕地投资多是一种自发行为，政府既没有建立响应的协调机构，也没有相应的政策支持。企业不但在投资行动中各自为战，而且完成投资以后相关产品在运回国内的过程中也缺乏相应的外交、海关、贸易政策支持。另外，海外耕地投资作为一种跨国投资行为，企业的发展和壮大离不开本国的政策支持。由于海外耕地投资没有引起中国政府的重视，投资企业难以取得财政方面的专项补贴，金融部门也没有相应的金融工具支持企业融资，企业融资规模受到很大限制；保险政策的缺失还导致企业难以有效规避海外耕地投资中的不确定风险；缺乏对返销产品进口环节的相关税收优惠政策，也降低了企业的投资动力。

国际化复合型人才缺失，制约企业发展壮大。海外耕地投资作为一种企业跨

国行为，离不开善于企业跨国经营管理的复合型人才加入。由于中国海外耕地投资企业走上国际时间相对较短，大多企业缺乏通晓外语，了解当地文化、法律、土地产权制度的经营管理人才，这也导致企业难以对投资目标区域进行深入的系统分析，在投资行动中面临的失败风险较高。

竞争环境严峻，对手较为强大。从现有海外耕地投资情况来看，东亚和南美洲的新兴国家、海湾的石油输出国、北美和欧洲的发达国家是当前海外耕地投资企业的主要来源国。以上国家的企业已经抢得海外耕地投资的先机，特别是日本、韩国、沙特阿拉伯等国的企业已经在全球布局，有战略、有步骤、有规划地抢占全球优质耕地资源。中国企业与以上国家的企业相比，当前的海外耕地投资还处于起步阶段，无论在经营管理上，还是在战略规划、人才储备、拓展能力上均存在一定的差距。

舆论环境不利，面临道义指责。虽然 FAO、世界银行、国际农业发展基金等国际组织认为海外耕地投资有利于不发达国家发展农业，改善农户生计状况，但还有部分舆论认为海外耕地投资是一种"新殖民主义"，这也导致当前海外耕地投资处于一种不利的舆论环境中。特别是对中国来说，受当前"中国威胁论""布朗论断"等因素的影响，中国企业的海外耕地投资还面临着比其他国家企业更多的道义指责。

规则制定参与能力和程度不足，易受国际公约约束。受国家战略设计的缺少影响，中国很少发表对海外耕地投资问题的看法，相关人员也没有积极参与到《负责任农业投资原则》《国家粮食安全框架下土地、渔业及森林权属负责任治理自愿准则》等国际公约的制定过程中。不是相关海外耕地投资规则的制定者，不但使中国在海外耕地投资中难以利用规则的内容保护本国企业的合法投资权益，而且还使中国企业处于与竞争对手不同的规则环境中，更加容易受到相关规则的约束、权益的侵犯，以及舆论的指责。

第四节　中国实施海外耕地投资保障粮食安全的战略方案设计

海外耕地投资与粮食安全问题紧密相关，而粮食安全又是关系国民经济发展、社会稳定和国家自立的全局性重大战略问题。在全球粮食安全形势不容乐观、海外耕地投资迅猛发展的现实下，作为全球第一人口大国、粮食进口大国的中国显然不能置身事外。目前中国的粮食安全保障战略主要有两大措施：一是强化对国内农业资源的综合利用，保证国内的粮食生产能力；二是通过与其他粮食出口大国的合作，保证贸易手段，保证粮食供给的有效性。

然而，以上两个措施均面临严峻挑战。从国内粮食供应能力来看，中国的粮食自给水平正持续降低。《中国农业发展报告》统计数据显示，从2008年开始中国粮食自给率水平已开始急速下降，并持续低于国家粮食安全警戒线，2010年粮食自给率已跌至0.90，低于国家粮食安全警戒线5个百分点。在粮食贸易方面，随着中国在国际粮食市场"大国效应"的显现和全球生物能源产业发展对粮食需求的增加，国际市场粮食价格持续高扬，使中国面临严峻的国际粮食贸易环境，通过贸易手段保障国家粮食供给的可靠性正逐渐降低。

虽然中国政府制定了"走出去"战略，并有诸多农业企业已经走上国际市场，但是海外耕地投资还没有纳入国家粮食安全战略的考量，与一些粮食进口国相比还存在战略缺失，这也反映出中国政府对统筹利用两种资源、两个市场的认识有待进一步深化。因此，海外耕地投资对保障国家粮食安全的重要作用应当引起中国政府的重视，在粮食安全保障中应当从生产环节加强对粮食获取能力的控制，将海外耕地投资作为保障国家口粮安全以外其他粮食需求量供给的补充手段，并将其上升为国家粮食安全战略的组成部分进行顶层设计和战略规划，从而将自发的、分散的企业海外耕地投资活动转变成为有计划的国家战略的一部分，使企业海外耕地投资活动获得更多的政策支持与保障。

同时，做好海外耕地投资的对外政策宣示，也是中国发展海外耕地投资战略的重要内容。在当前的国家舆论环境下，海外耕地投资还属于一个相对比较敏感的话题，这也是中国官方一直否认进行海外耕地投资的重要原因之一。在国际上，针对海外耕地投资的"土地掠夺""新殖民主义"时有喧嚣，而特别针对中国的"中国威胁论""中国企业社会责任缺失论""中国企业管理水平不足论"等不仅为中国企业进行能源矿产投资制造了诸多阻力，也为中国企业进行海外耕地投资制造了大量的麻烦和障碍。在当前世界和中国的粮食安全环境中，耕地资源的战略重要性并不低于能源和矿产资源，构建科学的海外耕地投资对外政策宣示策略，有理、有利、有节地对中国海外耕地投资政策进行宣示，不但可以降低乃至消除国际社会的猜测和疑虑，而且也可以为中国企业的海外耕地投资行为创造良好的舆论环境，进而保障中国企业海外耕地投资项目的顺利实施。

在海外耕地投资对外政策宣示中，要突出中国企业的海外耕地投资行为对全球粮食增产的贡献。FAO和世界银行也一直倡导加大对不发达国家的农业投资力度，消除全球人类面临的饥饿威胁。从这一点上讲，海外耕地投资一方面提高了全球耕地资源的利用水平，另一方面也增加了全球的粮食供应量，是一种有利于人类可持续发展的经济活动。中国的海外耕地投资政策宣示应紧跟FAO和世界银行等国际组织的倡导，站在为全人类的可持续发展谋福利的高度，用统计数据证明中国海外耕地投资企业为全球粮食供应增产所做的贡献，强调中国企业海外耕地投资的正义性，以及为解决全球粮食安全问题所做的贡献。

虽然与上述实施海外耕地投资的主要国家（如日本、韩国及海合会成员国）不同，中国的粮食对外依存度较低，然而从未来的粮食需求及耕地与水资源形势，以及从资源的合理利用与有效配置上来看，在立足国内生产的基础上，适当利用国际市场，实施海外耕地投资有其必要性和可行性。以下从投资规模、投资区域、投资模式、政策支持及投资风险方面，就中国实施海外耕地投资的战略方案作概要分析。

一、投资规模估算

中国实施海外投资的耕地规模可以根据国内粮食生产与消费的差距及耕地产出水平进行估算。据《国家粮食安全中长期规划纲要（2008—2020年）》的数据计算，至2020年，中国的粮食需求缺口大概为300亿千克，若按照世界平均粮食产出水平的3 350千克/公顷计算，则2020年中国实际需求的海外耕地投资规模约为900万公顷；若按照近年来中国粮食产出水平的5 320千克/公顷计算，则2020年中国实际需求的海外耕地投资规模约为560万公顷（此处估算的海外耕地投资规模仅仅依据粮食净进口需求及当前的生产水平测算，没有考虑具体投资区域的产出水平及其他因素的影响，且该数据并不代表实际的投资规模）。

二、投资区域选择

目前接收并积极吸纳海外耕地投资的多为亚非拉地区发展中国家，同时也有向主要粮食出口国发展的趋势。对于中国政府或企业来说，实施海外耕地投资进行投资区域选择时，首选的是与中国存在友好合作关系、已签订双边投资保护协定的国家或地区。亚非拉国家拥有相对丰富的农业资源，然而其经济发展及农业生产落后，尤其是撒哈拉以南的非洲地区，其粮食产出水平较低，致使大量人口受饥饿及营养不良的影响，其吸纳投资的愿望强烈，且中国与该区域多数国家有较多的农业经济合作及援助关系，已形成一定的合作基础，因此，在该区域投资有较强的技术、资金及地缘优势。

投资目的地的土地产权状况是投资区域选择过程中要重点关注的因素之一。亚非拉尤其是非洲地区多数国家的土地产权制度不完善，或因土地确权工作实施力度不够，存在众多的土地纠纷，种族及社会冲突时有发生。因而，在该区域投资时，一定要重视前期的投资可行性论证，包括企业资金实力、管理能力是否胜任该投资项目及投资项目涉及耕地产权是否清晰等。

在选择与中国存在长期农业经济合作及在农业生产技术上具有较大优势的亚非拉发展中国家作为重点投资区域的同时，应积极寻求农业资源相对丰富的主要粮食生产国的投资机会，如美国、澳大利亚及欧洲国家，这些国家的土地法律法规健全，土地产权明晰，投资项目受经济以外的其他因素影响较小。

三、投资模式设计

投资模式设计中涉及的重点内容包括耕地产权获取方式及投资主体模式。

在耕地产权获取方式方面，目前主要的获取方式有购买、租赁及合作经营。由于海外耕地投资是个比较敏感的话题，且耕地产权涉及主体多样，运作不善易激发当地民众的排外情绪及引发国际社会的指责，所以，在不同的区域及社会背景下，应采用不同的耕地获取方式。在亚非拉地区的发展中国家，农业是农民的主要生存手段，耕地是其生存基础，适宜采用租赁或合作经营的方式取得耕地经营权，并优先雇用原先生活在该片土地上的劳动力，避免因完全占有耕地使用权而剥夺原本以该土地为生活来源的人群的土地权利，尤其是具有非正式土地产权的农户；坚持互利互惠的原则，生产的农产品优先供应当地需求。由于本地农民或农业企业对当地风土人情及社会制度、政策较为熟悉，有他们的参与更有利于项目的顺利实施。在北美、欧洲及大洋洲，由于其社会经济发展水平较高，土地相关法律法规健全，除租赁和合作经营外，也可以采取购买的方式取得耕地经营权。

在投资主体模式上，目前中国对外资源开发直接投资主要是国家战略性投资，是由政府推动的，具体由资金实力相对雄厚的国有企业或集体企业实施，中小型企业有意愿对外投资，然而由于其自身实力并缺乏相应的政策支持难以成形。对外农业投资方面也具有类似特点，缺乏投资主体的多样性。相反，日本、韩国等国家主要依赖私有部门进行海外农业投资及海外耕地投资，拥有实力雄厚、在国际粮食贸易中具有较强影响力的农业龙头企业，如日本的 Mitsui、Asahi、Itochu 和 Sumitomo 等农业跨国公司。因此，在具体的投资主体上，宜通过政府与政府模式确立双边投资协议及合作框架，具体由私有部门或政府注资等形式开展实施，着力培养一部分具有一定实力的跨境农业投资龙头企业，一方面提升政府及企业在海外投资中的形象，另一方面促进投资主体的多元化。

四、政府政策支持

实施海外耕地投资，仅仅有企业的投资意向是不够的，政府的政策支持与鼓励是至关重要的。政府的政策支持是促进与鼓励本国农业企业进行海外投资以具体实施国家层面战略部署的重要举措。当前实施海外耕地投资的主要国家均已制定或正计划制定相关政策以扶持或鼓励本国企业的对外农业投资,如韩国于1962年就制定了鼓励海外农田开发的《海外移驻法》,并于2009年4月初宣布对海外购买和租用农田的私营企业给予资金和技术上的支持(马晶,2009)。

政府一方面应为企业提供投资信息,多开展双边及多边经贸活动,签订双边及多边投资协定,为投资双方搭建投资合作平台,另一方面应为对外投资企业提供金融、外交及法律等方面的政策支持,并制定相关的投资贸易优惠政策,形成正式的法律或相关政策法规。从当前中国企业对外投资遇到的相关困境来看,政府对海外耕地投资企业的具体政策支持包括:给予融资支持及税收等优惠与扶持政策;在投资合同及合同执行出现纠纷过程中,提供相应的外交及法律支持或援助;完善国内保险制度与政策,鼓励国内保险公司为海外耕地投资企业提供相关的保险支持,并加强国家间海外投资保险机构的合作;将国内支农惠农政策延伸到海外耕地投资领域等(陈前恒和吕之望,2009;中国国际贸易促进委员会经济信息部,2009)。

五、政治风险规避与防范

海外耕地投资相比其他领域具有相对高风险性。除了农业生产易受气候等自然环境及农产品销售面临接收投资国的外贸、汇率等经济风险外,海外耕地投资还面临较大的政治风险。此处的政治风险主要包括两个方面:一方面是中国面对国际社会的政治风险;另一方面是接收投资国国内的政治风险。

中国的粮食问题向来广受关注,尽管中国政府及相关学者通过研究多次申明中国能够养活自己,同时中国现实的粮食供需状况同样也证实了该观点,然而作为世界人口大国,我们不能忽视外界对中国粮食状况的担忧甚至指责。中国实施海外耕地投资必将受到国际社会的广泛关注,甚至部分西方国家及反华势力利用该投资行为进行造势,夸大"中国威胁论",从而给中国政府及企业施压。在此情形下,我们依然要以实际行动来确保中国的粮食需求主要由国内生产支撑,即在保证并加强国内粮食生产前提下实施海外耕地投资。

对于接收投资国国内的政治风险,主要涉及其不稳定的政治局面、民族斗争等。为避免因海外耕地投资而引发当地的政治暴乱及民族斗争,在投资前期要注重实地考察并进行项目可行性论证,尤其是考察投资区域的耕地产权状况,确保产权的合法性与清晰性,充分引入公众参与机制,对涉及的产权主体进行公开、公平、公正的经济补偿,并优先雇用受投资项目影响的劳动力,保障其合法权益，从而避免激发当地社会的排外情绪及因产权纠纷造成民族斗争甚至政治冲突。在项目实施过程中，要充分尊重当地的习俗、遵守相关法律法规，保证当地社会经济与环境的可持续发展；在农产品销售环节，以充分满足当地需求为前提，合理配置内销与外销的比例关系，达到既能改善当地居民的生活及粮食消费水平又能实现投资目标的双赢局面。

第五章　中国的海外耕地投资状况及特点

常言道:"国以民为本,民以食为天。"吃饭问题始终是治国安邦的头等大事。粮食安全是一个国家的生命线,这已经成为当今国际社会广泛关注的一个焦点问题。随着经济全球化的不断推进,一些耕地资源匮乏的国家积极寻求他国的耕地资源以保障国内粮食安全,纷纷加入了耕地跨国投资的行列。以日本、韩国与海湾各国为代表的投资大国,在拉美、非洲、东南亚、澳洲等区域选择农业区位条件优越、本土劳动力丰富、国内政治环境相对稳定的耕地资源国家开展农业投资,并积极推进跨国粮食贸易。多元化的投资形式已经深刻融入经济全球化中。

自加入 WTO 后,我国大宗农产品国际贸易和价格主导权被跨国公司主导,在世界体系中中国农业发展处于依赖性地位。粮食安全已经成为影响中国经济安全的现实问题。随着经济全球化的发展,许多国家纷纷加入海外耕地的投资发展,以确保国内的粮食安全。联合国贸易和发展组织发布的《2010—2012 年世界投资前景调查报告》表明,至2012年,中国已经成为仅次于美国之后的、全球第二大最具潜力的对外投资国。中国推进海外耕地资源投资是保障国家粮食安全,稳定经济发展,减缓土地供给压力,缓解粮食问题的必然选择。但关于海外耕地投资的国家发展系统战略尚未完善,相关部门应当建立健全海外耕地投资国家战略,突破体制政策的障碍,形成"国家支持、企业实施"的良性投资模式。

海外耕地投资,是指各类拥有独立投资决策权并对投资结果承担责任的主体(政府机构、跨国公司、跨国金融机构、居民个人)将其拥有的货币、实物及其他生产要素,经跨国界流动与配置,通过直接(间接)拥有(控制)他国耕地资源,形成实物资产、无形资产、金融资产,并通过跨国运营实现价值增值的经济活动。

虽然我国农业海外耕地投资已经形成了上百家国家重点农业产业化龙头企

业、上千省级农业产业化龙头企业和 5 万多家中小型农业企业群体，投资地区也已经涉及亚洲、北美、欧洲、大洋洲、非洲的 30 多个国家和地区。但截至 2013 年，我国非金融类对外直接投资 901.7 亿美元，从行业构成情况看，投资门类齐全且重点突出，九成的投资流向商务服务业、采矿业、批发和零售业、制造业、建筑业和交通运输业，农业领域类投资极少，对海外耕地关注度不够。中国海外耕地投资时间短，经验不足，在复杂多变的国际市场中，海外投资运营出现了一些失误。例如，中国国有企业投资大宗期货商品和衍生品出现的巨额亏损，代理国内投资者进行海外投资的部分基金清算关门等。

农业属于微利、弱质行业，海外耕地投资回收期长、投入金额多，同时由于投资环境复杂多变，投资方存在多种多样的风险。由政府干预、汇兑限制风险、政府违约和战争内乱引起的东道国政治风险；由交易风险、换算风险和经济风险引发的国际市场风险；海外融资风险；投资决策风险；法律风险；自然风险等影响因素都会影响海外耕地投资的正常运营。虽然我国一直强调推进农业"走出去"战略，但是并没有出台实质性的支持政策，对海外耕地投资的关注度和支持度并不多。国家主导战略的缺失在一定程度上导致了中国海外投资企业的战略盲目性，进而产生一系列的海外投资问题。

全球化时代的到来，也预示着投资环境的复杂化、影响因素的多元随机化，未来世界随机变化太多，中国经济也会面临各种各样的威胁，投资风险也会不断上升。中国海外耕地投资金额大、回收期长、风险高，国家相关部门应当给予相应的政策支持与保护，推进我国海外耕地投资的发展，为我国粮食安全增添一道屏障。

第一节 中国海外耕地投资总体情况

自 2001 年加入 WTO 以来，中国内地一直以吸引外国直接投资（foreign direct investment，FDI）而出名，且 FDI 不断增长，2011 年 FDI 流入额高达 1 238.23 亿美元。截至 2012 年底，内地实际利用的 FDI 总额达到 1.27 万亿美元。与此同时，中国内地对外 FDI 在不断攀升。2013 年 9 月，由商务部、国家统计局、国家外汇管理局联合发布的《2012 年度中国对外直接投资统计公报》显示，我国对外直接投资流量逆势上扬，再创佳绩。在 2012 年全球外国直接投资流出流量较上年下降 17% 的背景下，中国对外直接投资创下流量 878 亿美元的历史新高，同比增长 17.6%，首次成为世界三大对外投资国之一。

一、投资总体规模

《2012年度中国对外直接投资统计公报》显示，我国对外直接投资行业分布广泛，门类齐全，投资相对集中。2012年末，中国对外直接投资覆盖了国民经济所有行业类别，其中存量超过100亿美元的行业有：租赁和商务服务业、金融业、采矿业、批发和零售业、制造业、交通运输业/仓储和邮政业、建筑业，上述七个行业累计投资存量4913亿美元，占我国对外直接投资存量总额的92.4%。虽然海外农业在我国对外直接投资中所占比额并不明显，但从粮食安全的角度来看，推进农业"走出去"仍是重要的国家战略。张庭宾指出，在中国粮食供给能力已经面临瓶颈，而需求仍不断增长的情况下，发展海外耕地投资是一个可行且利润空间大的领域。

通过对Land Matrix（全球土地交易联机公共数据库）的数据收集分析得知，截至2013年底，全球土地交易总体合约规模高达4600万余公顷，投入项目共计1793个。其中美国海外耕地投资合约规模高达700多万公顷，建设项目共计82个；东南亚国家马来西亚规模共计500多万余公顷，投建项目共计110个。而中国海外耕地投资项目虽有136项，但总体规模只有300万余公顷，仅占全球海外耕地投资比例的7.8%。如图5.1所示，中国海外耕地投资项目主要分布在东南亚、非洲、拉美洲及中北亚部分地区，以民营企业为主导的项目投建方通过租赁/特许经营的交易方式获取东道国土地，主要开展农业生产活动，主要生产玉米、水稻、大豆、小麦等粮食作物及橡胶、油棕等工业原料。中国实施海外耕地投资旨在保障本国粮食安全的同时，促进国际经济发展，维护国际社会和谐。"中国实行农业'走出去'战略，开展海外耕地投资的行为是'圈地运动'和'新殖民主义'"的西方媒体报道也就不攻自破了。

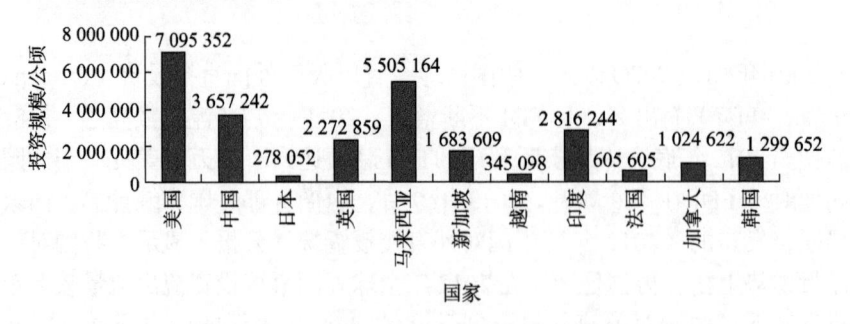

图5.1 世界部分国家海外耕地投资规模情况

二、投资地域

对中国海外耕地投资进行多渠道收集与梳理发现，在中国现有海外耕地投资建设的136个项目中，合约规模总计为3 657 242公顷。投资目标国所在区域主要为东南亚区域、拉美洲区域、非洲部分区域、北亚（中亚、南亚等）区域，其中东南亚区域投资规模高达2 357 007公顷，占中国海外耕地投资总体规模的64%；然后为非洲区域投资规模面积，占总体比例的20%；而拉美洲投资规模占总体比例的11%；少量中亚、北亚及南亚区域的投资占总体比例的5%（表5.1）。

表5.1 中国海外耕地投资各区域合约规模汇总表

投资区域	合约规模/公顷	所占比例
东南亚	2 357 007	64%
非洲	723 727	20%
拉丁美洲	389 841	11%
北亚、中亚、南亚	186 667	5%

（一）东南亚

东南亚地区位于亚洲东南部，独特的雨热条件和丰富的劳动人口使该区域成为水稻种植业的黄金地段。得益于东南亚地区自身独特的农业区位优势，该区域也吸引了许多外资、技术的进驻，通过充分利用当地优越的农业种植环境及丰富的劳动力资源来推进农业发展。

在东南亚地区，橡胶、棕榈和水稻是最具经济效益的农作物，自然也有着悠久的农业种植历史。在该区域投资发展这些类目的作物种植可谓是因地制宜，就地取材发展农业生产，且存在相当可观的利润空间。

数据显示，我国海外耕地投资在东南亚共计投入85个项目，合约规模总计2 357 007公顷，比例高达64%。其中投资区域主要分布在柬埔寨、老挝、印度尼西亚、越南、菲律宾等国，以租赁/特许经营的交易方式获取土地后，通过种植橡胶、水稻、油棕、甘蔗等作物投资发展农业生产。

（二）非洲

非洲部分地区农业发展有着先天的自然优势，该地区土地价格低廉、劳动力成本低，有利于节省开发成本。特别是在非洲中西部和东南部地区，幅员辽阔，土壤肥沃，雨热充足，自然条件十分优越。加之，目前许多非洲国家农业生产水平还不高，农业基础设施建设薄弱，不少地区还处于靠天吃饭的阶段，甚至部分国家的农副产品严重依赖进口且价格昂贵，民众温饱难以保障，所以对于投资国而言，非洲农副产品消费市场潜力很大。

非洲粮食作物种类繁多，有小麦、水稻、玉米、高粱等，还有咖啡豆、可可、木薯、芭蕉、椰枣等特产，但由于非洲地区农业生产水平较低，单位面积的产量远不及亚洲。这也意味着其农作物种植还有进一步发展的潜力。

数据显示，我国海外耕地投资在非洲地区共计 27 个项目，合约规模达 723 727 公顷，占总体比例的 20%。通过租赁为主、直接购买为辅的交易方式获取土地后，发展黄豆、玉米、可可、甘蔗等作物的农业种植和林业开发，部分地区（塞拉利昂、贝宁、马里）也同步开展可再生能源业的投资开发。

（三）拉丁美洲

自 20 世纪 90 年代开始，拉美地区开始大面积种植大豆，不断增长的产量使大豆成为该地区出口的主要农产品之一。与此同时，高昂的国际粮价、相对较低的运输成本和不断革新的农业生产技术使拉丁美洲的农业、土地资源成为国际资本的宠儿。

拉丁美洲优越的自然条件有利于农作物生长。丰沛的水资源及水利资源对农业灌溉十分有利，同时得益于优越的气候条件，拉美地区也有着充足的光照与热量，有利于农作物生长和农业发展。

数据显示，我国海外耕地投资在拉丁美洲共计 12 个项目，其合约规模达到 389 841 公顷，占总体比例的 11%。与其余两个主要投资区域不同，我国在拉丁美洲的土地获取方式是以直接购买（买断交易）为主，租赁为辅，主要通过种植大豆、玉米、水稻、小麦等粮食作物来发展农业生产，投资方向十分明确。

三、投资主体

中国自实行农业"走出去"战略以来，部分国企及相关政府部门加入海外耕地投资的项目行列，其中以中国农垦集团、湖北农垦、陕西农垦、广西农垦、云南农垦等国企单位为主要投资建设方，且中国各地在积极探索"政府援外，企业运作"的海外农业合作方式，部分省份及企业已经开始了海外耕地合作投资的实践探索。例如，中国四川与柬埔寨林业项目［柬埔寨三大项目合作公司：Grand Land Agricultural Development（Cambodia）Co., Ltd；Great Wonder Agricultural Development（Cambodia）Co., Ltd；Asia World Agricultural Development

（Cambodia）Co.，Ltd］、中国湖北农垦与莫桑比克的合作，中国企业在海外取得土地使用权或者所有权的面积在慢慢增加。但是在整个海外耕地投资的市场中，民营企业的项目建设要明显多于国企项目开发。Land Matrix 数据显示，我国海外耕地投资建设的 136 个项目中，民营企业投资项目共计 91 个，占总体比例的 67%；国企及相关政府部门投资项目共计 26 个，占总体比例的 19%；私人及其他共计投资项目 19 个，占总体比例的 14%（图 5.2）。

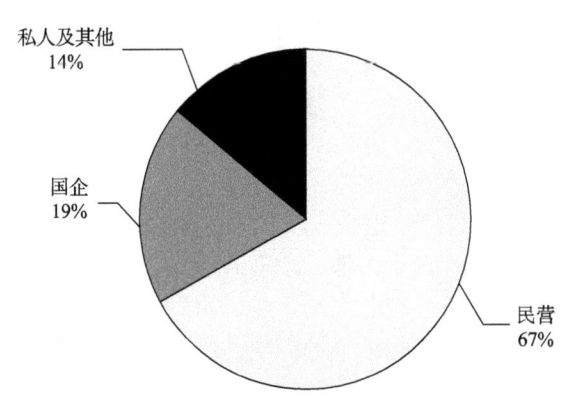

图 5.2　中国海外耕地投资主体项目数量比例

虽然民营企业在我国海外耕地投资项目中占据了绝大部分的比例，但是在实际投资规模中却与国企投资规模不分伯仲。全球土地交易联机公共数据库显示，中国海外耕地投资总体合约规模为 3 657 242 公顷，其中民营企业投资合约规模总计 1 806 440 公顷，国企投资合约规模总计 1 785 517 公顷，私人及其他投资合约规模为 65 285 公顷（图 5.3）。由此可知，中国海外耕地投资项目中，民营企业投资项目多，但具体项目规模较小；国企投资项目少，但具体项目规模较大。

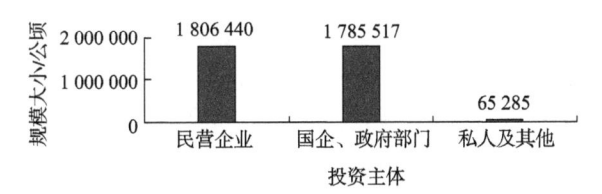

图 5.3　中国海外耕地投资主体合约规模比例

（一）民营企业

截至 2013 年底，中国海外耕地投资中民营企业总计投资合约规模为 1 806 440 公顷，项目多达 91 个，其中东南亚地区占据 61 个项目，非洲有 25 个项目，拉美洲有 4 个项目，北亚地区有 1 个项目。在所有投资建设的民营企业中，第一太平有限公司、香港创绿控股集团有限公司、Sky Walker Global Resources Company、黄金世界资源有限公司、世辉（中国）有限公司、来宝集团投资规模排在前列，多为十万公顷以上的耕地投资，且投资区域分布在东南亚（14 个项目）及非洲（3 个项目），投资方向主要为农业和林业，通过利用当地有利的自然条件生产可可、油棕、橡胶、麻疯树等热带农植物。同时还有吉林富华农业科技发展有限公司、浙江福地农业有限公司、天津聚龙集团，都是我国海外耕地投资民营企业的典范。

（二）国有企业

在我国现有的 136 个海外耕地投资项目中，国企虽然只占 26 个项目，但合约规模接近总体规模的一半。其中由地方政府直接支持的项目规模最大，为一百万余公顷，然后由黑龙江农垦、湖北农垦、中国水利电力对外公司、陕西农垦、广西农垦、重庆种子公司等主导的国企部门也占据了项目投建主体的绝大部分。在所有国企投资的项目中，有 11 个项目分布在东南亚地区，8 个零散分布于非洲地区，拉美地区占据了 2 个项目，北亚地区有 1 个项目，国企所支持的项目多为农业主导型项目，并种植木薯、橡胶、玉米、水稻等粮食作物与工业原料促进当地发展，通过种植实验与设备支持，实现技术传播与技术转移。在 136 个项目中仅有的 3 个可再生能源开发项目均属于国企开发项目，且均分布在非洲地区，少量可再生能源开发也是我国海外耕地投资完善投资方向的尝试，是实践可持续发展的重要环节。

（三）个人投资者及其他

虽然个人投资者在我国海外耕地投资中项目数量少且规模较小，但是不可否认越来越多的中国农民（投资者）开始关注跨国耕地投资，充分利用经济实力或者地缘优势等优越条件开展海外耕地投资，其中浙江省温州市、海宁市等充分利用自身雄厚的经济实力与先进的农业技术在海外发展耕地投资，建设如"温州村"一类的海外耕地投资项目，而黑龙江省的部分投资者则利用地缘优势的有利条件，在俄罗斯建立农场，开发土地资源，实现多元化产业。

在中国海外耕地投资项目中，国有企业海外耕地投资项目属于政府援助型，耕地投资项目多以农业"走出去"战略为指导，投资资金来源于国家政府资金支持，投资企业也享受相应的优惠政策，项目投资具有一定的政治色彩；民营企业及个人投资者所持项目旨在增加海外投资经济效益，其中民营企业除了内地的农业发展类公司之外，还包括香港地区的跨国集团投资，项目分布零散而广泛，耕地投入种植多为工业生产原料橡胶、油棕等经济效益优越的作物；而个人投资者主要基于自身的经济实力或者地缘优势等其他原因进行海外耕地投资，项目规模较之于国企和民营企业较小，投资作物也相对单一。

第二节 中国海外耕地投资的特点

一、农业导向型农地投资

截至2013年底，我国海外耕地投资建设项目共计136个，合约规模达到3 657 242公顷，投资区域分布在东南亚、非洲、拉丁美洲及中北亚部分地区。在所有现存的项目中，有118个项目的投资方向为农业生产，且投资所在区域多为区位条件优越、土地肥沃、适合农业作物生长的地区。通过多渠道数据收集得知，农业（包括部分可再生能源共同开发）项目（118个）占总体投资比例的87%，其他部分分别为林业（13个）、工业（3个）以及极少部分旅游业（2个）投资（图5.4）。

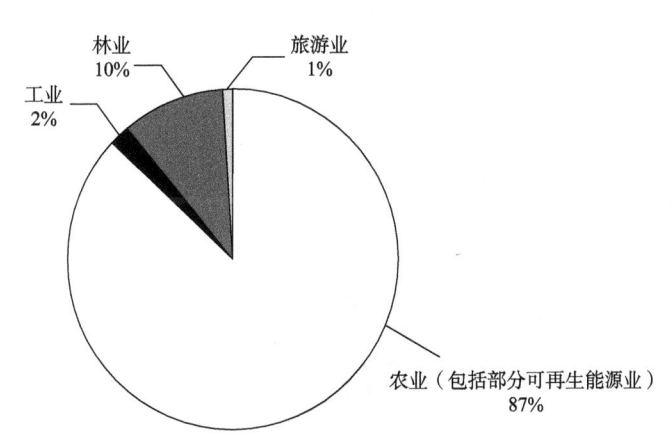

图 5.4 中国海外耕地投资产业项目数量比例图

由此可知，我国海外耕地投资主要产业方向为农业，是农业导向型海外耕地投资。投资主要目的是利用国际农业资源解决中国经济发展过程中耕地资源缺乏问题，弥补国内资源短缺，缓解粮食供给紧平衡的冲击，满足国内市场需求，保障粮食安全；与此同时，在保障自身粮食安全的前提下，通过投资本身促进目标国当地经济发展，增加当地就业机会，完善当地农业基础设施建设，实现农业技术转移，建设系统化的农业产业链。

二、租赁式主导土地获取

海外耕地投资的有效开展，首要是解决土地问题。不同国家和地区针对土地开发有不同的政策和优惠。投资模式中土地获取方式的划分标准不一，本节按照权力拥有程度进行划分，主要分为完全权力拥有、部分权力合作、无权力控制模式。其中完全权力拥有是指完全购买土地产权；部分权力合作包括租买雇佣、合作开发和混合支持；无权力控制模式是指订单农业、合约农场以及合作经营。我国的海外耕地投资主要有两种土地获取方式，分别为租赁式/特许经营土地交易方式和直接购买式（买断交易）土地交易方式。

现有统计资料显示，我国海外耕地投资中有70个项目的土地获取方式为租赁式，即部分权力合作；有13个项目的土地交易方式为直接购买，即完全权力拥有（图5.5）。以直接购买为土地获取方式的项目绝大部分隶属于拉丁美洲地区的投资项目，而该地区土地获取受当地外资土地政策的影响。近年来，为促进本国工业现代化的发展，开发国土资源，解决国内就业问题，增加政府财政收入，许多拉丁美洲的国家开始积极鼓励外国企业进驻本国投资，并给予外国投资者许多税收优惠待遇，土地获取就是其中一方面的优惠。

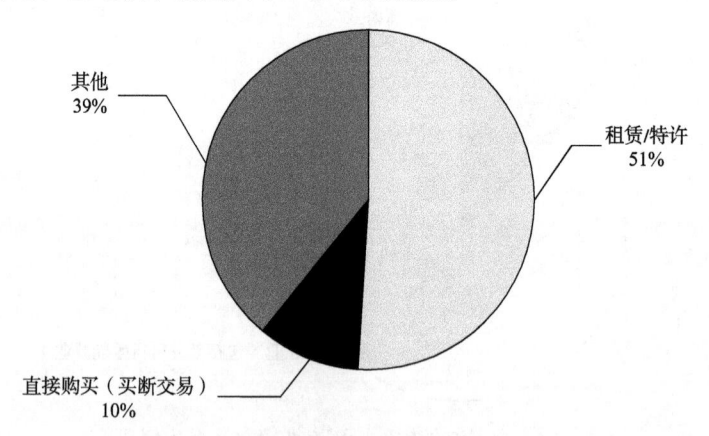

图5.5 中国海外耕地投资交易方式比例

从整体来看，我国海外耕地投资所涉及的地区主要分布于东南亚、非洲、拉丁美洲以及中北亚部分地区，合约规模达三百多万公顷，由于投资所在国多属于发展中国家，为吸引外资引入，所在政府积极制定一系列优惠政策鼓励外资在本国的投资，如南美洲部分国家为吸引外资，制定了外贸土地优惠政策鼓励外国资本投资建设。由此，中国以租赁和直接买断的土地获取方式成为西方媒体宣扬

"中国威胁论"的又一噱头,其号称中国海外耕地投资行为是新时代的"经济殖民",认为这是中国试图进行海外扩张和开展圈地运动的表现。虽然西方媒体断章取义,甚至夸大事实宣扬"中国威胁论",但是我们也需要正视海外耕地投资中土地所有权的问题。

三、民营企业占主导地位,项目规模不均衡

Land Matrix 数据显示,在我国海外耕地投资建设的 136 个项目中,民营企业投资项目共计 91 个,占总体比例的 67%;国企及相关政府部门投资项目共计 26 个,占总体比例的 19%;私人及其他共计投资项目 19 个,占总体比例的 14%。而中国海外耕地投资总体合约规模为 3 657 242 公顷,民营企业投资合约规模总计 1 806 440 公顷,国企投资合约规模总计 1 785 517 公顷,私人及其他投资合约规模为 65 285 公顷(表5.2)。通过分析项目数量及合约规模可知,我国海外耕地投资项目中,民营企业占据主导地位,项目整体规模偏小;国有企业项目数量较少,但项目整体规模偏大。

表 5.2　中国海外耕地投资主体情况对比

企业性质	项目数量/个	合约规模/公顷
民营企业	91	1 806 440
国有企业	26	1 785 517
个人投资者及其他	19	65 285

国有企业海外耕地投资项目多以农业"走出去"战略为指导,有国家政府资金给予项目支持,投资企业也享受相应的优惠政策。项目数量虽然较少,但规模较大,经济效益并不是主要的考虑因素,项目投资具有一定的政治色彩。

民营企业的海外耕地投资项目多、规模小的特点主要源于海外耕地投资的项目复杂性,跨国投资具有较高的风险,较小的项目规模有利于企业根据自身需要进行灵活的战略调整和计划变更,提高项目事务的处理效率。但不可否认,零散项目的经济效益较之于大规模的海外土地开发要小,且海外耕地投资风险较大、不可预测的变量太多,对于较小规模的项目而言,应对突发情况时风险抵御的能力也相对较弱。

在我国海外耕地投资项目中,民营企业的项目投资多而零散,国有企业的项目投资少而规模化。民营企业的海外耕地投资项目缺少政府引导、筛选机制和完善的项目培训体系,难以抵挡复杂多变的海外投资风险;国有企业的海外耕地投资项目较少,政治色彩浓厚,项目运行及发展容易受到西方媒体报道的冲击和影响。

四、东南亚地区成投资热点

在我国海外耕地投资项目的总体数据中,"东南亚"和"农业"是两大重点投资,东南亚指投资区域,农业指投资方向。由 85 个东南亚地区投资项目和 2 357 007 公顷的投资合约规模可知,东南亚地区为我国海外耕地投资的热点区域。跨国集团投资及企业合作投资是主要的投资方式,通过两国企业的密切合作,在东道国的土地上开展项目投资,其中民营企业在东南亚地区有 61 个项目,国有企业在东南亚的投资项目有 11 个,个人投资者在东南亚的项目有 10 个,其他企业有 3 个。总体上,从中国海外耕地投资各区域所占比例来看,东南亚所占比例最高,达 64%(图 5.6)。

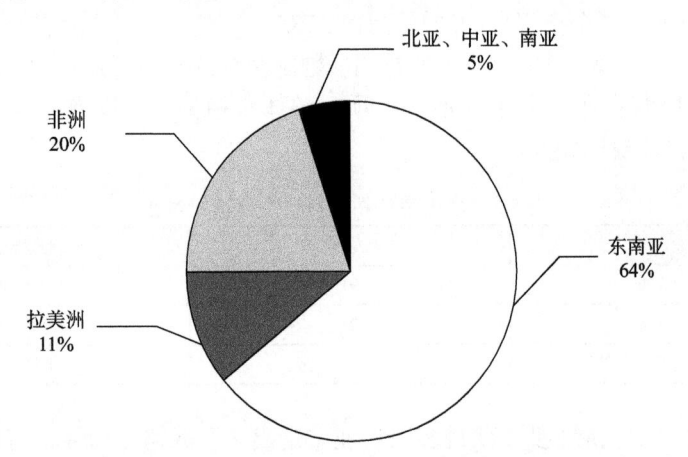

图 5.6 中国海外耕地投资各区域所占比例

东南亚地区凭借其良好的自然条件和优越的地理位置,成为众多海外耕地投资者的首选。得益于东南亚地区良好的雨热条件,橡胶、棕榈、水稻、甘蔗等成为农业投资的主要粮食及工业原料作物。相对于东南亚地区的投资而言,非洲地区及拉美洲地区的投资项目相对较少——非洲及拉美洲地理位置相对较远,产品不易运输,且非洲地区的部分国家政治局势并不稳定,这也是海外耕地投资者考虑的因素之一。

项目的集中式投资确实有利于项目的开发,且对于外在风险有一定的抵御作用,良好的地理位置和自然条件也促进了项目的发展;但是,过于集中的土地开发可能造成项目密集开发过度,项目发展潜力受到一定的限制。海外耕地投资区域应考虑各方面的问题,在优化东南亚项目开发的同时,拓展海外耕地投资区域范围。

五、可再生能源投资开发

可再生能源是指自然界中可以不断利用、循环再生的一种能源，如太阳能、风能、水能、生物质能、海洋能、潮汐能、地热能等。目前，在已知中国海外耕地投资项目数据中，有 3 个项目涉及可再生能源开发。3 个项目分别设立在非洲塞拉利昂、马里、贝宁，由中国成套设备进出口公司（国家开发投资公司全资子公司）、中国轻工业对外经济技术合作公司投资建设。虽然我国海外耕地投资针对可再生能源开发的项目在整体海外耕地投资的比例不大，但不可否认我国启动可再生能源投资开发标志着我国在可持续发展理论的指导下，切实关注能源发展，在缓解能源危机的进程中迈出了重要的一步。

（一）塞拉利昂

塞拉利昂共和国（The Republic of Sierra Leone）位于非洲西部，北、东北与几内亚接壤，东南与利比里亚交界，西、西南濒临大西洋，是最不发达国家之一。经济以农业和矿业为主，粮食不能自给。科罗马总统执政后，重点解决电力短缺问题，优先发展农业、基础设施和矿业，加强税收征管，努力保持宏观经济稳定，取得一定成绩。国土覆盖区域资源丰富，矿藏丰富，主要有钻石、黄金、铝矾土、金红石、铁矿砂等。钻石储量 2 300 多万克拉。黄金矿砂发现 5 处，其中仅南方省包马洪地区储量即达 2 000 万吨，每吨矿砂含金 0.2 盎司（1 盎司=28.350 克）。铝矾土储量 1.22 亿吨，金红石储量约 2.78 亿吨，铁矿砂储量近 2 亿吨。渔业资源丰富，主要有邦加鱼、金枪鱼、黄花鱼、青鱼和大虾等，水产储量约 100 万吨。全国森林面积约 32 万公顷，占土地总面积的 6%，盛产红木、红铁木等，木材储量 300 万立方米。

塞拉利昂地区日照充足，太阳能资源丰富。硅（非晶硅）薄膜制造商 Masdar PV 将在塞拉利昂建立 "6MW 光伏弗里敦太阳能园区"，并称该太阳能园区可以提供足够的能源，为塞拉利昂约三千户普通型家庭供电，将是西非最大的太阳能发电站之一。除了丰富的太阳能，塞拉利昂地区水资源丰富，水流湍急，落差大，水能资源丰富。为推进塞拉利昂地区可再生能源开发，国际可再生能源机构（International Renewable Energy Agency，IRENA）为塞拉利昂提供了可再生能源项目资金支持，旨在帮助发展中国家拥有可再生能源，取代那些给人类健康和环境带来负面影响的传统能源，鼓励投资者在清洁能源方面进行投资。

（二）马里

马里位于非洲西部撒哈拉沙漠南缘，西邻毛里塔尼亚、塞内加尔，北、东与阿尔及利亚和尼日尔为邻，南接几内亚、科特迪瓦和布基纳法索，为内陆国。北部为热带沙漠气候，干旱炎热；中、南部为热带草原气候。是最不发达国家之一。经济以农牧业为主，粮食不能自给，系非洲主要产棉国和产金国。近年马里政府重点发展农业，加强水利、道路等基础设施建设，加快石油勘探和矿产开发。现已探明的主要矿藏资源及其储量：黄金900吨，铁13.6亿吨，铝矾土12亿吨，硅藻土6 500万吨，岩盐5 300万吨，磷酸盐1 180万吨，锰1 500万吨，铀5 200吨。系非洲第三大黄金出口国，黄金是马里第一大出口产品，出口收入占全国出口收入的一半以上。水力资源丰富，目前有3个水电站，12个火力发电站，1个太阳能发电站。

马里所在地区属热带沙漠气候和热带草原气候，光照充足，太阳能资源丰富。国际可再生能源机构也为马里提供了可再生能源项目资金支持和援助，为缓解马里政府经济压力和满足人民需求提供了一定的保障。中国水电建设集团在马里地区开发了费鲁项目和古伊纳电站项目，为推进马里地区可再生能源（水能）开发建设做出了重大贡献。

（三）贝宁

贝宁共和国（法语 República Popular do Benin，La République du Bénin）位于西非中南部，南濒几内亚湾，韦梅河是全国最大河流。沿海平原为热带雨林气候，中部和北部为热带草原气候，高温多雨。贝宁是世界最不发达国家之一，经济以农业为主，盛产棕榈油。

得益于贝宁地区优越的光照条件，2012年，Fonroche集团在贝宁投资建设太阳能板生产企业，创造直接就业机会400个，间接就业机会900个，并建设了太阳能中心。

得益于自然的馈赠，非洲地区的许多国家拥有丰富的自然资源，虽然经济发展尚未满足人民所需，但越来越多的国际投资进驻非洲，除了非洲的矿产资源之外，还包括可再生能源投资建设。中国海外耕地投资中的三个可再生能源项目均设在非洲，不仅是推进非洲可再生能源开发的重要项目，也是我国跨国可再生能源投资的重要组成部分。

第三节 关于优化中国海外耕地投资战略的对策

中国海外耕地投资主要为农业导向型项目,通过租赁为主、直接买断为辅的交易方式获取土地之后,在东道国的土地上种植橡胶、水稻、甘蔗、大豆、油棕等作物发展生产。东南亚、非洲以及拉美洲为我国海外耕地投资的主要区域,其中东南亚区域所占项目最多。以民营企业为主导的项目投资者在我国整体海外耕地投资项目中占据了大半江山,通过企业合作、外资注入等多种方式推进海外耕地投资项目,民营企业项目虽多但规模较小,风险抵御能力差。本节通过对我国在海外耕地投资项目的特点进行分析,受到相应的启示,得到对应的措施,以此明晰我国实行海外耕地投资的立意,优化我国海外耕地投资战略。

一、完善我国海外耕地投资战略目标及规划

依照《2010—2020 年农产品贸易促进规划》要求,我国政府应当围绕农产品区域布局的要求,制定海外耕地投资战略规划,对海外耕地投资项目进行筛选,并选择合适的投资区域、投资模式以及投资方向。

我国海外耕地投资战略目标为:以资本输出为突破口,劳务输出与技术输出相结合,建立一批我国短缺农产品的国外生产基地,以保障国内粮食安全;同时优化我国农业的产业价值链,提高农业产品和产业的国际竞争力及市场占有率;完善海外耕地资源的开发政策、管理与服务保障体系。我国海外耕地投资基本立意为:在保障我国粮食安全的同时,积极为国际经济发展做贡献,促进国际社会和谐发展。

在实际海外耕地投资中,应当坚持国家经济利益,实行投资多元化,慎重选择东道国,保障项目实施的稳定性及安全性,实行国家战略与企业项目相结合,构建国家主导、企业为主体的海外耕地投资战略格局。在我国海外耕地投资具体实施中,应补充我国急需的短缺性农业资源,并创造条件支持企业积极参与国外粮食、橡胶、棉花、木材、油棕等资源的综合开发,保障国家战略资源安全。同时,积极履行国际社会责任,在项目实施过程中,直接或间接带动东道国经济发展。

中国发展海外耕地投资的机遇与挑战并存、利益与风险并存,耕地跨国投资应成为国家的一项宏观战略,并纳入国家的中长期产业规划之中。所以,完善我国海外耕地投资战略很有必要,并将直接影响我国未来较长一段时间的海外耕地

投资方向。

二、培育我国海外耕地投资主体群

《2012年度中国对外直接投资统计公报》中指出，截至2012年底，我国对外直接投资额高达878亿美元。投资行业分布广泛，门类齐全，投资相对集中，其中租赁和商务服务业、金融业、采矿业、批发和零售业、制造业、交通运输业/仓储和邮政业、建筑业累计投资存量4 913亿元，占我国对外直接投资存量总额的92.4%。在我国对外直接投资中，农业海外投资并没有占据很大的份额，但是不可忽视，海外耕地投资也越来越受到社会和媒体的关注。

我国海外耕地投资主体主要为国有企业和民营企业，其中国有企业的投资项目多是在农业"走出去"战略的指导下开展，项目得到国家资金的支持和政策优惠；而民营企业的海外耕地投资项目零散、不成规模，虽然能够灵活地进行计划变更和战略调整，但民营企业项目的风险抵御能力还不足以应付复杂多变的政治环境及海外投资风险。海外耕地投资战略应当受到政府及相关部门的重视，政府部门应重点培育我国海外耕地投资主体群，增强政府主导项目，并在推进国家企业海外耕地投资项目发展的同时，积极引导民营企业的项目发展，构建国家主导、企业为主体的海外耕地投资战略格局。

三、拓展海外耕地投资区域，推进投资结构多元化

中国海外耕地投资区域主要集中于东南亚地区。东南亚、南亚、俄罗斯等周边国家与中国联系密切，在地缘经济和文化渊源方面有趋同之处。特别是越南、柬埔寨、印度尼西亚、菲律宾等国家相对于中国而言有着更加低廉的劳动力价格和土地成本，且政府税收优惠幅度更大，中国企业在东南亚地区的投资有较大的利润空间。集中式的项目开发虽然有利于项目的发展，能增强风险抵御的合力，但是过于密集的开发会使项目的开发潜力变小，不利于海外耕地投资项目的可持续发展。

非洲、拉美洲、中北亚地区虽然也在我国海外耕地投资的区域范围以内，但是相比东南亚而言，这些地区的开发尚未达到饱和，项目开发潜力大，有较好的政治效益和经济效益。2006年《中国对非洲政策文件》曾指出，中国将继续开展多层次、多渠道、多形式的中非农业合作与交流，重点加强在土地开发、农业种植、养殖技术、粮食安全、农用机械、农副产品加工等领域的合作；同时加大农业技术合作力度，积极开展农业实用技术培训，在非洲建立农业技术试验示范项

目。与此同时，拉美各国也纷纷采取措施加大对农牧业生产的扶持，许多拉美国家制定了优惠的外贸土地政策，吸引许多投资国进驻拉美，开展农业生产。

中国海外耕地投资尚处于初始阶段，应适当考虑项目发展的持久性和投资区域的广泛性，在集中投资东南亚区域的同时，努力拓展其他区域的土地开发，优化项目的发展。

四、建立并完善海外耕地投资法律法规及优惠政策，优化政府服务

改革开放以来，我国直接对外投资领域愈加广泛，海外企业数量不断增加，海外投资力度也不断加强。20世纪末，我国政府正式提出"走出去"战略，境外加工贸易成为海外投资的新增长点，加入WTO之后，我国跨国经营方式愈加多样化，国际竞争力不断加强，国际地位不断提升。我国海外耕地投资尚属于起步阶段，虽然我国海外耕地投资有着巨大的发展潜力，但是相对应的法律法规和优惠政策尚未系统化，缺乏一整套完善的政策机制给予支持。

日本有着丰富的海外耕地投资经验，除了国家给予项目支持以外，投资战略背后有一整套对应的政策支持。日本政府从财政优惠、投资保险、直接金融支持以及信息技术援助等方面支持跨国企业经营，形成了由私人金融机构、贸易公司、政府与政府组织、日本银行国际部、当地政府部门组成的企业境外投资支持体系。韩国政府也在信息、信贷、保险、税收等方面给予境外投资企业支持，并对直接投资的企业资信等级、投资领域等方面进行严格管理；美国政府制定了《经济合作法》《对外援助法》《共同安全法》等法律，并通过外交给予支持和保护，制定优惠的税收政策和金融扶持政策，同时设立经济商业情报中心，为境外投资企业提供信息服务。借鉴上述国家的海外耕地投资经验，我国政府也应加快海外耕地投资保障机制建设，从战略规划、税收支持、人才培养等多方面制定与国际社会相应的配套法规政策，并优化政府对海外耕地投资项目的服务，为我国海外耕地投资企业的项目发展提供保障。

中国政府应当积极开展国际政治外交活动，利用多边、区域国际合作机制，引导国内外媒体正确宣传中国负责任的政府形象，同时在不违反WTO协议的前提之下，充分利用我国充足的外汇储备给予财政支持。我国政策性金融机构应当建立一整套海外投资企业金融支持体系，加大对农业投资的融资服务，提供优惠贷款，以此支持我国企业从事海外农业开发和农产品资本运作。在农业所得税与农产品返销关税方面实行优惠政策，鼓励农业对外直接投资，并为在东道国的项目投资企业提供优质的信息服务。

总而言之，虽然在我国对外直接投资的产业结构中农业投资额并没有占据很大的比例，但是不可否认，中国海外耕地投资已经受到来自社会民众和各方媒体越来越多的关注。我国海外耕地投资是基于保障粮食安全而实行的国家战略，是我国推行农业"走出去"的重要组成部分。在现有关于我国海外耕地投资的 136 个项目数据中，共有 118 个项目属于农业导向型投资，可见我国海外耕地投资是属于农业导向型投资，通过租赁式为主的交易方式获取土地之后，在东道国肥沃的土地上种植粮食作物。在保障粮食供给安全的前提下，我国时刻秉承国际社会责任感，通过完善海外耕地投资具体策略与方式，努力帮助东道国发展本国经济，加速推进技术转移，实现可持续发展，促进国际社会和谐发展。

第六章　中国在柬埔寨的耕地投资

柬埔寨是东南亚传统的农业国家，农业人口占全国总人口的70%以上。由于其曲折的历史发展和动荡的政治局势，柬埔寨国民经济发展始终处于较为落后的水平。为鼓励进行农业投资，吸收外国先进农业技术，2001年，柬埔寨颁布《土地法》允许以特许经营的形式将土地租借给国内外企业或个人从事农业生产，租期可以长达70~99年，此举吸引了大量外国企业到柬埔寨进行跨国耕地投资活动，推动了柬埔寨农业发展，但同时带来了土地确权、纠纷解决、信息共享等一系列社会问题。

柬埔寨政府允许以经济用地特许经营的方式将土地租借给国内外企业进行开发，1996~2012年，柬埔寨政府向118个国内外企业提供了约120万公顷的特许经营用地，并且仍然有极大发展潜力（沈思韩，2014）。有研究认为此方式有别于中国和越南的"对外开放"政策，是一种全新的"既对内又对外"的无限制开放，但由于低赋税、低劳动报酬、缺乏劳工保护等原因，这种长期租借的方式只会让投资者受益（Shepherd，2012）。沈思韩（2014）也发现，经济用地特许经营权暴露了柬埔寨土地利用中产权不明晰、占地补偿无监管、司法系统不完善等一系列问题。有学者认为，近年来中柬农业合作频繁，中国企业在柬埔寨投资对柬埔寨发展既有贡献，也带来了问题。中国企业为柬埔寨带去先进技术、协助当地进行基础设施建设等让官方好评如潮，但同时缺乏环保意识、排斥当地劳工等问题也广受民间团体诟病（Huang et al.，2010）。

第一节　中国在柬埔寨耕地投资概况及评析

一、柬埔寨土地制度与政策发展回顾

（一）柬埔寨简介

柬埔寨王国（Kingdom of Cambodia），通称柬埔寨，旧称高棉，位于东南亚

中南半岛，西部及西北部与泰国接壤，东北部与老挝交界，东部及东南部与越南为邻，南部为印度洋暹罗湾。柬埔寨国境为碟状盆地，陆地区域三面环山，中部为广袤的平原，占国土面积四分之三以上。柬埔寨水资源丰沛，境内有亚洲第三大河湄公河和东南亚最大的淡水湖洞里萨湖。

柬埔寨是标准农业国，农业为柬埔寨经济第一产业，对柬埔寨经济的贡献超过30%。国土面积181 035平方千米（约1 810万公顷），其中可耕地面积630万公顷。2013年全国水稻种植面积303万公顷，稻谷产量933万吨，每公顷产量3.2吨。天然橡胶种植面积近28万公顷，产量达6.45万吨。柬埔寨农业除保障自给外，还能对外输出，如大米每年可出口300万吨左右。柬埔寨全国人口1 520万，其中70%为农业人口。2012年柬埔寨人均GDP达到987美元，但仍有28%的人生活在贫困线以下。与此同时，柬埔寨自然资源丰富，可耕用土地数量巨大，但因饱受战乱，数以百万公顷的土地因地雷等原因尚未开垦。柬埔寨现仅有0.9%的国土面积为永久耕地，其农地开垦和农业产值提升的潜力巨大。

柬埔寨拥有悠久的历史，曾创造了闻名于世的吴哥文明，但20世纪以来，柬埔寨政治局势长时期动荡，自1953年摆脱法国殖民统治，西哈努克国王宣布成立柬埔寨王国开始，柬埔寨几十年来政变不断，政权更迭频繁。朗诺集团、红色高棉先后执政，1978年柬埔寨还曾被越南侵占。直至1998年举行第二次全国大选，成立以洪森为首相的联合政府，前民柬领导人乔森潘、农谢归顺政府，柬埔寨才进入真正意义上的国内和解与和平发展。

柬埔寨历届政府与中国始终保持睦邻友好关系。中国作为柬埔寨第三大贸易伙伴，2013年双边贸易已达37.7亿美元。

（二）柬埔寨土地制度与政策

柬埔寨政局的更迭在土地分配问题上留下了深厚的印记。1953年摆脱法国的统治后，柬埔寨王国宪法承认私有产权。1970年高棉共和国成立后，原宪法被废止。但1975年红色高棉开始实施统治和民主柬埔寨的建立导致私有制被废止，取而代之的是全面的公有制。这个阶段农业被公有化，工业也被国家控制。政府要求城镇居民进入乡村从事农业劳动。在3年零8个月的执政期间，据估计有170万~300万民众因饥荒、劳逸或迫害等非正常原因死亡。

如今，柬埔寨宪法规定："所有人，无论个人或集体，均有权占有财产；只有柬埔寨公民或合法团体有权占有土地。""除非因合法的公众利益，且事先进行了公平公正的补偿，否则土地占有权不能被剥夺。"[1]宪法实质上保护了私有

---

[1] http://www.baike.com/wiki/%E6%9F%AC%E5%9F%94%E5%AF%A8%E5%AE%AA%E6%B3%95.

产权，并在相关法律中规定了五种土地形式：私有土地、国家公用土地、国家私有土地、公益用地和原住民用地。其中国有用地（包括国家公用土地和私有土地）占国土面积75%~80%。原住民群体持有的未登记的土地为原住民用地，寺庙建设所占用的极少数土地为公益用地，这两种形式实质还是公有产权。土地所有权分三种形式：私有、国有、原住民集体占有。与此同时，法律声明了他国公民不允许占有柬埔寨土地。《柬埔寨土地法》（后简称《土地法》）详细规定了在地上的或者地下30米范围之内的共有建筑物内，外国人只能拥有不超过49%的权益[1]。在一系列法律文件出台后，柬埔寨土地登记和确权工作也逐步推进。与此同时，柬埔寨政府2007年第114号令又规定，土地可以通过特许的方式租借或授予，以获得使用权。私有土地可以以明确或不明确的时间限度租借，短期租借有多种选择续借，而长期租借时长可达15~99年。国有土地可以被私人团体收购或通过租借和特许的方式转移使用权，但土地类型必须为国家私有土地（国家公用土地只有被转化为国家私有土地后方可）。长期租借或特许经营获得的土地均可进行抵押。

虽然柬埔寨政府2005年第146号令对特性经营用地的实施和管理提出了具体的政策框架，明确了此类用地的面积和时间限制以及需要担负的环境、社会责任，但这种类似新自由主义的开放政策为国内外投资者提供了大量机会。纵然拥有51%以上柬埔寨股份的公司才被视为国内公司，但实质上外国公司在管理规定上并无过多限制，同时外国公司（甚至全外资企业）完全可以通过特许经营用地的方式获得长达99年的土地使用权，完全突破了土地所有权的限制。

二、柬埔寨土地利用现状及耕地投资概述

（一）柬埔寨土地利用现状

在柬埔寨18万余平方千米的国土中，农用地面积占31.5%，至2009年，已用于耕种面积只占农用地面积2.8%，平原和草原占27%，而占70.2%的是尚未开垦的土地。柬埔寨农业主要集中于粮食作物、渔业、畜牧业和林业（表6.1）。

表6.1　2002~2009年柬埔寨农业中各二级产业所占份额

各二级产业所占份额	2002年	2003年	2004年	2005年	2006年	2007年	2008年	2009年
粮食作物	42.4%	46.8%	46.1%	50.9%	50.8%	52.2%	52.7%	52.9%
渔业	31.6%	29.1%	28.8%	26.3%	25.9%	24.8%	25.0%	25.2%

---

[1] http://cb.mofcom.gov.cn/article/ddfg/200304/20030400080144.shtml，http://www.wipo.int/wipolex/zh/details.jsp?id=5886，http://www.china.com.cn/chinese/zhuanti/zgdm/444614.htm，http://www.baike.com/wiki/.

续表

各二级产业所占份额	2002年	2003年	2004年	2005年	2006年	2007年	2008年	2009年
畜牧业	16.8%	16.1%	16.9%	15.4%	15.8%	15.6%	15.5%	15.3%
林业	9.1%	8.0%	8.1%	7.4%	7.5%	7.3%	6.9%	6.6%

资料来源：MAFF（柬埔寨农业、林业、渔业部）统计

在柬埔寨，主要粮食作物为水稻，种植水稻的区域可以大致分为三类：以洞里萨湖为中心的 7 个省份，每公顷大米净产量可超过 1 吨；泰国湾附近的戈公等两省，每公顷产量达 0.8 吨；山林地区的蒙多基里等 4 个省份，每公顷产量仅有 0.6 吨。柬埔寨每年产两季水稻——雨季稻和旱季稻，雨季稻五月至七月种植，2013 年播种面积达 256 万公顷；旱季稻 11 月种植，面积 47.2 万公顷。除盆地区域大量种植水稻外，柬埔寨丘陵地区还盛产玉米、木薯、橡胶等多种作物。柬埔寨地势低洼，雨水丰沛，森林茂密，57%的国土面积为树林，不仅木材充足，还为优良的草药提供了生长环境。

在拥有良好自然环境的同时，柬埔寨的农业生产率却不尽如人意。水稻每公顷平均毛产量 3.2 吨，远低于越南的 5.5 吨和中国的 6.5 吨，而世界上产量最高的澳大利亚旱地稻甚至可以达到每公顷 9 吨。与此同时，由于只有 4%的雨季稻播种两季且旱季稻播种不超过总面积的 17%，大多数农民能否达到平均产量还要看运气。据国际水稻研究会（International Rice Research Institute，IRRI）的估算，每年柬埔寨因气候、虫害、储藏、运输等客观原因导致的农作物产量损失高达 30%~50%。

在生产方面，柬埔寨农业生产率低下的原因也是多重的。一是缺乏灌溉和相应的管理，尤其是对于山区地区。湄公河和洞里萨湖附近的省份雨水丰富，实居省（Kampong Speu）、干拉省（Kandal）、茶胶省（Takeo）和波罗勉省（Prey Veng）等省份尚能有充足的灌溉。而远离盆地地区的据估计只种植了不足可耕种面积一半的水稻，有当地民众表示，可供应的水只能够满足 1/4~1/3 的灌溉需求。

二是缺乏市场销售农作物。因为过剩的产量很难找到买家，很多柬埔寨小农家庭只种植稍超过足够自给的粮食量。影响粮食竞争力的主要问题在于虽然柬埔寨国内粮价在亚洲范围内几乎最低，但其出口标价（freight on board，FOB）却远高于泰国和越南。某柬埔寨政府高级幕僚的说法是，"非官方的买卖必要的提价"。因此，柬埔寨粮食出口因价格问题在国际上竞争力不足。

三是缺乏资本。从农民角度来看，资金匮乏导致必要的农业生产工具，如优质种子、化肥、农药以及农用机械严重不足。在已经具备机械化操作的地区，因为没有资金支持设备和燃料，也没有其他社会组织支持，大量的农民依然依靠人力劳作，无法进行社会化生产。从社会角度来看，柬埔寨几乎没有大型的稻谷烘干和研磨企业，而仅存的企业也没有资金在收获季大量采购优质的稻谷，以至于无法以最

高产量生产。由此,大量柬埔寨生产的过剩粮食被越南和泰国企业以低价购买然后运回本国再生产,最后甚至贴上"越南大米"的标签在国际上售卖。

另外,教育水平低下、缺乏维权意识也是农民在遇到涉及土地权益和经济纠纷的问题时,没有积极采取维权行动的主要原因。同时,由于国内法制尚不健全,农民没有规范的渠道反映自己的诉求和解决出现的问题,也没有有效的社会组织担负维权责任。

综合以上的现状,不难发现,通过特许经营用地的方式开放解除投资限制,开放土地利用的种类,是解决现有问题的较好途径。一方面,土地开垦潜力巨大,大量土地亟待引进资金进行开发利用;另一方面,要实现农业的规模化生产,解决生产中的灌溉、机械使用等技术性问题,提升农业生产率,增强竞争力,甚至解决就业问题,都需要在保护国家基本权益的基础上对外来投资持更加开放的态度。同时,广泛的对外开放不仅能提升双边甚至多边贸易,增强国家经济发展动力,更为地区性、全球性睦邻友好和共同发展做出了积极贡献。

(二)柬埔寨投资状况

自 20 世纪 90 年代实施市场开放政策以来,柬埔寨致力于吸引来自各方的投资,通过颁布《投资法》和公用土地国家私有化等措施为国内外投资者提供了行政和税收保护。90 年代后期,在平复一系列政局动荡之后,柬埔寨社会发展逐渐趋于平稳,涉外贸易投资活动开始兴起。

柬埔寨投资董事会(Cambodia Investment Board,CIB)的数据显示,90 年代后期开始,柬埔寨投资情况呈逐年上升状态。其中国内投资和外国直接投资相比也处于基本相当、国内投资稍高的状况。国外投资处于上升趋势,但 2009 年世界经济危机之后有所减缓。在外来投资中,中国表现突出,韩国紧随其后,之后还有美国、泰国、越南、马来西亚、新加坡和中国台湾地区。作为传统投资国,中国、韩国、马来西亚和泰国自 2000 年起加大投资,显示出对柬埔寨投资环境的信心;而越南、日本和美国等国近年来开始加入竞争行列,预示柬埔寨出口贸易在中长期会有较好、较快发展。

在不同的投资行业中,过去十多年内,旅游业和工业吸引到最多投资,之后是服务业。2000~2010 年,旅游业年均投资占总投资额的 35%,工业为 32%,服务业为 25%,而农业则相较甚微。十年的投资总额,旅游业占比高达 58%,服务业为 19%,工业为 17%,农业则只有 6%。

虽然农业方面总投资额度不高,但近年来国内外企业在农业方面的投资却出现显著提升,外国直接投资更占到在柬埔寨农业投资总额的 78.4%。这其中显著的原因是 2007~2008 年国际油价提升导致需要更多的如橄榄、玉米等作物用于提炼生物燃料以及国际粮食危机导致的粮食需求增加。

表 6.2 中柬埔寨发展委员会（Council for the Development of Cambodia，CDC）发布的统计显示，2000~2010 年各国在柬埔寨进行农业投资情况中，中国以 3.039 亿美元的总额排在泰国（3.73 亿美元）之后成为柬埔寨第二大农业投资国。数据还显示越南、韩国、新加坡、印度、美国和日本等国都在农作物和林木资源方面显示出较大的投资兴趣。

表 6.2 2000~2010 年柬埔寨批准的农业投资分布情况

国家和地区	粮食作物/10^6 美元	畜牧业/10^6 美元	渔业/10^6 美元	林业/10^6 美元	其他/10^6 美元	总计/10^6 美元	份额
柬埔寨	174.0	3.6	0.4	72.2	121.8	371.9	21.6%
加拿大				5.5		5.5	0.3%
中国	194.6			77.3	32.1	303.9	17.6%
法国	6.2					6.2	0.4%
以色列	1.7					1.7	0.1%
日本	31.2					31.2	1.8%
韩国	90.1			22.6		112.7	6.5%
马来西亚	2.6			5.6		8.2	0.5%
新加坡	82.1					82.1	4.8%
中国台湾					3.0	3.0	0.2%
泰国	327.0			46.0		373.1	21.7%
美国	1.3			18.3	41.9	61.5	3.6%
越南	236.6			18.2		254.8	14.8%
印度				75.0		75.0	4.4%
英国				2.1		2.1	0.1%
丹麦				29.5		29.5	1.7%
总计	1 147.4	3.6	0.4	267	304.1	1 722.4	100.1%
外资总计	973.4	0		194.8	182.3	1 350.5	

资料来源：CDC（柬埔寨发展委员会）统计

（三）柬埔寨特许经营用地现状

自 1995 年，国内和跨国的投资者便开始依靠特许经营的方式租借国家私有用地，甚至早于 2001 年颁布的现行《土地法》。

随后，2005 年政府第 146 号令进一步规定了特许经营用地的定义和相关要求。特许经营用地以不同方式批准给本国和外国企业或个人，但要求：①最大面积不超过 10 000 公顷；②被批准用地只能为国家私有用地；③最长期限为 99 年。特许经营用地只能在满足以下五点要求的情况下被批准：①土地已根据《国有土地管理条例》、《土地登记和地籍图绘制办法》及《分散土地管理条例》的规定进行登记和分类；②土地利用规划已被省级、市级土地管理委员会通过且土地的实际使用与规划一致；③已完成社会和环境影响评估，且符合特许经营用地的土地利用和发展计划；④特许经营用地批准在符合现有法律法规框架的基础上能够妥善安置当地民众，且保障私有土地受到保护并不出现非自愿的迁移安置；⑤批准前进行了广泛的意见征询，既符合特许经营工程和方案，又顾及当地职能部门和民众意愿。

值得注意的是，因为缺乏限制，1995~2003 年的特许经营用地面积都十分巨大。1999~2001 年，分别出现面积达 20 000 公顷、31 508 公顷和 100 852 公顷的特许经营用地，因为是在 2001 年《土地法》和 2005 年 146 号令颁布之前，故它们生效时缺乏必要的规定和管理机制，以至于利益相关者承担了不小的风险。

截至 2014 年底，柬埔寨农业、林业、渔业部（Ministry of Agriculture, Forestry and Fisheries，MAFF）已经批准了 156 个（不包括取消的 12 个）特许经营项目。根据 2001 年《土地法》第 59 条和 2005 年 146 号法令特许经营用地不高于 10 000 公顷的要求，MAFF 已经与拥有多于 10 000 公顷特许经营用地的企业进行了沟通，并减缓了相关计划的执行。目前，12 项工程已经取消，其中有两项面积大于 10 000 公顷。

截至 2014 年底，柬埔寨已报道的特许经营用地的总面积达 1 530 971 公顷，同时有研究表明大约还有 500 000 公顷的特许经营用地是被环境部（Ministry of the Environment，MoE）批准和管理的，并且这部分用地没有被纳入数据统计。在所有特许经营用地中，柬埔寨本国和柬埔寨主导的合资企业占了一半，而外国直接投资的面积为 743 655 公顷，而 2009 年时，批准的总面积和外国投资面积分别是 1 024 639 公顷和 355 914 公顷，可见近几年，外国企业在柬埔寨耕地投资呈现快速上升趋势（图 6.1 和图 6.2）。

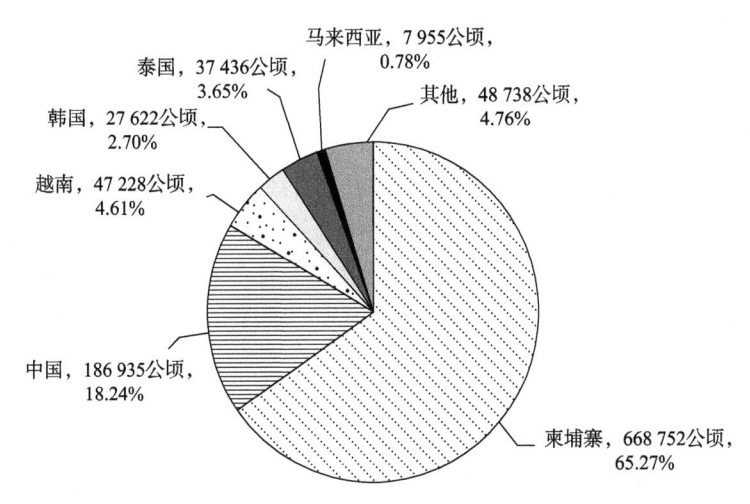

图 6.1 截至 2009 年企业在柬埔寨耕地投资情况

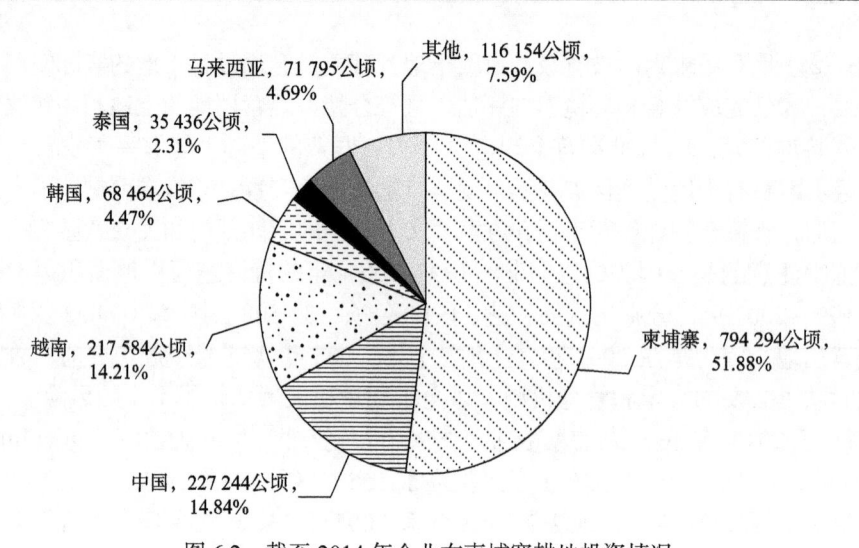

图 6.2　截至 2014 年企业在柬埔寨耕地投资情况
资料来源：根据 Land Matrix 统计数据整理（http://www.landmatrix.org/en/）

从投资区位上来看，如果将柬埔寨全国分为东部地区、西北地区、山林地区和湄公河盆地四个部分，柬埔寨特许经营用地主要集中于西北地区靠近湄公河的省份、西北地区诸省和盆地地区靠近洞里萨湖的部分。究其主要原因：一是湄公河盆地是柬埔寨的核心区域，一般是城市用地，而其中优良的农业用地，柬埔寨政府也出于保护，一般不把它们用于特许经营出租。二是，在其他区域内，围绕洞里萨湖和湄公河两侧的地块是区位最好的，地势较为平坦的同时又能够保证充足的灌溉，自然成为投资企业较为热衷的地区。

与柬埔寨政府对外国耕地投资表现出极大热情不同，柬埔寨社会和基层民众由于自身利益和政府以及外来投资者之间存在着博弈，对跨国耕地投资表现出不尽相同的态度。民众感受到了投资带来的经济发展所带来的基础设施和生活水平的提高，但同时一系列以前没有暴露的问题却又引起民众的很多不满。对政府制定此项政策的意见主要可以归结为以下几个方面。

（1）政府执政能力低下。由于教育水平落后，柬埔寨各级政权的执政者文化水平不高，普遍缺乏执政能力，尤其是面对土地相关的问题时。首先，柬埔寨中央政府没有土地利用信息系统，这就让中央政府在管理特许经营用地以及防范其带来环境破坏和社会影响上缺乏统筹。其次，基层政权对于耕地投资的监管极其不力。在柬埔寨，时常出现外国企业未按照投资计划进行投资的状况，在造成环境破坏的同时，更有甚者直接抢占本属于农民的土地，而当地政府对于这种情况确鲜有作为，助长了双方的冲突。

（2）法制不健全，执法不公正。上文中已经提到了柬埔寨土地法规尚有很多漏洞、权属界定无法推进的问题，这给特许经营用地的批准和使用带来诸多麻烦，而农民和投资者矛盾本已不断。当这些纠纷不能通过行政办法解决的时候，司法力量必然介入，但民众往往会发现，本应独立执法的司法部门却受执政党的影响，无法公正进行裁决。有调查显示，能获得特许经营用地使用权的柬埔寨国内企业里大部分都有政府人士、相关组织或他们的亲属的影子。而在司法这一关，柬埔寨大多数法官又是执政党成员，在较大层面上会受到政府层面影响，无法履行司法公正。

（3）政府信息传播监控严格，信息透明度低下。在柬埔寨，执政党始终使信息传播保持高压状态，虽然柬埔寨国内非政府组织（Non-Governmental Organizations，NGO）非常活跃，但在政府和普通民众之间的信息传播壁垒依然明显。据调查，经常出现当地农民被询问到投资公司情况时无法说出公司的名称或者其法人代表，甚至连其是外国企业还是合资企业都不清楚的状况。

三、中国在柬埔寨耕地投资现状评析

（一）中国政府相关政策发展

中柬两国有着传统而悠久的友谊。自1958年7月19日两国正式建交，中国历届政府与柬埔寨王国均保持着良好的互动。西哈努克亲王曾6次访华，并得到毛泽东、周恩来、刘少奇等多位国家领导人的接见。七八十年代期间，西哈努克亲王两次旅居中国，并坚持领导柬埔寨人民进行抵抗侵略、维护民族独立和主权完整的斗争，得到了来自中国的强有力的支持。90年代后，柬埔寨政治局势趋于稳定，中柬关系进一步加固。双方在政治、经贸、文化、教育、军事等多个领域的友好合作不断加强，在国际和地区问题上保持沟通协调，一致维护相互利益。

近年来，两国高度重视相互间的农业合作。2000年11月江泽民主席访问柬埔寨，双方签署《中柬农业合作谅解备忘录》、《中柬关于成立经济贸易合作委员会协定》和《中柬经济技术合作协定》；2002年11月，朱镕基总理访柬，确定农业为两国重点合作三大领域之一；2010年3月回良玉副总理访柬，两国再次签署一系列加强中柬农业合作的协议。自2002年起，中国为柬埔寨提供了与WTO成员同样的最惠国待遇（most favered nation，MFN），并在"中国东盟自贸区"框架下从关税上给予其特殊优惠。2004年，中国政府给予柬埔寨涉及农业、林业、牧业、渔业的297种商品进口零关税的优惠待遇。

（二）中国企业在柬埔寨耕地投资总体情况

企业是国家开展跨国农业合作和耕地投资的载体。在两国国家层面提供各种利好政策促进农业合作的背景下，企业间经贸合作发展迅速。中国企业在柬埔寨耕地投资起步虽较晚，但近年来抓住柬埔寨耕地利用开放的大环境和上述政策契机，积极在柬埔寨开展耕地投资活动，发展势头迅猛。

据 Land Matrix 网站的统计，至 2014 年底，中国共有 17 家企业通过特许经营用地方式在柬埔寨进行了 24 个海外耕地投资项目，但其中中国海外经济合作发展公司在 2000 年与柬埔寨政府签署的涉及 8 000 公顷用于粮食生产耕地的特许经营项目被取消。剩余 23 个项目均在有序执行合约。

1. 投资主体

Land Matrix 数据表明，中国企业在柬埔寨耕地投资的 23 家企业中，涉及的主要投资者有民营企业、国有企业、事业单位、外资企业和私人投资者，其分布如表 6.3 和图 6.3 所示。

表 6.3　中国企业在柬埔寨耕地投资主体分布

企业类型	企业数目/个
民营企业	12
国有企业	7
事业单位	1
外资企业	1
私人投资者	2

资料来源：根据 Land Matrix 统计数据整理（http://www.landmatrix.org/en/）

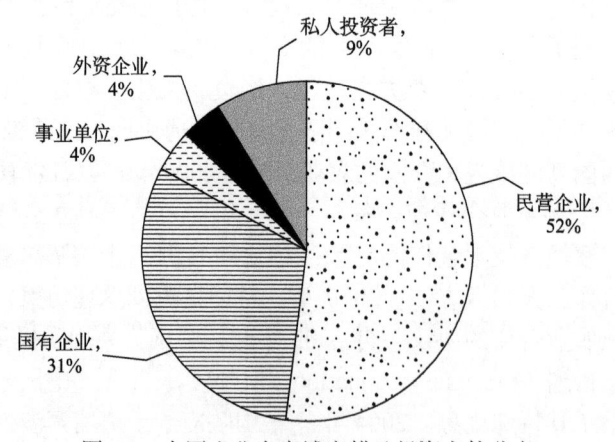

图 6.3　中国企业在柬埔寨耕地投资主体分布

资料来源：根据 Land Matrix 统计数据整理（http://www.landmatrix.org/en/）

由数据可见，我国在柬埔寨开展耕地投资主要以民营企业为主，占到了52%，随后是国有企业，占到31%。相比 Land Matrix 统计的我国在全球各国开展海外耕地的主体中，民营企业占到59%，国企占到25%，在柬埔寨投资主体分布基本与全球情况吻合。

进一步分析在柬埔寨耕地投资者主体占比，可以发现以下几个重要特点。

（1）民营企业占据较大比例，说明在官方态度模糊的背景下，私企是海外耕地投资的积极参与者，但大多数企业仅仅投资一个海外耕地项目，处于一种尝试状态，表明中国企业在柬埔寨耕地投资还处于起步阶段。

（2）国有企业占据相当比重，包括有商务部支持的企业参与到在柬埔寨耕地投资活动中，说明政府对于此类行为逐渐持开放态度，并希望借此畅通保证粮食安全的渠道。

（3）私人投资者进行海外耕地投资。统计数据表明，中国私人投资者的身影已经出现在海外耕地投资的队伍之中，说明中国的富裕阶层已经开始放眼海外，进行跨境投资。

2. 投资面积和投资区位

截至 2014 年底，我国在柬埔寨耕地投资正在进行的 23 个项目总面积达 221 244 公顷，其中单项目面积最大达 45 100 公顷，但其开始较早，超过了柬埔寨关于特许经营用地 10 000 公顷的限制，项目中最小亦有 4 900 公顷。

如表 6.4 所示，这 23 个项目分布在柬埔寨全国的八个省份内，其中柬埔寨东部地区毗邻湄公河的四省均有我国企业投资的项目，项目数共 12 个，占我国在柬埔寨投资项目的一半；面积达 92 778 公顷，占我国在柬埔寨耕地投资总面积的 42%，是我国企业在柬埔寨耕地投资的重点区域。另外，我国企业在西北的柏威夏省和位于湄公河盆地的磅士碑省也有相当多的项目的投资行为。

表 6.4 中国企业在柬埔寨耕地投资区位分布

区域	省份	项目数量/个	项目合同面积和/公顷
东部地区	桔井省	6	45 881
	蒙多基里省	4	29 400
	腊塔纳基里省	1	7 497
	上丁省	1	10 000
西南山区	戈公省	1	45 100
西北地区	暹粒省	1	9 224
	柏威夏省	4	35 934
中部（湄公河盆地）	磅士碑省	5	38 208

资料来源：根据 Land Matrix 统计数据整理（http://www.landmatrix.org/en/）

综合来看，我国企业在柬埔寨耕地投资的区位主要集中于离柬埔寨国家中心 150 千米左右的次级区域，主要是湄公河两岸和靠近山区的丘陵地区，尚未有企业在洞里萨湖周围的优质耕地区和柬埔寨国家中心区获得特许经营用地。

3. 投资产业

表 6.5 显示的是中国企业在柬埔寨进行耕地投资的产业分布。从表中可以看出中国企业在柬埔寨耕地投资主要集中于林业及其他行业，这是因为，中国在柬埔寨获取的特许经营用地主要集中于以山地或丘陵为主的地区，这些地区距湄公河等水源不远，雨量充沛，适合发展林木业，相对而言对于需要大面积耕作的水稻等粮食生产则不太合适。

表 6.5 中国企业在柬埔寨耕地投资产业分布

投资产业	企业数量/个	项目数量/个	合同面积/公顷
粮食农业	3	3	22 408
未定向农业	6	7	61 528
林业及其他	11	13	143 308

资料来源：根据 Land Matrix 统计数据整理（http://www.landmatrix.org/en/）

在柬埔寨进行林业投资的企业中，大多数投资集中于木材，这些企业以柬埔寨为基地生产原木，随后运送回国进行加工，做成地板、家具等木制品。除此之外，橡胶也是产量极高的副产品。

与发达的林业投资相比，粮食产业相关投资的不乐观导致在柬埔寨进行的耕地投资对于中国相对紧缺的粮食市场的贡献十分有限，虽然柬埔寨盛产粮食作物，但无法投身到粮食农业生产的第一线中仍是中国企业需要突破的壁垒。

（三）中国企业在柬埔寨耕地投资案例分析

以下选取中国在柬埔寨耕地投资企业中具有代表性的两个案例进行投资情况分析，归纳中国企业在柬埔寨获取耕地的主要方式和投资产业分布。

1. 神州东盟资源有限公司投资案例

神州东盟资源有限公司是上市港资企业，其主要在亚洲范围内进行资源类投资活动，投资行业涉及农业、林业、矿产资源等。2010 年，神州东盟资源有限公司和柬埔寨政府签订合同，以特许经营的方式获取 7 000 公顷的土地。双方于 2011 年又两次签订合同，分别将 7 200 公顷、7 465 公顷土地用于投资。三处特许经营用地均位于桔井省境内，距首都金边约 370 千米，距湄公河仅 25 千米。

在获地渠道方面，由于该公司香港私企的特性，其直接通过联络柬埔寨政府和相关职能部门进行洽谈沟通，并取得上述地块 70 年的使用权，现属于在柬埔寨进行耕地投资签订特许经营用地合同最多的企业。

在投资产业方面，神州东盟资源有限公司主要业务包括：①林业及木材加工。通过在所获得的特许经营用地上种植木材并加以砍伐制成方木或木地板。②橡胶种植。整理林地并逐步种植橡树，并计划从成熟的橡树生产树脂。

2. 华岳集团投资案例

华岳集团于1992年成立，是经国家工商总局核准的多元化、综合性企业集团。华岳集团总部在山东威海，旗下子公司和合资公司有16家，其中在中国香港、新加坡、柬埔寨等地共有9家全资子公司。其经营的业务范围包括：①国际贸易，主要从事原油、燃料油、石化产品、煤炭、天然橡胶、木材等资源性产品的进口业务。②境内外投资，从事境内资源性项目的投资建设，以及境外石油、矿产、天然橡胶种植和加工等项目的投资开发。③涉外基建工程承包，主要从事境外基础设施建设。④房地产开发经营。⑤文化艺术产业。

华岳集团在柬埔寨拥有10 000公顷特许经营用地，在获地渠道方面，华岳集团结合国际、国内两个市场的需求积极开展境外投资，于2008年并购柬埔寨一家投资公司100%股权，从而直接获得了该公司已经取得的10 000公顷特许用地开发权，在2009年又整体收购柬埔寨一家年加工能力为2万吨的橡胶加工厂。其以并购当地公司为主的获地方式在中国国企和大型民营企业中有一定的代表性。

在投资产业方面，华岳集团主要进行天然橡胶及农作物种植开发项目。在农作物种植方面，华岳集团与山东农科院、农业部海南热带作物研究院进行广泛的技术合作，并借助其专家在柬埔寨的项目区实地试种了二十几种花生，其中部分品种获得了成功，预计下一步将进行更大规模的粮食作物生产。

第二节　中国在柬埔寨耕地投资的国际比较

一、比较情况概述及比较国的选择

在全球海外耕地市场竞争日趋激烈的今天，柬埔寨政府利好的特许经营政策为投资国提供了良好的投资平台。柬埔寨大量耕地资源也吸引了包括中国在内越来越多国家的关注。除了柬埔寨国内企业在本国国内大量进行投资外，中国、韩国、越南、泰国、新加坡、马来西亚、美国等14国在柬埔寨以特许经营的方式共投资了97个项目（图6.4）。

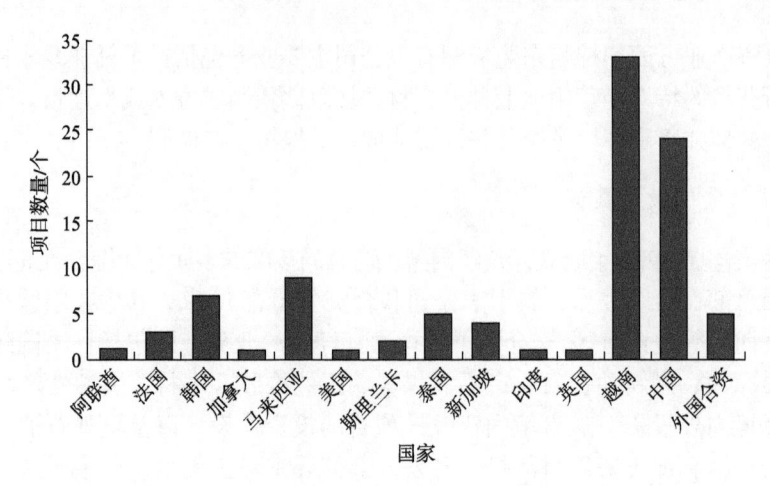

图 6.4 各国在柬埔寨海外耕地投资项目图
资料来源：根据 Land Matrix 统计数据整理（http://www.landmatrix.org/en/）

在所有投资国中，中国、韩国、泰国、越南和马来西亚是投资项目较多的国家。中国近几年虽然与柬埔寨农业合作紧密，耕地投资项目数量显著增加，但依然面临上述几国空前的竞争压力。本节将先对上述五国的国内农业及跨国耕地投资政策进行分析，随后采用数学模型对各国的投资状况进行定量比较，最后分析柬埔寨国内对外国农业投资的评价异同，从而对上述国家在柬埔寨耕地投资现状进行比较，为中国政府和企业分析自身优劣势，充分利用资源抢占投资先机同时规避各种风险提供参考。

二、投资国在柬埔寨耕地投资政策因素分析

（一）韩国农业及跨国耕地投资政策

韩国是典型的国民经济发达、农业科技含量较高但土地资源匮乏的国家。韩国全国耕地面积仅占总面积的 16.51%，人均耕地面积不足 0.04 公顷，并且由于城市发展进程迅速，农地面积持续减少，1961~2009 年，韩国本国农地面积由 211.3 万公顷持续减少到 185.8 万公顷。韩国第二、第三产业发达，使农业占整个国家 GDP 的比重持续下降，农业从业人口比例也随之减少。诸多原因致使韩国粮食自给率始终在低位徘徊，谷物自给率为 25.3%，小麦、玉米、大豆自给率分别只有 0.8%、0.8%和 8.7%，粮食供给缺口高达 75%。结合全球粮食供给偏紧和粮价不断提升的现状，海外耕地投资成为韩国保障粮食安全的必然选择。

韩国政府支持企业在包括柬埔寨在内的跨国耕地投资的主要政策有以下内容。

（1）坚定实施海外屯田战略。20 世纪 70 年代末韩国政权当局为增加稻米产

量，在阿根廷购置土地，拉开了韩国海外耕地投资的序幕。后来历届总统都支持海外农业投资项目。2008年初总统李明博开始推动本国企业"建立境外粮食仓库"，力求通过加强本国生产和海外耕地投资将粮食自给率提高到50%。同年6月韩国政府提出"10年海外农业开发战略计划"，2011年又做出完善调整。2012年1月韩国又颁布《海外农业开发合作法》，从法律上保障了企业到外国进行对水稻、大豆等粮食资源的投资活动。

（2）设立海外财政基金，对企业海外耕地投资进行资金扶持。在财政和金融方面，韩国政府不断推出匹配政策力促海外耕地发展。海外农业开发贷款基金是韩国政府支援韩国企业的海外农业项目的主要途径，政府最高可支持这些企业所需融资额度的70%，融资金额年息低至2%~3%，并可拖欠5年，偿还期限为10年。如果企业有意愿在对小麦、豆类、玉米以及输出型农作物的投资及进出口没有限制的国家开展农业合作，韩国政府将给予优先支援，按照合同，受资助的企业在韩国国内粮食安全得不到保证时需将生产的农产品优先运往国内。

（3）专业机构发布海外耕地投资指南，抢占优质耕地。韩国政府为支持海外耕地战略，建立了海外农业开发服务中心（Overseas Agricultural Development Service，OADS），其隶属于韩国农林水产部，具备完整的海外耕地投资服务体系，包括东道国环境调查、农业基础设施情况统计、企业指导、员工及管理培训等。同时，韩国还有专门支持跨国耕地投资的部门，如韩国国际合作局（Korea International Cooperation Agency，KOICA）、韩国进出口银行（The Expert-Import Bank of Korea，KEXIM）和韩国农村发展局（Korea Rural Development Authority，RDA）。在他们的共同努力下，韩国往往能在国际竞争中抢得先机，获得优质耕地资源。早在2006年，韩国Oryung Construction公司便在柬埔寨腊塔纳基里省获取了6 866公顷的特许经营土地，成为柬埔寨最早的耕地投资企业之一。另外韩国还成立了海外农业开发协会，用于保护韩国在境外的农业投资商的相关权益。政府也会定期发布《海外农业投资指南》，涵盖东道国农业发展情况、相关法规等多项内容，为企业决策提供参考。

（4）开展合作，多渠道获取海外耕地。韩国除了单独开展海外耕地投资活动外，还特别重视与他国联手。2012年6月韩国农业水产食品流通公社与尼德拉公司、瑞士粮食企业永裕集团达成战略合作伙伴协议，通过国际贸易为本国粮食供给服务。而在东道国的投资方式上，韩国除了直接获取土地外，也加强海外农业援助形式的农业合作，2009年，韩国成立了由韩国、柬埔寨、老挝、越南等12个国家组成的"亚洲农产品技术合作体"（Asian Food & Agriculture Cooperation Initiative，AFACI）。

(二)越南农业及跨国耕地投资政策

越南是东南亚传统农业国,其农业人口占比高达 75%,耕地及林地占总面积的 60%,主要耕种的粮食种类包括水稻、玉米、马铃薯等,还种植以咖啡、橡胶、茶叶、腰果、花生等为主的经济作物。其首都河内和泰国的曼谷以及缅甸的仰光曾并称世界三大米市。越南是世界第二大稻米出口国,2007 年,稻米出口已达 470 万吨。

越南由于特殊的地理位置,历史沿革十分曲折,直至1986年开始施行改革开放,其才确立了如今和平发展的道路。对于农业发展,越南政府实施了以下举措:首先是实施土地改革,让农民们有了粮食自主权,能够按照自己的意志选择种植产物和销售渠道,真正调动了农民的积极性。其次是转变产业结构并增加投入,一方面增加作物的多样性,发展林、渔、牧业;另一方面政府加大对农业的资金投入,扩充耕地面积、优化土壤质量,并吸引外部资金注入,已有多国企业在越南进行农业及相关加工产业的投资。再次是重视涉农科技的发展与应用,越南政府旗下的越南农业和农村发展部及水产部等部门建设了 17 个农业研究院、16 个国营农业企业和 15 个生产试验单位进行农业科学研究,同时,国家自然科学与技术研究中心拥有包括 100 名博士,600 名副博士在内的 2 400 名专业人员,过去的几年中,该中心已完成农业研究和生产试验达数百个课题,并积极把实验成果应用于农业生产中。在进行高科技农业生产的同时,越南配套的农业基础设施也迅速跟进,农业工业化水平显著提高。最后,越南充分利用地缘资源,将自己已经形成的发展经验和成型技术推广到东南亚其他农业国家,鼓励企业以跨国耕地投资的方式在邻国泰国、柬埔寨、老挝等国进行农业投资和生产,并将粮食作物运回国内加工,生产的成品再次出口能够远销国内外。

(三)泰国农业及跨国耕地投资政策

泰国也是柬埔寨邻国,与越南情况类似,泰国是传统的农业国家。泰国全国耕地面积占国土面积的 38%,从事农业生产的人口占 80%。统计数据显示,2005 年泰国经济增长率为 6.7%,农业的增长率为 6.3%,足以见得农业在泰国经济中的重要地位。

泰国政府高度重视农业发展,除充分利用自身地处东南亚、全境以平原为主的区位优势外,还以以下政策推动农业生产力提升。

(1) 重视农业科研、应用与推广。1982 年,泰国农业与合作社部成立了 6 个农作物研究所,各研究所旗下又设立农作物研究中心。1992年又再次设立了25

个研究中心以及82个试验站，这些研究所、研究中心的工作大幅提升了泰国的农业科技水平。与此同时，泰国积极建立遍布全国的农业推广网，重视从科学研究向农业生产力的转化。如今，"茉莉香米"名声遍布全球，并开始在其他国家投资种植。

（2）进行农业结构调整，发展农产品加工业。一方面，泰国积极调整农业产业模式，普遍种植高产品种，促使向科技型农业发展方式转化；另一方面，加强农业加工业的发展，促使农业工业化水平提高和相关产业快速崛起。

（3）发展国际贸易，建立跨国农业合作。如今，泰国已同包括中国、越南、美国等在内的多国建立或正在建立自由贸易区，其在东盟成员国中的核心地位愈发凸显。同时，泰国政府鼓励企业将大豆、大蒜、玉米等一些比较优势差的农作物转移到中国、柬埔寨和老挝等国生产。政府为农业加工业提供税收优惠，促使农民耕种在国际市场上竞争力较强的农作物。

（四）马来西亚农业及跨国耕地投资政策

马来西亚也是传统的农业国家，盛产大米、可可、椰子、棕榈、橡胶。在其国家独立之后，马来西亚农业发展迅速，耕地面积快速增长的同时，形成了多种产业相结合的农业结构。但是随着国家工业化的推进，马来西亚农业发展也遇到了诸多问题，如农业产业动力不足，农业人口减少；农业结构零散，农业生产率低下；环境破坏严重，可耕种土地面积相对减少等。

面对以上种种问题，马来西亚政府自20世纪80年代中期开始专门制定农业政策，主要采取了以下措施。

（1）发展农业产业化，提升农业科技含量，提高生产率。马来西亚政府计划通过10年的时间，以210亿马元的投资发展现代化农业，包括更新农业生产设备，推进农业机械化；推进新型农作物的研发和推广；拓宽土地使用年限，给予农民足够大的生产空间。

（2）推进农业多样化。马来西亚大力推进农业产业多样化战略，提出两个多样化，首先是水平多样化，即作物种植多样化，在保证基本粮食作物供应稳定的基础上，促进经济作物、园林作物的种植，发展多类型农业产业。其次是垂直多样化，即力促农业加工业，如粮食加工业、棕油工业和橡胶产品业等其他农业辅助产业发展。

（3）加强外部投资吸引和对外农业投资。马来西亚政府十分注重与其他国家的农业合作交流，与柬埔寨、印度尼西亚、巴布亚新几内亚等东盟国家广泛开展农业互助项目。在农业投资方面，马来西亚政府也大力实施"引进来"和"走出去"两项政策，一方面吸引外国企业到马来西亚投资，先后有印度、卡塔尔、澳大利亚、日本等多个国家到马来西亚进行农业投资；另一方面，马来西亚企业在柬埔寨、印度尼西亚等国家以租借、特许经营等方式获得海外耕地项目93项，总面积达295.32万公顷，成为海外耕地活动活跃的参与者。

（五）中国支持海外耕地投资政策

相较而言，我国政府除了制定农业"走出去"战略，在鼓励农业企业在包括柬埔寨在内的国家进行投资方面还出台了以下具体措施。

（1）为在东南亚投资创造良好政策环境。中国与东盟国家已经签订《中国—东盟全面经济合作框架协议》及相应谅解备忘录，这使中柬经贸合作有了坚实的法律基础。鉴于柬埔寨作为WTO和东盟成员已享受诸多优惠，中柬两国在农业领域的合作也享受到诸多有利条件。

（2）设立"对外经济技术合作专项资金"。我国企业在外国进行投资活动、劳务协作、农业合作、工程承包或在境外建立研究中心，可获得政府预支费用、运行费用、中长期贷款利息、应急处理费等方面50%的资助。

（3）提供我国企业境外经济贸易合作区建设补贴。对在国外经济贸易区投资合作的企业给予30%的前期费用支持以及50%的厂房租赁、保险、合同论证费用扶持。

（4）开展境外资源类投资前期费用扶持。对中国政府或企业投资500万美元以上或合作项目合同额2 000万美元以上的境外资源类投资项目，前期费用分别给予4%与0.4%的补贴。

（5）保险制度。2001年，中国成立中国出口信用保险公司（后称中国信保），为中国企业开展涉外投资活动提供股权保险和贷款保险，对于征收、汇兑限制、战争以及政府违约等四类情况承保。中国信保积极推动对外农林渔牧合作，在农业产业方面，承保了多个林木业项目和替代种植项目，但其参保门槛和保险费率高的问题致使企业的参保率偏低。

（6）双边投资保护协定。双边投资保护协定（Bilateral Investment Treaty，BIT）是资本输出与输入国家（或互有输出输入的两国）之间就其投资活动以及投资辅助活动如何进行保护签署的双边条约，缔约双方在协定规定的范围内承担保护外资的责任和义务。自1982年瑞典签订第一个BIT以来，中国已与包括柬埔寨在内的世界上100多个国家和地区建立了双边经贸混委会机制，与127个国家签订了BIT。

三、投资国在柬埔寨耕地投资状况比较

本节将通过构建指标体系的方式对比较国在柬埔寨跨国耕地投资状况进行评

价。以各国在柬埔寨跨国耕地投资状况（A）为评价目标，以资本流动（A_1）和耕地投资（A_2）为子目标，资本流动包含在柬埔寨被准予投资总份额（I_1）、在柬埔寨农业投资份额（I_2）两个指标，耕地投资包含在柬埔寨耕地投资者数量（I_3）、在柬埔寨耕地投资项目数量（I_4）、在柬埔寨耕地投资总面积（I_5）、在柬埔寨耕地投资项目平均面积（I_6）四个指标（图 6.5）。

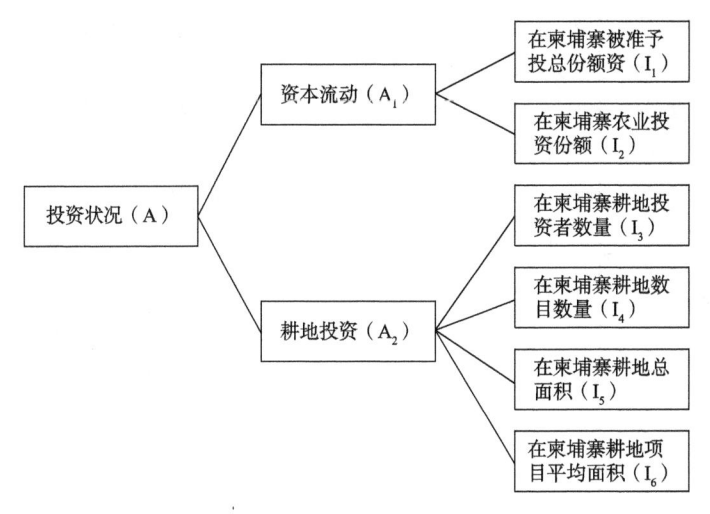

图 6.5　投资国在柬埔寨投资情况指标体系

指标的选取充分考虑到了数据的可得性和数据的权威性，在柬埔寨被准予投资总份额和在柬埔寨农业投资份额由 FAO 柬埔寨独立发展政策研究所资料查得，在柬埔寨耕地投资者数量、耕地投资项目数量、耕地投资总面积和在柬埔寨耕地投资项目平均面积均由 Land Matrix 网站数据提供。

（一）模型选择与参数设定

1. 模型选择

本章利用灰色系统理论，借助基于中心点三角白化权函数构建的评估模型对比较国投资状况进行评估。灰色系统原理是由邓聚龙教授在 20 世纪 80 年代建立的，它是以部分信息已知，部分信息未知的小样本和贫信息的不确定系统为研究对象，通过对较少已知信息的提炼，获得对研究有意义的信息，实现对系统规律的正确描述和有效控制。由于灰色系统可以很好地将主观数据和客观数据统一起来，灰色系统理论很适合应用于分析投资状况。

本章采用了基于中心点三角白化权函数的灰色评估方法对投资国在柬埔寨耕地投资情况进行评价。所谓的中心点，是在划分灰类时，隶属某灰类的程度最大的点。中心点可以是对应的小区间的中点，也可以不是中点。基于白化权函数的基本原理和标准，结合各指标实际值确定各指标的中心点及权重，对指标综合情况加以判定，具体步骤如下。

（1）设将投资国在柬埔寨耕地投资评价类别划分为 s 个灰类，并将所需测定的指标 $j(j=1,2,\cdots,m)$ 的取值范围也相应地划分为 s 个灰类。设 λ_k 为灰类 k 的中心点，即最可能属于 k 灰类的点 $\lambda_1,\lambda_2,\cdots,\lambda_s$，将各个指标的取值范围也相应地划分为 s 个灰类，分别以 $\lambda_1,\lambda_2,\cdots,\lambda_s$ 作为各个灰类的代表。

（2）将灰类向左右两个方向延拓，并增加 0 灰类和 $s+1$ 灰类，此时得到新的中心点序列 $\lambda_0,\lambda_1,\lambda_2,\cdots,\lambda_s,\lambda_{s+1}$。

（3）分别连接点 $(\lambda_k,1)$ 与第 $k-1$ 和 $k+1$ 个小灰类的中心点 $(\lambda_{k-1},0)$，$(\lambda_{k+1},0)$，得到 j 指标关于灰类 k 的三角白化权函数 $f_j^k(\cdot)(j=1,2,\cdots,m;k=1,2,\cdots,s)$。对于指标 j 的一个观测值 x，其属于灰度 $k(k=1,2,\cdots,s)$ 的隶属度 $f_j^k(x)$ 由

$$k=1 \text{时}, f_j^1(x)=\begin{cases}0, & x\notin[\lambda_0,\lambda_2]\\ 1, & x\in(\lambda_0,\lambda_1)\\ \dfrac{\lambda_2-x}{\lambda_2-\lambda_1}, & x\in(\lambda_1,\lambda_2)\end{cases} \quad (6.1)$$

$$k=(2,3,\cdots,s-1)\text{时}, f_j^k(x)=\begin{cases}0, & x\notin[\lambda_{k-1},\lambda_{k+1}]\\ \dfrac{x-\lambda_{k-1}}{\lambda_k-\lambda_{k-1}}, & x\in(\lambda_{k-1},\lambda_k]\\ \dfrac{\lambda_{k+1}-x}{\lambda_{k+1}-\lambda_k}, & x\in(\lambda_k,\lambda_{k+1})\end{cases} \quad (6.2)$$

$$k=s \text{时}, f_j^s(x)=\begin{cases}0, & x\notin[\lambda_0,\lambda_2]\\ \dfrac{x-\lambda_{s-1}}{\lambda_s-\lambda_{k-1}}, & x\in(\lambda_0,\lambda_1)\\ 1, & x\in(\lambda_1,\lambda_2)\end{cases} \quad (6.3)$$

算出。

（4）计算对象 $i(i=1,2,\cdots,n)$ 关于灰类 $k(k=1,2,\cdots,s)$ 的综合聚类系数 σ_i^k：

$$\sigma_i^k=\sum_{j=1}^m f_j^k(x_{ij})\cdot\eta_j \quad (6.4)$$

其中，$f_j^k(x_{ij})$ 为 j 指标 k 子类的白化权函数；η_j 为指标 j 在综合聚类中的权重。

最后由 $\max_{1\leq k\leq s}\{\sigma_i^k\}=\sigma_i^{k*}$ 判断对象 i 的灰类。

2. 灰度参数设定

本章给各指标设定 4 个灰度，即"较差""中等""良好""优秀"，各灰度中心点分别为 $\lambda_1,\lambda_2,\lambda_3,\lambda_4$，利用上述方法将各指标的 4 个灰类向左右拖延，记其临界点分别为 λ_0 和 λ_5，各指标中心点和临界点分别如表 6.6 所示。

表 6.6　各指标中心点及临界点

指标	临界下限	较差	中等	良好	优秀	临界上限
I_1	1	2	5	10	20	30
I_2	0.2	5	10	15	20	25
I_3	1	4	8	12	16	20
I_4	2	6	10	20	30	40
I_5	20 000	50 000	100 000	150 000	200 000	250 000
I_6	5 500	6 500	7 500	8 500	9 500	10 000

3. 权重参数设定

评价体系中各子目标和指标在综合聚类中的权重通过德尔菲法确定。本章通过咨询相关高校农业经济管理、土地资源管理方面的专家，在综合考虑之后，确定了各子目标和指标的权重，如表 6.7 所示。

表 6.7　各子目标和指标的权重

子目标	权重	指标	权重
A_1	0.25	I_1	0.40
		I_2	0.60
A_2	0.75	I_3	0.18
		I_4	0.28
		I_5	0.24
		I_6	0.30

（二）目标灰度分析

1. 资本流动分析

资本流动主要反映的是各国在柬埔寨投资的资金流动状况，从评价结果来看，中国和泰国处于"优秀"且聚类系数较高。中国在外国在柬埔寨投资中占据绝对优势，泰国虽然各项产业总投资额度只有 5.4 亿美元，但是其在柬埔寨农业投资就达 3.73 亿美元，农业成为泰国在柬埔寨投资的主要行业。相较而言，韩国和马来西亚处于"较差"灰类,但是韩国在柬埔寨总投资额较高,农业投资只占了韩国在柬埔寨投资的极小部分,而马来西亚在柬埔寨投资额度很低,农业投资金额只占所有国家总和的 0.5%(表 6.8)。

表 6.8　比较国资本流动评价结果

序号	国家	灰类	聚类系数
1	中国	优秀	0.712
2	泰国	优秀	0.600
3	越南	良好	0.576
4	韩国	较差	0.420
5	马来西亚	较差	1.000

2. 耕地投资分析

从几个国家的投资状况来看,中国企业依然处于"优秀"的灰类,中国共有 16 家企业在柬埔寨投资了 23 个项目,获取特许经营用地总面积近 23 万公顷;同处于"优秀"灰类的越南特许经营用地面积与中国相当,但其投资项目多达 33 个,主要集中在非粮农业上(表 6.9)。

表 6.9　比较国耕地投资评价结果

序号	国家	灰类	聚类系数
1	中国	优秀	0.832
2	越南	优秀	0.423
3	马来西亚	中等	0.607
4	韩国	较差	0.406
5	泰国	较差	0.824

评价为"较差"灰类的有韩国和泰国。其投资项目相对较少,分别只有 7 个和 5 个。泰国的项目平均面积也只有 7 087 公顷,与柬埔寨特许经营用地平均水平的近 9 750 公顷有较大差距。

3. 在柬埔寨耕地投资总体状况

通过两项子目标的评价得出比较国在柬埔寨耕地投资总体评价,从结果来看,中国和越南处于"优秀"灰度,中国除了在极少数指标上评价级别不是"优秀"外,在外国投资中投资现状优势明显,越南以其得天独厚的区位优势已抢得投资先机,投资面积和项目上有较大优势。马来西亚处于"中等"灰度,但其"较差"的聚类值也达到了 0.438,灰度应不完全属于"中等"。韩国企业虽然投资行为比较规范,但在与中越等国的竞争中尚处于劣势。泰国在柬埔寨农业投资额度较大，但是主要集中于农产品加工行业，通过经济特许用地直接投资耕地起步较晚，投资力度需进一步加强（表6.10）。

表6.10 比较国在柬埔寨耕地投资总体评价结果

序号	国家	灰类	聚类系数
1	中国	优秀	0.802
2	越南	优秀	0.424
3	马来西亚	中等	0.455
4	韩国	较差	0.409
5	泰国	较差	0.718

四、投资国在柬埔寨耕地投资的东道国反馈分析

跨国耕地投资虽然主体上是一项经济活动，但其实质上是一个涉及多个国家、涵盖民生、社会、文化甚至政治的综合性问题。在进行投资，提升土地利用率和农业产能的同时是否能和东道国政府、社会团体和普通民众尤其是农民处理好关系，在投资赚取利润和保证投资国粮食安全的同时能否兼顾东道国的社会的稳定和发展等问题越来越受到国际社会的关注。本节将以中国为主要对象，分析外国在柬埔寨耕地投资过程中柬政府、社会以及民众对各比较国企业投资行为的态度反馈，进而为加强投资活动、维护良好声誉，增进两者之间的关系和谐提供有效借鉴。

（一）在柬埔寨耕地投资活动的政府反馈

在迫切需要资金注入带动本国经济发展的柬埔寨开放特许经营用地之后，大量国内外企业的耕地投资使柬埔寨农业生产力得到了大幅提升。其中，中国企业除了投资力度巨大外，还以世界上最大的发展中国家身份对柬埔寨施以诸多援助，从政治层面来看，中国政府的政策和中国企业的投资行为得到了柬埔寨政府的高度认可，主要表现在以下几个方面。

（1）有力支持柬埔寨国民经济的发展。柬埔寨是世界上最贫穷的国家之一，其经济严重依赖外资和援助，而资本不足一直是增长的主要瓶颈。尽管20世纪90年代柬埔寨便开始努力吸引外资，但由于复杂的国际国内政治原因，其被排除在全球经济体系之外。由美国主导的西方国家因越南战争强加在柬埔寨的经济禁运和援助限制直到2007年才解除。1994~2008年，英国和美国是西方国家在柬埔寨投资最多的国家，但也分别只有1.3亿美元和7 000万美元，远不及中国、泰国、韩国等亚洲国家，其中，中国仅在农业方面的投资就高达57亿美元，这还不包括中国政府

和企业提供的诸多援助。中国资本正在为柬埔寨经济发展提供巨大动力。

（2）援助基础设施建设。灌溉不足和电力短缺在柬埔寨十分严重，由于只有20%的区域和人口能够完全覆盖在电力供应之中，柬埔寨工农业发展常常受制于基础设施的落后。更糟糕的是，国际金融机构，如世界银行和亚洲开发银行都削减支持水电工程的开支，使柬埔寨经济增长愈发受阻于电力供应不足。中国在柬埔寨投资主要有三类企业：大型国企、中大型私企和小型私企。其中能进行耕地投资的主要是大型国企和私企，它们在选择投资的同时通常能够为当地开展匹配的基础设施建设，方便投资行为的同时也给当地提供了基建援助。2014年底，国家主席习近平会见了来华参加"加强互联互通伙伴关系对话会"的柬埔寨首相洪森。会后，双方确认今后每年中国将对柬埔寨施以5亿~7亿美元的优惠贷款及援助，用以加快柬埔寨基础设施建设，以及开展其他民生公益项目。

（3）协助稳定金融体系。由于自身货币疲软，金融体系不健全，柬埔寨的经济长期受美元主导，大宗商品基本以美元交易。究其根源，柬埔寨缺乏核心产业，大部分生活用品都必须从外国进口，所以本国货币在贸易伙伴汇率波动的时候高度敏感。1997年，柬埔寨主要日用品从泰国进口，但1997年亚洲金融危机时泰铢急剧贬值，致使与之贸易密切的柬埔寨深受打击。21世纪后，随着中国投资的进入，中国商品来到柬埔寨，中国经济持续增长的强劲后盾、人民币的坚挺以及中国国际地位的日益上升使中国产品和投资在柬埔寨经济和金融建设中发挥了其他国家难以企及的作用。

相较于中国，韩国与柬埔寨两国建交仅有12年，但是两国在农业、矿产、旅游等各领域合作关系发展迅速。韩国在柬埔寨投资从1997年的3 300万美元陡增到2008年的24亿美元，同时，韩国积极开展对柬埔寨的援助，自1991年以来，已向柬埔寨提供无偿援助6 800万美元，双方也于2009年建立全面合作伙伴关系。

越南、泰国、马来西亚与柬埔寨同属东盟国家，在政治和经济上四国本来就保持着紧密联系。四国又同属农业为主的国家，农业投资与合作本来就有着得天独厚的基础。但是由于柬埔寨加入东盟时间较晚，且经济基础薄弱，GDP只有其余三国的1/10左右，故四国间的农业合作主要以越南、泰国、马来西亚到柬埔寨进行农业投资为主，柬埔寨政府历来对东盟内部的各项经济合作都保持着极其开放的态度，也希望通过他国的带动使本国粮食产量的优势发挥出来。

（二）在柬埔寨跨国耕地投资的社会和民众反馈

本书第二章已经提及柬埔寨民众对于政府相关政策褒贬不一的意见，而柬埔寨社会团体和民众对跨国耕地投资企业，尤其是对中国企业的态度，主要表现为以下三个方面。

（1）中国企业缺乏与当地社会团体的沟通。由于经常受到一些激进的 NGO 骚扰，有些中国企业采取消极的态度对待 NGO，其结果是，与所有的 NGO 都失去了互动。而现实的情况是，在大多西方国家，企业在行业中是要受到 NGO 的定期监督的。NGO 的作用就是在企业和民众之间搭起一座互信的桥梁。相较而言，韩国以及泰国等东盟国家则对相关团体开放很多，在与 NGO 的沟通中提升了自己的透明度和信任感，营造出了良好的企业声誉。

（2）未积极开放报道，造成诸多误解。当地社团和民众时常指责中国企业缺乏社会责任感，只顾赚钱而没有将投资红利返还给当地民众。然而事实的情况是，中国企业非常注重投资的社会效应，在为我国输出利益的同时不断在当地实施援助。例如，红豆集团就曾捐资 25.4 万美元在柬埔寨建设小学、职业学院和诊所，为当地民众提供教育和医疗服务。但问题在于我国企业普遍自我宣传意识不强，易遭到当地团体误解甚至抹黑。另一个例子是，有当地报道称中国企业只雇佣中国人，而排斥柬埔寨人，而事实是，中国工人的工资是当地工人的 3~5 倍，如果不是技术性特别强或者管理性质的工作，中国企业显然更喜欢雇佣当地劳动者。越南企业也遇到类似问题，由于只顾利益的"掠夺式"投资方式影响，又没有正确的宣传引导，越南企业在柬埔寨民众中印象并不好。

（3）未合理进行补偿，造成民怨。批准特许经营用地要求"符合现有法律法规框架的基础上能够妥善安置当地民众"，但在实际操作中，能够完成经济补偿的企业并不多见。沈思韩（2014）在柬埔寨农村进行的调查显示，78%的柬埔寨民众在自己的土地被政府特许经营后并未收到来自企业的任何补偿，只有22%的民众表示自己得到了补偿。在得到了补偿的22%的民众中，没有人得到500美元/公顷以上的补偿，而根据当地的市场价格计算，当地有47%的土地售价应在500~1 000美元/公顷，有40%的土地售价应在1 000美元/公顷以上。这意味着，柬埔寨民众基本上没有得到应有的妥善安置和补偿，外国投资企业存在着"土地掠夺"的行为。

由以上从政府和民众两个角度的分析不难发现，由于中国日趋强大的政治影响力和经济实力，中国企业在柬埔寨耕地投资活动能够从行政层面上获取先机，投资行为多得到柬埔寨官方支持。但是由于自我管理经营尚存缺陷，社会责任感也有待进一步加强，软实力上仍有很多不足，企业需要在投资活动中不断总结和改善。

第三节　中国在柬埔寨耕地投资SWOT分析

SWOT 分析法，又称态势分析法或优劣势分析法，是基于内外部竞争环境和竞争条件下的态势分析。该方法的核心思想是将与研究对象密切相关的各种主要内部优势（strengths）、内部劣势（weaknesses）和外部机会（opportunities）、外部威胁（threats）通过调查列举出来，然后依照矩阵形式进行排列，利用系统分析的思想，对各种因素搭配和对照进行分析，从中得出一系列结论。因 SWOT 分析法可以对研究对象所在的内外部情形进行全面、系统、精确的研究，故通过它的分析得出的结论一般可用来制订计划、决策或发展战略。其分析矩阵如图 6.6 所示。

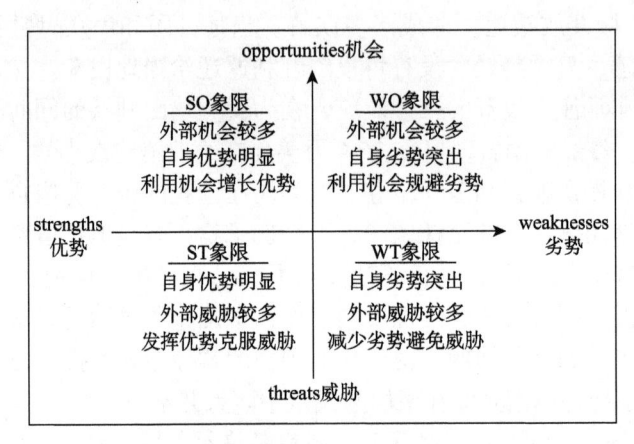

图 6.6　SWOT 分析矩阵

如今，在世界各国纷纷出台政策投身于海外耕地投资活动中的背景下，柬埔寨优质的耕地资源受到越来越多的关注，外国企业通过特许经营和租借形式越来越多地参与到柬埔寨国内农业生产和农产品加工行业中来。面对这样的契机，以及中国并不乐观的农业资源和粮食安全形势，结合在柬埔寨进行海外耕地投资各国现状，这种行为是否可行以及所面临的机遇和挑战分别是什么亟待全面分析。因此，下面将用 SWOT 模型对中国政府和企业在柬埔寨开展海外耕地投资活动的环境进行分析，从而为中国政府及企业制订政策和计划提供借鉴。

一、中国在柬埔寨耕地投资的内部优势

（一）国家层面优势

中国是当今世界上最大的发展中国家，在柬埔寨开展耕地投资时，国家层面优势主要有以下几个方面。

（1）实施"走出去"战略，为企业在包括柬埔寨在内的东盟国家耕地投资搭建了平台。21 世纪初，我国政府开始将"走出去"战略提升为"关系到我国发展全局和前途的重大战略之举"，2007 年的中央 1 号文件再次特别提出"加快实施农业'走出去'战略"。在此基础之上，从与东盟国家的农业交流协作入手是执行"与邻为善"对外政策的展现。加强与东盟国家的农业交流符合"大国是关键、周边是首要、发展中国家是基础、多边是重要舞台"的国家全局外交方针。国家各部委（包括农业部、外交部、商务部等）积极利用已立项的亚洲区域合作专项资金、中国东盟合作基金等在东盟国家展开广泛的农业交流合作。

（2）拥有丰富的外汇储备和资金实力。自我国实施浮动汇率制，我国外汇储备开始飞速增长，2002年加入WTO后，我国外汇储备增长更加迅猛，于2007年成为世界第一外汇储备国。报道显示，我国2014年底外汇储备额为3.84万亿美元，对人民币汇率为1美元兑6.1190元人民币。而1990年我国外汇储备仅为110.93亿美元，24年间增长了345倍，年均增长约1595亿美元。

（3）国家实力增强，外交话语权逐渐强化。随着我国经济持续发展，我国在全球政治、外交甚至军事等领域逐步掌握话语权，在地缘政治中的影响力、辐射力逐渐增加。与此同时，我国始终奉行"和平共处五项原则"，坚持和平发展的道路，和各发展中国家，尤其是东南亚和非洲国家都保持良好的关系。国家实力的强大和良好的双边关系很大程度上可以解决由东道国制度缺陷引起的纠纷，并克服海外耕地投资带来的一系列敏感问题。

（二）企业层面优势

我国企业在政府政策引导下积极开展在柬埔寨耕地投资，其主要优势有以下几个方面。

（1）农业产业优势明显，对外投资发展迅速。改革开放以来，我国农业科技水平持续进步，粮食单产由1979年的2784.74千克/公顷增长到5165.89千克/公顷。2011年袁隆平院士的杂交水稻产量甚至达到13899千克/公顷。这为我国企业海外粮食投资奠定了良好的基础。

（2）对外投资发展迅速。加入WTO后，我国对外农业投资迅速发展，2003~2011年，我国农林渔牧业涉外直接投资资金存量由3.32亿美元猛增到34.17亿美元，8年间增长了近10倍。借助国家利好的政策，一些农业企业也自发来到东盟国家开展投资活动。2005~2010年，中国企业在柬埔寨农业直接投资达3.3亿美元，投资力度远超其他国家，易受到柬埔寨政府的关注。

（3）广泛开展农业合作与交流，农业种植信息翔实。我国涉外农业合作20世纪50年代就已起步，如今已同140余个国家或地区构建了涉农科技交流和经济合作框架，其中与50多个国家或地区建立了60余个双边农业合作工作小组。这些组织的相互合作和信息共享能为我国企业提供农作物种植特点、生长规律等一系列翔实信息。

二、中国在柬埔寨耕地投资的内部劣势

（一）国家层面劣势

我国在柬埔寨耕地投资国家政策层面的劣势主要有以下几个方面。

（1）战略层面认同有限。虽然全球海外耕地投资迅速发展，但碍于"耕地掠夺"这一对海外耕地投资的敏感称谓，我国政府官员始终矢口否认中国有此类政策，以至于我国企业海外耕地投资始终是一种自发性行为。

（2）配套机制落后。由于缺乏政府全面的响应和协调机制，投资企业难以获得财政方面的政策补贴。金融上，由于没有政策扶持，也不能提供相应的金融工具供企业融资。保险上，保险政策缺失让进行海外耕地投资的企业频频需要面对各种不确定风险。返销产品关税没有优惠，当境外生产的产品返销国内时，需要面对的是两国的进出口关税以及销售税的征收。利润减少导致海外耕地投资在国内外粮食市场所起的联动作用下降，进一步弱化了海外耕地投资的粮食安全保障功能。

（二）企业层面劣势

我国企业在柬埔寨耕地投资时，除了宏观政策上缺乏支持，自身也暴露出以下问题。

（1）投资行为起步较晚致使相关资源配套落后。我国企业在柬埔寨第一项耕地投资项目开始于2004年，短短十年里，大多企业里尚未建立起全面统筹柬埔寨政治环境、产业政策、风土人情、社会习俗等信息的企业管理团队，复合型管理人才缺乏，在海外耕地投资这一高风险行业中面临着巨大考验。

（2）企业投资"单打独斗"，没有形成合力。在无政府统筹的情况下，企业间无法形成统一的情报搜集和共享机制，企业在柬埔寨耕地投资中基本靠自己寻找投资渠道，分析投资可行性，在与韩国等国的竞争中常常落于下风。

（3）企业规范性较差。由于缺乏政府层面的标准和规定，从业企业在项目谈判、纠纷处置、风险防范等方面尚无据可依，尚无有效的争端解决途径。企业间也未形成足够的沟通协商机制，时常出现热点项目多个国内企业内部竞争，甚至恶性竞争的局面，再加上部分企业运营不规范，在谋求利润的同时无法兼顾当地社会责任，给柬埔寨政府和民众留下较差感观。

三、中国在柬埔寨耕地投资的外部机会

(一)国家层面机会

中国在柬埔寨耕地投资国家战略层面的机会主要有以下几个方面。

(1)国际上跨国耕地投资管理趋于规范,投资行为环境良好。随着粮食安全逐渐成为全球性问题,越来越多的国际组织开始关注海外耕地投资问题。FAO粮食安全委员会还专门成立高级专家组分析指导全球各国开展海外耕地投资活动,世界银行、联合国粮食及农业组织、联合国贸易与发展会议、全球农业发展基金等 4 家机构联合发布《负责任农业投资原则》(Principles of Responsible Agricultural Investment)都显示出海外耕地投资国际认同感的提高。

(2)柬埔寨对外来投资持更加开放态度。柬埔寨世代以农业为基础,工业基础薄弱。柬埔寨处于贫困线以下的人口仍占20%以上,在世界最不发达国家之列。柬埔寨政府近年来把发展经济、减少贫穷作为核心工作,实施全面开放的自由市场经济,推动经贸私有化和自由化进程。洪森当局实施以改革行政管理为核心,加速农业建设、基础设施建设、推动私有经济和增加就业、提升素质和加强人力资源开发的"四角战略",提高政府执政能力,改良投资环境,取得一定成效。

(3)中柬关系日趋紧密。中柬关系历来友好,近年来,随着经济合作的深入,双边关系更加紧密。中国是柬埔寨第三大贸易伙伴。2013 年,中柬双边贸易额为37.7亿美元,同比增长29%。其中,中国对柬埔寨出口34.1亿美元,同比增长 26%;自柬埔寨进口3.6亿美元,同比增长68%。2014 年 1~6 月,中柬双边贸易额 18.2 亿美元,同比增长 4.1%。2014 年 11 月,借着习近平主席访问柬埔寨,两国又签订了互联互通、农业、水电、经济特区、教育、医疗、电信、旅游等领域的合作协议,携手共同推进丝绸之路经济带和21世纪海上丝绸之路建设,进一步夯实了两国投资合作的基础。

(二)企业层面机会

除了我国政府宏观层面获得的外部利好外,我国企业在柬埔寨的耕地投资行为还面临以下机遇。

(1)粮食价格升高,盈利空间增大。近些年,国际粮食价格持续走高,而粮价脆弱性和投机性的增强进一步加大了全球粮食价格走高的预期。选择位于柬埔寨的优质耕地资源进行粮食生产和经营,已经成为包括中国在内的多个国家的共识。在这种环境下,中国企业应该果断抓住机遇,通过在柬埔寨农业投资的机

会增强自身盈利能力。

（2）柬埔寨优质耕地资源丰富，待开发程度高。在柬埔寨 600 多万公顷的可利用耕地中，已进行他国投资的仅有 82 万公顷，而大量土地由于没有资金注入，处于人工劳作，科技含量不高，水资源紧缺的低产能状态，需要加大投入。同时，由于土地的不可替代性和有限性，其利用深受自然、地理、区位的影响，柬埔寨产能较高的土地数量有限，投资耕地必须考虑其位置的固定性和农业生产便利性。在尚有优质耕地资源未被充分开发的前提下，中国企业应该强化竞争意识，主动把握先机，积极获取开发利用优质资源的机会。

（3）我国企业在柬埔寨耕地投资状况良好，和柬埔寨政府具备良好互信的关系。我国企业在柬埔寨耕地投资借双边良好的外交关系和企业投资的较好信用，已经赢得了柬埔寨政府的高度赞扬和支持。近年来，我国企业在柬埔寨耕地投资项目发展愈发迅猛，从项目数量到项目总面积都已仅次于柬埔寨国内企业的投资状况。近年来，随着中国参与湄公河次区域经济合作，中柬农业合作更加频繁，我国企业应该充分利用好中柬关系的大势以及柬埔寨开放特许经营用地的政策，加大在柬埔寨耕地投资力度。

四、中国在柬埔寨耕地投资的外部威胁

（一）国家层面威胁

我国在柬埔寨耕地投资战略层面的外部威胁主要有以下几个方面。

（1）耕地属性特殊，投资环境不利。在全球粮食压力较大的背景下，开展耕地投资活动已是时代所需，柬埔寨政府也积极打开国门为全世界各国企业提供投资机会。但柬埔寨作为长期依赖农业生产的贫穷国家，动辄上万公顷、租期几十年的大规模特许经营用地让各投资国很难摆脱"新殖民主义"的影子。特别是对于中国来说，由于当前"中国威胁论""布朗论断"的影响，中国开展海外耕地投资时受到的道义指责相较其他国家而言更多。

（2）政策引导能力不足，易在博弈中成为牺牲者。受国家顶层战略设计不足的影响，我国官方很少发表关于海外耕地投资问题的看法，相关学者和研究人员也没有参与到《负责任农业投资原则》等国际公约文件的制定中。由于不是公约制度的制定者，但是又参与了相关活动，我国在海外耕地投资活动中常常受制于规则，且出现纠纷时不能有效保护企业合法权益，容易成为竞争博弈的牺牲者。

（二）企业层面威胁

在国家宏观层面面临全局性威胁的同时，我国企业在柬埔寨开展耕地投资活动还存在以下实际挑战。

（1）柬埔寨土地法规不健全，信息不透明，投资纠纷难以避免。柬埔寨政局稳定不足 25 年，经济建设在"改革开放"政策的引导下初现成效，但政治改革、法制建设、社会转型和与耕地投资相关的土地改革尚处于起步阶段。虽然《土地法》对于土地权属有界定，并且政府也出台并实施了《农村地区土地登记和确权工作条例》(*Local Village Land Registration and Use Right Policy*)，但由于行政执行力低下，农村土地改革进展缓慢，权属界定并不清晰，一块土地上往往出现公私等多种权属，登记确权工作推行难度很大，并在国内就引起很大争议。此时，外国企业大范围开展耕地投资活动，对以土地为最后生存基础的广大柬埔寨农民而言是新的冲击，势必引起更多更大的纠纷，为投资带来不可估量的风险与威胁。

（2）柬埔寨土地利用自身限制因素明显。柬埔寨虽然土地资源丰富，但是由于长期战乱，发展严重滞后，农业生产自身限制因素较多。尤其在基础设施建设方面，即使得到了来自外国的大量援助，依然明显落后。交通方面，虽然全国高速公路网络的建设让长距离运输成为可能，但是农村地区的公路质量极差，加之对交通法规的漠视，路面交通状况十分混乱，事故频发。在仅有的公路上，设置了多个收费点，行车代价十分昂贵。在有些乡村，甚至连公路都十分罕见，牛车仍然是田间地头最常见的交通工具。电力和通信设施方面，除了城市地区外，依然十分贫乏。虽然 2011~2020 年，柬埔寨陆续会在外资支持下建设 8 座水电站和 3 座热电站，但现阶段，电力主要是从越南和泰国进口，供电不稳定且代价高昂。农业灌溉上，山区地区的农业用水始终存在问题。柬埔寨官方数据显示，在雨季稻种植的季节，240 万公顷的水稻种植面积中，有近 1/3 无法得到有效灌溉。而 2006 年 FAO 下属 AquaSTAT 的数据显示，只有 31.7 万公顷的土地真正被灌溉了。在其他设施方面，柬埔寨的医疗、教育等民生问题同样严重，柬埔寨农村人口的受教育率低下，农业从业人员普遍文化水平不高。柬埔寨医疗从业者也相当匮乏，尤其在农村地区。以上自身约束均为外国在柬埔寨进行耕地投资设置了很多挑战。

（3）竞争激烈，面临强大对手。现在世界上发展海外耕地投资的国家主要集中于东亚和南美新兴国家、海湾石油输出国以及欧美发达国家（何昌垂和玄理，2014）。而在柬埔寨进行耕地投资活动的国家中，韩国、越南、泰国、马来西亚等也十分积极。韩国海外耕地投资起步较早，企业在政府引导下很早便开始在全世界布局，对于优质耕地资源有战略、有步骤、有规划地抢占。相对来说，我国海外耕地投资起步晚，无论战略布局、人才储备、资金运营、企业管理上与之都有较大差距。而越南、泰国和马来西亚本就是东盟内部国家，和柬埔寨从某种意义上是经济共同体，再加上地缘优势，往往能且已经在对柬埔寨合作中占得先机。

（4）遭遇社会团体严格审视。作为 NGO 非常活跃的国家，柬埔寨国内注册的 NGO 多达 2 700 个，其中 400 个国内 NGO 和 200 个国际 NGO 非常活跃，这使中国企业遭受了非常严格的审视。一方面，碍于国家宏观政策的不明晰和企业对于社会团体的回避，我国企业在社会团体中的第一感观并不好，加之对于相关工作的不配合，致使在其他国家企业的对比中，我国企业总遭受更多质疑；另一方面，NGO 虽然活跃，但是柬埔寨信息渠道闭塞却致使他们常常发布并不真实的信息。例如，有 NGO 表示在柬埔寨太阳能发电比水电便宜，但事实是综合考虑到资本、技术、劳动力等因素后，水力发电显然更加实惠，当这样的报道涉及中国企业利益时，显然成为企业在柬埔寨发展的巨大威胁。

第四节　中国在柬埔寨耕地投资的政策展望

一、政府政策导向

（一）宏观政策引导

海外耕地投资的主体虽然是各国企业，但是由于其对外资源投资的本质属性以及土地资源特殊性、投资设施的固定性等，国家的顶层设计和国家间的政治博弈很大程度上影响跨国耕地投资活动的开展。因此，我国政府在宏观战略上应早作布局，为我国企业在柬埔寨乃至全球进行耕地投资营造良好环境。

首先，明确海外耕地投资战略。面对我国日益明显的粮食供给缺口，国家主要靠两条路径解决：一是提升农业科技含量，推进农业产业化以加大国内粮食生产能力；二是通过国际合作，以贸易手段保证粮食进口。然而，国内土地资源的流失让 95%的粮食自给率早已被突破，国内粮食缺口已逾 20%。同时，由于粮食对于国家的战略性作用，美国、俄罗斯、乌克兰、澳大利亚等粮食出口国开始严格控制粮食外流，抑或利用国际油价上升的契机，将耕地用来生产生物能源，再加上日趋激烈的国际竞争，通过贸易运作获取粮食进口已遇到瓶颈。

国际上多数粮食进口国在这时纷纷选择采用海外耕地投资的方式解决国内粮

食供给问题。据 GRAIN 和 ILC（International Land Coalition，即国际土地联盟）的统计，全球前十大粮食净进口国共有海外耕地投资项目 106 项，涉及面积 415.5 万公顷。其中，日本、韩国、沙特阿拉伯等国政府早已将海外耕地投资纳入国家粮食保障体系，从国家层面上统筹耕地投资活动。而面对全球跨国耕地投资方兴未艾、大量优质的耕地资源尚未被开发的契机，中国政府始终否认存在海外耕地投资计划。虽然我国早已出台农业"走出去"战略，我国企业也早已自发参与到跨国耕地投资活动中，但受国家顶层设计的缺失，投资活动往往还集中于农业加工业和非粮农业，涉及上游生产环节直接反馈国内粮食供给的项目有限。统筹利用国内、国际两个市场保障粮食安全尚未引起中国政府足够重视。

在海外耕地投资活动中，必须要强化政府的战略制定作用，摆脱企业"单打独斗"的局面，真正将企业追求利润和国家粮食安全战略结合起来。例如，在柬埔寨开展耕地投资活动时，国家应引导企业以粮食农业为主要投资方向，在国际粮食市场供给平稳时，可将粮食投放市场赚取利润；当供给紧缺时，企业海外耕地生产的粮食可用于国内供给量的提升，保障国内粮食安全。我国唯有统筹利用"两种资源、两个市场"才能将国家和企业发展一体化，在国际竞争中占据有利位置。

其次，介入海外耕地投资规则制定。海外耕地投资能够在竞争与合作中规范有序地开展，一方面需要各投资国政府企业的支持和参与，另一方面需要国际准则的约束。中国近些年经济腾飞，政治影响力扩大，在全球很多领域具备发言权，但是由于对海外耕地投资活动不够重视，在其他国家争相抢占优质资源逐渐成为行业发展主导、开始制定有利于自己的行业规范时，中国却错失了抢占"规则高地"的先机。例如，国际上现已出台《负责农业投资原则》《海外耕地投资行为准则》《国家粮食安全框架下土地、渔业及森林权属负责任治理自愿准则》等国际性文件，旨在规范地约束和指导海外耕地投资行为。参与这些规则制定的国家都或多或少地在其中加入了有利于自身发展的要素，如日本就通过《国家粮食安全框架下土地、渔业及森林权属负责任治理自愿准则》的制定为自身进行的大规模海外耕地投资创造了良好的舆论环境，同时又对中国等新兴海外耕地投资国家的行为做出了限制，让自己在竞争中始终处于优势地位。

因为不是上述规则的制定者，中国企业参加海外耕地活动的成本和风险无形中都增加了。而柬埔寨本身法制就不够健全，我国在进行相关投资活动时更应积极做到以下几点：①协调国内资源，积极组织相关领域科研团队和投资活动参与企业参加国际上对相关活动规则的研讨，在了解国际动态的同时加强自身研究，制定出切实可行的发展措施。②把握规则制定的机遇，利用我国海外耕地投资活动发展迅猛的机遇，在国际上拿到话语权，为制定通行的相关制度法规出谋划策，向有利于自身发展的方向前行。③积极协助柬埔寨法制建设。柬埔寨土地方面相关法规要么缺失严重,要么无法执行。中国作为土地改革的成功典范,可以通过合作研讨将自己的经验传递给友邻,协助其建立起规范的有秩序的土地权属、等级、使用和保障体系,为柬埔寨施以援助赢得良好声誉的同时为企业投资行为降低不可预期风险。

最后,加强国际舆论宣传。我国政府一再回避海外耕地投资话题的重要原因是国际上时有"海外屯田""土地掠夺""新殖民主义"等不利于活动开展的声音。加之像柬埔寨国内出现的刻意针对我国甚至无中生有的"中国威胁论""中国企业社会责任缺失"等论调,我国开展相关活动不仅自身缺乏支持,外界阻力也十分巨大。这时,政府有责任为企业营造更好的投资舆论环境:一方面从官方宣传上,放开我国对于此领域的国际研究和交流,积极在国际上展现我们的态度;另一方面,积极倡导企业合作和舆论监督,用政策引导我国企业和外国企业以及东道国企业进行合作,并且开放社会团体监督,消除对我国企业相关活动的误解。

(二)中观政策激励

除了国家战略层面的扶持外,必要的帮扶政策必不可少,主要包括以下内容。

(1)资金扶持。海外耕地投资活动涉及资源获取和控制,需要的资金运作能力非其他投资活动能比。现阶段,我们企业在融资方面瓶颈明显。商务部、财政部、农业部、外交部虽都有专项或援助基金支持海外耕地投资活动,但无论从支持力度还是专项程度上都远不及韩国政府下设的由商业银行主导的海外农业开发贷款基金。例如,企业最有可能获得的对外经济技术合作专项基金,一般企业每年只能申请10万元的额度,对于海外耕地投资这种动辄数亿元的资本投入来说极不匹配。即使企业还可以通过国际援助银行寻求外资援助,但这种资金风险较高,运作难度也较大。现阶段,以其他国家的实践经验,我国应该通过制定政策引导商业银行以开辟专项基金的方式拓宽融资渠道,加大资金扶持力度。

(2)信息优化。跨国耕地投资,尤其是在柬埔寨这样基础设施、通信水平比较落后的国家,如果没有良好的信息探索、共享和支持系统,单凭柬埔寨政府提供的数据、资料进行投资潜力和风险评价,无异于"两眼一抹黑"。例如,韩国、日本这样的行业发展比较成熟的国家,均有权威机构和组织专门进行相关行为的调查、分析和反馈,能够定期出台《海外农业投资指南》一类的指导性文件,而且政府与企业、企业与企业间信息互通流畅,往往能够为共同的战略目的有效合作。我国在这方面起步较晚,除了学习上述国家的经验外,还应该注意到柬埔寨活跃的社会团体和非政府组织的力量,参与他们的学术沟通与交流,广泛搜集信息,为企业开展投资活动提供有效指导。

（3）保险支持。对海外耕地投资这样高风险的投资行为，配备保险支持以减少企业的后顾之忧必不可少。国家上广泛的做法分两种：一种是来自政府的境外投资保险，其目的不是盈利，而是以国家财政作资金保障，实现对本国投资者在外投资的保护。另一种是商业保险，其资金后盾是保险公司的自由资金，但这种保险是以盈利为目的的。现阶段中国政府为企业提供中国出口信用保险，但其服务质量受质疑较多，主要集中在保险费用高、要求规模较大不适合小型企业、管理水平不高等问题。而商业保险方面，中国现在尚无成形的境外投资商业保险，这意味着我国政府在这两个方面和成熟国家差距还很大，海外耕地投资企业难以获得有效的保险支持，这是我国政府应该重点关注的领域。

（三）微观政策保障

海外耕地投资作为国与国之间涉及政治、经济、法律、社会民生等多个方面的综合性活动，其开展过程中必然要经过多个利益主体的博弈，遇到很多难以避免的纠纷和冲突。例如，2006 年在和柬埔寨政府已经签订特许经营用地 8 847 公顷用于种植粮食和林木的合同后，佩林农业发展有限公司（柬埔寨）迫于当地民众对于投资活动的抵制和对企业生产的严重影响，不得不随后放弃了合约。诸如此类的纠纷在以后的投资活动中难以避免，这就要求我国政府的派驻组织或下属机构能够积极地介入我国企业和当地政府及民众之间的冲突，在尊重各方的基础上，以官方的力量协调和斡旋，能够在涉外活动中有效保护我国企业利益，也从全局上减少对冲突各方造成的损失。

二、企业运行机制

在柬埔寨跨国耕地投资活动中，除了政府要发挥引导者的角色，建立良好的投资氛围外，企业自身的努力也必不可少。现阶段我国企业在柬埔寨耕地投资规模不断增长，投资总面积、投资项目个数和投资平均面积均在所有跨国投资国中处于领先地位。但不容忽视的是，我国体量上的优势并不能掩盖在投资方式和企业管理上的问题，今后我国企业应着重从以下方面做出相应调整。

（一）调整企业在柬埔寨投资方向

我国企业在柬埔寨耕地投资虽然规模较大，但从图 6.7 和图 6.8 中企业投资分布情况来看，我国企业主要将投资集中于非粮农业，相比而言，泰国虽然体量上不及我国，但泰国企业将主要的投资都放在粮食生产上，在柬埔寨传播优良的农业生产技术，将优质耕地资源用于其最适合生产的粮食作物，返销国内为本国粮食生产和再出口做贡献。鉴于我国开展跨国耕地投资的宏观目标是为国内填补耕地和粮食供给缺口，各投资企业应主要考虑将投资方向放在粮食作物上，为国内外粮食联动提供更多支持和保障。

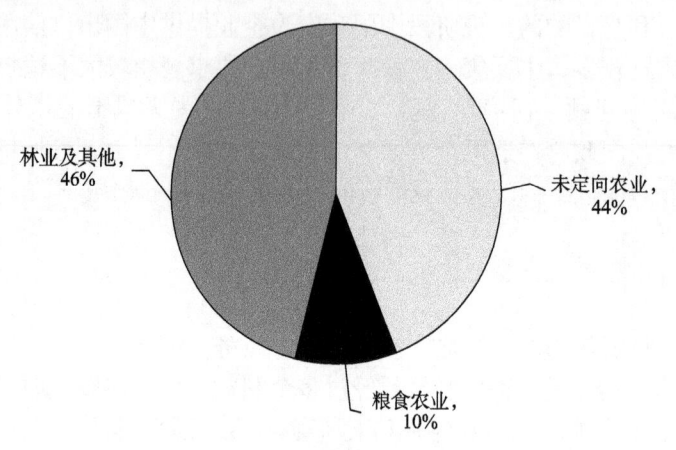

图 6.7 中国在柬埔寨耕地投资产业分布

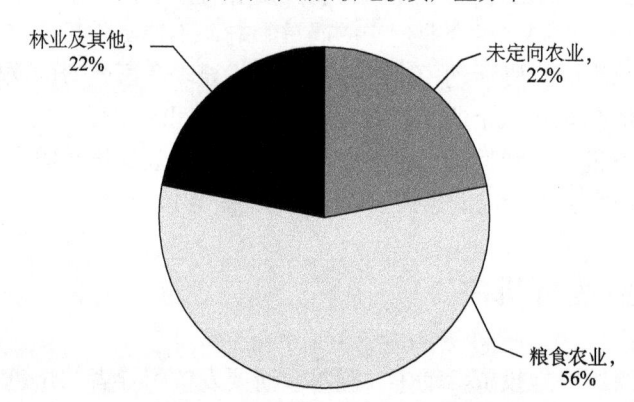

图 6.8 泰国在柬埔寨耕地产业分布

资料来源：根据 Land Matrix 统计数据整理（http://www.landmatrix.org/en/）

（二）优化企业在柬埔寨耕地投资合作模式

既然海外耕地投资活动是涉及他国利益的行为，国与国的合作机制就必不可少。投资国和投资国、投资国和东道国都必须秉持互利共赢的原则，推动企业跨国耕地投资活动的可持续性。但是当前国际舆论环境是，有关海外耕地投资的负面报道时有出现，特别是有些国家蓄意针对中国、抹黑中国，使我国企业面临着较为不利的国际投资环境。

考虑到海外耕地投资终究是一项企业的投资行为，企业作为逐利的个体，在项目决策、计划执行等方面难免存在短视的缺陷，不能从大局、从长远着想，往往在环境、文化、社会责任方面出现不利于柬埔寨、不利于我国企业在柬埔寨耕地投资持续性发展的行为。尤其是部分企业为减少成本，对于耕地被占区的民众不予以赔偿，而且以较低的成本雇佣当地劳工，这些都引起了当地社会的严重不满。这就要求，我国企业首先在投资计划上要与柬埔寨中央政府充分合作协商，达成对于投资计划的共识，完成投资活动中相关责任的认定，为后续项目执行打下较好基础。其次要与投资地区政府部门、中介机构、社会团体和普通民众加强沟通并积极做宣传，减少不必要的误解，在自身投资获利的同时，积极承担所应负的社会责任，为当地创造就业机会，提供必要的基础设施建设，并对投资需要履行的其他义务认真执行。再次，要加强企业间的沟通协作，在这方面日本、韩国企业由于政府的引导能够做到信息共享，有序布局，这样往往能够使本国企业互利多赢，而我国企业由于缺少必要的引导，在柬埔寨投资时更应加强信息共享，建立良好的企业互动氛围和危机共同预防机制。最后，企业还应加强自身管理，避免由管理水平低下，对柬埔寨社会文化认知不够等主观原因引起的纠纷。

（三）增强企业运行透明度

中国企业受到较多质疑的另外一个原因是，普遍对自我宣传和他人曝光都持较为抵触的态度。在国际上通行 NGO 监督制度和柬埔寨民间组织十分活跃的情况下，想要拒绝社会团体几乎是不可能的。越是被动的抵触，越是引起他们的质疑，往往负面的报道都是从对不实情况的猜测中编造出来的。因此，我国企业在做好自身运行管理工作的同时，应积极开展自我正面宣传，通过正面信息的传递有效地消除隔阂和误解，并妥善应对当地社会的监督，积极应对出现的质疑，以实际行动获取更多支持。

第七章 中国企业海外耕地投资风险与防范

自 1992 年起,中国连续 20 多年成为世界上吸收外商直接投资最多的发展中国家,随着中国经济总量的增长、经济结构战略调整进程的加快、人民币汇率形成机制的稳步推进以及国家加强和鼓励"走出去"政策的推动,中国对外农业投资正保持强劲的发展势头。

中国各地正在积极探索"政府援外,企业运作"的海外农业合作的方式,部分省份(企业)已开始了海外耕地投资的实践探索。例如,中国重庆和老挝、中国新疆和巴西、缅甸和中国云南、中国四川和柬埔寨、中国安徽和莫桑比克、中国湖北与莫桑比克的合作,中国企业在海外取得所有权或使用权的土地面积在逐步增加。现阶段,中国海外投资租地、买地种粮的主体主要有国有企业、民营企业、个体投资者三大类。

中国企业海外耕地投资具有重要意义:①利用国际农业资源解决中国经济增长过程中土地资源缺乏问题。在全球范围内建立粮油食品收储体系和生产基地,从源头上控制资源,弥补国内资源短缺,满足国内市场需求。②完善农产品企业上、下游产业链,控制农业生产原料和物流渠道,提升中国农业国际竞争能力。③利用外汇投资战略性耕地资源,解决国内外汇储备增长过快,减轻巨额外汇风险,规避日趋严峻的农产品贸易壁垒问题。④建立海外农场解决国内富余的农副产品、农业劳动力、农技人员、农业生产资料及相关设备的转移问题。

海外耕地投资具有政治性、国际性、长期性特点,中国企业在不同经济发展阶段和不同经济体制的各类国家或地区进行耕地投资,面临着多元投资环境,投资中存在着政治、政策、价格、汇率等不确定因素,企业对投资战略风险认识和控制能力有限,项目可持续性差。

第一节　中国企业海外耕地投资战略风险识别

中国企业海外耕地投资战略实质是不确定条件下的风险行为，海外耕地投资战略风险是指中国企业在海外耕地投资整个战略过程中，由于战略要素在不同环境下的综合作用影响企业经济绩效和持续发展，海外耕地投资战略目标无法实现的可能性。

中国企业海外耕地投资战略风险是由战略风险因素、风险事件、损失构成的统一体，是一系列不确定性战略因素导致企业无法实现境外耕地投资战略目标的可能性，可理解为重大风险事件发生的概率及其损失后果的函数，用数学公式表示为

$$Y = f(R,P,D) \tag{7.1}$$

其中，Y 为耕地投资项目战略风险对象函数；R 为战略风险事件；P 为战略风险事件发生的概率；D 为战略风险发生后所带来的损失程度。

中国企业海外耕地投资战略风险具有客观性、偶然性、相关性、动态性、可控性、共存性六个特征。战略风险的特点如下：①战略风险特指影响企业海外耕地投资战略目标实现的可能性，不同于投资风险、金融风险等。②战略风险因素是不能随时满足企业耕地投资战略管理需要的必要条件的转化形式，是影响企业实现海外耕地投资目标，造成潜在投资损失的外部环境和内部条件因素。③战略风险准备是采取有效措施防止战略必要条件转化为风险因素的行为，通过战略风险准备对战略风险因素加以有效管理和利用，战略风险有可能转变为发展机会。④中国海外耕地投资企业处于一种无序的混沌状态，投资战略中伴随着模糊性、不连续性和高风险行为，战略风险要素间存在相关性，能产生连锁反应。企业所面临的风险难以用单一风险因素来说明，而是多种因素综合作用的结果。

一、中国企业海外耕地投资战略风险识别技术路线

海外耕地投资风险识别与评价是一项专业性和技术性要求极高的工作，中国企业海外耕地投资战略影响因素研究既无前人经验借鉴又难搜集现有投资典型企业案例，实证研究存在很大困难。基于中国企业海外耕地投资战略风险研究的尝试性与探索性特点，本节主要采取了以下步骤：①通过战略风险因素认知调查，确定导致战略目标不确定性的客观存在，寻找战略风险因素。②通过文献研究与访谈法进行战略风险影响因素的初步识别，建立战略风险因素清单。③通过问卷

调查法识别关键战略风险因素，进行战略风险因素分类、排序，找出战略风险主要因子。④建立中国企业海外耕地投资战略风险模糊综合评价模型，以问卷调查有效样本为基础进行中国企业海外耕地投资战略风险模糊综合评价，研究技术路线如图7.1所示。

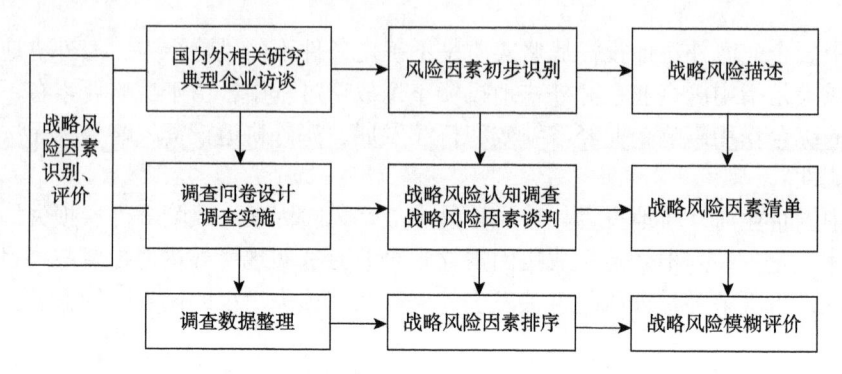

图 7.1 中国企业海外耕地投资战略风险识别与评价技术路线

二、中国企业海外耕地投资战略风险因素识别

常用战略风险要素识别方法有战略风险地图、流程图法、风险专家调查列举法、资产财务状况分析法、投入产出分析法、背景分析法、分解分析法、失误树分析方法、环境分析、保险调查、事故分析等。本节综合战略管理理论中的产业组织模式、资源基础模式及约翰逊-斯科尔斯的综合模式三种战略管理模式，结合国内外耕地投资实践案例，采用文献研究法、案例分析法对中国企业海外耕地投资战略潜在风险因素进行了初步设计。

战略风险因素是对企业发展战略目标、资源、竞争力或核心竞争力、企业效益产生重要影响，增加或引起风险事件发生频率和大小的因素。战略风险因素识别能准确地辨别出可能影响企业海外耕地投资战略目标实现的风险事件及风险事件产生不利结果的条件、情况、原因和环境，并能对风险事件发生概率、影响程度及损失进行分析和估量。经过文献研究、访谈、问卷调查发现中国企业海外耕地投资战略主要受企业战略、外部环境、战略资源、竞争能力、组织结构、运营流程六大类风险变量影响，对六类战略风险影响变量进行进一步识别即可得到更为具体的影响因素。

（一）企业战略因素

海外耕地投资战略是中国企业在不断变化的内外部环境中调整企业资源配置

达到组织活动与内外部环境协调,获取战略竞争力和超额利润而采用的一整套约定、决策和行动。中国企业海外耕地投资战略设计的主要内容包括:确定企业的经营领域,选择有利于企业经营的优势技术,确定为适应环境变化而转移的行动,确定衡量经营业绩的标准及预期要达到的水平。海外耕地投资战略包括战略规划、战略实施、战略控制、战略修正四个过程(图7.2),战略风险主要产生于战略的规划和实施过程中,主要风险因素包括以下几个方面。

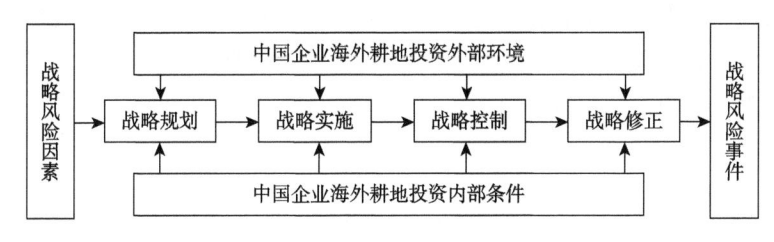

图 7.2 战略风险管理过程图

1. 战略定位不清晰

全球耕地投资类型分为资源寻求型、市场寻求型、效率寻求型、全球战略型四类,中国企业海外耕地投资核心目标应是抢占全球农业资源与市场,获取更多的超额利润。战略定位决定了企业的目标市场与经营范围、企业能力和资源组合方式、发展路径。不同东道国经济发展水平、经济结构、工业化水平、市场规模各不相同,战略定位风险来源于战略发展方向、指导方针和指导思想与企业资源和能力及行业的发展规律不匹配,战略定位不准可能造成企业不能达到预期战略目标。

2. 战略目标不明确

根据国内外海外耕地投资项目分类整理,发现海外耕地投资企业投资的动因在于保障国内粮食供应、应对国际粮价、参与全球耕地投资的竞争等。中国企业海外耕地投资的战略目标主要包括:降低生产成本,接近原材料产地,扩大市场占有率,利用东道国出口配额,绕过关税壁垒等。战略目标选择是否合理,直接决定战略目标对组织产生的激励程度。中国企业海外耕地投资目标应该是明确的、可衡量的、能够达成的(如年度经营目标、利润率、投资回收期限、市场占有率等),战略目标不明确、愿景不清晰,将影响战略方向、目标定位、战略路径及投资模式选择,最终导致整体战略失败。

3. 战略实施无效

战略实施(strategic implementation)是通过行动计划、预算与操作规程的开发，把握战略与政策导向行动，可从制定职能策略、构建企业组织机构、领导者的素质（能力）与战略匹配三个方面推进。战略实施受到资金预算、组织政策、激励系统、企业文化、市场竞争变化、流程履行质量、未来能力积累等众多因素的影响。

中国企业海外耕地投资战略的实施与各级领导人员的素质和价值观念、企业的组织机构、企业文化、资源结构与分配、信息沟通、控制及激励制度相关。战略实施无效源于企业战略沟通不足、共识缺乏、部门及个人目标同战略联系少、短期决策与战略相关性差、反馈学习和战略关联性弱等，战略实施无效将导致企业绩效达不到预期战略目标。

4. 战略决策失误

战略决策是解决全局性、长远性、战略性的重大决策问题的决策，具有复杂性、决策环境的不确定性、战略思维的整体性、外部环境的依存性等特性。中国企业海外投资战略决策依据包括行业机会、竞争格局、企业能力等，决策过程是通过"博弈"或"妥协"实现决策主体与利益相关者利益均衡的过程。由于各东道国的经济、政治、文化、习俗等各方面存在差异，投资企业在不同的国家和社会环境下活动，如果经营方针不明确、信息不充分、对业务发展趋势判断失误，易造成投资区位选择、投资品种选择、进入模式失误风险。

（二）外部环境因素

企业环境是影响企业做出对外耕地投资战略性决策时不可控制的全部条件的总和，主要分为总体环境、行业环境、竞争优势三个层次：①总体环境，包括影响投资企业的各种因素，主要有人口、经济、政策、法律、社会文化、技术和全球化。②行业环境，是能够直接影响企业竞争行为和反应的因素，行业竞争强度的高低由五种竞争力（新进入者的威胁、供方力量、买方力量、替代品以及当前竞争对手之间竞争的激烈程度）决定，行业环境对企业的战略竞争力和超额利润的影响更为直接。③竞争优势，企业在技术、管理、品牌、劳动力成本等方面比其他的企业更能带来利润或效益的优势。企业核心竞争能力形成公司的竞争优势，当企业运用其独特的资源、能力和核心竞争力实施其战略时，企业竞争优势将增大；当公司所拥有的竞争能力不能有效支持战略实施时，便产生战略风险。

中国跨国耕地投资企业所面临的环境主要有世界经济政治环境、国际环境、东道国宏观环境、产业环境、微观关系网络等，企业必须面对来自国际、东道国、本国各方面的压力。企业外部环境是动态的和混沌的，环境剧变将给公司战略、战略资源、竞争优势、公司业绩等带来影响，从而产生战略风险。外部环境中影响投资战略目标达成的主要因素包括以下几个方面（表7.1）。

表7.1 外部环境风险因子表

风险类别	主要影响因子
国际政治经济风险	全球性通货膨胀、通货紧缩、能源危机、跨国游击战争、国际恐怖主义、世界舆论、撤资压力
东道国政治风险	战争和内乱、国家主权、国有化、政策变动、资金转移、政府干预、政府违约、汇兑限制
法律风险	合同合规性、合同监管、土地产权
汇率风险	交易暴露、换算暴露、经济暴露
社会文化风险	社会稳定性、社会安全性、文化素质水平、语言差异、宗教与社会风俗、贿赂和腐败、文化差异、犯罪和缺乏安全保障、疾病、民间欠友好
自然风险	地震、海啸、洪水、冰雹、飓风、干旱、土壤质量、灌溉用水、气候变化

1. 国际政治经济风险

国际政治经济风险是指由突发性国际政治经济事件直接引起国际投资环境的变化，影响企业对外直接投资的现金流量、利润和其他目标的实现的可能性。国际政治经济风险因素有全球性通货膨胀、通货紧缩、能源危机引起的减资、商品价格波动、跨国游击战争、国际恐怖主义、世界舆论、撤资压力等。国际政治风险产生的根源主要有国际政治经济形势多变、世界经济的增长与衰退、区域保护、区域内部协调、第三国的干预、民族主义和宗教矛盾、各国内部的利益集团和非政府组织的政治参与等。

耕地资源属于一国战略性资源，中国以国企为主体的海外耕地投资极易遭到部分国家的质疑与反感，境外耕地投资面临"新殖民主义""中国威胁论""大国扩张"等政治障碍，部分西方国家把中国当成主要竞争对手，对中国企业采取歧视性政策，使中国企业境外投资的门槛提高、成本加大和风险上升。

2. 东道国政治风险

东道国政治风险主要有战争和内乱风险、国家主权风险、国有化风险、政策变动风险、资金转移风险、政府干预以及政府违约风险。目前，多数东道国没有建立正式的土地交易市场，投资项目多属东道国政府（官员）暗箱操作，项目政治风险大。

3. 法律风险

法律风险主要体现为各国文化、制度、社会环境、利益差异等导致的合同行为的合规性风险与监管风险。法律风险来源于国际投资尚未形成统一的国际规范、东道国立法的不完备和执法歧视、中国国内相关法律制度不健全、企业海外经营法律意识不强。东道国对外合作管理体制的改变，税制、税法的改变，对利润汇出，利润再投入和兑换的管制细则变化等都会带来法律风险。

4. 汇率风险

汇率风险是指汇率不确定影响对外投资企业当期业务的即期或近期现金流量的可能性。汇率风险来源于国际金融市场环境与国际收支状况、东道国外汇（货币）政策与金融市场、中国外汇管理体制及政策。随着人民币汇率机制的改革，汇率风险更加凸显，影响汇率变动的因素有国际收支状况、GDP 增长、相对通货膨胀率、利率、外汇储备、税收政策变动、价格管制等。

5. 社会文化风险

社会文化风险主要包括社会稳定性、社会安全性、文化素质水平、语言差异、宗教与社会风俗、贿赂和腐败、文化差异、犯罪和缺乏安全保障、疾病、民间欠友好。境外耕地资源投资企业不仅要面对东道国环保法律、劳工政策、工会力量的巨大挑战，更要面对来自政府行政干预、当地公众利益诉求、顾客需求差异化、商务惯例和禁忌、竞争模式差异化等方面的压力。

6. 自然风险

自然风险是指由自然因素所导致的不确定性，包括气候条件、土壤肥力、病虫害等因素。农业生产是自然再生产和经济再生产的统一，具有地域性、季节性、周期性等特点，农业生产的抗风险能力弱。目前，全球每年与气候相关的自然灾害大概发生 600 次，粮食生产过程中经受多种自然灾害（地震、海啸、洪水、冰雹、飓风、干旱）影响，土壤质量、灌溉用水源的短缺、全球变暖及环境污染等因素直接影响农作物生长，增加农业企业的投资风险。

（三）战略资源因素

战略资源是指企业内部所拥有的，能满足企业战略发展要求的实物资源、人力资源、社会资本、组织资本的投入，是构成企业战略竞争能力和形成持续竞争优势基础的必要条件。中国对外耕地投资企业竞争优势主要取决于企业所在产业的长期盈利潜力与市场地位，企业现有资源的灵活性、闲置资源的可利用性和潜在资源的可创造与积累性，受到资源的用途范围、转换资源用途的成本和所需时间三个因素影响。资源决定企业的效率，必须保持资源和战略相匹配，最佳的资源组合是企业获得竞争优势的关键，战略资源中影响战略的主要因素见表 7.2。

表 7.2 战略资源风险影响因子识别表

风险类别	主要影响因子
实物资源	企业劳动力、劳动对象（厂房、设备、原材料）
人力资本	员工的素质和能力的不佳、员工与雇主之间的利益冲突
技术资本风险	技术上的不完善、技术失败、技术先进水平、技术适用性、技术与项目的相关性、管理软硬件欠缺
社会资本风险	政府、社会公众、媒体等相关利益者之间的关系 员工间和部门间的信任和行为规范
财务资源	资金筹集风险、资金运行风险、资金回收风险、财务管理风险
技术资源	技术含量、专利、商标、版权、商业机密

（四）竞争能力因素

企业能力分为企业的核心能力、职能能力和拓展能力三类：①核心能力。核心能力是指企业战胜其竞争者提供竞争优势来源的资源和能力，可分为战略管理能力、核心制造能力、核心技术能力、核心营销能力、企业组织及界面管理能力。②职能能力。职能能力是指企业完成某一活动的能力，可以从企业实力、竞争需要、能力大小、能力的未来价值等角度来进行判断。③拓展能力。拓展能力是指企业核心能力和职能能力延伸出来的能力，主要体现为公司管理、信息管理、研发、生产和制造、营销及服务能力。

影响中国海外耕地投资战略的企业竞争能力风险因素主要体现为以下几个方面。

1. 战略领导力差

战略领导力是一种可以进行预期、想象，能保持灵活性并促使他人创造所需战略的能力。战略管理者必须具有战略思考能力、交易决策能力、关系管理能力、变化管理能力。

海外耕地投资企业战略管理者担负着企业的战略决策、计划、组织、控制等职能，必须具有创新性、超前性、长远性、全局性战略思维。高层管理者需要全面掌握企业内部管理知识及外部环境，建立一支高效的管理团队，具备运作内部组织的能力及处理企业与股东和竞争者关系的能力。

2. 知识转化与吸收能力差

知识吸收能力包括知识获取、消化、转型、利用能力四个层面，影响知识吸收能力的主要因素有先验知识、研发投入程度、学习强度、学习方法、组织学习机制。影响企业知识扩散速度的因素包括知识的性质和内容、知识供给主体传递知识的能力、知识需求主体的学习能力和消化吸收能力、知识的互补性、对知识扩散成本与利益的预期，以及知识转移的社会环境因素等。

中国投资企业应建立中外农业合作的知识积累机制，企业缺乏适应战略发展要求的知识管理体系，将直接影响公司竞争优势与新的核心竞争力的形成，影响公司战略目标达成。

3. 技术创新能力不强

创新是竞争优势的来源，技术优势成为推动企业成长与发展的一个主要原因和重要基础。农业生产需要经历翻地、播种、收割、喷洒农药、灌溉等多个作业环节，科技进步对促进农业劳动生产率提高发挥了重要作用。随着世界范围内耕地与水资源的减少，农业生产对动植物病虫害流行与侵害、农业生态环境治理、环境污染、水资源利用、土壤流失等相关的技术提出更高的要求，依靠科技进步大幅度提高农业劳动生产率的难度会越来越大。我国粮食生产科技进步的动力不足，科技对粮食增产的贡献率仅为48%，比世界平均水平71%低23个百分点（王雨濛和吴娟，2010）。高新技术在农业领域的广泛应用使农业企业的市场竞争日趋激烈，耕地投资项目中具有先进技术、高级管理和生产组合的企业将更具竞争力。如果投资企业在农产品质量控制、新品种开发等方面不具备技术优势，则企业战略风险将会变大。

4. 跨文化管理能力弱

战略和文化互有重叠、相互影响，文化决定战略，战略改变文化。跨文化管理既表现为不同文化间的冲突（离散）过程，又表现为不同文化间的交汇（融合）。跨文化管理能力直接影响到企业在区域市场的竞争力、竞争优势和持续性发展能力。跨文化管理已经成为中国企业走出国门的最大瓶颈之一，中国投资企业必须具备跨文化交往和管理的知识以及驾驭文化差异的能力，克服文化差异给交流和管理带来的障碍。在海外农业投资活动中，应尊重各国相关法规和政策，尊重其文化和习俗。如果企业既没有具有导向、激励、协调性的企业文化，又无较强的跨文化管理能力，则海外投资战略实施会更为困难。

（五）组织结构因素

组织结构（organizational structure）是企业正式的报告关系机制、程序机制、监督和治理机制及授权和决策过程。组织结构从分工与协作的角度规定企业高层组织结构（股东会、董事会等）和执行层组织结构（中层、基层组织结构）各成员间的业务关系。在全球经济快速发展和动态竞争不确定性环境下，企业战略资源必须借助于企业的组织能力转化为竞争优势。

中国企业在参与全球农业一体化中面临的主要问题集中表现为怎样适应农产品价值链中的全球化、私有化与垂直协调的问题。当组织结构要素能够和其他战略要素结合时，能推动企业战略的有效实施，组织结构与战略不匹配引起的战略风险主要来源于以下几个方面。

1. 组织结构设计不当

组织结构是有效战略实施过程中的重要成分，组织结构设计的目的在于对工作任务进行分工、分组及协调合作。组织结构控制影响企业业绩，组织通过调整组织结构适应外部环境的变化，通过学习创新、主动制造变化，有效化解企业风险。企业战略和组织结构间的交互作用关系表现为管理者的战略选择规范着组织结构的形式。

由于全球动态竞争环境带来的因果关系的不确定，合理的组织结构有助于降低组织与环境重复博弈带来的消耗，减少组织与环境交互作用的不确定性，提高组织效率。组织结构不适应性易造成组织内部信息系统不畅通、协调不良、交流困难，职位、权力、责任相脱节，内部摩擦。组织结构设计不当会增加协调成本，影响组织决策效率和效果，形成组织结构惰性。

2. 公司治理结构不当

公司治理是用来管理利益相关者之间关系，决定并控制组织战略方向和业绩的一套机制。公司治理结构是一种对公司进行管理和控制的体系，它不仅规定了公司的各个参与者（董事会、经理层、股东和其他利益相关者）的责任和权利分布，而且明确了决策公司事务时所应遵循的规则和程序。

公司治理的核心是寻找各种方法确保有效地制定战略决策。公司治理结构主要影响因素包括所有权与经营权是否分离、股权结构合理性、股东大会在公司治理中的地位。我国对外耕地投资仍以国有企业为主，企业治理结构上存在缺陷，包括所有者和经营者在目标取向方面存在扭曲，责权不对称，对企业经营者的激励和约束不足，缺乏效率和国际竞争力。建立一个激励与约束相结合的经营机制，充分调动海外企业职工的积极性和依法规范职工在生产经营中的行为是海外项目取得预期效益的可靠保证。如果企业的公司治理结构安排不当，就会出现权力失衡、利益失衡和战略失衡，势必影响企业的生存与发展。

3. 战略柔性不足

战略柔性是指公司用来应对不断变化的竞争环境所带来的各种需求和机遇的一系列调适能力，包括资源柔性与运用资源时的协调柔性。

企业在运营的各个领域都应该发展战略柔性，企业与动态环境相适应、产品多样性和快速推出新产品、吸引和留住高素质的员工、面向目标市场展开营销活动、涉足成长期市场、尽量靠近顾客等是企业获得成功并实现高成长的必要条件，上述特征都与战略柔性分不开。组织结构柔性来源于组织内部的要求、组织结构弹性、组织成员对变化的适应性及组织外部的竞争状况、技术变化及社会变革等。

为更有效地实现企业战略目标，在动态的环境下，主动适应变化、利用变化和制造变化以提高自身竞争能力，中国海外耕地投资企业应该制订一组可选择的行动规则及相应方案。只有企业战略具备了可持续性、可调整性、可转移性和可创新性，企业才能实现健康成长。

（六）运营流程因素

运营流程为企业战略实施人员提供明确的指导方向，领导者在制订计划的过程中要考虑到运营流程中可能出现的问题，并制订出一份能够将战略、人员和结果联系在一起的运营计划。运营流程始于营业收入、营业利润、现金流量、生产力、市场占有率等关键性目标的确认，运营流程风险源于企业业务和管理流程中的薄弱环节。

耕地投资企业的运营流程指将研究开发、生产运作、市场营销、采购配送等所有资源转化为产品和服务的过程，流程有效性、流程效率、流程周期和服务是反映内部流程状况的关键指标。运营流程管理的焦点是技术管理、质量管理、进度管理、交货期管理、成本管理及资源要素管理。流程风险来源于企业的协作能力、组织管理能力和资源整合与运用能力的不足。

1. 运营计划不当

运营计划是指一个项目向正常目标前进所需要制订的有预见性的进程性计划。世界上大多数待开发耕地所在国农业相关的基础设施薄弱、灌溉系统缺乏、交通不畅。跨国投资中存在时间成本、运输成本、贸易壁垒、国家风险、市场差异，加大了投资区位选择难度。在全球市场中，投资企业面临着缩短交货期、提高产品质量、控制生产成本、改进服务等多重压力。有效的运营管理能保证实现企业战略目标，全面完成运营计划能实现流程优化与管理规范化，加强对企业运营监管力度，降低经营成本，优化资源分配，加强信息交流，提高销售网络的忠诚度，提高客户服务水平。

2. 市场占有率下降

海外耕地投资的市场风险主要源于在生产和购销农产品的过程中由市场行情

的变化、消费需求转移、经济政策的改变等不确定因素所引起的实际收益与预期收益发生偏离的可能性,主要包括:①能源价格上涨。随着全球石油和煤炭等不可再生能源存量的持续下降,众多国家开始鼓励使用来自农产品的生物能源代替传统能源,导致农产品价格直接与持续上涨的国际能源价格挂钩。能源价格上涨直接导致农业生产中投入的化肥、种子、杀虫剂、灌溉、运输等成本增加,减少粮食生产的比较效益。FAO 和经济合作与发展组织(Organization for Economic Cooperation and Development,OECD)近期联合发布的世界农业展望报告认为,受能源价格上涨影响,未来 10 年全球农业生产将继续保持高成本、低增长的特征。②农产品市场供求变化。农业生产具有地域性、季节性、周期性等特征,农产品的生产受自然环境的影响较大,供给具有周期性和有限性的特点。海外耕地生产的农产品受东道国和国际市场消费习惯、收入和需求弹性供求变化双重影响,供需存在时间、数量、品种上的差异。

3. 供应链管理不当

供应链是围绕核心企业,通过信息流、物流、资金流将供应商、分销商、零售商直到最终用户连成一个整体功能进行计划、协调与控制的管理模式。供应链管理包括公司战略层次、战术层次和作业层次的活动,涉及供应链网络设计、战略伙伴选择、运输策略、库存策略等方面。

综上所述,本节依据科学性、可行性、系统性、层次性、代表性、适度性原则在战略风险影响因子中进行了初选,经过多次征询专家意见,在战略风险因素识别基础上建立了一个由 6 个一级指标(企业战略、外部环境、企业资源、竞争能力、组织结构、运营流程)、27 个二级指标构成的战略风险指标体系(表 7.3)。战略风险评价指标体系具有普遍性,在实际应用中可根据投资企业的具体情况进行指标取舍,指标体系的建立要求同层各因素之间相互独立,不存在依赖关系。

表 7.3 中国企业海外耕地战略风险综合指标表

一级指标	二级指标
企业战略	战略定位不清晰;战略目标不明确;战略决策失误;战略执行无效
外部环境	国际政治风险;战争与内乱;东道国政府违约;征收与国有化;法律风险;汇率风险;社会文化风险;自然灾害风险
企业资源	实物资源不足;人力资本缺乏;技术资源落后;社会资本不足;财务资源不足
竞争能力	缺乏战略领导能力;知识转化与吸收能力差;技术创新能力不强;跨文化管理能力弱
组织结构	组织结构的适应性差;公司治理结构不当;战略柔性不足
运营流程	运营计划不当;市场占有率下降;供应链管理不当

第二节　中国企业海外耕地投资战略风险评价

对中国企业海外耕地投资战略风险的评判是模糊概念，战略风险的测度是一个多因素判断过程，由于战略因素变化的随机性和模糊性特征，每个因素对总体风险影响的时间、效果不尽相同，因此对于战略风险的评价必须采用模糊数学的方法，借助评价专家的知识和经验，通过对各位专家的意见进行综合评判在一定程度上实现战略风险的量化。

研究中采用模糊综合评价法对中国企业海外耕地投资战略风险进行评价的步骤为：先将影响中国企业海外耕地投资战略风险的各种因素按其属性分为一级指标与二级指标两大类，运用模糊集合变换原理，构造模糊评判矩阵，分别对二级指标层与一级指标层进行综合评价，最终确定战略风险所属等级，根据风险可接受程度或者危害程度的不同，确定战略风险防范措施。

1. 建立战略风险评价因素集

设海外耕地投资企业战略风险一级评价指标集为 B，则：

$$B = \{B_1, B_2, B_3, B_4, B_5, B_6\} \quad (7.2)$$

其中，$B_1, B_2, B_3, B_4, B_5, B_6$ 分别对应企业战略、外部环境、企业资源、竞争能力、组织结构、运营流程六类风险变量。

设二级因素指标集为 B_i，$B_i = (B_{i1}, B_{i2}, \cdots, B_{ij})$，其中 B_{ij} 表示 B_i 中的第 j 个二级指标。

2. 确定指标评语集并赋值

设 V 为海外耕地投资企业战略风险评价结果集，按照战略风险因素层次结构，设每个风险变量对战略产生影响的可能性程度有五个等级，且 1=低风险，2=较低风险，3=一般风险，4=较高风险，5=高风险，则：

$$V = \{V_1, V_2, V_3, V_4, V_5\} \quad (7.3)$$

评语集对应的隶属度为 $u = \{1, 2, 3, 4, 5\}$。

3. 根据各指标的重要性程度给各指标赋权重

目前，确定权重的方法可大致分为主观赋权法与客观赋权法两类。主观赋权法根据决策者对各指标的主观重视程度赋权，如德尔菲法、二项系数法、AHP（analytic hierarchy process，即层次分析法）等；客观赋权法依据客观信息（如决策矩阵）进行赋权，如主成分分析法、熵值法、多目标规划法等，本节采用德尔菲法确定各项指标权重。

（1）设 B_i 的权数为 $w_i(i=1,2,\cdots,m)$，则构成一级指标权重集为

$$W = \{w_1, w_2, \cdots, w_m\}, \quad 0 \leqslant w_i \leqslant 1, \quad \sum_{i=1}^{m} w_i = 1 \qquad (7.4)$$

（2）设二级指标 B_{ij} 的权数为 $w_{ij}(i=1,2,\cdots,m; j=1,2,\cdots,k)$，则二级指标权重集为

$$W_i = \{w_{i1}, w_{i2}, \cdots, w_{im}\}, \quad 0 \leqslant w_j \leqslant 1, \quad \sum_{i=1}^{m} w_{ij} = 1 \qquad (7.5)$$

（3）设有 $k(k \geqslant 30)$ 个专家各自独立地给出 B_i 中各指标权重、权重测算，则

$$w_i = \frac{1}{k}\sum_{j=1}^{k} w_{ij} \quad (i=1,2,\cdots,6) \qquad (7.6)$$

$$W = \left\{\frac{1}{k}\sum_{j=1}^{k} w_{1j}, \frac{1}{k}\sum_{j=1}^{k} w_{2j}, \cdots, \frac{1}{k}\sum_{j=1}^{k} w_{nj}\right\} \qquad (7.7)$$

4. 建立模糊关系矩阵，对二级指标进行模糊评价

（1）制定各定性指标的统一识别标准，请专家根据各自的理解对每一项定性指标的状态等级进行评判，每一位专家对每一个指标只确定一个等级。设专家评语集为 I，则：

$$I = I_i \quad (i=1,2,3,4,5) \qquad (7.8)$$

依据利克特5级量表，将专家意见分为5个等级（即1=非常不同意，2=不同意，3=一般，4=同意，5=非常同意），并将风险评价集 V 与专家评语集 I 进行一一对应。

（2）设经过专家咨询后回收的有效问卷数量为 m，每个 B_{ij} 在专家评语集 5 级评语中的得分比重为

$$r_{ijn} = \gamma_{ijn}/m \quad (n=1,2,3,4,5) \qquad (7.9)$$

其中，r_{ijn} 为一个二级指标在专家评语集中的得分比重；γ_{ijn} 为对 B_{ij} 做出第 n 级评语的专家人数；m 为专家调查有效问卷数量。

（3）设二级指标集 B_i 对一级指标层 B 评语集中各个战略风险等级的隶属程度为 R_{ij}，则：

$$R_{ij} = (r_{ij1}, r_{ij2}, r_{ij3}, r_{ij4}, r_{ij5}) \qquad (7.10)$$

（4）设一个 B_{ij} 中给出各级评估的专家人数分别为 N_1, N_2, N_3, N_4, N_5，则 B_{ij} 对于一级指标层指标评语集 V 中各风险等级的隶属程度为

$$R_{ij} = (N_1/m, N_2/m, N_3/m, N_4/m, N_5/m) \quad (7.11)$$

推而广之，B_i 中的 k 个二级指标的评价结果可用 $k \times 5$ 阶矩阵 $\boldsymbol{R}_i$ 表示，则单因素风险评价矩阵为

$$\boldsymbol{R}_i = \begin{vmatrix} r_{i11} & \cdots & r_{i15} \\ \vdots & & \vdots \\ r_{ik1} & \cdots & r_{ik5} \end{vmatrix} \quad (i=1,2,3,4,5,6) \quad (7.12)$$

其中，$\boldsymbol{R}_i$ 中第 j 行反映的是 B_{ij} 对于一级指标评语集中各等级的隶属程度；第 n 列反映的是 B 中 B_{ij} 分别取评价集中第 n 个等级的程度。

将二级指标权集 W_i 与 $\boldsymbol{R}_i$ 进行模糊运算，得到了二级指标层的模糊综合评价向量 $\boldsymbol{B}_i$，则：

$$\boldsymbol{B}_i = W_i \cdot \boldsymbol{R}_i \quad (i=1,2,3,4,5,6) \quad (7.13)$$

5. 对一级指标进行模糊综合评价

设一级指标单因素评判矩阵 $\boldsymbol{R}$ 由一级指标权重集 W 与二级指标的模糊评价向量 $\boldsymbol{B}_i$ 构成，则：

$$\boldsymbol{B} = W \times \boldsymbol{R} = (a_1, a_2, \cdots, a_5) \times \begin{vmatrix} W_1 \times R_1 \\ W_2 \times R_2 \\ W_3 \times R_3 \\ W_4 \times R_4 \\ W_5 \times R_5 \\ W_6 \times R_6 \end{vmatrix} \quad (7.14)$$

对一级指标权重集 W 与其单因素评价矩阵 $\boldsymbol{R}_i$ 进行模糊运算，可得到一级指标层的模糊综合评价向量 $\boldsymbol{A}$，则：

$$\boldsymbol{A} = W \times \boldsymbol{R} = (a_1, a_2, \cdots, a_5) \times \begin{vmatrix} W_1 \times R_1 \\ W_2 \times R_2 \\ W_3 \times R_3 \\ W_4 \times R_4 \\ W_5 \times R_5 \\ W_6 \times R_6 \end{vmatrix} \quad (7.15)$$

$\boldsymbol{A}$ 即为海外耕地投资战略风险的最终评价结果，对 $\boldsymbol{A}$ 进行归一化处理得到 $\boldsymbol{A}^*$，则：

$$A^* = \left| \frac{a_1}{\sum_{i=1}^{n} a_i}, \frac{a_2}{\sum_{i=1}^{n} a_i}, \cdots, \frac{a_5}{\sum_{i=1}^{n} a_i} \right| \quad (7.16)$$

6. 确定战略风险等级

A^* 是指对评语集 V 中各级评语的隶属程度，它构成一个向量，并非一个确定的数值，为了准确描述企业战略风险等级，必须对评判结果进行处理。

处理评判结果的常用方法有最大隶属度原则、模糊向量单值化及加权平均原则三种。在参考相关研究的基础上，本节采用加权平均法对战略风险评判结果进行处理，即将评语集 V 中对战略风险大小的描述用不同数值区间来表示，用各数值区间的中位数表征其所代表的风险大小，将二级评判向量进一步量化，得到战略风险评价的具体数值。

假设中国企业海外耕地投资战略风险评判等级有低风险、较低风险、一般风险、较高风险、高风险五个量化值，建立海外耕地投资企业战略风险等级量化表（表7.4），研究中引入了中位数向量 Z，则：

$$Z = [10 \quad 29.5 \quad 49.5 \quad 69.5 \quad 90] \quad (7.17)$$

表 7.4　战略风险等级量化表

评判等级	低风险	较低风险	一般风险	较高风险	高风险
区间	20以下	20~39	40~59	60~79	80~100
中位数	10	29.5	49.5	69.5	90

战略风险最终评价值为

$$R = Z \times A^* \quad (7.18)$$

将 R 与耕地投资企业战略风险等级量化表中（表7.4）的数据相对应，即可得到战略风险等级。

第三节　中国企业海外耕地投资战略风险评价实证

一、中国企业海外耕地投资战略风险因素认知

中国企业海外耕地投资战略风险的研究对象理应为实际从事过海外耕地投资的中国企业，但研究中收集已投资企业的样本存在较大困难。基于研究条件限

制，为了保证研究的科学性与有效性，经征询专家意见，正式调查中主要选取土地资源管理与投融资方面的专业人士，通过他们对中国企业海外耕地投资战略风险的认知与战略风险因素的评判来研究中国企业海外耕地投资战略风险问题。调查采用访谈与收发电子邮件形式，共发放问卷 600 份，收回有效问卷 401 份，总有效回收率为 66.83%。对 401 份有效样本应答者的社会经济特征数据进行统计，结果如下：①样本人群学历以硕士为主，占总人数的 50.88%，本科占总人数的 35.26%，博士占总人数的 10.83%，本科以下仅占总人数的 3.03%。②样本人群职业为专业技术人员、国家行政事业单位人员、其他职业人员，所占比例分别为 25.87%、14.43%、47.26%。③样本人群年龄以中青年为主，其中 20~30 岁占样本总人数的 78.06%，31~40 岁占 10.97%。

本次调查内容是根据相关文献的理论研究、访谈结果整理提炼而成的，并多次征询专家、学者的意见，调查样本涵盖了各个职业、年龄、学历段，具有统计学上的意义，样本的效度值得信赖。采用描述性统计分析方法，对 401 份有效样本中应答者对于中国企业海外耕地投资战略风险因素认知情况分析如下。

（1）被调查者对中国海外耕地投资支持度。

绝大多数被调查者认为中国有必要进行海外耕地投资且支持中国开展海外耕地投资，但被调查者并不认为进行海外耕地投资具有急迫性与重要性。被调查者中 69%的人认为中国有必要进行海外耕地投资，31%认为没有必要；支持中国开展海外耕地投资的人占总人数的 63.93%、19.39%的人表示不关心、16.68%的人表示不支持。

（2）如何解决中国粮食短缺问题。

被调查者普遍认为解决中国的粮食短缺应该立足国内，其中提高农业技术水平与扩大种粮面积为主要措施，海外种粮、粮食进口为辅助措施。被调查者中 64.07%的人选择通过科技提高产量、20.12%选择扩大种粮面积、9.86%选择海外种粮运回国内、仅 5.95%选择粮食进口。

（3）中国海外耕地投资的主要动因。

被调查者中认为中国企业海外耕地投资的主要原因是保障国内粮食供应的占 27.75%、应对国际粮价波动的占 26.38%、参与全球耕地投资竞争的占 24.88%、建立海外生物柴油基地的占 7.68%、改善本国的膳食结构的占 7.92%、赚取外汇的占 5.39%。

（4）中国海外耕地投资主体。

被调查者大多赞成以国家（各级政府）主导，国有大型企业为主体的海外耕地投资战略。同意中央和地方政府为投资主体的占 30.38%、国有大型企业为投资主体的占 23.06%、海外投资机构为投资主体的占 15.01%、民营企业为投资主体的占 13.59%、个人投资者为投资主体的占 9.38%、主权投资基金为投资主体的占 8.58%。

（5）海外耕地投资的最佳投资方式。

被调查者认为海外耕地最佳投资方式依次为参股他国企业（占 37.30%）、并购他国企业（占 27.69%）、中国企业独资（占 22.31%）、债务投资他国企业（占 12.70%），说明在海外耕地投资中参股与并购的风险要低于中国企业独资经营。

（6）进入东道国市场方式。

被调查者中 38.24%的人认为与他国合作是快速进入东道国市场的最好办法，然后是依靠对外援助项目（占 32.71%）、联合矿产与能源投资（占 23.60%）及其他方式（占 5.45%）。

（7）选择耕地投资东道国的主要因素。

被调查者认为东道国首先应该与中国农业资源存在互补优势（占 27.64%）、其次是与中国保持良好外交关系（占 25.26%）、耕地资源丰富（占 24.41%）、国内政治稳定（占 22.69%）。

（8）中国企业海外耕地投资战略主要风险因素。

被调查者认为影响海外耕地投资的主要因素有：国际政治风险（占 33.53%）、自然灾害（占 25.32%）、东道国强制征收（占 16.82%）、投资企业经营管理风险（占 12.71%）、外汇汇率风险（占 7.11%）及其他（占 4.51%）。

（9）中国企业如何防范海外耕地投资战略风险。

中国企业防范海外耕地投资战略风险的最佳途径首先是与东道国合作经营（占 23.47%），其次为中国政府提供外交支持（占 22.99%）、投资企业建立风险预警机制（占 22.63%）、参与海外投资类保险（占 15.74%）、实现种植品种多样化（占 6.39%）、开展中国投资企业战略联盟（占 4.68%）、进行工作人员本地化（占 4.1%）。

（10）中国政府如何支持企业开展海外耕地投资。

被调查者认为搭建信息服务平台（占 21.87%）是投资企业最需要的支持，然后为提供法律服务（占 20.08%）、减免投资企业税收（占 19.84%）、提供融资担保（19.49%）、建立海外耕地投资国家战略（18.72%）。制约中国企业海外耕地投资的主要因素是国内外市场信息的不对称及国际法律风险，中国政府要提高对外投资服务水平。

二、战略风险指标排序

401 份有效样本中被调查者对影响中国企业海外耕地投资战略的企业战略、外部环境、企业资源、竞争能力、组织结构、运营流程这六个一级指标进行了影响程度排序（表 7.5），对中国企业海外耕地投资战略影响最大的是企业战略因素，为高风险等级；然后是外部环境与运营流程因素，为较高风险等级；组织结构、企业资源、竞争能力为一般风险等级。

表 7.5　中国企业海外耕地投资一级风险指标排序表

代码	一级指标	风险等级	排序
B_1	企业战略	高	1
B_2	外部环境	较高	2
B_6	运营流程	较高	3
B_5	组织结构	一般	4
B_3	企业资源	一般	5
B_4	竞争能力	一般	6

综合 6 个一级指标与 27 个二级指标排序结果，建立中国企业海外耕地投资战略风险指标综合排序表（表 7.6），较大影响因子（风险评价等级为高与较高的风险因子）有 13 个，重点最关键因子有 4 个（战略目标不明确、战略定位不清晰、战争与内乱、国际政治经济风险），风险评价等级为较高的有 9 个因子（战略执行无效、战略决策失误、自然灾害、汇率风险、市场占有率下降、公司治理结构不当、财务资源不足、技术创新能力不强、跨文化管理能力弱），企业应该重点关注影响因子在投资战略各个阶段的变化，避免其对战略执行产生影响。

表 7.6　中国企业海外耕地投资战略风险指标综合排序表

代码	二级指标	风险等级	排序
B_{12}	战略目标不明确	高	1
B_{11}	战略定位不清晰	高	2
B_{22}	战争与内乱	高	3
B_{21}	国际政治经济风险	高	4
B_{14}	战略执行无效	较高	5
B_{13}	战略决策失误	较高	6
B_{28}	自然灾害	较高	7
B_{26}	汇率风险	较高	8
B_{62}	市场占有率下降	较高	9
B_{52}	公司治理结构不当	较高	10
B_{35}	财务资源不足	较高	11
B_{43}	技术创新能力不强	较高	12
B_{44}	跨文化管理能力弱	较高	13
B_{23}	东道国政府违约	一般	14
B_{24}	征收与国有化	一般	15
B_{25}	法律风险	一般	16

续表

代码	二级指标	风险等级	排序
B_{63}	供应链管理不当	一般	17
B_{61}	运营计划不当	一般	18
B_{53}	战略柔性不足	一般	19
B_{33}	技术资源落后	一般	20
B_{34}	社会资本不足	一般	21
B_{32}	人力资源缺乏	一般	22
B_{42}	知识转化与吸收能力差	一般	23
B_{41}	缺乏战略领导能力	一般	24
B_{51}	组织结构的适应性差	较低	25
B_{31}	实物资源不足	较低	26
B_{27}	社会文化风险	低	27

1. 战略风险变量指标权重

运用德尔菲法对风险因素进行重要性程度打分，得到企业战略、外部环境、企业资源、竞争能力、组织结构、运营流程六类风险变量一级指标层权重集为

$$W = (0.243, 0.354, 0.118, 0.167, 0.091, 0.027) \quad (7.19)$$

二级指标层 $B_1, B_2, B_3, B_4, B_5, B_6$ 的权重集分别为

$$W_1 = (0.241, 0.172, 0.293, 0.294) \quad (7.20)$$

$$W_2 = (0.159, 0.136, 0.182, 0.115, 0.041, 0.052, 0.026, 0.289) \quad (7.21)$$

$$W_3 = (0.143, 0.256, 0.279, 0.197, 0.126,) \quad (7.22)$$

$$W_4 = (0.301, 0.268, 0.149, 0.282,) \quad (7.23)$$

$$W_5 = (0.489, 0.293, 0.218) \quad (7.24)$$

$$W_6 = (0.332, 0.265, 0.403) \quad (7.25)$$

2. 评价集矩阵与指标评价矩阵

对被调查者填写的 401 份有效问卷中《中国企业海外耕地投资战略风险因素评判量表》进行统计，得到海外耕地投资企业战略风险评价结果集为

$$V = \{V_1, V_2, V_3, V_4, V_5\} \quad (7.26)$$

其中，V_1, V_2, V_3, V_4, V_5 依次表示低风险、较低风险、一般风险、较高风险、高风险。

设二级指标层评价矩阵为

$$\boldsymbol{R}_k = \left(r_{ij}\right)_{m \times n}, \ k=1,2,3,4,5 \quad (7.27)$$

其中，m 为各支持层的评价指标个数；n 为评价等级个数；r_{ij} 为通过问卷调查的

数据统计整理得出的选择某项的人数占总人数的比率，一级指标评价矩阵为

$$R = \begin{vmatrix} W_1 \times R_1 \\ W_2 \times R_2 \\ W_3 \times R_3 \\ W_4 \times R_4 \\ W_5 \times R_5 \\ W_6 \times R_6 \end{vmatrix} \qquad (7.28)$$

在进行多层次模糊综合评价时，高层次指标的综合评价由低一层次指标的综合评价结果决定，先对二级指标层进行模糊综合评价得出 $B_1, B_2, B_3, B_4, B_5, B_6$，建立一级指标层的综合评价矩阵，得出一级指标层的模糊综合评价：

$$A = W \times R = [0.100 \quad 0.432 \quad 0.286 \quad 0.234 \quad 0.099] \qquad (7.29)$$

对 A 进行归一化处理得到 A^*：

$$A^* = [0.087 \quad 0.375 \quad 0.248 \quad 0.203 \quad 0.086] \qquad (7.30)$$

经过对 401 份有效问卷进行统计分析，采用耕地投资企业战略风险等级量化表（表 7.4），与中位数向量 Z 计算出此次调查中的战略风险最终评价值为 53.63，战略风险等级为一般。

第四节　中国企业海外耕地投资战略风险防范与应对

战略风险防范与应对是以战略风险的损失评估和时间估计为基础，制定战略风险应对策略。中国企业海外耕地投资企业应该建立起控制性战略风险措施、融资性战略风险措施、补救性战略风险措施三位一体的立体战略风险规避体系。

一、控制性战略风险措施

控制性战略风险措施主要是通过降低战略风险损失频率（损失幅度），事先对战略风险进行改变，包括战略风险规避、战略风险减弱策略。海外耕地投资企业可采取生产经营本地化策略、投资组合策略在一定程度上控制战略风险。

（一）本地化战略

中国企业规避海外耕地投资战略风险的首要策略应该是生产经营本地化策略，实施本地化战略可降低进入东道国市场的门槛和政治风险，吸纳当地资源优

势，利用当地人力资本，提高企业的长期适应能力与竞争能力。

中国企业在海外耕地投资中应该接近互补性战略资源，合理配置生产要素比例，加强与东道国的合作，采用投资决策本地化、人员本地化、产品开发本地化、物料本地化、营销本地化、利润本地化和企业文化本地化等策略，加强与东道国政府及社团的沟通，依法经营，积极承担社会责任，具体有以下几个方面：①遵守东道国有关税法、反商业贿赂法、环保法、劳工保障法、工会法、公司法、物权法、合同法等法律，与东道国当地社区分享收益。②做好企业发展规划与耕地资源开发计划，避免对耕地资源的"掠夺式"开发，消除东道国居民敌意，追求利益最大化时注重履行企业社会责任，树立良好的企业形象。③通过股权或并购方式利用东道国政府、银行、企业资本，开展农产品高效生产与加工、农业技术模仿和技术改进，融入当地产业集群。④更多地雇佣东道国当地人，发展包括消费者、供应商、当地雇员、银行以及合资各方的战略伙伴关系，形成既得利益集团。⑤借助于东道国的中介机构，解决企业生产经营中的可行性研究、尽职调查、风险评估、资产评估、法律确认等问题。

（二）投资多元化战略

多元化发展战略具有非常鲜明的拓展企业经营边界，谋求广阔发展空间，规避企业经营风险的优越性，能够在一定程度上分散企业的经营风险，并能通过协同效应实现范围经济和管理效率的提高。

中国企业海外耕地投资多元化战略包括：①投资结构多元化。中国企业应该整体布局，尽量选择政局稳定、宗教民族矛盾比较缓和的国家投资，通过跨行业、跨地经营，实现总体战略风险在各个单元间转移。除对外直接耕地投资之外，投资东道国基础设施、农产品交易所、物流基础设施，通过增加整体经济实力弥补和抵御局部风险。②投资进入方式多元化。充分发挥企业相对优势，实现独资与合资相结合、股权与债权相结合，获得良好的市场进入，缓解东道国民族主义对中国企业的敌视，减少政府干预的可能性。③投资品种多样化。通过搭配农产品品种或分期播种，发展农产品综合加工、储藏、保鲜等业务。④生产模式多样化。企业除大规模自己种植外，可将大片土地分租给当地人种植，发展合同农业，通过扩大规模降低成本，提高农产品附加值。合同农业不但能比现货市场更好地控制产品的具体规格、质量和供给，而且比土地租赁或产权的资本密集度低，风险小且更灵活。⑤产品销售方式多样化。建立一种风险共担、利益共享的合作组织方式，利用期货订单来转移订单风险。海外生产的农产品既可以向中国（其他国）出口，也可以在东道国当地市场销售。

二、融资性战略风险措施

融资性战略风险措施着眼于事后的补偿，主要通过事故发生前所做的财务安排，获取充足的资金弥补损失，包括：①战略风险自留。当企业有足够的资源承受战略风险损失时，可以将损失摊入营业成本，设立专项基金、自保公司、信用额度、特别贷款与发行证券等进行风险自担和风险自保，自行消化风险损失。②战略风险转移。企业付出一定的经济成本（如保险费、赢利机会、担保费和利息等），借助于正当的、合法的合同与协议将损失的法律责任转移给其他人或组织（非保险人）承担，常用方法有出售、分包、签订免责条款、保险、套期保值。

（一）海外耕地投资战略联盟

战略联盟（strategic alliance）借助合作伙伴的资源与产能，让企业对其自身资源进行调整，并形成新竞争优势的基础。中国海外投资主要有绿地投资、跨国并购、研究开发型、战略联盟型四种类型，绿地投资方式虽能最大限度地控制企业运作，但组建过程复杂且成本很高，当东道国国家风险高时，企业应通过战略联盟方式进入。

中国投资企业可通过供应商或客户的长期合约、志愿性竞争限制条件、联盟或合资、特许经营、技术使用协定、参与行业公会等方式投资、收购农产品价值链上下游企业形成纵横向一体化整合。企业应该从所有权控制、人员控制、信息控制、财务控制与评价方面对联盟企业进行控制，在享受战略联盟优势的同时避免合作风险。

（二）海外耕地投资战略风险保险

投资保险具有损失补偿、融资便利、市场开拓、信用提升和风险管理五大主要功能，海外耕地投资企业可通过办理投资保险与担保，将一部分战略风险转移给其他机构，其具体做法有：①主动向中国出口信用保险公司投保，以期获得赔偿，减低和转移风险损失。②了解中国和东道国对海外投资企业保护的法律法规，加深对双边、多边投资保护机制的认识，熟悉整个保险程序、投保要求和保险措施，利用国际公约的有关条款及承保机制减少和规避投资风险，提升海外耕地投资活动的安全系数。③向多边投资担保机构和境外投资保险机构投保外汇冻结险、资产征用险、合同中止险、武装冲突和市民暴动险。④在政局不稳定的国家进行投资需要采取第三国提供担保措施。

三、补救性战略风险措施

跨国耕地投资中的时间成本、运输成本、贸易壁垒、国家风险、市场差异等因素加大了战略风险控制难度，由于资金、技术、人才、经验等方面能力的限制，境外投资企业需要建立战略风险补救措施，当海外投资风险最终发生时，企业要积极采取缓解策略来尽可能地降低和弥补损失。

（一）申请国际组织资助

世界粮食计划署（World Food Programme，WFP）、国际农业发展基金会（International Fund for Agricultural Development，IFAD）、国际复兴开发银行（International Bank for Reconstruction and Development，IBRD）、国际开发协会（International Development Association，IDA）是联合国系统专门向发展中成员国提供粮食和农业发展贷款的金融机构。IFAD 在增加粮食生产方面，有短期项目、长期项目和政策支持项目：①短期项目主要是通过改良土地、改进排灌、改良品种、改进农作制度和管理水平来提高作物产量；②长期项目主要是通过兴修水利、垦荒和移民等手段改善和提高农民的生产和生活条件；③政策支持项目主要是协助政府解决在土地、物价、信贷、市场、补贴等农业政策投资方面的资金需求。

中国企业对外耕地投资企业可向国际组织申请用于农业技术援助的赠款及用于耕地开发、农产品储存、加工和销售、科研推广培训等方面的高度优惠、中度优惠及普通贷款。

（二）依靠本国政府支持

由于农业领域涉及土地、粮食等与主权有关的事宜，引发政治风险的可能性较大，东道国政府对其关注较多。中国投资企业应该：①加强与国家有关主管部门的沟通和合作，在国家有关部门的支持和指导下开展工作，利用政策导向和业务推介的作用。②借助中国政府境外投资信息服务平台、海外商会、投资促进咨询等中介机构，了解投资国的法律法规、税收政策、市场环境与社会文化等。③在海外竞标项目时，主动寻求我国驻外使馆及当地中资机构的帮助，降低可控风险。④通过政府部门的经济外交规避风险，主动寻求合作、认同和尊重通行国际的价值体系观，在对抗中求生存，在合作中求进步，从而构建多元、多层次的耕地投资战略，确保经济及主权安全。⑤依据《中国领事保护与协助指南》向中国政府驻境外办事机构寻求领事保护。

（三）完善战略风险内控制度

中国海外耕地投资企业可从不相容职务分离控制、授权审批控制、会计系统控制、财产保护控制、预算控制、运营分析控制、绩效考评控制、重大风险预警机制和突发事件应急处理机制等方面采取内部风险控制措施。其具体表现为：①加强对跨国耕地投资战略风险的识别和判断。做好投资前风险识别、判断和预控工作，通过详尽可行性分析和项目评估等手段，选择好投资地区和方式。②加强战略风险的动态监控和预警。收集、甄别信息，加强战略损失频度与幅度的估计，并根据风险因素的动态变化状态对风险进行评级。③科学论证、完善决策机制。落实企业境外投资自主权，审慎决策，保证企业在复杂多维的环境中准确定位、快速反应。④强化企业战略风险化解机制，依据战略风险的性质和管理目标，通过综合比较各个方案的成本收益及可执行性情况，完善项目评价制度。企业必须重视对现金流量的监控和审核，加强对管理者的道德风险控制，加强重大投资决策的相关制度建设，建立起一套有效的内控制度，严格控制财务风险。⑤建立重大风险预警机制和突发事件应急处理机制。加强跨国经营的风险保障，明确风险预警标准，对可能发生的重大风险或突发事件，制订应急预案，明确责任人员，规范处置程序，健全资金、进度、技术后备应急措施。⑥加强公共关系，提高跨文化交流和整合资源的能力。通过跨文化培训、正式的和非正式的跨文化传播和沟通，提高企业的全球学习能力，创新完善企业经营理念和企业文化。

第八章　中国海外耕地投资区位选择

21世纪伊始，国际粮食价格持续高企所催生的主权国家对于保障粮食安全的需求，以及全球能源危机日趋显现所引致的生物能源产业的蓬勃发展，掀起了全球海外耕地投资的新高潮；2008年全球金融危机的爆发，则为全球海外耕地投资的发展添加了新的动力支撑。截至2016年2月，全球共计有105个国家和地区作为投资国参与全球海外耕地投资。

事实上，在全球海外耕地投资蓬勃发展的背景下，中资企业参与全球海外耕地投资行为也呈现井喷式增长态势，中国俨然已成为全球较为活跃的海外耕地投资国家。依据中国科学技术协会副主席陈章良教授的初步估算，截至2014年，中国直接投资购买以及收购农产品的海外耕地已将近7亿亩。与此同时，依据农业部对外经济合作中心统计数据，仅2010~2014年这5年，借助于主权财富与私募方式进行海外农业投资的行为频繁涌现，中资涉农海外并购总规模已高达185亿美元。在443家海外农业投资企业中，有高达278家中资独资企业，127家中资与外资合资企业，以及38家合作企业。

尽管中资海外耕地投资规模在逐步扩大，发展模式在逐步提升，但基于耕地所具有的战略资产属性与严重关系到东道国本土居民生计与社会稳定的特征，中资海外耕地投资行为依旧面临着巨大的风险，其突出体现在项目投资布局选择层面。基于此，本章围绕中国海外耕地投资区位选择开展理论与实证研究，以期探究中资企业海外耕地投资区位选择的一般规律，并以此规避由于投资区位选择不当导致的风险。

第一节　中国海外耕地投资区位选择理论假设

一、政治层面的中国海外耕地投资区位选择影响因素假设

强调将政治层面因素纳入中国海外耕地投资区位选择影响因素假设的缘由根

植于前述制度学派所主张的对外直接投资区位选择思想，即制度学派的 Agodo、Belderbos、Oxelhiel 等学者所提出的被投资国的政治、经济、法律等制度能够影响外来投资流进入的核心理论。

基于制度学派关于对外直接投资区位选择的思想是研究的理论基础，研究遂在此处提出政治制度因素假设。需要指出的是，研究在此处所构建的政治层面因素理论假设是在借鉴制度学派的核心思想基础之上予以进一步深化拓展而形成的；其中，政治风险因素假设基于政治制度稳定与暴恐事件规避而提出，双边关系因素假设基于投资国与东道国政治关系而构建，腐败治理因素假设基于东道国腐败管控制度而形成。

（一）政治风险

构建政治风险因素作为中国海外耕地投资区位选择影响因素理论假设的缘由根植于政治风险的本质内涵与形式表现同对外直接投资的本质内涵之间的逻辑关联。

政治风险的本质内涵在于政治因素所致使的不确定性，即基于被投资国政府的政治行为所生成的对于对外直接投资行为预期利益产生不确定性损害的障碍因素。政治风险主要涵盖内部政治风险与外部政治风险两大体系：内部政治风险的形式表现主要在于政治暴力所引起的政局动荡与政策变动所形成的政府违约，外部政治风险的形式表现则见于双边关系冲突与国际局势变幻。

基于对外直接投资的本质属性在于以非金融工具方式控制境外企业的经营管理权，以期获取经济利益的经济行为，故而，对外直接投资预期经济利益的实现需要借助相对稳定且公平的实体经济营商环境。换言之，稳定有序的政治局面与信守承诺的政府履约构建起对外直接投资健康运作的基石，也即意味着政局稳定、社会安定、政府守信所营造的实体经济营商环境是吸引与维系对外直接投资的基本要素。

既有研究表明：东道国较低的政治风险水平可吸引更多的对外直接投资流入，且东道国政治环境特征驱动政治风险与对外直接投资之间的负相关关系；东道国政局动荡对于对外直接投资的流入形成阻滞；政局动荡对于对外直接投资流入非洲具有消极作用。然而，需要指出的是，政治风险因素并不一定是中国对外直接投资区位选择考量的重要因素。

行文至此，基于海外耕地投资本身属于对外直接投资范畴，研究遂在前述政治风险的本质内涵与形式表现同对外直接投资的本质内涵之间的逻辑关联分析的基础上，将政治风险纳入中国海外耕地投资区位选择影响因素体系，以进一步论证政治风险因素是否属于中国海外耕地投资区位选择的决定因素，故而，提出相

应理论假设 H_1。

H_1：中国海外耕地投资项目布局选择政局稳定的国家和地区。

(二) 双边关系

研究在此处所提及的双边关系，实质是基于东道国政府违约风险与歧视风险而进一步拓展引申而来。投资国的对外直接投资流能够流向特定的国家和地区，应当与被投资国的引资政策与公正待遇所释放的引力存在密切关联。因此，能够有效约束与影响东道国政府履约行为与消除歧视性待遇的制度性保障对于引致对外直接投资具有重要意义。

事实上，双边投资协定（Bilateral Investment Treaty，BIT）这一制度正具有防范政府违约与消除歧视性待遇的功能作用。双边投资协定意指投资国与东道国之间所订立的旨在鼓励和保护双方跨国投资的制度性安排；其所具有的作用突出体现于以下几个层面：其一，确保东道国营造公正公平的投资环境，明晰东道国重大事件所应承担的公正投资损赔，消除歧视性待遇；其二，约束东道国政府公正守信履约，规避东道国肆意征收与国有化投资的潜在风险；其三，预先构建投资双方所应遵循的法规架构，防范法律障碍。

基于此，研究引入双边投资协定这一制度性因素，提出基于双边关系的中国海外耕地投资区位选择影响因素理论假设 H_2。

H_2：双边投资协定是中国海外耕地投资区位选择的重要考量因素。

(三) 腐败治理

引入腐败治理构建中国海外耕地投资区位选择影响因素理论假设的缘由根植于腐败所具有的对于对外直接投资的"摩擦效应"与"润滑效应"。"摩擦效应"即指东道国政府腐败会抑制对外直接投资的流入，其逻辑机理在于腐败能够增加对外直接投资运作的不确定性，提高基于应对东道国政府权力寻租所形成的间接生产成本。这也是围绕腐败与对外直接投资关系这一主题的传统研究所秉持的观点。

与"摩擦效应"相对应的则为"润滑效应"，即腐败并不一定阻滞对外直接投资的流入，其内在逻辑在于对外直接投资主体可有效借助腐败的"润滑效应"压缩东道国政府审批时间、弱化制度摩擦，从而快速获取投资项目；与此同时，对外直接投资主体也可充分利用东道国政府的权力寻租行为，规避与减轻干预和管制，进而推动对外直接投资的流入。

事实上，具体到中国对外直接投资层面，东道国腐败治理水平对于中国对外直接投资流入的制约与影响也同传统研究的"摩擦效应"理论相悖。既有研究成果表明，中国对外直接投资区位选择倾向于东道国腐败治理水平较低的国家和地区。

因此，在上述既有研究观点并不一致的背景下，倘若进一步将研究对象缩小至对外直接投资范畴中的海外耕地投资，其是否依然显著影响中国对外直接投资区位选择应当为研究所要进一步验证和突破之处；故而，研究提出假设 H_3。

H_3：东道国腐败治理水平较低的国家和地区是吸引中国海外耕地投资的主要区域。

二、经济层面的中国海外耕地投资区位选择影响因素假设

对外直接投资行为本质上属于经济管理行为，因而，经济层面因素是制约与影响对外直接投资区位选择的主要因素类别。基于海外耕地投资隶属于对外直接投资范畴的属性，海外耕地投资项目布局自然也与经济层面的影响因素密切相关。

（一）市场规模

选择市场规模因素假设的主要理论依据在于国际生产折中理论，其也为研究的理论基础之一。生产折中理论认为企业所具有的所有权优势是推动企业实施国际直接投资行为的要件之一，涵盖基于独自支配无形资产与规模经济所生成的优势。基于较大的市场能够允许企业有效利用规模经济，故而，市场规模能够显著影响生产效率，从而成为东道国对外直接投资流入的重要引力。

既有实证研究结论也表明，东道国市场规模能够正向吸引对外直接投资流入；东道国市场规模增加可引致为市场需求的提升，从而有效削减对外直接投资主体的边际生产成本，提升对外直接投资主体获取规模经济的能力水平。

需要指出的是，对于市场规模与中国对外直接投资关系的研究结论却不一致，换言之，即中国对外直接投资不一定趋向流入市场规模较大的国家和地区。

基于此，研究为进一步论证东道国市场规模与对外直接投资范畴中的海外耕地投资区位选择之间的关系，提出经济层面的第一个理论假设 H_4。

H_4：中国海外耕地投资区位选择不一定考量市场规模因素。

（二）资源禀赋

资源禀赋因素理论假设主要基于比较优势论的思想而提出。小岛清在其所提出的比较优势论中指出，对外直接投资的动因在于寻求市场、寻求资源与寻求生

产要素等三类。因此，东道国自然资源条件通常是对外直接投资布局的重要考量因素，尤其是对于垂直型对外直接投资而言，更为明显。

事实上，既有研究也初步证实了自然资源要素决定对外直接投资的结论：自然资源禀赋与贸易模式双重影响对外直接投资流入非洲；拥有较大规模资源的东道国能够弥补制度距离的劣势而吸引更多的对外直接投资；自然资源禀赋充裕是资源导向型对外直接投资东道国的基础，但东道国工业、商业与金融资源的缺失是阻滞高附加值对外直接投资流入的重要因素；自然资源对于非自然资源对外直接投资存在显著的负相关效应。

作为全球主要的"新兴"投资者，中国对外直接投资发展迅猛，围绕其对外直接投资布局决定因素的研究观点也基本认可资源禀赋要素的重要性：中国对外直接投资的重要动因在于满足对于自然资源的日益增长的国内需求；东道国较大规模的自然资源与质量低劣的制度环境是吸引中国对外直接投资的重要因素；资源寻求动机是中国对外直接投资重要的经济决定因素。

需要指出的是，资源禀赋要素对于国有企业与民营企业在决定对外直接投资区位选择时的意义并不一致，国有企业倾向于自然资源禀赋充裕的东道国，民营企业则具有市场寻求的动机。

事实上，研究论述上述自然资源禀赋决定中国对外直接投资区位选择的主要考量正是基于海外耕地投资的特征属性，即海外耕地投资区位选择应当具有突出的资源寻求动机特征，尤其是耕地资源寻求特征。因此，在充分借鉴前述既有理论观点的基础之上，研究提出经济层面的第二个理论假设 H_5。

H_5：中国海外耕地投资区位选择具有耕地资源寻求特征。

（三）资本丰裕

基于比较优势理论的思想，比较成本是生成国际贸易比较优势的基础，尤其是对货币比较成本而言，尤为重要；也即意味着金融制度安排能够作用于贸易比较优势与投资竞争力。

事实上，高效的金融部门以最高的预期回报率向企业或投资计划而不是向与政治关联的领域分配国民所节约的资源，以及流入本国经济的海外资源。基于商业投资对于生产率而言至关重要，因此，需要复杂的、能够为私人部门投资所使用的、监管良好的资本市场、银行部门、证券交易所、风险投资机构与其他金融产品市场。出于满足上述所有功能的要求，银行部门需要足够的可靠和透明，金融市场需要适当的监管，以最大限度地保护投资者和其他经济体。

换言之，健康而发达的资本市场，能够有效降低融资成本，从而形成东道国的货币比较成本优势，转变为吸引对外直接投资的比较优势。

然而，目前现有研究观点似乎认为资本市场的发育程度并不显著影响外来直接投资的流入，尤其是东道国非银行金融部门的发展并不作用于对外直接投资。

出于进一步将对外直接投资压缩至海外耕地投资领域，进而探究资本要素禀赋丰裕程度与中国海外耕地投资区位选择关系是否与其同对外直接投资关系一致的目的，研究在此处遂提出理论假设 H_6。

H_6：东道国资本要素禀赋丰裕程度影响中国海外耕地投资区位选择。

（四）工资水平

选择东道国劳动力成本因素的理论假设实际上也是基于国际生产折中理论所提及的对外直接投资区位选择的思想。依据国际生产折中理论的观点，企业实施国际直接投资行为应当是基于企业所具有的所有权优势与区位优势和市场内部化优势。其中，区位优势的生成依赖于劳动力成本、市场潜力与贸易壁垒以及政府政策等因素。

在围绕对外直接投资区位选择决定因素的研究中，东道国劳动力成本因素的作用较为显著；尤其是对于东道国为发展中国家而言，尤为明显；较高的单位劳动力成本阻滞非私有化的对外直接投资的流入；横向型对外直接投资相较于垂直型对外直接投资更容易受到金融与人力资本的限制。

具体到海外耕地投资，其正常的生产运作应当需要一定规模的劳动力要素，但其是否是海外耕地投资区位选择的决定性因素，还有待进一步论证。基于此，研究提出假设 H_7。

H_7：劳动力成本是中国海外耕地投资区位选择的决定性因素。

（五）地理距离

构建地理距离因素理论假设的基础在于市场学派所包含的区位选择思想。市场学派理论关于区位选择的思想突出了市场距离因素的作用，其内在逻辑在于市场距离关联成本因素与市场因素：成本因素即商品运输成本与信息获取成本；市场因素则在于市场规模与市场潜力。

目前，国际对于地理因素与对外直接投资空间布局的研究理论观点大多与市场学派的理论思想相似：地理因素在区位选择中具有重要影响，其是解释对外直接投资与投资组合空间布局的重要变量；地理距离与对外直接投资区位选择呈现负相关关系，即倾向于布局距离母国较近的东道国。

但是具体到中国对外直接投资区位选择决定因素层面，地理距离似乎并不显著影响空间布局。

基于海外耕地投资可能涉及东道国所产粮食运输的现实问题，研究提出理论假设 H_8。

H_8：地理距离是中国海外耕地投资项目布局的考量因素。

三、社会层面的中国海外耕地投资区位选择影响因素假设

尽管对外直接投资行为本质上属于经济管理活动，但其无法脱离政治与社会因素，这也是市场学派中心理距离影响对外直接投资思想的深刻渊源。基于此，研究立足于社会层面的视角，借助土地产权情况与文化距离情况构建社会层面的中国海外耕地投资区位选择影响因素理论假设。

（一）土地产权

选择土地产权因素这一理论假设实质是基于海外耕地投资的内涵属性。海外耕地投资实质具有广义与狭义之分。

广义的海外耕地投资即指自16世纪伊始，直至20世纪中期国际层面的以攫取耕地或开展与耕地密切相关的贸易的海外殖民活动，最具代表性的即为近现代欧洲列强在非洲推行殖民主义所建立的非洲白人种植园经济。

狭义的海外耕地投资实际上包含以下几个层面的要素：其一，投资主体为具有独立的投资决策权且能够对其投资结果承担责任的政府组织、金融机构、实体企业以及私人等；其二，投资客体为耕地资源；其三，投资方式为租赁、购买以及特许经营等；其四，投资动机则在于借助海外耕地资源，保障粮食安全，制备生物能源，套取金融利益，控制产业链条，攫取战略资源等；其五，实质核心为部分农业资源贫乏国政府和企业突破国家边界约束，利用资本杠杆撬动耕地资源跨国利用和再分配的一种重要手段。

详细论述上述海外耕地投资广义与狭义的内涵，实质是为突出海外耕地投资所具有的耕地这一标的物的核心特征，也即意味着获取土地是海外耕地投资落户与开展的有效保障，进一步取决于东道国土地产权状况。事实上，东道国土地产权与海外耕地投资的相关研究结论也表明：借助于提供更好的激励和更好的信用途径，土地所有权安全提高了土地资产属性，也明显导致了更高的土地资本化率，且土地所有权安全能够显著影响土地所有者为改良土地而施加的投资。土地产权显著影响农业投入和产出；土地私人占有能够激励土地所有者以最有效的方式使用土地，从而最大限度地提高农业文化对于社会福祉的贡献；不安全的土地使用权抑制对于土地的投资需求。

因此，从理论层面讲，东道国土地产权情况应当是影响中国海外耕地投资区

位选择的决定因素之一。故而,研究提出假设 H₉。

H₉:东道国土地产权情况决定中国海外耕地投资区位选择。

(二)文化距离

在前述经济层面的中国海外耕地投资区位选择影响因素假设中,研究基于市场学派关于区位选择的思想提出地理距离因素理论假设。事实上,文化距离因素理论假设与之有着类似的理论渊源,即市场学派关于区位选择思想所提及的心理距离因素。

既有关于心理距离因素影响对外直接投资区位选择的理论观点主要为:心理距离差异,尤其是工业发展与语言水平的差异在对外直接投资区位选择中发挥着基础性的阻滞作用,而在教育层面的距离对于对外直接投资有着积极的作用;中国对外直接投资受到由心理距离与特定的心理距离刺激所构成的组合的影响,尤其是语言与文化的相似性与差异性、同中国企业国际化有关的产业水平与民主水平的相似性与差异性显著影响中国对外直接投资区位选择。

基于心理距离测度存在一定的困难,研究引入文化距离这一要素予以假设。国家文化距离由学者 Geert Hofstede 提出,其借助于权力距离(power distance)、不确定性规避(uncertainty avoidance)、个人主义(individualism)、男性度(masculinity)、长期取向(long-term orientation)与自身放纵(indulge)等 6 个维度进行测定。

事实上,围绕文化距离与对外直接投资地域选择的研究理论观点大致认可文化距离因素的作用影响:平等主义的文化距离是强劲的、具有经济显著性的、阻滞对外直接投资的障碍;国家文化是吸引对外直接投资流入的动力要素之一,具有低不确定性规避、高权力距离、高集体主义、高男性度的国家是最具有绿色领域投资吸引力的国家。

具体到中国对外直接投资区位选择,文化距离要素对其影响的理论观点则见于:东道国海外华人的存在与中国对外直接投资(外商直接投资)有显著正相关关系;中国企业较少选择与中国心理距离与文化距离较大的东道国投资;流向中国的众多来自亚洲的对外直接投资可以归因于中国与东道国在文化与地理上的相似性,即中国同新加坡等新兴区域性对外直接投资来源地区之间所存在的紧密文化联系以及上述地区至中国与上述地区至日本、韩国的地理距离的相似性,是吸引其选择中国投资的重要因素。

基于探究文化距离因素是否也决定中国海外耕地投资区位选择的目的,研究遂提出理论假设 H₁₀。

H₁₀:文化距离因素是中国海外耕地投资区位选择的重要因素考量。

第二节 中国海外耕地投资区位选择实证分析

一、中国海外耕地投资区位分布现状概述

中国海外耕地投资实质上存在一个历史演进的过程，即历经单纯农业援助（1950~1979年）、农业合作开发（1980~2000年）、农业"走出去"与海外耕地投资（自2000年伊始至今）三个历史时期。

但具有真正意义的海外耕地投资距今应当仅有10余年的时间跨度，即始自于2000年的农业"走出去"与海外耕地投资这一历史时期。在此历史时期，中国海外耕地投资主体在农业"走出去"战略的引导与现实国情的制约下，积极利用自身所具有的技术与资金优势，在农业资源与土地资源禀赋较充裕的国家和地区快速布局海外耕地投资项目，签约面积逐步扩大、地域分布逐步拓展。

（一）中国海外耕地投资区位分布规模概述

非政府组织 GRAIN 与全球土地交易联机公共数据库（Land Matrix）中所收录的截至2016年2月23日的中国海外耕地投资数据显示，中国在全球41个国家和地区达成投资意向或完成签约 176 个项目；其中，签约 151 个项目，涉及 4 417 977 公顷土地，约为全球已签约海外耕地投资总面积的 6.69%（表8.1）。

表8.1 中国海外耕地投资已签约项目情况表

被投资国	地区	投资目的	项目总数/个	签约项目	签约面积/公顷
俄罗斯	欧洲	混合，粮食种植	4	4	728 334
印度尼西亚	亚洲	粮食种植，混合，多样化种植	15	14	626 457
巴布亚新几内亚	大洋洲	混合，为定向	4	4	516 860
哥伦比亚	南美洲	粮食种植	1	1	400 000
阿根廷	南美洲	粮食种植，混合	5	5	330 385
老挝	亚洲	经济作物，生物燃料，混合	29	28	296 714
圭亚那	南美洲	林业	1	1	274 053
柬埔寨	亚洲	经济作物，混合，林业	30	29	268 908
越南	亚洲	林业	7	7	262 071
塞内加尔	非洲	经济作物，粮食种植	2	2	160 000

续表

被投资国	地区	投资目的	项目总数/个	签约项目	签约面积/公顷
塔吉克斯坦	亚洲	粮食种植	1	1	110 000
保加利亚	欧洲	粮食种植	4	4	64 229
菲律宾	亚洲	粮食种植，生物燃料，混合	8	4	56 350
塞拉利昂	非洲	混合，粮食种植	5	4	40 920
尼日利亚	非洲	粮食种植，混合	4	3	30 300
莫桑比克	非洲	粮食种植、生物燃料	6	5	30 239
巴西	南美洲	粮食种植	5	3	27 397
埃塞俄比亚	非洲	生物燃料，粮食种植	3	1	25 000
安哥拉	非洲	粮食种植	3	2	21 500
喀麦隆	非洲	粮食种植	2	2	20 120
马里	非洲	混合	1	1	20 000
牙买加	北美洲	粮食种植	1	1	18 000
贝宁	非洲	经济作物，混合	3	2	14 800
玻利维亚	南美洲	粮食种植	1	1	12 500
利比里亚	非洲	林业	1	1	10 000
马达加斯加	非洲	碳汇	1	1	10 000
苏丹	非洲	粮食种植	1	1	10 000
新西兰	大洋洲	经济作物	1	1	8 615
乌干达	非洲	粮食种植，混合	4	4	5 843
澳大利亚	大洋洲	牧业，混合	4	2	4 505
赞比亚	非洲	粮食种植，生物燃料	3	2	4 400
乌克兰	欧洲	粮食种植，混合	2	1	4 000
乌拉圭	南美洲	粮食种植	4	4	3 988
民主刚果	非洲	生物燃料，混合	2	1	865
坦桑尼亚	非洲	粮食种植，混合	2	2	624

（二）中国海外耕地投资区位分布特征概述

基于研究围绕中国海外耕地投资区位选择这一中心，研究在正式以计量统计方法探究论证中国海外耕地投资区位选择影响因素之前，需要对中国海外耕地投资区位分布特征进行简要论述，以强化对于中国海外耕地投资区位选择的直观感知。

非政府组织 GRAIN 与全球土地交易联机公共数据库（Land Matrix）的数据显示，截至 2016 年 3 月 23 日，中国海外耕地投资项目广泛分布于亚洲、非洲、南美洲、北美洲与大洋洲以及欧洲等全球 6 大洲的 41 个国家和地区。其中，亚洲、欧洲与非洲以及南美洲是主要分布地区。

截至 2016 年，非洲共计有 19 个国家和地区总计吸引中国海外耕地投资项目 46 个，签约 34 个，签约面积 404 611 公顷，约为中国海外耕地投资项目总签约规模的 9.16%。塞内加尔、塞拉利昂、尼日利亚、莫桑比克、埃塞俄比亚、安哥拉、喀麦隆、马里、贝宁、利比里亚与马达加斯加以及苏丹等 12 国是签约面积超过 10 000 公顷的国家；尤以塞内加尔签约面积为最，高达 160 000 公顷，单个项目平均签约面积达 80 000 公顷。

分布于亚洲 8 国的中国海外耕地投资项目共计 92 个，已签约 83 个，签约面积 1 620 500 公顷，约占中国海外耕地投资项目签约总面积的 36.68%。印度尼西亚、老挝、柬埔寨、越南与塔吉克斯坦以及菲律宾等 6 国是中国海外耕地投资主要的流入国，已签约面积规模均较大，尤其是印度尼西亚、老挝、柬埔寨、越南与塔吉克斯坦等 5 国，签约面积规模均在 100 000 公顷以上，分别高达 626 457 公顷、296 714 公顷、268 908 公顷、262 071 公顷、110 000 公顷。

作为中国海外耕地投资项目落户第二大地区，南美洲 6 国共计分布有 17 个中国海外耕地投资项目，且均已签约，共涉及 1 048 323 公顷土地，约为中国海外耕地投资项目总签约规模的 23.73%。哥伦比亚、阿根廷与圭亚那等 3 国是最主要的中国海外耕地投资东道国，其签约面积分别高达 400 000 公顷、330 385 公顷与 274 053 公顷；其余巴西、玻利维亚与乌拉圭 3 国的签约面积则分别为 27 397 公顷、12 500 公顷与 3 988 公顷。

欧洲也是中国海外耕地投资主要流入地区，保加利亚、俄罗斯与乌克兰 3 国共计引入 10 个中国海外耕地投资项目，签约 9 个，涉及 796 563 公顷的土地，约为中国海外耕地投资项目总签约规模的 18.03%。其中，落户于俄罗斯与保加利亚的中国海外耕地投资项目均为 4 个，且均已签约，签约面积分别为 728 334 公顷与 64 229 公顷。

大洋洲的澳大利亚与巴布亚新几内亚以及新西兰等 3 国累计吸引中国海外耕地投资项目 9 个，签约 7 个，共计 529 980 公顷土地，约为中国海外耕地投资项目总签约规模的 12%。这一规模也使大洋洲超越非洲成为中国海外耕地投资项目分布规模第 4 大地区。

北美洲地区已签约的中国海外耕地投资东道国仅牙买加 1 国，共计签约 1 个项目，涉及 18 000 公顷的土地；北美洲也由此成为中国海外耕地投资项目分布面积与数量最小的地区。

需要指出的是，目前 41 个中国海外耕地投资东道国政府均已出台农业投资鼓励政策，且未设置农业产品出口限制条件。

二、中国海外耕地投资区位选择分析模型

（一）模型选择缘由

研究选择二元 Logistic 模型实质是基于研究主题与数据形式的考量。

围绕海外耕地投资主题的研究鲜有涉及区位选择的问题，客观上决定了缺乏可直接借鉴的定量研究方法；与之间接相关的对外直接投资区位选择的定量研究方法似乎可加以适当运用。

但是，关于对外直接投资选择决定因素的国际既有研究成果的取得，通常是借助于引力模型（gravity model）与回归模型这一研究方法；国内现有研究则主要是基于构造对数线性模型与回归模型予以论证。

事实上，对数线性模型与引力模型的适用条件在于因变量必须为可获取的实际数值，即对外直接投资流量或存量数据可获取。

具体到海外耕地投资这一主题，基于国际与国内层面并未公布与之有关的、任何确切的流量或存量数据，海外耕地投资区位选择决定因素研究俨然不宜使用引力模型或对数线性模型。而能够有效克服投资流量或存量数据缺失这一瓶颈的方法，则在于回归模型，即将因变量设置为哑变量予以实现。

基于此，研究选择二元 Logistic 模型以定量研究中国海外耕地投资区位选择决定因素问题。

（二）模型选择简介

运用 Logistic 模型研究对外直接投资区位选择是当前较为流行的方法，二元 Logistic 模型则尤为适用。与其他 Logistic 模型相区别，二元 Logistic 主要特征在于因变量为二元值，逻辑机理则如下所述。

设因变量 Y 服从二项分布，对应的二项分类的取值为 0、1；取值为 0，意指事件未发生，取值为 1 则相反，代表事件发生。

分别记影响 Y 的 m 个自变量为 $X_1, X_2, \cdots, X_m$；$Y=1$ 的总体概率为 $\pi(Y=1)$，则 $X_1, X_2, \cdots, X_m$ 所对应的 Logistic 回归模型为

$$\begin{aligned} \pi(Y=1) &= \frac{\exp(\beta_0 + \beta_1 X_1 + \beta_2 X_2 + \cdots + \beta_m X_m)}{1 + \exp(\beta_0 + \beta_1 X_1 + \beta_2 X_2 + \cdots + \beta_m X_m)} \\ &= \frac{1}{1 + \exp\left[-(\beta_0 + \beta_1 X_1 + \beta_2 X_2 + \cdots + \beta_m X_m)\right]} \end{aligned} \quad (8.1)$$

或

$$\text{Logit}\left[\pi(Y=1)\right]\ln\left[\frac{\pi(Y=1)}{1-\pi(Y=1)}\right] = \beta_0 + \beta_1 X_1 + \beta_2 X_2 + \cdots + \beta_m X_m \quad (8.2)$$

其中，β_0 为截距（常数项）；β_j 为 X_j $(j=1,2,\cdots,m)$ 对应的偏回归系数（partial regression coefficient）；$\exp(\cdot)$ 是以自然对数（2.71828）为底的指数。式（8.1）也通常称作 Logistic 回归预测模型，也可写作如下形式。

记事件发生的条件概率为 $P(y=1|x_i) = P_i$，则有

$$P_i = \frac{1}{1+e^{-\left(\alpha+\sum_{i=1}^{m}\beta_i x_i\right)}} = \frac{e^{\left(\alpha+\sum_{i=1}^{m}\beta_i x_i\right)}}{1+e^{\left(\alpha+\sum_{i=1}^{m}\beta_i x_i\right)}}$$

$$1-P_i = 1-\frac{e^{\left(\alpha+\sum_{i=1}^{m}\beta_i x_i\right)}}{1+e^{\left(\alpha+\sum_{i=1}^{m}\beta_i x_i\right)}} = \frac{1}{1+e^{\left(\alpha+\sum_{i=1}^{m}\beta_i x_i\right)}}$$

其中，P_i 代表在第 i 个观测中事件发生的概率；$1-P_i$ 代表在第 i 个观测中事件不发生的概率，它们都是由自变量 x_i 构成的非线性函数；α 为常数项。

事件发生与不发生的概率之比为

$$\hat{O} = \frac{P_i}{1-P_i} \quad (8.3)$$

式（8.3）也称作似然比，也可写作：

$\hat{O} = \exp(\beta_0 + \beta_1 X_1 + \beta_2 X_2 + \cdots + \beta_m X_m)$，其值一定为正值（因为 $0 < P_i < 1$），且无上界。

对 $\hat{O}$ 进行一定变换，即可获得 Logistic 回归模型的线性模式与概率 $\pi(Y=1)$ 的预测值 $\hat{P}$，即

$$\ln\left(\frac{P_i}{1-P_i}\right) = \alpha \sum_{i=1}^{m} \beta_i x_i$$

$$\hat{P} = \frac{\exp(b_0 + b_1 x_1 + b_2 x_2 + \cdots + b_m x_m)}{1+\exp(b_0 + b_1 x_1 + b_2 x_2 + \cdots + b_m x_m)}$$

$$= \hat{O}/(1+\hat{O})$$

在构建回归模型后，需要对整个模型的拟合情况进行判断，即检验 H_0：$\beta_1 = \beta_2 = \cdots = \beta_m = 0$；$H_1$：$\beta_j$ 不全为 0。常用的检验方法为似然比检验与 Wald 检验以及 Hosmer-Lemshow 拟合优度检验。

似然比检验的基本思想比较在两种不同假设条件下，对数似然函数值的差别大小。检验的零假设为两种条件下的对数似然函数值不存在显著差别；似然比检验一般步骤为：拟合不包含待检验因素的 Logistic 模型，求对数似然函数值 $\ln L_0$；拟合包含待检验因素的 Logistic 模型，求新的对数似然函数值 $\ln L_1$；比较 $\ln L_0$ 与 $\ln L_1$ 的差异，若两个模型分别包含 l 个自变量和 p 个自变量，记似然比统计量 G 的计算公式为 $G=2(\ln L_p - \ln L_l)$。在零假设成立的条件下，当样本含量 n 较大时，G 统计量近似服从自由度 $v=p-1$ 的卡方分布；如果只是对一个回归系数进行检验，则 $v=1$。

Hosmer-Lemshow 拟合优度检验原理则为：通过将观察对象分为 g 组（通常 $g=10$），数据整理为 $g \times 2$ 列联表，采用 Pearson 卡方检验获得 Hosmer-Lemshow 统计量，比较每组不同因变量分类（$Y=0$，1）的实际观察频数（Observed，O）与预测期望频数（Expected，E）（由 Logistic 回归模型预测获得），检验统计量服从自由度为 $g-2$ 的卡方分布。检验结果无统计学意义（$P>0.05$），表示模型预测值与观察值之间的差异无统计学意义，从而意味着模型较好。

Wald 检验则是用 u 检验或 x^2 检验，推断各参数 β_j 是否为 0。

三、变量体系选择

变量体系的选择与构建是在充分借鉴对外直接投资区位选择理论基础与中国海外耕地投资区位选择理论假设的前提下，统筹考虑数据的可获取性与权威性完成的。

（一）因变量

研究将因变量设置为哑变量，其缘由在于前文中所提及的国际与国内层面尚未公布与海外耕地投资有关的、任何确切的流量或存量数据这一现实瓶颈的制约。

研究所设置的哑变量对应于中国海外耕地投资项目在东道国的分布情况，即若与东道国签约海外耕地投资项目，记为1；反之，记为0。其所代表的深层含义即若东道国作为中国海外耕地投资项目选定国，标记为1；反之，则标记为0。相关数据引用自非政府组织 GRAIN 与全球土地交易联机公共数据库（Land Matrix）。

（二）自变量

自变量的选取主要基于对外直接投资区位选择理论基础与中国海外耕地投资区位选择理论假设，以及相关数据的易得与权威等因素的考量予以实现。

研究在此处沿用中国海外耕地投资区位选择影响因素理论假设的政治与经济以及社会层面的视角来论述自变量选取与构建的具体过程。

1. 政治层面的自变量选取与构建

研究选择东道国的政治风险水平与腐败治理水平以及其同投资国之间的双边投资关系三个变量以构建政治层面的自变量体系，对应于前述的 H_1 与 H_2 以及 H_3。

其中，东道国政治风险水平与腐败治理水平相关数据引用于世界银行发布的《全球治理指标（2015）》（*The Worldwide Governance Indicators* 2015）。借助不可观测的因素模型，可获得落入服从标准正态分布、均值为 0、标准偏差为 1 的治理数据单元，其取值运行于-2.5~2.5，取值越高，意味着政治稳定水平与腐败治理水平越高。

对于双边投资关系变量数据的获取则借助 UNCTAD 的 BIT 数据库所收录的数据与商务部条约法律司公布的《我国对外签订双边投资协定一览表》进行双重验证后实现。

2. 经济层面的自变量选取与构建

经济层面的自变量主要选择市场规模水平、资本丰裕程度、资源禀赋水平、人力资本水平以及地理距离水平等 5 个变量，分别对应于研究所构建的中国海外耕地投资区位选择影响因素理论假设，即 H_4、H_5、H_6、H_7 与 H_8。

市场规模水平、资本丰裕程度变量的相关数据引用自世界经济论坛所发布的《2015—2016 年度全球竞争力报告》（*The Global Competitiveness Report 2015-2016*）。

其中，市场规模水平的测度未沿用传统的人均国民收入方法，其指标计算体系较为全面，覆盖国内市场规模指数、国际市场规模指数与购买力平价 GDP 以及出口占 GDP 的比重等 4 个指数；因而，其也能够更为科学测度与评价一国或地区的市场规模。报告中所测度的市场规模指数取值范围为 1~7，数值越大，意味着市场规模越大。

资本丰裕程度实质即东道国融资成本水平。前文中提及，健康发达的金融市场能够有效降低海外投资主体在东道国的融资成本；因而，资本丰裕度指标借助于金融市场发展指数予以衡量。《2015—2016 年度全球竞争力报告》对于金融市场发展指数的评价主要借助于金融服务的可及性、金融服务的承受能力、本土股票市场融资、获取贷款的便利性、风险投资的有效性、银行稳健性与证券交易监管以及法律权利指数（取值范围 0~12，值越大越好）等 8 项具体评价指标测定。

考虑到海外耕地投资这一主体的针对性，研究对于资源禀赋水平变量数据的选取采用东道国耕地占土地面积的百分比，而未采用传统的东道国对外贸易的矿产及燃料资源占总出口的比重的测定方法。相关数据来自世界银行《世界发展指标》与世界数据图谱分析平台 KnoeMa 数据库。

研究对于东道国劳动力成本的测定，主要借助于人均国民总收入予以间接表示，其数据主要来自于 National Accounts Main Aggregates Database 数据库。在实际运算中，将之取对数，以实现数据平稳的目的。

对于地理距离变量数据的测定，传统方法主要是借助于谷歌地图人工测定两国首都之间的双边距离，研究则引用法国前景研究与国际信息中心（Center for International Prospective-Studies，CEPII）地理及距离数据库所统计的两国双边距离数据，并对其取对数，以减少测量误差从而保证数据的准确性。

3. 社会层面的自变量选取与构建

社会层面的自变量体系主要由国家文化距离与东道国土地产权构建，分别对应于研究所设定的 H_9 与 H_{10}。

研究对于国家文化距离指数的测定主要以 Geert Hofstede 所提出并计算确定的权力距离、不确定性规避、个人主义、男性度、长期取向与自身放纵等 6 个维度的得分为基础，参考并调整 Kogut 和 Singh（1988）所提出的文化距离计算公式，进行计算得来。

研究所运用的文化距离计算公式为

$$CD_j = \sum_{i=1}^{6} \frac{\left\{ \frac{(I_{ij} - I_{ic})^2}{V_i} \right\}}{6} \quad (8.4)$$

其中，CD_j 为东道国与中国的国家文化距离；I_{ij} 意指第 j 个国家在第 i 个文化维度上的得分；I_{ic} 则代表中国在第 i 个文化维度上的得分；V_i 为 i 个文化维度的方差，其中 $i = 1,2,3,4,5,6$。Geert Hofstede 所提出的上述 6 个维度的具体得分引用自其个人网站。

东道国土地产权状况判定与数据获取全部来自商务部对外投资和经济合作司所发布的《对外投资合作国别（地区）指南》；研究对于土地产权状况数据的处理主要是设置哑变量，即将东道国允许外国投资主体获取土地所有权设置为 1，反之，记为 0。

研究所构建的前述变量体系的具体描述，可参见表 8.2。

表 8.2 变量描述

变量	变量含义	变量性质	代理变量	预期符号	数据来源
OFI	海外耕地投资	虚拟	已签约为1，反之，则为0		GRAIN Land Matrix
political	政治风险	指数	政治稳定与暴恐规避指标	+	全球治理指标报告
corruption	腐败治理	指数	腐败治理指标	−	全球治理指标报告
BIT	双边投资协定	虚拟	已签署且生效则为1；反之，则为0	+	UNCTAD 的 BIT 数据库
Market size	市场规模	指数	市场规模指标	+/−	2015~2016年度全球竞争力报告
capital	资本丰裕度	指数	金融市场发展指标	+	2015~2016年度全球竞争力报告
res	自然资源	比值	耕地面积与土地总面积之比	+	KnoeMa 世界发展指标
dist_geo	地理距离	数值	双边地理距离	−	CEPII 数据库
labour	劳动丰裕度	数值	人均国民总收入	−	National Accounts Main Aggregates Database
dist_culture	文化距离	指数	文化距离指数	+/−	Geert Hofstede 个人网站
land property right	土地产权状况	虚拟	可获取所有权为1，反之，则为0	+	对外投资合作国别（地区）指南

四、模型设定运算

研究在完成上述变量体系构建与设置后，借助于统计软件 SPSS 22.0，对所得数据进行二元 Logistic 统计方法处理。

研究率先采用 Hosmer-Lemshow 拟合优度检验对模型拟合数据情况作出估计，以此判断研究所采用的二元 Logistic 模型与研究所得数据之间的拟合情况；在此基础之上，研究进一步以 T 检验法对引入方程的变量的显著性进行检验。

其中，T 检验法的检验统计量定义为

$$T = \left(\sum_{i=1}^{n} (x_i - \bar{x})^2 \right)^{\frac{1}{2}} \frac{\hat{b}}{\hat{\delta}}$$

统计量 T 服从自由度为 $n-2$ 的 t 分布；一般当 T 值大于等于 2 且 T 检验的概率 p 值小于等于置信水平时，具有显著性意义。

Hosmer-Lemshow 拟合优度检验结果如表 8.3 所示，从其显著性检验的 Sig.=0.457>0.05 可得知，检验结果无统计学意义，从而意味着模型预测值与观察值之间的差异无统计学意义，模型较好地拟合了所得数据。

表 8.3　Hosmer-Lemeshow 拟合优度检验结果

步骤	卡方	df	Sig.
1	7.764	8	0.457

研究在将数据引入二元 Logistic 模型运算过程中，选择"ENTER（进入）"法予以实现，即在一个步骤中进入所有变量（预设置为在步骤1后，ENTER 立即停止）；最终运算结果则如表 8.4 所示。

表 8.4　方程中的变量

变量		B	S.E.	Wald	df	Sig.	Exp（B）	Exp（B）的90% C.I. 下限	上限
步骤1	腐败治理	−1.795	0.726	6.124	1	0.013**	0.166	0.050	0.548
	政治风险	0.956	0.438	4.757	1	0.029**	2.602	1.265	5.352
	双边关系	0.996	0.710	1.971	1	0.160	2.708	0.843	8.699
	资本丰裕	0.313	0.664	0.222	1	0.638	1.367	0.459	4.076
	市场规模	0.278	0.321	0.748	1	0.387	1.320	0.779	2.237
	地理距离	0.171	0.543	0.099	1	0.753	1.186	0.486	2.897
	工资水平	−0.372	0.357	1.084	1	0.298	0.689	0.383	1.241
	资源禀赋	−0.039	0.024	2.621	1	0.100	0.962	0.925	1.001
	土地产权	1.994	0.882	5.111	1	0.024**	7.345	1.721	31.337
	文化距离	−0.072	0.200	0.128	1	0.720	0.931	0.670	1.294
	常量	−0.299	5.909	0.003	1	0.960	0.741		

**表示在5%的水平上显著

注：在步骤 1 中输入的变量有腐败治理、政治风险、双边关系、资本丰裕、市场规模、地理距离（取对数）、工资水平（取对数）、资源禀赋、土地产权、文化距离

从表 8.4 中可得知，在 0.05 的显著性水平下，腐败治理水平与政治风险水平以及土地产权状况三个变量的系数具有统计学意义，且其正负符号也符合预期；换言之，即其符合影响中国海外耕地投资区位选择逻辑机理，H_1、H_2 与 H_9 得到验证；在 0.1 的显著性水平下，资源禀赋与双边关系变量的系数基本具有统计学意义，也基本符合研究预期，H_3 与 H_5 得到部分验证；市场规模变量检验值不显著，理论假设 H_4 得到验证；资本丰裕、地理距离与工资水平以及文化距离等变量检验值不具有统计学意义，H_4、H_6 与 H_7 以及 H_{10} 未成立。但需要指出的是，这一研究结论也同现有相关研究成果类似。

研究进一步以预测概率（PRE_1）为检验变量，将"项目状态"作为金标准，进行 ROC 曲线分析，形成了以 1-特异性为横轴、敏感度为纵轴所绘制的 ROC 曲线图（图 8.1）与曲线下的面积表（表 8.5）的分析结果。

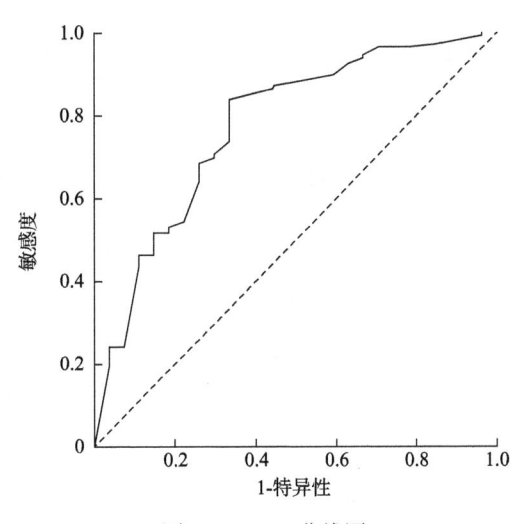

图 8.1 ROC 曲线图

表 8.5 曲线下的面积表

面积	标准误[1]	渐进 Sig.[2]	渐近 90%置信区间 下限	渐近 90%置信区间 上限
0.775	0.051	0.000	0.691	0.860

1）在非参数假设下
2）零假设：实面积=0.5
注：检验结果变量为预测概率，在正的和负的实际状态组之间至少有一个结。统计量可能会出现偏差

ROC 曲线下的面积 (A_z) 可反映检验的价值大小，其指标取值范围为 0.5~1，完全无价值的检验为 A_z=0.5，完全理想的检验则为 A_z=1。一般认为，若 0.50≤ A_z<0.70，意味着检验价值较低；若 0.70≤ A_z<0.90，则表示检验价值中等；若 A_z≥0.90 则说明检验价值较高。研究的检验结果可由表 8.5 清晰地看出，即 ROC 曲线下面积 A_z=0.775，意指检验结果的准确度中等；对应的标准误为 0.051，P=0.000，90%置信区间为（0.691，0.860）。

综上所述，研究所采用的模型实现了较好地拟合研究数据的目的，且研究结果基本符合预期，研究检验价值也达到良好水平；整体而言，变量选择与模型构建以及数据运算成效较好。

五、中国海外耕地投资区位选择分析结果解读

（一）中国海外耕地投资区位选择与东道国政治因素紧密关联

研究以二元 Logistic 模型对中国海外耕地投资数据进行统计处理的结果表

明，东道国的政治风险水平与腐败治理水平显著影响中国海外耕地投资区位选择，而其与中国的双边投资关系则呈现基本显著的特征。

研究所形成的上述结论与目前中国对外直接投资区位选择决定因素研究观点基本一致，即中国对外直接投资趋向于政局相对稳定、腐败相对突出的东道国，且两国之间的双边投资协定能够拉动中国对外直接投资。

因此，在一定程度上也验证了借鉴对外直接投资区位选择研究范式予以论证海外耕地投资区位选择具有科学性与合理性。

（1）较低的政治风险水平吸引中国海外耕地投资项目布局。

研究以二元 Logistic 模型对中国海外耕地投资数据进行统计处理所揭示的东道国政治风险水平显著影响中国海外耕地投资区位选择的结论，其所蕴含的逻辑在于：政治风险水平较低的东道国能够吸引中国海外耕地投资项目布局的潜在因素应当与海外耕地投资的特殊属性存在密切关联。

换言之，海外耕地投资以东道国土地作为标的物的这一内涵属性，客观上造就了海外耕地投资行为深刻影响东道国本土农民生计的现实问题，从而极易招致东道国本土居民的反对与抵制，进而放大投资的政治风险；加之，耕地投资本身具有回收期长的突出特征，进一步形成了对于东道国政局稳定的强烈诉求，突出了政治风险的重要性。

（2）较低的腐败治理水平刺激中国海外耕地投资项目布局。

对于腐败治理水平相对较低的东道国成为中国海外耕地投资区位选择的重要对象的合理解释应当在于腐败的"润滑效应"与东道国投资机会现状。

对于腐败的"润滑效应"的理解，实质即为中国海外耕地投资主体可有效借助于东道国政府的腐败实现压缩项目审批时间、弱化制度摩擦、快速获取投资项目的目的；与此同时，其也可充分利用东道国政府的权力寻租行为，规避与减轻干预和管制，进而推动海外耕地投资的流入。

对于东道国投资机会现状的理解，实质即为东道国腐败治理水平与母国之前所存在的差异而生成的投资机会。东道国腐败治理水平低于投资国，实际意指东道国相关制度存在缺失，突出体现于监管透明度与信息不对称的现实问题，此即为交易成本生成的主要来源；换言之，东道国低于投资国的腐败治理水平所催生的附加交易成本在一定程度会压缩投资利润，从而抑制投资国的区位选择。需要指出的是，这一逻辑关系主要适用于腐败治理水平存在差异的东道国为发展中国家与母国为发达国家之间。故而，其也意味着东道国投资机会在缺失腐败治理水平较高的发达国家的情形下涌现。

（3）完备的双边投资协定保障中国海外耕地投资项目布局。

至于以双边投资协定签署且生效所表示的双边投资关系成为中国海外耕地投资区位选择的因素之一的缘由实质在于双边投资协定的作用，即双边投资协定能够弥补东道国政府的制度缺位、规避东道国政府的歧视待遇、弱化东道国政府的履约风险。

事实也诚如前述，中国海外耕地投资在国家农业"走出去"战略的深入发展推动下，规模逐步扩大，地域日趋拓展。尤其是自 2014 年以来的年度中央经济工作会议与中央一号文件以及"一带一路"倡议等国家层面所形成的涉农战略部署，为中国海外耕地投资搭建了更为广阔的发展舞台。与国家宏观战略相配套，国家商务部主导的《双边投资协定》与农业部主导的《农业合作谅解备忘录》等系列区域及全球农业合作新机制、新架构的陆续出台与运行，以及中国海外农业投资基金的设立与运转，无疑为农业对外投资的战略谋划与行动落实提供了明确的利导之势，从而为中国海外耕地投资项目布局的顺利拓展提供了保障支撑。

（二）中国海外耕地投资区位选择与东道国社会因素显著相关

需要指出的是，能够显著影响中国海外耕地投资区位选择的东道国社会层面的因素仅见于东道国的土地产权状况；而其与中国之间的国家文化距离并不影响中国海外耕地投资项目布局。

研究所揭示的国家文化距离不显著影响中国海外耕地投资区位的结论与目前既有研究观点相悖，即围绕中国对外直接投资区位选择的研究观点认为国家文化距离是重要的考量因素。出现这一偏差的可能原因在于对外直接投资所包含的行业领域较为宽泛，对于出于获取市场与战略资产动机的对外直接投资而言，国家文化距离能够影响其区位选择；而对于具有突出资源寻求动机的海外耕地而言，则影响较弱。

东道国土地产权状况显著影响中国海外耕地投资区位选择的研究结论也再次论证了土地要素对于海外耕地投资的核心意义。外来投资主体能够获取东道国土地所有权的土地产权状况客观上强化了中国海外耕地投资进入的信心与预期；其与可获取土地使用权甚至不可单独获取土地产权的制度安排相比，无疑为中国海外耕地投资项目消减拥有土地产权的东道国本土居民在土地使用层面的干扰提供了强有力的支撑。因而，东道国土地产权状况能够显著影响中国海外耕地投资区位选择。

（三）中国海外耕地投资区位选择与东道国经济因素较弱联系

实证研究结论表明东道国市场规模水平、资本丰裕程度、劳动力成本与地理距离变量与中国海外耕地投资项目区位选择未见显著的相关关系；东道国的耕地资源禀赋则是中国海外耕地投资项目布局的重要考量因素。

事实上，东道国的资本丰裕程度与劳动力成本以及地理距离因素未影响中国海外耕地投资项目区位选择的研究结论同既有研究观点一致，但是对于市场规模因素是否影响中国对外直接投资区位选择则存在分歧。能够合理解释上述结论的可能缘由在于以下几个层面。

（1）中国海外耕地投资发展背景深刻影响项目区位选择。

中国海外耕地投资的生成与发展有着深刻的政策导向背景。中国海外耕地投资是在国家农业"走出去"战略背景下所生成的，由此造就了中国海外耕地投资项目具有较为鲜明的政治色彩而非经济色彩。这一特征在中国海外耕地投资后续发展过程中始终存在。

事实上也的确如此，在经济进入新常态、改革进入新水区的现阶段，国家所确定的开辟"新丝绸之路经济带"的发展战略与提出的"一带一路"发展倡议等国家层面的宏观战略背景与合作框架，同基于贯彻和落实国家宏观战略的要求，省级层面政府部门所对应搭建起的"中国长江中上游地区和俄罗斯伏尔加河沿岸联邦区合作会议"等政府间合作框架协议，一定程度上旨在推动对外经济关系格局转型升级、培育农业对外投资制度优势、抢抓农业对外投资发展机遇，而非完全着眼于经济利益的考量。

（2）中国海外耕地投资主体构成深刻制约项目区位选择。

诚如前文所述，借助于国家层面政府间合作框架搭建、省级层面政府间投资项目落实，中国海外耕地投资在政府主导下实现快速发展。

事实也的确如此，非政府组织 GRAIN 与全球土地交易联机公共数据库（Land Matrix）的统计数据显示，当前中国海外耕地投资主体的主要组成在于国有企业与地方政府，以民营企业与私人名义进行的海外耕地投资相对较少。国有企业与地方政府实施海外耕地投资的主要动力在于非经济目的而非利润最大化，且其具有的身份优势能够占据政策扶持的先机，即能够相对较为容易地获取国家开发银行与海外农业投资基金等国家资金支持，从而减轻了借助于东道国金融市场进行融资的依赖性；此即意味着东道国市场规模与资本丰裕程度不是中国海外耕地投资区位选择的重要考量因素。

（3）中国海外耕地投资优势所在深刻作用项目区位选择。

中国实施海外耕地投资是基于自身所具有的技术优势与资金优势，即以中国的技术优势与资金优势同东道国的耕地资源优势进行匹配，以期实现资源配置的最优化，也决定了中国海外耕地投资并不注重东道国劳动力成本因素的考量。

能够有力支撑这一解释的实例主要体现于中国对俄罗斯、乌克兰以及澳大利亚等国的农业投资，尤其是对于非洲国家而言最为明显。据人民网报道：2011年，中国湖北万宝粮油集团利用莫桑比克加扎省 2 万公顷土地从事农业开发；协议规定，万宝粮油需利用莫桑比克所提供的 2 万公顷土地的 10%，带动当地农户种植水稻；由万宝粮油提供生产资料，并予以全程指导，同时负责稻谷的收购。据凤凰网报道：2013 年，中国新疆生产建设兵团与乌克兰农业公司 KSG Agro 签署协议，约定由 KSG Agro 方向中国新疆生产建设兵团提供 10 万公顷农田从事农作物种植与家猪饲养，中国新疆生产建设兵团则向 KSG Agro 提供包含用于灌溉系统 3 000 万美元的总计达 26 亿美元的资金支持。据观察者网报道：2014 年，中国西林集团与俄罗斯楚瓦什共和国签署农业合作园区项目协议；协议约定中方基于高新农业技术和技术密集型设施农业，采用工业化生产模式从事西红柿、黄瓜、草莓等蔬果种植，俄罗斯方则提供优质无污染的草场从事较大规模的畜牧养殖与产品加工。

基于上述中国海外耕地投资案例分析，研究可以明晰一个基本判断，即中国海外耕地投资项目倾向于布局能够实现中方技术优势与资金优势同外方的耕地资源优势进行有效匹配的地域。

（4）中国海外耕地投资行业属性深刻决定项目区位选择。

海外耕地投资本身具有资源寻求的属性，其不同于传统制造业需要较大规模的劳动力要素，因而，中国海外耕地投资区位选择并不十分突出东道国劳动力成本低廉的影响。

这一结论实际上也与前述所提及的中国海外耕地投资主体构成制约项目区位选择、中国海外耕地投资优势所在深刻作用项目区位选择的逻辑互通、一脉相承。在前文中，研究提及，国有企业区别于民营企业在对外直接投资区位选择层面表现出资源导向的重要特征，这一观点同研究所揭示的以国有企业与地方政府实施海外耕地投资的主要动力在于非经济目的并非利润最大化的结论高度一致；而中国实施海外耕地投资基于自身所具有的技术优势与资金优势的研究结论则再次证实东道国的耕地资源优势是吸引中资海外耕地投资项目流入的重要动力，换言之，中国海外耕地投资所具有的资源寻求属性客观上决定了劳动力成本因素并不是项目布局的主要考量因素。

第三节　中国海外耕地投资区位选择路径优化

一、强化东道国经济因素对于中国海外耕地投资区位选择动力

作为对外直接投资的重要组分，海外耕地投资应当具有突出的经济属性，尤

其是以获取经济利益为目的的投资动机,因而,客观上决定了中国海外耕地投资在国家战略支撑下推进的同时,也应当兼顾经济动机。

(一)突出市场寻求动机,构建市场寻求型中国海外耕地投资区位选择体系

强调中国海外耕地投资区位选择突出市场寻求动机实质是基于深刻的理论渊源与现实背景。

在理论渊源层面,国际生产折中理论所秉持的企业所具有的所有权优势是推动企业实施国际直接投资行为的要件之一,涵盖基于独自支配无形资产与规模经济所生成的优势的这一观点实际为中国海外耕地投资项目布局提供了有效的理论支撑。基于东道国所具有的较大规模的市场能够允许企业有效利用规模经济,故而,中国海外耕地投资主体应当充分挖掘东道国市场潜力,将自身所具有的技术优势与资金优势同东道国的资源优势相匹配,进而使之转换为自身发展可吸收的规模经济。

在现实背景层面,中国海外耕地投资的生成与发展无疑根植于现实国情与国际环境。国际粮食价格持续高企与生物能源蓬勃发展所掀起的海外耕地投资浪潮,与我国农业发展所面临的部分区域生产条件较差、优势地区农业生产压力较大、国内人均耕地偏少的先天瓶颈始终都是我国粮食市场稳定性的制约因素,工业化与城镇化深入发展所催生的对于建设用地的巨大需求对耕地保护释放的巨大压力进一步加剧国内粮食有效供给风险的现实国情,客观上决定了以海外耕地投资为工具,借助于东道国市场潜力,实施大宗农产品期货交易,以期套期保值,增强中国资本在全球粮食期货市场的定价实力,进而有效对抗国际粮食市场对于国内粮食市场的冲击,维护国内粮食市场稳定的路径体系。因而,突出市场寻求动机应当是中国海外耕地投资区位选择所应坚持的长期思路。

(二)统筹资本丰裕考量,弱化政策依赖型中国海外耕地投资区位选择体系

强调东道国资本丰裕程度考量的出发点在于海外耕地投资行为本身需要较大规模的资金支持。尽管截至目前,国际与国内层面并未公布与海外耕地投资有关的、任何确切的流量或存量数据,但仍旧可通过已报道的个别海外耕地投资案例管中窥豹可见一斑。2006年,隶属于中国湖北省农垦局的湖北省联丰海外农业开发有限公司于莫桑比克投资兴建示范农场,从事水稻、玉米等粮食作物的种植,涉及约1 000万美元的投资金额;2007年,隶属于中国陕西农垦局的农垦农工商

总公司与喀麦隆政府签署协议,以6 000万美元的总投资额租用使用期限为90年的喀麦隆中央省1万公顷土地,用于水稻与木薯生产及加工;2009年,中国西林集团同俄罗斯方面签署协议,在俄罗斯建设林产综合加工合资企业,投资额7 200万美元;2011年,中国湖北万宝粮油股份有限公司在莫桑比克租用333公顷土地进行粮食种植,使用期限为50年,总投资金额超过1 000万美元;2013年,中国新疆生产建设兵团与乌克兰农业公司KSG Agro签署协议,规定由乌克兰方面提供10万公顷农田,中方以其所提供的土地从事作物种植与饲养生猪,总投资额高达26亿美元,其中灌溉系统部分即高达2 000万美元;2014年,中国西林集团再次与俄罗斯联邦楚瓦什共和国发展集团签订"楚瓦什四川农业合作园区项目合作协议",涉及37.5万亩土地,总投资额近16亿元。

透过研究所列举的上述投资案例,可以明确一个基本的判断,即海外耕地投资行为本身需要较大规模的资金支持,也即意味着投资项目的正常运行需要企业自身资本与母国资金扶持以及东道国融资三方共同推进。

事实上,当前参与全球海外耕地投资的中方主体主要为国有企业与地方政府,其实施海外耕地投资的动力并非单纯以利润最大化为主,通常伴随非经济目的;从而使其具有的身份优势能够占据政策扶持与政府支持的先机,即能够相对较为容易地获取国家资金支持,从而减轻了借助于东道国金融市场进行融资的依赖性;与此同时,国家对其预算软约束的制度安排弱化了规避经营风险与追逐经济利益的动机,进一步致使其借助于东道国金融市场融资以维持正常运行的必要性与紧迫性降低。

故而,统筹考虑东道国资本丰裕程度,因地制宜借助于东道国金融市场融资,弱化对于母国政策支持的依赖性,也是倒逼中资企业,尤其是国有企业科学经营,在发挥政治效益与社会效益的同时,着力提升投资经济效益。

(三)注重资源禀赋要素,奠定资源导向型中国海外耕地投资区位选择体系

海外耕地投资所具有的以耕地作为标的物的核心特征客观上决定了东道国耕地资源禀赋是实施海外耕地投资行为的基本前提,研究以二元logisitc方法所揭示的中国海外耕地投资项目倾向于布局耕地资源禀赋充裕的国家和地区的结论进一步佐证了这一逻辑。

事实上,根据商务部对外投资和经济合作司所发布的《对外投资合作国别(地区)指南》中关于东道国农业发展条件的论述,在非洲、南美洲与亚洲以及欧洲的部分地区,可耕地资源禀赋要素突出、农业投资鼓励政策完善是上述区域国家所具有的共性且突出的表征;而上述区域也正处于国家"一带一路"倡议辐

射的重要地区。由此也即意味着，在以国有企业与地方政府为主导的中国海外耕地投资行动中，相关投资主体应当借助于国家"一带一路"倡议的部署与落实所释放的政策拉动效应，立足于自身所具有的技术优势与资金优势，将之同东道国的资源优势深度匹配，积极拓展既有项目分布规模，积极开拓新型项目分布区域，快速抢占东道国耕地资源优势先机，快速发展规模经济，提升中国海外耕地投资获利能力，增强中国海外耕地投资获利潜力。

二、稳定东道国政治因素对于中国海外耕地投资区位选择预期

中国海外耕地投资的生成与发展既根植于现实国情，也与国家战略整体关联，这也是为前述实证研究所论证的主要结论。因而，稳定东道国政治因素，是进一步拓展中国海外耕地投资项目布局的重要考量。

（一）科学识别政治风险层级，铸造中国海外耕地投资区位选择保障平台

实证研究表明，东道国政局稳定与暴恐规避水平是中国海外耕地投资区位选择的深刻关切因素；因而，科学识别东道国政治风险层级，无疑是中国海外耕地投资科学拓展与顺利运作的前提保障。

事实上，东道国政治风险对于中国海外投资的危害性影响已在不同行业与领域中呈现，但中国对外直接投资整体仍旧倾向流入东道国治理水平较低的国家和地区；其潜在缘由在于东道国治理水平较低的国家和地区相对缺乏来自于发达国家的对外直接投资，因而，中国对外直接投资便在上述国家和地区具有了比较优势。

具体到海外耕地投资领域，出于保障粮食安全与发展生物能源的动机，具有充裕的耕地资源禀赋的东道国通常是海外耕地投资主体所关注的焦点，也即意味着中国无法有效利用东道国缺失发达国家海外耕地投资这一空档发挥比较优势。在此情形下，科学识别东道国政治风险层级，在中国海外耕地投资主体可接受的风险范围内，抢抓机遇，快速布局，无疑是获取发展先机的重要途径。

落实到操作层面，中国海外耕地投资主体可在充分借鉴世界银行发布的《全球治理指标报告》、中国社会科学院世界经济与政治研究所发布的《中国海外投资国家风险评级报告》、商务部对外投资和经济合作司发布的《对外投资合作国别（地区）指南》关于拟投资的东道国政治风险的结论基础之上，立足于企业自

身发展战略与风险承受能力水平,科学、合理决断。

(二)充分依托双边投资关系,构建中国海外耕地投资区位选择支撑框架

海外耕地投资行为本身是一项极为复杂的系统,其健康、科学运作受到多重因素的制约影响,因而其具有突出的投资成本回收不确定性的特征,而旨在鼓励和保护双方跨国投资的双边投资协定所具有的确保东道国营造公正公平的投资环境,明晰东道国重大事件所应承担的公正投资损赔,消除歧视性待遇;约束东道国政府公正守信履约,规避东道国肆意征收与国有化投资的潜在风险;预先构建投资双方所应遵循的法规架构,防范法律障碍的功能作用体系无疑为海外耕地投资健康运作提供了保障支撑。

具体到海外耕地投资领域,中国与他国所签署的《农业合作谅解备忘录》针对农业科研、生产、加工与营销以及农业资源保护等领域构建起了更为明晰且细致的制度安排,在一定程度上为中国海外耕地投资搭建起了有效的支撑框架体系。

落实到操作层面,中国海外耕地投资主体可参考商务部对外投资和经济合作司发布的《对外投资合作国别(地区)指南》中所述及的中国与拟投资的东道国所签署的相关协定,在对其有关内容安排借鉴的基础之上,选定科学而合理的海外耕地投资东道国。

(三)合理借助腐败治理水平,提升中国海外耕地投资区位选择实施效率

东道国腐败治理水平对于对外直接投资的流入存在"摩擦效应"与"润滑效应"功能,二者作用形式出现差异的前提条件在于东道国政府治理体系所存在的特定门槛水平,即东道国法治水平、监管质量与民主自由以及政府效能影响东道国政府腐败治理水平进而制约对外直接投资的流入存在一个特定的取值范围。其中,东道国法治水平的特定门槛值为 0.332~0.608,即在 0.332 左侧与 0.608 右侧数值的水平下,腐败治理阻滞对外直接投资的流入;监管质量的特定门槛值为 0.366~0.608,即位于 0.366~0.608 取值范围内的情况下,东道国腐败治理水平与对外直接投资的流入存在正相关;政府效能的临界值为 0.588,意味着在 0.588 的政府效能临界值水平下,东道国腐败治理水平对于对外直接投资的功能效应的差异达到临界点;民主水平的特定门槛范围值为 0.493~0.616,即东道国民主水平低于 0.493 或高于 0.616 时,腐败治理水平释放"摩擦效应",阻滞对外直接投资的流

入（邓富华和胡兵，2013）。

研究在以二元 Logistic 模型对中国海外耕地投资区位选择决定性因素进行实证研究后发现，东道国腐败治理水平与中国海外耕地投资区位选择存在显著负相关关系。事实上，接收中国海外耕地投资项目落户的 41 个东道国，其治理水平也基本处于前述研究所确定的相关特定门槛值范围内，故而，其腐败治理水平能够释放吸引中国海外耕地投资的流入"润滑效应"。

中国海外耕地投资主体在遴选意向的东道国时，也可充分借鉴世界银行发布的《全球治理指标报告》所形成的相关成果，合理选择适宜的东道国和地区。

三、拓展东道国社会因素对于中国海外耕地投资区位选择考量

（一）精准认知土地产权状况，增强中国海外耕地投资获利能力

强调精准认知东道国土地产权状况的缘由在于理论层面的土地产权对于对外直接投资的重要意义与现实层面的土地产权对于海外耕地投资的潜在风险。

理论层面的土地产权对于对外直接投资的重要意义，在前文的理论假设中已有较为详尽的论述，研究在此不再赘述。

现实层面的土地产权对于海外耕地投资的潜在风险，实质上主要源自于海外耕地投资在运作过程中所获取的较大规模的土地影响东道国本土农民的生计，从而使海外耕地投资面临着突出的由东道国土地产权问题所引发的本土居民对抗与冲击的风险。

事实也的确如此，2009 年，韩国大宇物流计划于马达加斯加投资规模达 130 万公顷的农业项目，引致为马达加斯加国内本土农民的强烈抗议，最终演变为国家政权冲突，项目计划也被迫中止。

上述案例实际即为东道国土地产权对于海外耕地投资潜在风险的现实反映；其背后的逻辑实质即为土地掠夺（land grab）的理论观点，即海外耕地投资对于消除东道国当地农民的贫困作用微弱，而且会使当地农民被排斥在全球资本体系之外，进而彻底放弃希冀依托于海外耕地投资的途径实现消除当地农民贫困的计划；且以出口导向的农产品生产为主要特征的土地利用模式不但加剧了当地农产品价格的波动，而且引致为农户土地权利的丧失，进一步影响了当地土地市场的发展和政府对农民土地权利的保护。

基于上述背景，在海外耕地投资流入规模较大的国家和地区正在拟出台限制性土地产权制度安排以管控土地交易规模。因此，对于正处于快速发展通道的中

国海外耕地投资而言，既要能够充分利用东道国土地产权状况以开拓新的目标地区，又要能够精准识别东道国土地产权规定以规避潜在投资风险。

（二）有效借鉴国家文化距离，拓展中国海外耕地投资地域范围

强调借鉴国家文化距离有效拓展中国海外耕地投资地域的根源在于国家文化距离影响对外直接投资，其逻辑基点则在于国家文化距离影响双边制度摩擦与交易成本。

尽管研究以二元 Logistic 模型并未发现国家文化距离能够显著影响中国对外直接投资区位选择，但依旧可充分借鉴国家文化距离在中国对外直接投资区位选择中的重要作用，即国家文化距离所呈现的"U 形"作用结构，及其所蕴含的中国对外直接投资区位选择建议。其中，国家文化距离对于中国对外直接投资所呈现的"U 形"作用结构依赖于 0.599~2.323 这一门槛取值范围，即居于 0.599~2.323 这一范围的双边文化距离对于中国对外直接投资的流入产生阻滞作用。

突出国家文化距离"U 形"作用结构门槛值的目的在于说明中国海外耕地投资区域拓展可统筹瞄准双边文化距离较近与较远的东道国家和地区。

对于国家文化距离较近的东道国，中国海外耕地投资应当将之视为重点目标区域，以压缩投资成本，规避制度摩擦风险；代表性的国家和地区即为南亚与东南亚诸国，其所具有的充裕的耕地资源禀赋条件，无疑是中国海外耕地投资进入的必备要件；加之，南亚与东南亚诸国正处于国家"一带一路"倡议辐射区域，中国海外耕地投资可充分借助国家战略所释放的政策先机，有效拓展在这一地区的项目布局。

对于国家文化距离较远的东道国，中国海外耕地投资应当将之视为潜力投资区域，以充分发挥文化差异性所生成的文化比较优势，助力开拓东道国市场；代表性的国家和地区有非洲、大洋洲与北美洲以及南美洲诸国；而上述地区诸国多具有耕地资源充裕、开发潜力巨大的特定优势，其也为中国海外耕地投资所具有的技术优势与资金优势同东道国资源优势进行深度匹配奠定了良好的物质基础。中国海外耕地投资拓展上述目标区域，可在《投资与保护促进协定》与《农业合作谅解备忘录》的框架安排下，积极融入东道国本土文化环境，缩小双方心理距离，从而为投资项目的顺利运作铺平道路。

第九章 日本海外耕地投资区位选择

日本作为拥有全球第二大外汇储备规模的世界第三大经济体和第十大人口国，早在1917年就开始通过海外耕地投资来保障本国粮食安全，并且还成立了专门协调海外农业活动的机构。日本进行海外耕地投资的主要目的是进行粮食生产，缓解国内粮食安全的严峻形势。截至2012年8月底，日本的海外耕地投资数量占全球投资总量的1.5%，超过1 200万公顷，相当于其国内耕地总面积的3倍。

第一节 日本海外耕地投资空间地域选择现状

早在1917年，日本就开始了海外耕地投资活动。目前，日本的海外耕地投资已经遍布世界各地，包括亚洲、非洲、南美洲、北美洲和大洋洲五大洲，其投资的目的也多种多样，但主要仍以农业生产为主。

一、日本海外耕地投资的空间地域分布现状

日本的海外耕地投资有两大特点：一是与当地人联营。日本几乎没有完全独资的农场，大部分以共同出资的方式与当地人联合经营。外国提供土地，日本农民或者企业提供资本和技术。在投资比例上，外国政府以提供土地等方式出资51%，日本以提供农业机械、基础设施的方式出资49%。二是日本的"海外屯田"的特点是日本不直接在海外农场种植玉米、大豆等需求量大的作物，而是通过与当地农户签订购买合同的方式来确保供应。由于直接经营农场收益低，从20世纪70年代开始，以日本农业协同组合和综合商社为中心，在海外购买谷物然后

直接出口到日本。

由 GRAIN 与 Land Matrix 两大网站的统计数据可知,日本海外耕地投资主要分布于亚洲、非洲、南美洲、北美洲与大洋洲。

从被投资国家方面看,日本海外耕地投资在国别选择上也较为广泛,在亚洲、非洲、南美洲、大洋洲和北美洲均有项目投资(图 9.1)。日本海外耕地投资主要集中在亚洲和非洲地区,在这两个地区的对外直接投资项目数量占总量的 69.7%。其中亚洲以菲律宾、越南、中国为主,对这三个国家或地区的海外耕地投资占投资总量的 58.8%;对非洲地区的投资主要集中在利比里亚、马达加斯加、南非、安哥拉、埃及、肯尼亚。日本海外耕地投资的具体分布国家状况如表 9.1 所示。

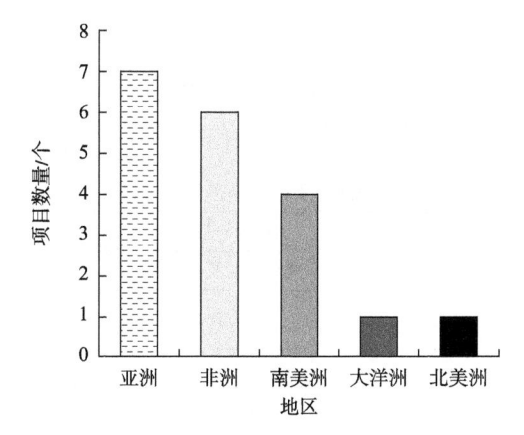

图 9.1 日本海外耕地投资的洲际层面分布状况

资料来源:由 Land Matrix 网站的统计数据整理

表 9.1 日本海外耕地投资的具体国家分布状况

所属洲际	国家	项目数量/个
南美洲	巴西	4
亚洲	菲律宾	4
亚洲	越南	3
亚洲	中国	3
亚洲	马来西亚	2
亚洲	老挝	2
亚洲	泰国	2
南美洲	智利	2
北美洲	墨西哥	1
大洋洲	巴布亚新几内亚	1
非洲	利比里亚	1
非洲	马达加斯加	1

续表

所属洲际	国家	项目数量/个
非洲	南非	1
非洲	安哥拉	1
南美洲	阿根廷	1
南美洲	哥伦比亚	1
非洲	埃及	1
亚洲	印度尼西亚	1
非洲	肯尼亚	1
项目数量总计		33

资料来源：由 Land Matrix 网站的统计数据整理

在日本海外耕地投资的东道国的土地管理特征方面，本章主要从土地所有性质、土地管理制度、土地投资管理机构三个角度进行了分析，具体如表9.2所示。

表9.2　日本海外耕地投资的东道国土地管理特征现状

国家	土地所有性质	土地管理制度	土地投资管理机构
安哥拉	国有	建筑权、使用权	安哥拉国家私人投资局
阿根廷	大多私有，少数国有	所有权	投资促进副国务秘书处、联邦投资委员会
智利	国有、私有混合	所有权	智利外国投资委员会
哥伦比亚	大多私有，少数国有	所有权	贸易、工业和旅游部，财政部，计划署，共和国银行和其他相关部门
埃及	国有、私有混合	所有权、租赁权	投资部及下属投资与自由区管理总局
印度尼西亚	私有	建筑权、使用权、开发权	投资协调委员会、财政部、能矿部
巴西	大多私有	限制购买权	巴西出口与投资促进局
肯尼亚	国有、私有、社区土地托管	租赁权	肯尼亚投资促进局、国家投资委员会、竞争管理局
老挝	国有	租赁权	工贸部、计划投资部、政府办公厅
马来西亚	私有	限制购买权	马来西亚投资发展局
利比里亚	私有	租赁权	国家投资委员会和商业与工业部
马达加斯加	大多私有，少数国有	租赁权	马达加斯加经济发展局
菲律宾	私有	限制购买权、租赁权	贸工部
巴布亚新几内亚	大多集体共有，少数国有	租赁权	投资促进局
泰国	私有	限制所有权	泰国投资促进委员会
南非	私有、国有、省有、市有、半国有	各类均不同	南非贸易工业部
墨西哥	国有、集体所有、私有	限制购买权	经济部外国投资局、外商投资登记处
越南	国有	租赁权	计划投资部
中国	国有、集体所有混合	使用权	商务部

日本海外耕地投资的主要东道国中,各个国家的土地所有性质并不相同。国有性质的国家主要有安哥拉、老挝、越南。私有性质的国家主要有印度尼西亚、马来西亚、菲律宾。私有与国有混合制度的国家主要有阿根廷、智利、哥伦比亚、埃及、马达加斯加。还有其他形式混合的土地所有性质。日本投资的东道国的土地管理制度也不尽相同。所有权制度的国家主要有阿根廷、智利、哥伦比亚。租赁权制度的国家主要有肯尼亚、老挝、利比里亚、马达加斯加、巴布亚新几内亚、越南。还有其他形式的制度。日本投资东道国的投资管理机构比较复杂,主要包括投资部、投资委员会、贸工部、促进局、发展局等各类。

二、日本海外耕地投资空间地域选择变化趋势

Land Matrix 统计的数据显示,从 2006 年开始,日本开始正式介入现代海外耕地投资活动。最早在 2006 年,日本的朝日啤酒有限公司、伊藤忠公司、住友化学株式会社三家公司通过租赁/特许经营的方式,与中国的山东省烟台市莱阳县签署了 100 公顷农田,用于粮食作物、工业及畜牧业的生产。该项目已于 2007 年投入生产。同年,日本的本田公司、泰国的华橡胶上市公司和中国的井陉矿业集团有限公司一起,以租赁/特许经营的方式,与老挝的万象、沙湾拿吉、甘蒙和沙拉湾签署了 32 000 公顷农田,用于非粮农业的生产,并于当年投入生产。

2006 年,日本的运输合作协会(日本电信咨询协会)与泰国的素叻他尼府签订了 40 000 公顷的投资意向,用于生物燃料的农业生产。同年,日本的阳光护理燃料有限公司与泰国的食疗食品有限公司与泰国的普卢尔县、黎府,签署了 22 500 公顷用于生物燃料的投资意向。日本的王子制纸有限公司于 2006 年与马达加斯加的布里卡维尔政府签订了 15 000 公顷农田的投资意向,用于木材的生产,但最后该项目谈判失败。

2007 年,日本三井集团在巴西的马拉尼昂州、圣德西德里乌-巴伊亚、米纳斯吉拉斯州签订了投资合约,购买了巴西三个州 94 639 公顷的农田用于粮食作物的生产,并于 2008 年投入生产。同年,日本的琵琶湖生物实验室、水能公司与肯尼亚签订了 100 000 公顷的投资意向,以租赁/特许经营的方式进行生物燃料的生产,截至 2015 年底该项目仍未投入生产。

2008 年,日本的普利司通股份有限公司与利比里亚的马里兰州以租赁/特许经营的方式,签署了 48 153 万公顷的农田用于非粮农业的生产,该项目已于当年启动生产。日本的国际协力事业团(Japan International Cooperation Agency,JICA)、本田公司与越南的轩海防、华平、海防市签订了 309 公顷的农田用于保护区、碳汇、木材生产的投资合约,该项目已于当年启动生产。同年,日本的碳

贸易有限公司、马来西亚的碳资本有限公司与马来西亚的沙捞越签署了 100 000 公顷农田进行生物燃料、工业生产的项目谈判，该项目直到2011年仍未启动。菲律宾、日本、韩国的萨菲农业工业公司与菲律宾的萨兰加尼省签署了 50 000 公顷农田用于生物燃料生产的项目谈判，截至 2015 年底该项目仍未投入生产。

2009 年，日本的科斯莫石油集团与巴布亚新几内亚签订了投资合约，规定以 1 476 公顷的农田用于生物燃料与粮食作物的生产，该项目已于当年启动生产。同年，日本三菱公司、澳大利亚麦格理集团有限公司、荷兰的第二大养老基金与墨西哥的圣迪奥尼西奥、瓦哈卡签订了口头协议，协议规定，以 1 643 公顷的农田用于可再生能源的生产，该项目直到 2013 年仍未启动。

2010 年，日本的神户物产公司与埃及的基纳签订了投资合约，合约规定以 2 732 公顷的农田用于粮食作物的生产。同年，日本的双日集团与阿根廷的拉潘帕签订了口头协议，以 11 000 公顷的农田用于粮食作物的生产，该项目于 2010 年尚未启动。日本的伊藤忠商事公司、日挥株式会社，菲律宾的生物乙醇和生物能源投资公司，中国的岩土工程控制办公室（香港）与菲律宾的圣马里亚诺、阿尔巴诺于 2010 年签订了投资意向、口头协议，以 11 000 公顷的农田用于生物燃料的生产。

2013 年，日本三井集团在巴西的农业公司财管处与巴西的巴伊亚签订了投资合约，合约规定以租赁/特许经营的方式将 22 000 公顷的农田用于粮食生产。

2014 年，日本的丸红株式会社与安哥拉的库内签订了投资意向，以 75 000 公顷的农田用于生物燃料、粮食作物的生产，该项目于当年并未启动。

除此之外，还有未知年份的项目。例如，日本的住友商事株式会社、三井株式会社、制纸集团有限公司和智利的阿劳卡尼亚大区、阿劳科省、比奥比奥大区签订的以购买/许可开发的方式进行木材生产的投资合约，并于 2002 年投入生产。日本的奥丁能源圣玛尔塔股份有限公司与哥伦比亚的马格达莱纳、圣玛尔塔签订的 8 000 公顷的农田用于生物燃料生产的投资合约，并于 2008 年投入生产。日本的住友商事株式会社与菲律宾的棉兰老岛签订的用于粮食作物生产的投资合约。日本的制纸集团总社与南非的夸祖鲁签订的以租赁/特许经营的方式以 11 000 公顷的农田用于木材生产，并已投入生产。

随着时间的变化，日本海外耕地投资的面积及地区也随之变动。其中以日本与东道国之间签订合约的面积作为投资规模。从 2006 年开始，日本开始在亚洲的东南亚和东亚进行农业投资。其中包括东南亚的泰国、越南和菲律宾。而东亚被投资的国家主要是中国。2006~2013 年，这 8 年在亚洲投资的规模达到 38 409 公顷，占到总投资规模的 18.37%。位于南美洲东南部的巴西，是日本海外耕地投资规模最大的国家，其占到投资规模的 55.79%。

2006~2013 年，这 8 年每年的投资规模、投资地区也在不断地变化。其中 2006 年，日本的海外耕地投资仅限于亚洲的东南亚与东亚，包括泰国与中国，其中泰国被投资的规模占99.69%。2007年，日本的海外耕地投资主要位于南美洲的巴西，规模达到94 639公顷。2008年，其投资主要位于西非的利比里亚与东南亚的越南。2009年，其投资集中在墨西哥和巴布亚新几内亚，其规模都相对较小。2010年，其投资集中在东南亚的菲律宾、北非的埃及，其中菲律宾占到68.71%。2011年和2012年的数据没有得到统计或者没有投资。2013年，日本又在巴西投资了22 000公顷的耕地进行粮食作物的生产。具体如表9.3所示。

表9.3 日本海外耕地投资各洲际的年度状况及所占比重

地区	2006年	2007年	2008年	2009年	2010年	2011年	2012年	2013年
亚洲	32 100		309		6 000			
南美洲		94 639						22 000
非洲			48 153		2 732			
北美洲				1 643				
大洋洲				1 476				
比重	15.36%	45.27%	23.18%	1.49%	4.18%			10.52%
总计	32 100	94 639	48 462	3 119	8 732			22 000

三、日本海外耕地投资空间地域选择动因

众所周知，日本国土面积狭小，耕地资源极度匮乏，而且从2000~2012年的13年耕地面积一直处于逐年递减的趋势，这导致其本国的耕地资源无法保证粮食的需求，同时短缺的耕地资源也将会抑制更长远的经济的发展。为此，日本大规模地在海外投资耕地资源，从事农业生产。从目前日本海外耕地投资项目的投资目的上看，日本投资海外耕地主要在以农业为代表的4个领域。

（1）农业。在日本海外耕地投资的33个投资项目中，共有19个项目的投资目的是农业，主要涉及粮食作物、生物燃料、非粮农业种植等。

（2）木材。日本海外投资用以木材的项目共有6个，约占所有投资项目总数的32%。

（3）混合用途。这主要是指项目用以粮食生产、畜牧、木材种植等多种用途，共有此类项目5个。

（4）可再生能源、未明确和其他用途，共有此类项目3个。

近年来，39%成为日本媒体经常出现的数字之一，它是日本粮食的自给率水平。按照其官方统计的数据，日本的粮食进口率高达61%，其中，22.2%的供应来自美国，还有18.3%的粮食供应依靠中国。一些日本人不无担心地表达了对日本粮食安全现状的极度担忧：假如国际社会不再对日本出口粮食，日本将处于粮荒的状态。

因此，日本的海外耕地投资的主要动因还是寻求耕地资源，通过借助海外耕地资源，来解决国内粮食的危机，而在投资空间地域的选择上则着眼于投资风险的规避。

由于农业生产存在生产效率低下、生长周期长、受气候影响大、风险高等一系列问题，海外耕地投资也不是万无一失的策略。

此外，东道国是否同意将生产出来的粮食出口到投资国，也是一个需要考虑的问题，毕竟很多国家尤其是一些欠发达国家也都在为保证本国的粮食安全做出努力，如果在东道国国内的粮食无法保证供应的状况下，依旧进行粮食的输出，势必会引起东道国的不满。

同时，石油价格持续走高，导致运输回国的成本不可避免地增高，运输费用的增加终会转嫁到粮食价格上。较高成本运输的粮食，对于本土的高粮价也许并不能产生抑制的作用。

为此，日本在南美洲、非洲及东南亚等地都进行耕地投资，其海外耕地投资项目分布广泛，以尽可能地分散投资风险，保障投资收益。

第二节 日本海外耕地投资空间地域选择的影响因素分析

一、日本海外耕地投资空间地域分布的基本特征

日本海外耕地投资空间地域的基本特征可总结如下：从各个东道国的具体人均耕地面积来看，其最高的为阿根廷的0.933公顷，最低的为埃及的0.031公顷，人均耕地面积差别较大。而农业灌溉面积占农业用地总量的百分比数据并不完整，暂不做对比。

日本投资的东道国人均GDP最高的国家是智利，其GDP为15 791美元，人均GDP最低的国家是利比里亚，其GDP为459美元。可见，日本投资的各个国家的社会经济条件并不相同。日本海外耕地投资的东道国治安状况有好有坏，社会治安决定了海外耕地投资的成败。因此，我国在进行海外耕地投资时应对被投资国的社会治安进行仔细的前期调查。从整体上看，日本投资东道国的社会治安相对一般，但也有安哥拉、阿根廷、哥伦比亚、埃及、巴西、巴布亚新几内亚、利比里亚的社会治安很差，并且主要集中于非洲国家（表9.4）。

表 9.4　日本海外耕地投资空间地域的基本特征

国别	位置	耕地/人均公顷数	人均 GDP/美元	项目数量/个	治安状况
安哥拉	非洲西南部	0.209	7 097	1	恶化
阿根廷	南美洲南部	0.933	14 760	1	恶化
智利	南美洲西南部	0.074	15 791	2	良好
哥伦比亚	南美洲西北部	0.036	8 200	1	较差
埃及	非洲东北部	0.031	2 647	1	极差
印度尼西亚	亚洲东南部	0.094	3 499	1	稳定
巴西	南美洲东南部	0.372	11 310	4	较差
肯尼亚	非洲东部	0.133	1 073	1	稳定
老挝	亚洲中南半岛	0.226	1 534	2	良好
利比里亚	非洲西部	0.116	459	1	恶化
马来西亚	亚洲马来半岛	0.032	10 060	2	相对稳定
马达加斯加	非洲大陆	0.153	520	1	比较稳定
菲律宾	亚洲东南部	0.057	2 794	4	不佳
巴布亚新几内亚	大洋洲	0.041	2 283	1	较差
泰国	亚洲中南半岛	0.249	5 673	2	相对稳定
南非	非洲南部	0.235	6 627	1	形势严峻
墨西哥	北美洲南部	0.186	10 631	1	欠佳
越南	亚洲中南半岛	0.071	1 908	3	良好
中国	亚洲东部	0.078	6 995	3	良好

日本海外耕地投资的东道国对于外来耕地投资都会给予一定程度的优惠政策，主要有行业鼓励政策、地区鼓励政策、特殊经济区域的规定等。除此之外，还包括其他的财政政策、非财政政策、投资保障、税收政策等，还有一些具体的投资优惠政策（表 9.5）。

表 9.5　日本海外耕地投资空间地域的基本特征

国别	投资优惠政策
安哥拉	投资额 100 万美元以上，才享财税及关税优惠待遇
阿根廷	外资可基本不受限制地申请并享受相关投资优惠政策
智利	税收政策、地区鼓励政策、特殊经济区域的规定
哥伦比亚	行业鼓励政策、地区鼓励政策、特殊经济区域的规定
埃及	行业鼓励政策、投资保护政策、投资鼓励政策、投资便利措施
印度尼西亚	旅游业优惠、制造业优惠、税收优惠

续表

国别	投资优惠政策
巴西	对中小企业给予优惠税收；给予外国投资者国民待遇，对外资进入部分行业给予税收优惠
肯尼亚	投资补贴、折旧、亏损结转、关税减免等优惠政策
老挝	税收、制度、措施、提供信息服务及便利方面的优惠政策
利比里亚	税收优惠
马来西亚	财政优惠和非财政优惠
马达加斯加	投资保障、优惠待遇、鼓励措施
菲律宾	财政优惠政策、行业鼓励政策、地区鼓励政策
巴布亚新几内亚	行业鼓励政策、特殊经济区域的规定
泰国	行业鼓励政策、特殊地区鼓励政策
南非	对中小型企业以及农产品加工、造纸业等支持
墨西哥	对加工贸易实施特别的优惠措施，可从事绝大多数行业，甚至外资可100%参与经营
越南	行业鼓励政策、地区鼓励政策、特殊经济区域的规定
中国	地区投资优惠、生产性外商投资企业的优惠、再投资退税优惠、出口企业和先进技术企业的优惠等

资料来源：由商务部网站的《对外投资指南》整理

二、日本海外耕地投资空间地域分布的影响因素

（一）日本海外耕地投资的空间地域选择影响因素的选择依据

在目前学界对海外耕地投资区位选择研究基本处于空白的情况下，对外直接投资相关理论和文献能够为本章提供具有借鉴意义的研究方法和经验。

对外直接投资理论自20世纪60年代以来已经超过半个世纪，其中关于区位选择的研究文献也相当丰富，但至今也没有形成被公认的一般理论。最早系统研究该领域的学者是英国经济学家邓宁。其在1981年出版的《国际生产与多国企业》中系统阐述了国际生产折中理论，并最先提出区位优势概念，将其作为决定国际直接投资的变量之一来解释对外直接投资流向的不同，而且综合其他理论形成了对外直接投资区位选择理论的经典之作。

邓宁认为一个企业是否进行对外直接投资取决于三个条件，其中所有权优势和内部化优势是企业对外直接投资的必要条件，而区位优势则是其充分条件。如果企业只有所有权优势，则可以利用出口、许可证贸易或出售专利服务外国市场。假如同时满足内部化优势，则企业更加倾向于通过当地生产来满足外国市场，但是选择的投资地点必须具有区位优势，所以区位优势决定了企业对外直接

投资中"投到哪里"的问题，而这种优势主要包括两个方面：一是东道国不可移动的自然资源等要素禀赋；二是东道国的政治经济制度等。

当然，邓宁的国际生产折中理论存在自身局限性：首先，它是以发达国家为研究对象建立起来的，以垄断优势作为对外直接投资的必要条件，这无法解释发展中国家的对外直接投资；其次，国际生产折中理论运用的是各种优势决定企业最佳区位的镜头分析，无法解释区位因素的动态变化。

因此，邓宁将该理论的名称修正为"国际生产折中范式"，即 ownership internalization location（OIL）范式，以表明其理论只是一种分析框架，并在后来的研究中不断地修正和完善。基于邓宁的 OIL 范式的分析思路，国内外很多学者往往将东道国区位因素划分为不同种类，如联合国 UNCTAD1998 年的世界投资报告认为东道国区位优势包括三个方面：外资政策因素、经济因素、促进投资措施。国内学者在研究过程中也对区位因素进行分类，其中最多的划分方法就是将其分为制度因素和非制度因素两类。

非制度因素包括经济因素（市场规模、劳动力资源等）、基础因素（基础设施等）、地理因素（东道国与投资国的地理距离等），它决定了一个国家或地区的区位优势。制度因素包括经济制度、法律制度、企业运行的便利性等，其中经济的自由开放度和对外资的欢迎态度是最为重要的制度因素。

无论何种分类，在具体进行实证分析时，选择的区位影响因子大体包括国家（政治）风险、宏观经济政策、市场规模、市场相似性、劳动力成本、贸易自由度、基础设施、文化差异等。由于样本和分析方法的选择差异，相同因子对对外直接投资的影响结论并不完全一致。

（二）日本海外耕地投资的空间地域选择影响因素的选定

基于现有学者的研究，将日本海外耕地投资空间地域选择的影响因素分为四类，即社会因素、经济因素、地理因素及政治因素。

1. 社会因素

（1）土地产权。

海外耕地投资所具有的耕地这一标的物的核心特征，意味着获取土地是海外耕地投资落户与开展的有效保障，进一步取决于东道国土地产权状况。事实上，围绕东道国土地产权与海外耕地投资的相关研究结论也表明：借助于提供更好的激励和更好的信用途径，土地所有权安全提高了土地资产属性，也明显导致了更高的土地资本化率；而且土地所有权安全能够显著影响土地所有者为改良土地而施加的投资。土地产权显著影响农业投入和产出；土地私人占有能够激励土地所有者以最有效的方式使用土地，从而最大限度地提高农业文化对于社会福祉的贡献；不安全的土地使用权抑制对于土地的投资需求。

（2）耕地资源。

小岛清在其所提出的比较优势论中指出，对外直接投资的动因在于寻求市场、寻求资源与寻求生产要素等三类。因此，东道国自然资源条件尤其是耕地资源通常是对外直接投资布局的重要考量因素，尤其是对于垂直型对外直接投资而言，更为明显。

2. 经济因素

（1）市场规模。

选择市场规模因素假设的主要理论依据在于国际生产折中理论。生产折中理论认为，企业所具有的所有权优势是推动企业实施国际直接投资行为的要件之一，涵盖基于独自支配无形资产与规模经济所生成的优势。基于较大的市场能够允许企业有效利用规模经济，故而，市场规模能够显著影响生产效率，从而成为东道国对外直接投资流入的重要引力。

（2）工资水平。

选择东道国劳动力成本因素的理论假设实际上也是基于国际生产折中理论所提及的对外直接投资区位选择的思想。

依据国际生产折中理论的观点，企业实施国际直接投资行为应当是基于企业所具有的所有权优势与区位优势和市场内部化优势。其中，区位优势的生成依赖于劳动力成本、市场潜力与贸易壁垒以及政府政策等因素。

3. 地理因素

构建地理距离因素理论假设的基础在于市场学派所包含的区位选择思想。市场学派理论关于区位选择的思想突出了市场距离因素的作用，其内在逻辑在于市场距离关联成本因素与市场因素；成本因素即商品运输成本与信息获取成本；市场因素则在于市场规模与市场潜力。

4. 政治因素

（1）国家风险。

基于对外直接投资的本质属性在于以非金融工具方式控制境外企业的经营管理权，以期获取经济利益的经济行为。故而，对外直接投资预期经济利益的实现需要借助于相对稳定且公平的实体经济营商环境。

换言之，稳定有序的政治局面与信守承诺的政府履约构建起对外直接投资健康运作的基石，也即意味着政局稳定、社会安定、政府守信所营造的实体经济营商环境是吸引与维系对外直接投资的基本要素。

（2）引资政策。

联合国UNCTAD1998年的世界投资报告认为东道国区位优势包括三个方面：外资政策因素、经济因素、促进投资措施。根据中国商务部的官方网站，其《对外投资指南》中有各个国家给予外来投资企业的引资政策的相应优惠策略。对于海外耕地投资资本，东道国会给予一定程度的鼓励、引导。

三、日本海外耕地投资空间地域选择模型

（一）模型选择概述

在已有的相关文献中，对于区位选择分析主要是以多元线性回归模型以及引力模型（gravity model）为主。引力模型通常变量要求是常规数据，而非定性数据。本节所用的日本海外耕地投资数据以国际网站上公布的数据为主，可以得到相关的因变量与多个自变量的相关数据，包括常规数据和可转化为定量数值的定性数据。除此之外，还要从投资国的角度出发，来考虑其投资东道国。

因此，本节拟采用多元线性回归模型，若不是线性关系则取对数转变为线性模型。应用EViews 8.0对因变量与自变量之间的相关关系进行多元回归分析。

（二）模型变量的选取

1. 因变量

本节的因变量，即被解释变量，设置为日本海外耕地投资各个东道国的被投资规模，用OFI来表示。

2. 自变量

本节数据来自 Land Matrix（土地矩阵）的相关统计数据；东道国经济总量GDP来自世界银行数据库；潜在可耕土地面积数据来源于Deininger，于2016年3月2日访问。东道国对于投资的保护力度（DTF），采用世界银行统计的各个国家数值，地理距离用 GD 来表示，http://www.doingbusiness.org/data/exploretopics/protecting-minority-investors。国家风险（CR）来源于《海外直接投资国家（地区）风险排行榜》，http://www.forbeschina.com，于 2016 年 3 月 4 日访问。引资政策来源中国商务部公布的各国投资环境信息，http://www.fdi.gov.cn，于2016年3月5 日访问。东道国工人的平均工资水平（WAGE）数据来源于国际劳工组织 www.ilo.org/statistics，并根据相关汇率转化成以美元表示的工资水平。其变量如下。

变量 1：对于土地产权（LR）状况的数据的处理主要是将其按照可以得到耕地的所有权还是使用权的等级来划分，即使用权为一等级，所有权为二等级。

变量 2：对于耕地资源（AL），数据处理则主要采用世界银行的相关耕地资源的数据。采用实际数据表示。

变量 3：地理距离（GD），采用 Google Earth 两个国家首都之间的直线距离测算数值为准。

变量 4：市场规模，采用各个国家的国民生产总值（GDP）的相关数据。采用实际数据表示。

变量 5：工资水平，即东道国的劳动力成本（WAGE）。月平均工资（美元）=本币月工资/本币兑美元的汇率。采用实际数据表示。

变量 6：东道国对于投资的保护力度（DTF），采用世界银行统计的各个国家数值为准。

变量 7：国家风险（CR），采用风险等级进行分类。以现标准 AAA、AA 为 1；A、BBB 为 2；BB、B 为 3；CCC、CC 为 4；C 为 5。数值越大，国家风险越高。

变量 8：引资政策（CP），采用引资的等级进行分类。其引资政策分为鼓励、允许两种。其中允许为 1；鼓励为 2。数值越大，引资政策优惠越强。

模型相关变量的描述见表 9.6。

表 9.6　模型相关变量的描述

变量	变量表示	变量性质	代理变量	数据来源
海外耕地投资	OFI	数值	东道国被投资规模	Land Matrix
土地产权	LR	数值	获得购买权为2，使用权为1	《商务部对外投资指南》
耕地资源	AL	数值	东道国耕地面积	世界银行
地理距离	GD	数值	Google Earth 测算值	CEPII 数据库
市场规模	GDP	数值	年度 GDP 总量	世界银行
工资水平	WAGE	数值	月平均工资	国际劳工组织
保护力度	DTF	数值	保护力度数值	世界银行
国家风险	CR	数值	AAA、AA 为1；A、BBB 为2；BB、B 为3；CCC、CC 为4；C 为5。数值越大，国家风险越高	《海外直接投资国家（地区）风险排行榜》世界发展指标
引资政策	CP	数值	允许为1；鼓励为2。数值越大，引资政策优惠越强	《商务部对外投资指南》

(三) 多元回归模型的构建

1. 变量间的相关关系检验

用 EViews 8.0 软件,将各变量之间的相关关系进行检验,得到如表 9.7 所示各变量之间的相关关系,结果表明:OFI 数列与其他数列存在较好的相关关系。

表9.7 各变量之间的相关关系检验结果

变量	OFI	LR	AL	GD	GDP	WAGE	DTF	CR	CP
OFI	1.000 000	-0.405 082	-0.089 793	-0.090 376	0.133 959	0.083 778	0.009 809	-0.341 852	0.328 906
LR	-0.405 082	1.000 000	0.264 657	0.297 226	-0.197 188	0.289 700	0.327 879	0.080 018	-0.464 327
AL	-0.089 793	0.264 657	1.000 000	0.395 855	0.045 608	0.290 245	0.105 472	-0.089 111	-0.230 212
GD	-0.090 376	0.297 226	0.395 855	1.000 000	-0.225 162	0.658 571	0.506 152	0.191 931	-0.462 239
GDP	0.133 959	-0.197 188	0.045 608	-0.225 162	1.000 000	0.132 479	-0.117 194	-0.204 657	0.265 762
WAGE	0.083 778	0.289 700	0.290 245	0.658 571	0.132 479	1.000 000	0.759 153	-0.339 143	-0.338 686
DTF	0.009 809	0.327 879	0.105 472	0.506 152	-0.117 194	0.759 153	1.000 000	-0.078 875	-0.428 307
CR	-0.341 852	0.080 018	-0.089 111	0.191 931	-0.204 657	-0.339 143	-0.078 875	1.000 000	-0.259 598
CP	0.328 906	-0.464 327	-0.230 212	-0.462 239	0.265 762	-0.338 686	-0.428 307	-0.259 598	1.000 000

2. 平稳性检验

(1) 对原序列进行 ADF 平稳性检验。

首先选择 level 检验,可知 OFI、AL、GDP、WAGE、DTF、CP 得到所有原数据序列的 ADF 值均小于所有临界值,而 LR、GD、CR 并不完全小于临界值,因此 level 检验中 OFI、AL、GDP、WAGE、DTF、CP 为平稳序列;LR、GD、CR 为不平稳序列。具体结果如表 9.8 所示。

表9.8 ADF 平稳性检验结果

变量	ADF 检验数据	1%水平	5%水平	10%水平	结论
OFI	-3.905 274	-3.653 730	-2.957 110	-2.617 434	平稳
LR	-2.717 618	-3.653 730	-2.957 110	-2.617 434	不平稳
AL	-5.806 962	-3.653 730	-2.957 110	-2.617 434	平稳
GD	-3.596 008	-3.653 730	-2.957 110	-2.617 434	不平稳
GDP	-4.020 718	-3.653 730	-2.957 110	-2.617 434	平稳
WAGE	-4.275 740	-3.653 730	-2.957 110	-2.617 434	不平稳
DTF	-5.181 366	-3.653 730	-2.957 110	-2.617 434	平稳
CR	-1.494 583	-3.653 730	-2.957 110	-2.617 434	不平稳
CP	-3.664 229	-3.653 730	-2.957 110	-2.617 434	平稳

（2）对原序列差分或取对数使其变为同阶序列，如表9.9所示。

表9.9 取对数后的结果

变量	ADF检验数据	1%水平	5%水平	10%水平	结论
D（OFI）	−12.586 60	−3.670 170	−2.963 972	−2.621 007	平稳
D（LR）	−7.173 063	−3.679 322	−2.967 767	−2.622 989	平稳
D（AL）	−4.641 838	−3.737 853	−2.991 878	−2.635 542	平稳
D（GD）	−6.133 737	−3.699 871	−2.976 263	−2.627 420	平稳
D（GDP）	−5.630 146	−3.689 194	−2.971 853	−2.625 121	平稳
D（WAGE）	−7.521 045	−3.689 194	−2.971 853	−2.625 121	平稳
D（DTF）	−6.698 487	−3.699 871	−2.976 263	−2.627 420	平稳
D（CR）	−7.017 758	−3.752 946	−2.998 064	−2.638 752	平稳
D（CP）	−6.176 846	−3.711 457	−2.981 038	−2.629 906	平稳

3. 协整检验

（1）原序列的协整检验。

协整检验是考察变量间长期均衡关系的方法，协整的要求或前提是同阶单整。上述序列再取对数后均为一阶单整平稳序列，因此可以进行协整检验（表9.10）。

表9.10 协整检验结果

变量	相关系数	标准误差	T统计值	概率
LR	−4.371 336	2.428 637	−1.799 913	0.084 5
AL	−0.000 302	0.002 212	−0.136 570	0.892 5
GD	8.66E−05	0.000 291	0.297 076	0.769 0
GDP	−3.84E−08	3.76E−05	−0.001 022	0.999 2
WAGE	−2.71E−05	0.000 738	−0.036 657	0.971 1
DTF	0.054 803	0.114 226	0.479 778	0.635 7
CR	−2.892 479	2.728 078	−1.060 263	0.299 6
CP	2.009 705	2.398 199	0.838 006	0.410 3
C	10.94 166	9.588 843	1.141 082	0.265 1

（2）残差项的ADF检验。

对该序列RESID进行ADF检验。若残差项平稳，则存在协整关系。否则，不存在。由表9.11结果可知，检验值-11.295 65明显小于所有临界值，则残差项RESID平稳，即日本海外耕地投资空间地域选择与选定的相关连续变量存在着长期均衡关系。

表9.11 残差项的 ADF 检验结果

变量	ADF 检验数据	1%水平	5%水平	10%水平	结论
RESID	-11.295 65	-3.670 170	-2.963 972	-2.621 007	平稳

4. 误差修正检验

（1）对序列取对数并回归。

对所有的数列取对数，其中：$P_1 = \ln(\text{OFI})$；$P_2 = \ln(\text{IR})$；$P_3 = \ln(\text{AI})$；$P_4 = \ln(\text{GD})$；$P_5 = \ln(\text{GDP})$；$P_6 = \ln(\text{WAGE})$；$P_7 = \ln(\text{DTF})$；$P_8 = \ln(\text{CR})$；$P_9 = \ln(\text{CP})$。消除异方差问题，自动产生对数数列，如表9.12所示。

表9.12 取对数后的回归结果

变量	相关系数	标准误差	T 统计值	概率
P_2	-1.461 758	1.285 570	-1.137 050	0.266 3
P_3	0.329 310	0.250 886	1.312 591	0.201 2
P_4	-0.901 416	0.768 092	-1.173 578	0.251 6
P_5	-0.538 715	0.374 939	-1.436 808	0.163 2
P_6	2.264 670	0.943 196	2.401 059	0.024 1
P_7	-2.119 287	1.903 909	-1.113 124	0.276 2
P_8	2.426 281	2.468 588	0.982 862	0.335 1
P_9	1.184 295	1.209 433	0.979 216	0.336 9

（2）残差序列修正。

对序列及残差修正，$d(P_1) = c, d(P_2), d(P_3), d(P_4), d(P_5), d(P_6), d(P_7), d(P_8) d(P_9), \text{ECM}(-1)$ 得出回归方程，ECM 前面的系数就是误差修正系数，看这些系数是不是显著，如果显著就说明因变量对解释变量的短期波动有影响（表9.13和表9.14）。

表9.13 残差序列修正后的系数及 T 值

变量	相关系数	标准误差	T 统计值	概率
c	-1.123 294	0.437 593	-2.566 985	0.028 0
$d(P_2)$	-1.754 936	1.986 020	-0.883 645	0.397 6
$d(P_3)$	0.089 238	0.253 689	0.351 761	0.732 3
$d(P_4)$	-0.703 158	0.793 788	-0.885 827	0.396 5
$d(P_5)$	0.075 546	0.566 561	0.133 342	0.896 6
$d(P_6)$	1.565 357	1.081 999	1.446 727	0.178 6
$d(P_7)$	-3.424 244	1.949 177	-1.756 764	0.109 5
$d(P_8)$	2.414 550	2.832 295	0.852 506	0.413 9
$d(P_9)$	1.183 229	1.674 155	0.706 762	0.495 9
ECM(-1)	-1.134 282	0.788 083	-1.439 293	0.180 6

表 9.14　残差序列修正后的 R^2、DW 统计量及 F 统计量

项目	数值	项目	数值
R^2	0.554 414	因变量的均值	-0.879 428
调整后的可决系数	0.153 386	因变量标准差	1.629 435
回归系数的标准误差	1.499 270	赤池信息准则	3.954 687
残差平方和	22.478 11	施瓦兹准则	4.452 553
对数似然函数值	-29.546 87	H-Q 信息准则	4.051 875
F 统计量	1.382 482	DW 统计量	1.646 924
$-F$ 统计量的概率	0.309 457		

5. 多元回归模型的构建

由上面分析可知，其并不是线性关系。因此，将非线性回归模型转换为线性回归模型，即在模型两端同时取对数，则可得到下列模型：

$$\ln(\text{OFI}) = \ln(\alpha) + \beta_1 \ln(\text{LR}) + \beta_2 \ln(\text{AI}) + \beta_3 \ln(\text{GD}) + \beta_4 \ln(\text{GDP}) \\ + \beta_5 \ln(\text{WAGE}) + \beta_6 \ln(\text{DTF}) + \beta_7 \ln(\text{CR}) + \beta_8 \ln(\text{CP}) \quad (9.1)$$

其中，β_i 为各变量的系数，$i=1,2,3,4,5,6,7,8$；$\ln(\alpha)$ 为常数项，将 EViews 回归结果代入可得

$$\ln(\text{OFI}) = -1.123\,294 - 1.754\,936\ln(\text{LR}) + 0.089\,238\ln(\text{AI}) \\ - 0.703\,158\ln(\text{GD}) + 0.075\,546\ln(\text{GDP}) + 1.565\,357\ln(\text{WAGE}) \quad (9.2) \\ - 3.424\,224\ln(\text{DTF}) + 2.414\,550\ln(\text{CR}) + 1.183\,229\ln(\text{CP})$$

且 $R^2=0.554\,4$，DW=1.646 9，$F=1.382\,5$。

从回归结果可以发现，模型所采用的解释变量的 T 值都很显著，参数的符号也符合经济理论，拟合效果 R^2 达到 0.55，拟合程度较好。从上述回归方程可以看出，东道国的潜在耕地面积 AL、东道国的市场规模即国民生产总值 GDP、东道国的劳动力成本即工资水平 WAGE、东道国对于外来投资的引资政策鼓励力度 CP 对海外耕地投资的空间地域选择具有正相关关系。而日本海外耕地投资的空间地域分布与东道国的国内的土地产权 LR 获取状况、两国之间的地理距离 GD 以及对投资的保护力度 DTF 呈反相关关系，有些结果与一般的认知状况有差异。

（四）回归结果分析

根据上述回归分析结果，结合经济学相关理论，得出以下结论。

（1）与东道国的土地产权（LR）状况具有负相关的关系。

这个结论与本章的预期影响方向有所差异。上文将土地产权的状况赋值，即东道国的投资者可以获得土地的使用权赋为 1 等级；将其可以获得东道国的土地

所有权赋值为 2 等级。等级越高,其获得的相应权限越大(因为拥有所有权一定拥有使用权,而拥有使用权却不一定拥有所有权)。

回归结果表明,土地产权的等级越高,获得的权限越大,反而其投资得越少。一方面可以看出,日本进行海外耕地投资并不注重其土地所有权的获得与否;另一方面也证明了日本进行海外耕地投资的主要方式是与当地人的合作经营。

(2) 与东道国的耕地面积(AL)具有正相关的关系。

这与本章预期的影响方向相一致,说明在日本进行海外耕地投资的主要目的是弥补本国粮食生产的不足,减少农产品的进口量,从而保障本国的粮食安全。本章的前面已经有所说明,日本的耕地面积逐年减少,对于农产品的进口量逐年增加,这都导致了日本国民对于粮食安全的担忧。因此,日本进行海外耕地投资的主要目的就是农业生产,而非像欧盟与美国一样,进行新能源的开发来应对石油价格的上涨。同时,我们也可以发现,对于全球的土地面积大国,如俄罗斯、加拿大、美国、澳大利亚等,在目前可得的相关数据中,并未发现日本在这些国家的耕地投资。

(3) 与两国的地理距离(GD)具有负相关的关系。

这与本章预期的影响方向相一致。地理距离过大影响了其将生产的粮食运回本国的难易程度,同时也加重了运输费用。这也说明了日本海外耕地投资的目的主要是保障本国的粮食安全,而非作其他的用途。

(4) 与东道国的市场规模(GDP)具有正相关关系。

这与目前全球海外耕地分布的大趋势相一致。GDP 代表了东道国的总体经济规模,也代表了一国的经济发展水平。虽然目前日本的海外耕地投资主要分布于相对不发达的国家和地区。例如,亚、非、拉等地区是其各国进行海外耕地投资的主要空间地域选择。但市场规模越大,相应的农业设施条件、生产技术以及交通设施等都会相对优越,有利于外国的投资。

(5) 与东道国的劳动力成本(WAGE)之间表现出正相关关系。

这个结论与本章的预期影响方向有所差异。日本进行海外耕地投资的主体是各大型的跨国公司。例如,丸红株式会社、双日集团、三井集团、住友商事株式会社、本田、三菱、日本神户物产公司等大型跨国企业是其进行海外耕地投资的主体。虽然企业更愿意出较低的劳动力成本,但是低劳动力就意味着低素质的劳动力。因此,企业在进行跨国农业投资时,也相应地选择劳动力水平较高的地区。

(6) 与东道国的保护力度(DTF)之间表现出负相关关系。

这个结论与本章的预期影响方向有所差异。一般来说,发达国家对于外来投资的企业进行的保护力度非常完善,其综合评分也很高。例如,排在前几个的国家都是美国、德国、英国等。但是日本的海外耕地投资在这些国家和地区的投资却非常少甚至没有。这也不难理解为什么与其东道国的保护力度呈负相关关系了。

（7）与东道国的国家风险水平（CR）表现出正相关关系。

这个结论与本章的预期影响方向有所差异。正如前面所说的，东道国的风险水平越高，即说明其对于外来投资的保护力度越弱，经济水平越低，也即经济总量或者说市场规模越低，这与前面的（4）和（7）相一致。

（8）与东道国的引资政策（CP）呈正相关的关系。

这与本章假设的预期影响方向相一致。各大企业之所以可以在世界各国进行海外耕地投资，最主要的原因是可以达到互利共赢的局面，即东道国本身需要先进的农业技术、先进的机器设备以及充足的就业机会，并且需要外来的投资资本帮助本国的经济发展。因此，东道国基本都会设置本国各种各样的引资优惠政策。从各行各业到具体的投资金额的各种优惠政策，包括政策优惠、行业鼓励、减免税收等。这对于各大海外耕地投资的跨国企业来说，是非常具有吸引力的。

第三节　日本海外耕地投资空间地域选择存在的问题及借鉴

一、日本海外耕地投资空间地域选择存在的问题

综合前文所述可以看出，日本海外耕地投资空间地域选择上存在以下几个问题。

（一）区位分布过于集中

日本海外耕地投资空间地域选择主要集中在亚洲和非洲地区，对这两个地区的海外耕地投资占投资总量的 96.6%。一方面，不符合投资多元化的要求；另一方面，由于其投资区域过于集中，导致其不易分散投资风险。东南亚的产权保护制度缺失和社会动荡造成日本投资损失。据日本农经学会主席、东京大学农经系主任本间正义教授介绍，日本的食品需求至今仍有40%依赖国际市场，因此政府和企业一直重视海外农业投资。20世纪五六十年代，日本企业在东南亚国家置地发展种植业。没想到，这些国家，如菲律宾的地籍管理制度缺失，卖地者随意指定土地边界，事后屡屡发生土地争端，当地社会法制薄弱，投资者的产权得不到保护；加之东南亚国家和地区的社会不稳定，政权更迭频繁，日本企业的土地投资几乎损失殆尽。

（二）对发达国家的投资比重过低

从目前可获得的数据来看，日本海外耕地投资主要甚至基本都是分布于发展中国家，对发达国家的投资比重极低。这也导致日本海外耕地投资错失了发达国家庞大而成熟的市场，不能充分利用发达国家基础设施完善、劳动力素质较高等区位优势。

（三）投资主体单一

Land Matrix 网站的统计数据显示，日本进行海外耕地投资的主体主要是本国的大型跨国公司。例如，丸红株式会社、双日集团、三井集团、住友商事柱式会社、本田、三菱、日本神户物产公司、日本制纸集团有限公司、奥丁能源圣玛尔塔股份有限公司、普利司通股份有限公司、王子制纸有限公司、伊藤忠商事公司、日本碳贸易有限公司、碳资本有限公司、丸羽日朗株式会社、飞岛公司、科斯莫石油集团、阳光护理燃料有限公司、食疗食品有限公司、饭野海运株式会社、商船三井船舶株式会社等。此类企业基本占了所有投资主体的90%以上。

二、日本海外耕地投资空间地域选择的发展建议

结合实证分析结果可知，日本政府或者企业若要完善其海外耕地投资空间地域布局，应重视以下几个方面的改进。

（1）积极开展对发达国家的海外耕地投资。

从实证结果来看，当前日本对欧美等发达国家或地区的投资比重仍然较小。鉴于发达国家优越的区位优势，未来应加强对发达国家的耕地投资。特别是大型的跨国企业应加大对发达国家的投资力度，可以充分利用发达国家庞大而成熟的农业市场、完善的农业基础设施、较高的劳动力素质等区位优势，同时也可以有效地避开各种贸易壁垒，长期稳定地占有当地农业市场。

（2）巩固和扩大对发展中国家的海外耕地投资。

发展中国家经济增长迅速，市场需求和消费水平发展潜力较大，对于日本投资企业有相对优势，并且发展中国家大多拥有丰富的自然资源，却受限于资金技术而未得到开发利用，因此企业的海外耕地投资则可以充分利用资金和技术优势从发展中国家获取丰富的自然资源，满足国内粮食安全的需要。

（3）开展对俄罗斯、加拿大及澳大利亚等农业资源丰富的国家的海外耕地投资。

俄罗斯、加拿大及澳大利亚等农业资源丰富的国家现正成为世界上另一个迅速崛起的吸引外资的热点地区，这些国家拥有仅次于西方工业化国家的技术经济基础以及丰富的自然资源，是一个极有潜力的区域大市场和资源供给地。因此，在进行海外耕地投资时，可通过收购、合资等方式进行农业投资，从而获得进入这些地区并占领市场的契机。

（4）重视前期的国家风险预测。

目前日本企业对于海外耕地投资的东道国的国家风险水平预测不周全，导致一些项目在实施过程中的夭折。因此，日本企业应加强并重视前期对各地区的国家风险的预测分析，以免造成严重的后果。

（5）加大政府层面的耕地投资规模。

目前，日本的海外耕地投资的主体基本上都是跨国的大型企业，以政府为主体的投资相对较少。而政府的投资相对于企业更有安全保障性，因此应加大政府为主体的海外耕地投资。

综合全书所述，本章将从政府促进措施和企业自身战略两个方面探讨我国企业对外直接投资区位选择的可行性发展建议。

（一）政府促进措施

政府在引导和促进企业"走出去"的进程中，发挥着不可替代的作用，本章认为，对于日本的海外耕地投资的空间地域选择，政府相关部门现阶段应建立和完善以下几个方面的对策措施。

（1）加强海外耕地投资的公开透明度。

目前，日本海外耕地投资的相关文献、文章及新闻都十分的稀缺。日本作为"海外屯田"的先锋，却出奇的低调。实际上，日本早在19世纪末，为了解决日本农业贫民的出路问题，日本当局与墨西哥政府签订协议，让日本老百姓移民墨西哥从事农业生产，这是早期的日本"农业殖民"。20世纪30年代，日本占领中国东北后，又大规模向东北移民。他们在那里生产粮食，既为侵华日军提供军粮，又向日本本土提供粮食这一重要战略物资。其低调的姿态也导致了研究者对于日本海外耕地投资的研究增加了难度，既不利于媒体等的监督，也不利于本国企业对各国农业的投资进展。

（2）丰富海外耕地投资主体，使其多样化。

目前，日本政府对于海外耕地投资的各大型企业给予一定的税收和金融政策的优惠，并针对投资地区投资项目的不同，给予合适的引导和扶持。例如，向在发展中国家投资的企业提供资金援助和损失准备金等保障措施，同时在发展中国家和地区广泛宣传"外向型经济发展模式"的优点，鼓励这些地区对外开放，向在发达国家投资的企业提供咨询服务和适当的监管，并针对遭遇贸易摩擦和投资摩擦的企业进行投资指导等。因此，各大型跨国企业成了日本海外耕地投资的主要主体。但过于单一的投资主体，不利于其公平竞争与资源的平衡。因此，政府也应采取税收、金融、政策等优惠鼓励的方式促使更多的私人团体、政府机构等的参与。

（3）拓展企业海外耕地投资的形式和途径。

日本作为人多地少的岛国，人口的爆炸、资源的短缺、地震等自然灾害的频发、耕地资源的不断减少、对于农产品进口的依赖，都迫使日本政府不得不将粮食生产的希望放置在国外。虽然，日本的各大型跨国企业在不断地进行着海外耕地投资，但是其投资的规模在日渐减少。这对于国内日益增长的粮食需求来说，简直是噩梦。因此，日本政府也应该为企业进行海外耕地投资打下良好的基础。例如，与各大农业资源丰富的国家开展交流活动，与愿意进行农业技术交流的国家签订相关的投资合约，并增加对非洲等贫困地区的经济援助，从而进行农业的投资与生产。同时，对于国家风险水平较高的国家，政府也应与企业之间进行信息交流，以防投资资本的浪费。

（4）加大对企业海外耕地投资的支持力度。

加大培育跨国公司的力度；加大对海外耕地投资的金融支持力度，如设立对外投资基金、对境外投资项目提供利息补贴、为境外企业提供融资担保、对进行海外耕地投资的重点企业、实行财政税收优惠政策等；适当放宽对外投资购汇管理政策，简化用汇审批程序，积极支持市场化企业参与海外耕地投资活动。

（二）企业自身战略

（1）完善前期的国家风险预测。

长期以来，日本的大型跨国公司对于海外耕地投资东道国的投资风险预测相对不足，导致了后期因东道国的社会动荡、政权更迭、自然灾害、战争等原因造成的投资灭失。因此，完善海外耕地投资前期的东道国风险预测，是促进日本企业海外耕地投资健康发展的前提条件。通过与政府机构进行情报共享或者公司自身建立相应的情报机构等方式，来提高企业对于各类风险的预测及防治，也可以投资企业与东道国的政府进行耕地投资的合作方式来进行农业生产，可以大大减少各类的不确定性因素。并且，投资企业也可以选取各类耕地资源质量良好、土地产权明晰的国家或地区，以减少不必要的争端。

（2）加大对耕地资源丰富地区的投资力度。

由 Land Matrix 数据可以看出，以日本大型跨国企业为主体进行的海外耕地投资仍然是以亚洲的东亚及东南亚地区的菲律宾、越南、中国、马来西亚、老挝、泰国、印度尼西亚为主，以非洲的利比里亚、马达加斯加、南非、安哥拉、埃及、肯尼亚为主，以南美洲的巴西、智利、阿根廷、哥伦比亚为主，以北美洲的墨西哥和大洋洲的巴布亚新几内亚为主，缺乏对于耕地资源丰富的发达国家的投资力度。例如，俄罗斯、澳大利亚以及美国、加拿大等耕地资源丰富地区的投资力度明显不足。这些地区不仅拥有丰富的耕地资源，也拥有相对明晰的土地产权等法律法规、先进的农业设施以及高素质的劳动力水平，同时，也具有相对稳定的社会政治及经济的发展，减少了一定程度的国家风险。

（3）利用智库和新闻媒介来塑造公司形象。

目前，对于海外耕地投资的正义性与否，依然存在着很大的争议。有相当大的一部分反对者，认为海外耕地投资是土地掠夺，即 Land Grab。在这样的背景下，跨国企业在进行海外耕地投资时应进行必要的新闻媒介的适当宣传，一方面可以维护本企业进行海外耕地投资的合法性，为企业的投资进展铺平舆论的道路；另一方面也可以适当地缓解本国国民对于本国粮食安全的忧虑，重建民族自信心。除此之外，跨国投资企业还应为东道国提供一定的优惠及帮助策略，如适当地教授一些先进的农业技术，提高当地农民的种植水平，增加对于农业设施条件的改造，粮食作物的栽培的技术传授，等等。并同时利用东道国当地的农业报纸、新闻媒介等来报道，以此来提升企业进行耕地投资的信誉度，减少海外耕地投资的阻力，从而为以后的扩大生产提供机会。

（4）积极参与投资当地的公共事业建设。

为了消除"新殖民主义"的论调，日本企业在进行海外耕地投资的过程中也应该积极参与投资地区的公共事业建设。例如，对于投资东道国的福利院的捐助及建设；对各类的地方机构提供多种类型的捐助。同时对于亚洲、非洲及南美洲、北美洲、大洋洲等一些贫困的地区和国家，可以适当地加大对于当地医院、学校等公共设施的建设，以此来培养当地的支持力量和树立企业的良好形象，从而达到影响当地的投资政策和拓宽其经济利益渠道的目的。

三、对中国海外耕地投资空间地域选择的借鉴

海外农业投资较高的风险使国内企业的海外投资之路走得并不顺畅。而我们的近邻日本政府和企业为此谋划和运作多年，几经周折，才找到了规避风险和保障收益的途径。这些，都值得中国有关政府机构和意欲海外投资的企业学习借鉴。

因地少人多，作为农产品进口大国，日本从近一个世纪之前便开始逐步部署其海外农业安全战略。它目前的海外农业安全战略可以算是"危机推动"的产物。第二次世界大战结束之后，作为美国同盟的日本，曾高度依赖美国市场的农产品供应。"在1973年时，日本国内发生了'豆腐骚动'，但在全球粮食危机之下，美国亦于同年针对其国产大豆实施了出口禁令，对高度依赖美国大豆的日本也不例外。此举对日本造成了较大的心理打击，并因此加快了其海外农业投资的步伐。"国务院发展研究中心研究员程国强在其所著《全球农业战略》一书中如此写道。

与日本曾经的情况类似，中国目前也遇到了维持自给率困难加大、国际供应链过度集中的困境，日本在解决这些问题时所秉持的各种思路及采取的具体做法，应可为中国的海外农业安全战略提供一定程度的借鉴。

（一）调整农产品进口战略

第二次世界大战结束之后，由于工业化、城市化的快速发展，以及人口饮食结构的现代化转向，日本的粮食自给率出现了迅速下滑。据日本农林水产省的统计，从1960~2010年的半个世纪当中，其自给率从79%下滑至39%。

在此种条件之下，日本对农产品的进口采取的是"有保有放"的对策。对于大米等少数基本口粮品种，日本通过各种贸易手段进行管理，使之维持在较高的自给率水平之上。

具体而言，日本为限制农产品进口采取的措施主要包括：①农产品进口关税配额制度。日本从1995年开始执行GATT（General Agreement on Tariffs and Trade，即关税及贸易总协定）乌拉圭回合决议，废除所有农产品的进口数量限制，但对于需要保护的本国主要农产品实行进口关税配额制，对于超出配额部分，征收高额关税。②国营贸易政策。作为保护本国农产品的重要手段，日本政府指定农林水产省食品局等部分机构垄断小麦、大麦等农产品的进口。

此外，为了保障国产大米，日本还对进口大米的用途进行严格限制，只允许其用作食品加工和饲料等用途，严禁用作主食。因此，日本目前最重要的粮食作物大米的自给率基本维持在95%。因而，我国也应借鉴日本农产品进口的相关策略，为保证本国的粮食供应做出相应的调整。

（二）采用"官民一体"策略

日本的"官民一体"海外投资模式具体如何操作？其在巴西的操作是个很好的例子。第二次世界大战结束之后，因日本移民较多，巴西出现了许多主要同日本开展农业贸易的组织。日方将这些组织统称为"日系农协"。目前，分布在巴西各州的日系农协组织有60多家，统一由日系农协中央组织——巴西农业拓植协同组合中央会进行管理。这一体系为日本进口农产品提供了基层的组织基础。2005年时，日本通过日系农协组织，进口了31万吨玉米以及68万吨大豆。

为了对巴西的生产进行扶持，1979年9月到2001年3月，日本官方通过"日巴塞拉多农业开发合作"项目，分期分批对巴西援助的总额共计279亿日元。正是在这一项目的扶持之下，日本从巴西的玉米进口量，已经从1978年的5.8万吨提升到2008年的56.8万吨。

除了官方的扶持体系，日本五大农业公司（丸红、全农、三菱、三井、伊藤忠）近年来也开始加速其在巴西及南美洲其他各个农业大国增加投资。这一方面是为了日本国内自身的农业安全考虑；另一方面，这些农业公司自身亦有其商业考虑——由于中国等新兴国家的粮食需求迅速增加，南美洲作为新兴的粮食产地意义重大。

2013年日本农林水产省海外农业投资信息统计，日本五大农业公司预计将在2015年在南美洲地区获得2 200万吨的粮食收购能力（目前是1 000万吨），是日本粮食进口总量的3/4。

上述一系列措施，为日本得以成功实施海外农业战略提供了帮助。目前日本在海外的屯田面积已达到1 200万公顷，相当于其国内耕地总数的3倍。除此之外，按照日本官方统计，在日本海外供应的60%多的粮食里，美国已经下降到22.2%，而中国的供应量则已上升到18.3%，包括在山东莱阳等多个地区，日本企业均已经建立起农业生产基地。因而，我国也应借鉴日本"官民一体"的相关策略，为保证本国的粮食供应做出相适应的策略。

（三）构建新的海外农业布局思路

早在1917年，日本就成立了专门协调海外农业活动的机构。而在2009年时，日本又发表了《关于为粮食安全保障而促进海外投资的指示》，对其海外战略进行了新的谋划，目的是建立起全球的粮食供应网络。为了实现这一目标，日本政府积极通过与粮食出口国建立良好的合作关系，鼓励企业进行海外投资，深深渗透到主要产粮国和全球主要的粮食贸易网络。

目前日本已经构建起"粮食安全保障海外投资促进会"，其干事会成员包括日本外务省、农林水产省、财务省、经济产业省、国际协力机构（Japan Bank for International Cooperation，JBIC）、日本贸易振兴会（Japan External Trade Organization，JETRO）、日本贸易保险（放心保）（Nippon Export and Investment Insurance，NEXI）。其具体的战略措施包括以下几个方面。

（1）与粮食出口国建立合作关系。从 20 世纪 50 年代开始，日本开始通过政府开发援助（Official Development Assistance，ODA）等形式对非洲、拉美、东欧等地区提供农业援助，发展同当地政府、农业组织及民众的友好合作关系。

（2）建立粮食信息收集系统。日本在维护同主要粮食进口国之间的合作关系的同时，对替代粮食出口国的各类农业信息，如农作物栽培情况、农作物品种以及品种特征、食品安全性问题、粮食仓储、运输等也给予了极大的关注，以备在发生突发事件时，能够迅速、及时地找到替代粮源。

（3）"官民一体"的海外投资模式。从 20 世纪 70 年代开始，日本开始成规模进行农业海外投资。目前其已经形成了"官民一体"的海外投资模式。

1. 完善投资环境

日本政府与投资国积极签订经济合作和自由贸易协定，协调因政策和法律制度不同产生的分歧，为日本企业投资海外创造良好的经济和政治环境。

2. 加大金融和保险支持

日本国际协力银行为符合条件的日本企业提供长期的低息贷款。针对投资地因为战争、政权更迭以及其他不可抗力因素导致的日本企业受到的损失，日本贸易保险公司则提供各类保险，降低其海外投资和贸易的风险。

3. 及时提供各类农业投资服务信息

日本各相关政府机构、金融及保险公司等，均会为日本企业提供各种关于投资机会、区域发展、商业、政策、农业、技术等方面的情报，以及各种关于投资地的研究报告，为日本企业制定走出去战略提供充分、翔实的信息和参考建议。

此外，日本农林水产省下还设立了海外农业开发协会，在海外投资农业的日本企业每年可获得一定的预算支持。对于有意投资海外农业的日本民间企业，其投资的调查费用也有一半由日本政府提供。日本政府每年还发行 4 期《海外农业开发》，向企业提供海外农业投资信息。

4. 建立海外粮食供应链

在"官民一体"的海外投资模式下，日本政府积极鼓励国内企业走出去，在农业基础条件比较发达的地区进行农业直接投资和企业并购，尽可能多地掌握农业资源，建立海外粮食供应链。20 世纪 70 年代中期到 90 年代初期，随着国际贸易顺差和日元汇率升高，日本迎来了海外投资的高峰。目前日本在海外的农业投资，大多来自这一时期。由于日本对美国农产品出口高度依赖，这一时期日本的海外投资总额中有一半以上都集中在美国。日本企业通过这些投资，参与美国农业产业链上的各个环节，并且以这些投资为基点，在北美农业全面布局。

近年来，随着国际粮食市场的供需格局日趋偏紧，日本开始了新一轮的海外农业拓展。目前的主要投资目标集中在中南美洲、中亚和东欧等农业新兴地区。

因此，其海外耕地投资的分布也有助于我国进行海外耕地投资的地域选择借鉴。

第十章 中日海外耕地投资比较分析

日本是世界上最早实施海外耕地投资的国家之一，也是当前在海外拥有耕地最多的国家。日本既建立了海外耕地投资的国家战略，又具有相对完善的海外耕地投资法律法规体系。比较分析中日两国的海外耕地投资，无疑对中国具有重要的借鉴参考价值。

第一节 中日海外耕地投资概述

国际非政府组织 GRAIN 对各国海外耕地投资进行分析，海外耕地投资类型可以分为进攻型投资、防御型投资、扩张型投资三个大类：①以中国、印度为代表的新兴发展中国家，出于缓解国内人口增长、减少耕地压力、保障长期粮食与经济安全目的的战略防御型投资。中国、印度两国均属世界人口大国，两国粮食需求占全球粮食总需求的30%以上。众多西方媒体将过去10年粮食价格的不断上涨，归因于中国和印度等新兴市场国家的旺盛需求。目前，两国基本能够实现粮食自给，但随着工业化、城市化的迅速发展，大量耕地及储备用地因道路、住宅或其他设施建设而被占用，国内粮食安全存在多重危机。②以日本、韩国及海湾国家为代表的经济发达国家，出于国内土地资源匮乏压力及对全球市场的不信任，为了保障国内粮食安全的进攻型投资。③以农业跨国公司国际投资集团为主体国际投资商，出于获取高额利润目的的扩张型投资。

一、日本海外耕地投资概述

日本是重要的海外耕地投资国。日本海外农业开发始于 19 世纪末期，1899年日本就有组织地到秘鲁进行海外耕地投资。1908 年日本政府及企业先后在巴西、哥伦比亚、巴拉圭展开了农业殖民活动，并成立了拉美殖民活动专门协调机构。20世纪40年代起，日本在东南亚建立了农场，80年代将垦荒范围延至中国等地。日本海外农业垦殖计划扩展迅速，主要目的是通过海外农业开发项目输出国内大量人口并为本国市场提供农产品。日本外务省、农林水产省、财务省、经济产业省召集日本国际协力机构、国际协力银行、贸易振兴机构及日本主要商社等举行了促进海外农业投资会议，旨在通过官民协同，促进日本企业到海外获取农地等农业资源；综合商社的主营业务正从过去确保粮食供应转向在海外获得耕地和从事农业经济。非政府组织GRAIN在2008年公布的一份报告显示，2006~2008年，日本食品企业已在巴西、非洲和中亚等地租用和购买了大量农田。日本成为巴西农业的最大合作者，在巴西的150万日本移民中至少有30万人从事农业，他们在巴西各地开设大型农牧公司，生产的大豆、鸡蛋、蔬菜、蚕丝等11种主要农副产品的产量占巴西整个产量的一半以上。目前日本海外投资的耕地数量已达1 200万公顷，相当于其国内耕地总量的3倍。

据Matrix网站统计，2005~2013年日本海外耕地投资项目主要集中在农业方面，同时涉及农业工业混合、可再生能源、林业、保护林业、农业项目等（表10.1）。

表 10.1 日本海外耕地投资项目类型分布表（2005~2013年）

类型	项目数量/个	比例
农业工业混合	1	5.26%
可再生能源	1	5.26%
林业	4	21.05%
保护林业	1	5.26%
农业	12	63.16%
总计	19	100%

注：表中数字进行过舍入修约。
资料来源：根据Land Matrix统计数据整理（http://www.landmatrix.org/en/）

从项目数量上分析，日本海外耕地投资的特点呈现出以粮食种植为主，以林业为辅的特点。但是从日本的海外耕地项目计划面积来看，日本海外耕地面积又是以林业为主，林业项目面积占日本海外耕地面积的70%以上（表10.2）。

表 10.2 日本海外耕地投资耕地面积分布表

类型	计划面积/公顷	面积占比
农业工业混合	100	0.11%
可再生能源	1 643	1.73%
林业	67 548	71.33%
保护林业	309	0.33%
农业	25 100	26.50%
总计	94 700	100%

资料来源：根据Land Matrix统计数据整理（http://www.landmatrix.org/en/）

从面积上看，2005~2013 年日本海外耕地侧重于林业，大面积的投资林业项目，并进行林业保护。

综合项目数量和项目面积进行分析，日本一方面非常注重海外农业投资，另一方面大面积地投资海外林业，确保国内林木供应安全。这与日本的基本国情是分不开的。日本地狭人稠，据联合国粮食及农业组织统计数据，2011 年日本总人口 12 779.9 万人，耕地总面积为 456.1 万公顷，人均耕地面积仅为 0.036 公顷，低于 FAO 0.053 公顷/人的警戒线。日本属于人多地少的岛国，农业自然资源短缺，农业经营规模偏小。受农户减少、农业人口高龄化、农地逐年减少、饮食结构的变化等多种原因影响，日本国内粮食消费 60%以上依靠进口，日本把 80%的可耕地划定为禁止非农化的农业区。

同时，日本非常注重环境保护，国内森林覆盖率高达 65%，一次性筷子全靠进口，并将使用过的一次性筷子回收，作为重要造纸原料。2003 年日本专门制定了《环境教育促进法》，将环境教育纳入义务教育，保护环境，特别是珍贵的森林资源已经深入日本国民心中。因此，日本国内森林极少砍伐，为了满足国内对林木的需求，日本不断在南美洲和东南亚等地进口林木，进行海外林地投资。

二、中国海外耕地投资概述

中国是新兴的海外耕地投资国之一，庞大的人口、粮食供给紧平衡迫使中国企业进行海外耕地投资。据 GRAIN2011 年统计数据，中国可耕地面积 13 513.3 万公顷，人口总数 13 4735 万，人均耕地面积 0.1 公顷，而世界人均耕地面积为 0.23 公顷，我国人均耕地面积仅为世界平均水平的 43.5%。2008 年席卷全球的粮食危机使中国深刻地认识到，有必要在立足国内粮食生产的同时积极开拓海外市场。在海外建立稳定的粮食生产基地，不仅有助于解决中国农业劳动力过剩的问题，而且可以充分利用东道国的农业资源确保双方的粮食供应，从而通过平抑粮价长久地确保双方的粮食安全。

从中国海外耕地投资的项目数量上看，中国海外耕地投资主要集中在农业，农业和工业、林业混合以及单独的林业项目数量较少（表 10.3）。

表 10.3 中国海外耕地投资项目类型

种类	项目数量/个	比例
农业	60	75.95%
林业	4	5.06%
农林混合	6	7.59%

续表

种类	项目数量/个	比例
农工混合	6	7.59%
农业、可再生资源混合	3	3.80%

注：表中数据进行过舍入修约
资料来源：根据 Land Matrix 统计数据整理（http://www.landmatrix.org/en/）

统计数据表明，中国在海外耕地投资项目中，十分注重粮食生产，超过 75% 的耕地项目专门进行粮食生产，同时涉农项目比例更是高达 95%以上。从中国耕地投资项目的面积来看，也能得出类似的结论（表 10.4）。

表 10.4　中国海外耕地投资项目面积分布

种类	计划面积/公顷	比例
农业	654 538	67.93%
林业	38 839	4.03%
农林混合	34 189	3.55%
农工混合	209 904	21.79%
农业、可再生资源混合	26 022	2.70%

资料来源：根据 Land Matrix 统计数据整理（http://www.landmatrix.org/en/）

同日本海外耕地投资不同的是，无论是项目数量还是项目面积上，中国海外耕地主要用于粮食生产。这种情况的产生一方面与中国政府高度重视粮食安全、国内粮食供应始终处于紧平衡有关；另一方面与中国林业资源较为丰富有关系。值得注意的是，这在很大程度上也能够说明，与日本相比，中国国民保护环境、保护森林意识不强，大量砍伐森林作为工业原料。因此，日本海外林地投资以保障国内林木供应，值得中国学习参考。

第二节　中日海外耕地投资比较分析

一、中日海外耕地投资主体对比

海外耕地投资主体是指从事海外耕地投资活动，具有一定资金来源，享有投资收益的权、责、利三权统一体。投资主体是三权的统一体：①决策主体，拥有投资决策权；②责任主体，承担政治、法律、社会道德等风险；③利益主体：享受收益权（包括营利性的收益和非营利性的收益）；④投资主体的实质是经济要素所有权在投资领域的人格化。

按海外耕地投资主体的性质分类，投资主体可以分为政府、国有企业、私有企业、外资企业、私人或者私募基金几个种类。

（一）中国海外耕地投资主体分析

中国大规模的海外耕地投资开始于 2004 年，中国政府鼓励中国企业"走出去"，众多投资者开始放眼海外，进行耕地投资。著名的投资项目统计研究网站 Land Matrix 数据表明，自 2000 年以来，中国投资者已经签订合同并且开始生产的海外耕地投资项目达到 79 个，其中涉及的主要投资者有私有企业、国有企业、政府以及少部分的外资企业和私人投资者。表 10.5 为中国海外耕地投资者分布表。

表 10.5 中国海外耕地投资者分布表

投资者	数量/个
事业单位	1
国企	20
私企	47
私人	3
外资	5
政府	3
总计	79

资料来源：根据 Land Matrix 统计数据整理（http://www.landmatrix.org/en/）

统计数据表明，中国私有企业是海外耕地投资的主力军，达到 59%；第二主力是国有企业，比例为 25%；其他投资者比例较小，仅占 16%。分析中国海外耕地投资者投资项目以及占比，可以发现以下几个重要特点。

（1）私营企业占据绝对比例，但大多数企业仅仅投资一个海外耕地项目，处于一种尝试状态，说明中国企业海外耕地投资还处于初级阶段。

（2）涉农公司与非涉农公司并存，均占据相当大比重。统计数据表明，众多中国海外耕地投资企业此前主营业务中没有涉及农业，这些公司大都分布在房地产、电子产业、外贸产业、生物制药业等。

（3）国有企业占据相当比重，某一公司跨地域持续投资现象较为常见，这说明国有企业进行海外耕地投资已经进入相当成熟的阶段。例如，中国成套设备进出口总公司先后在 2001 年、2008 年、2009 年、2011 年在贝宁、马达加斯加、塞拉利昂、牙买加投资耕地；国有控股的中兴通讯在老挝、刚果、苏丹、印度尼西亚进行海外耕地投资。

（4）私人投资者进行海外耕地投资。统计数据表明，中国私人投资者的身影已经出现在海外耕地投资的队伍之中，中国的富裕阶层已经开始放眼海外，进行跨境投资。

（二）日本海外耕地投资主体分析

日本是世界上最早进行海外耕地投资的国家之一，日本在美洲的土地开发很早就为人所关注。早在1899年，日本官方资助的公司向秘鲁派出了农场工人。之后在1908年，日本在巴西也开展了类似活动。随后，日本东棉株式会社和巴西殖民合作组织在亚马孙河谷和圣保罗建起农业聚居区。20世纪40年代开始，日本先后向中国、东南亚等地进行耕地投资，据统计，日本海外耕地投资面积已经达到本国耕地面积的3倍。

日本是主要的资本主义国家之一，与中国不同的是，日本海外耕地投资者主要有三种类型，即私有企业、外资企业、私有企业与外资企业的联盟企业。表10.6是2006~2013年日本海外耕地投资主体分布表。

表10.6　2006~2013年日本海外耕地投资主体分布表

企业性质	数量/个
外资、私企	8
外资	2
私企	9

资料来源：根据Land Matrix统计数据整理（http://www.landmatrix.org/en/）

统计数据表明，日本海外耕地投资主力军是私有企业、私有企业与外资的联盟企业，政府没有直接参与海外耕地投资。分析日本海外耕地投资主体能总结出以下特点。

（1）日本企业海外耕地投资私有化。政府一般不直接参与海外耕地投资，这样避免了"日本威胁论"。

（2）日本海外耕地投资中有大量外资参与。日本海外耕地投资项目涉及外资的比例高达53%，这是日本海外耕地投资的重要特点，通过与外资合作的方式投资当地耕地。

（3）日本海外耕地投资企业较为集中，主要集中在三井、三菱、日本制纸集团有限公司、住友商事株式会社等大型跨国公司。

（三）中日海外耕地投资主体差异的影响

通过上文的比较分析，发现中国和日本海外耕地投资主体主要有以下不同点。

（1）投资主体构成性质不同。中国国有企业和政府在海外耕地投资主体中占相当比重，日本至少在表面上没有政府的参与。

（2）外资在中日海外耕地投资主体参与度不同。中国海外耕地投资中外资只是有限参与，中国企业一般采取独资方式或者和国内其他企业合资进行海外耕地投资；日本不仅国内有大量外资直接参与海外耕地投资，更重要的是，日本企业在国外和其他外资企业合作，投资当地耕地、林地。

（3）海外耕地投资集中度不同。中国进行海外耕地投资的企业比较分散，分布在各行各业，一般企业也只是投资一个海外耕地项目，集中度低；日本进行海外耕地投资的企业很集中，主要是几个大规模的跨国公司，一般投资多个项目。

（4）仅就统计数据而言，没有发现日本私人参与海外耕地投资。

根据以上不同，分析可能存在的影响如下。

（1）"中国威胁论"。日本海外耕地投资分布在几个大型跨国公司，公司数量少，不易引起其他国家警觉，同时外资在日本海外耕地投资中参与度高，没有导致"日本威胁论"的产生；中国企业进行海外耕地投资，一方面企业投资相当分散，即使在数量接近的情况下，仍然容易形成中国企业"满世界耕地投资"的错觉，另一方面，中国企业中政府和国有企业占据相当比重，这也给有心者提供了新的"中国威胁论"的证据。

（2）日本企业集中度高，能够有效形成投资经验。日本企业投资主体较为集中，这些企业一般持续投资、同时投资多个项目，这对海外耕地投资经验的积累是非常有用的；中国企业处于尝试阶段，一般投资一个项目，仅部分企业进行持续投资。

（3）中国私人投资者风险高。统计表明，中国海外投资者中有个人参与，个人在信息获取、风险抵御各方面与企业存在一定差距，这导致私人投资者投资风险很高。

二、中日海外耕地投资区域对比

海外耕地投资区域指的是投资者投资项目所在国或者地区，一般是东道国所在地。总体来说，海外耕地投资区域一般具备以下条件：①有大量未开发的耕地或者储备耕地；②气候环境适合进行投资种植业、林业等；③土壤条件适宜农业；④当地政策适合进行海外耕地投资；⑤东道国一般经济不发达。所以，具备以上条件的区域集中在非洲（特别是撒哈拉以南的非洲、西非国家）、东南亚、南美洲、苏联地区。然而不同的国家，由于历史、现实诸多条件的影响，海外耕地投资区域分布有较大差别。

（一）中国海外耕地投资区域分析

1. 中国海外耕地投资区域分布统计

根据 2000~2013 年 Matrix 网站统计到的数据，中国海外耕地投资项目共 79 个，分布如表 10.7~表 10.9 所示。

表 10.7　中国海外耕地投资项目分布国家统计表（2000~2013 年）

国家	项目数量/个	所在大洲
柬埔寨	25	亚洲（东南亚）
老挝	19	亚洲（东南亚）
菲律宾	4	亚洲（东南亚）
俄罗斯	2	欧洲
乌干达	2	非洲（中非）
莫桑比克	3	非洲（南非）
塞拉利昂	2	非洲（西非）
越南	1	亚洲（东南亚）
玻利维亚	1	南美洲
贝宁	1	非洲（西非）
喀麦隆	1	非洲（西非）
埃塞俄比亚	1	非洲（东北非）
马达加斯加	1	非洲（东非）
马里	1	非洲（西非）
尼日利亚	1	非洲（西非）
坦桑尼亚	2	非洲（东非）
刚果	1	非洲（西非）
赞比亚	2	非洲（中南部）
津巴布韦	1	非洲南部
苏丹	1	非洲（东北非）
安哥拉	1	非洲（西南非）
印度尼西亚	3	亚洲（东南亚）
牙买加	1	北美洲
古巴	1	北美洲
哈萨克斯坦	1	亚洲（中亚）
总计	79	

资料来源：根据 Land Matrix 统计数据整理（http://www.landmatrix.org/en/）

表 10.8　中国海外耕地投资区域分布比例

地区	项目数量/个	比例
亚洲	53	67.09%
非洲	21	26.58%
欧洲	2	2.53%
北美洲	2	2.53%
南美洲	1	1.27%

资料来源：根据 Land Matrix 统计数据整理（http://www.landmatrix.org/en/）

表 10.9　中国海外耕地投资项目面积分布表

地区	面积/公顷	比例
东南亚	463 344	44.18%
非洲	386 162	36.82%
欧洲	186 667	17.80%
南美洲	12 500	1.19%

注：表中数据进行过舍入修约

资料来源：根据 Land Matrix 统计数据整理（http://www.landmatrix.org/en/）

统计数据表明，中国绝大部分海外耕地投资在亚洲和非洲，还有少部分在欧洲、北美洲、南美洲其他地区。亚洲的耕地投资项目最为集中，比例高达67.09%，其中东南亚在53个项目中占据52个，比例达到65.82%；然后比重最大的是非洲，比例为26.58%，非洲分布较为分散，较为均匀地分布于西非、南非、中非、东非，东北非分布较少，西非相对较多。值得一提的是，中国海外耕地投资项目在亚洲的东道国也非常集中，主要是柬埔寨、老挝两个国家，其中柬埔寨有25个项目，老挝19个，另外在菲律宾、越南、印度尼西亚有少数项目。

从项目面积上看，2000~2013年中国海外耕地项目面积共计 1 048 673 公顷（只包括统计到的数据，不含未统计数据），合 15 730 095 亩，不到国内耕地面积的 1%。其中，44.18%的耕地分布在东南亚，比例最大；36.82%的耕地分布在非洲，其余少部分在南美洲、北美洲和欧洲。这种分布特点可概括为"大集中，少分散"，这种特点形成的原因是什么呢？

2."大集中，少分散"特点形成的原因分析

中国海外耕地投资主要分布在柬埔寨、老挝以及非洲国家，在东南亚国家的分布特点是"大集中"，在非洲国家的分布特点是"少分散"，形成这种特点的原因主要有以下几点。

（1）"大集中"形成的原因。

中国海外耕地投资项目主要集中在柬埔寨、老挝等东南亚国家，形成原因可

以从自然条件、地缘政治、社会经济条件等多个角度进行考虑。

第一，自然条件。柬埔寨、越南、老挝都是农业国家，或与中国接壤，或与中国近邻，气候条件同中国相似，且都是大米生产和出口国家。这些国家农业资源较丰富，土地肥沃，水资源和热量均较为充足，农、林、牧、渔业发展具备一定的条件，但发展潜力未得到较好利用。

第二，地缘政治。中国和大多数东南亚国家有着传统友谊，两国在抵御外来侵略者、争取国家独立和发展社会经济方面有着相似的经历。在东南亚，东盟在政治经济各方面发挥着重要作用。对中国来说，东盟是近邻，属战略上攸关国家安全的地区。中国和东盟对话始于1991年，中国当年成为东盟的全面对话伙伴国。17年来，双边关系迅猛发展。在政治领域，中国秉承"与邻为善，以邻为伴"的外交方针和"睦邻、安邻、富邻"的外交政策，和东盟10国分别签订了面向未来的战略伙伴关系政治文件。在和东盟的战略合作层面上，2003年中国成为东盟外第一个加入《东南亚友好合作条约》的国家。2002年11月，中国同东盟签署《中华人民共和国与东南亚国家联盟全面经济合作框架协议》，启动了中国—东盟自贸区建设进程。2010年1月，中国—东盟自贸区全面建成。

2013年，中国—东盟贸易额达4 436亿美元，同比增长10.9%。其中，中国向东盟出口2 440.7亿美元，东盟向中国出口1 995.4亿美元。中国是东盟第一大贸易伙伴，东盟是中国第三大贸易伙伴。中国与东盟双向投资持续增长，2013年1月到11月，双方相互投资达120亿美元，其中中国对东盟投资45.2亿美元，东盟对中国投资75.3亿美元。双方良好的经济政治往来，为中国在东南亚进行海外耕地投资创造良好的外部环境。

第三，社会经济条件。越南、老挝、柬埔寨等国家都是东南亚地区经济较为落后、工业基础薄弱的传统农业国。这些国家虽然劳动力充足、农业资源丰富，但是资金缺乏、技术落后，这使当局迫切希望吸引外资，投资国内耕地、农田水利设施。东南亚各国为了增强外资吸引力，各国都推出各种优惠政策，这些政策主要体现在税收优惠政策、非税收促进政策、行业鼓励政策、地区鼓励政策等方面。中国近些年经济发展迅速，大量资本渴望投资保值增值，作为近邻的东南亚自然成为首选地区。

（2）"少分散"形成的原因。

中国企业在非洲海外耕地投资比较分散，在西非、中非、南非、东非、北非各地都有投资项目，并且项目数量较少，形成这种现象的原因有以下几个。

第一，长期以来，中国和非洲政治关系友好，中非传统友谊为双边的投资合作奠定了坚实的基础。

第二，中国和非洲国家在资源、产品、市场、人力等方面具有很强的互补性，为中国企业提供了大量的投资机会。

第三，中国企业长期在非洲实施或承揽中国政府和国际组织的援助项目，使非洲对中国企业较为了解，中国企业也比较了解非洲国家政治经济、人文历史以及市场情况。近年来，通过实施"走出去"战略，中国企业在技术、设备和资金等方面的实力明显增强，他们通过开展对非洲经济合作业务，获取了大量对外投资的经验，为开拓非洲市场创造了条件。

第四，非洲国家近年来为发展经济，普遍采取了吸引外资的政策，积极改善投资环境，为中国的投资者创造了良好的条件，有力地推动了中国企业对非洲的投资。

但是由于非洲距离中国非常遥远，同时文化差异很大，投资环境相对于儒家文化圈的东南亚等国来说，比较优势较小，这也导致了部分企业更愿意在东南亚投资而不是在非洲投资。

还有一个重要的原因是非洲大部分地区是热带草原气候，生产水稻、小麦等粮食作物不具备优势。投资企业只能选取农业区位优势较大的地区进行投资，因此显得相对分散，投资项目数量也比不上东南亚。

（二）日本海外耕地投资区域分析

1. 日本海外耕地投资区域分布统计

据统计，日本 2006~2012 年海外耕地投资项目共 13 个，表 10.10 为日本海外耕地投资分布区域。

表 10.10　日本海外耕地投资分布区域

所在大洲	项目数量/个	所占比例
亚洲	6	31.58%
南美洲	9	47.37%
非洲	3	15.79%
大洋洲	1	5.26%

资料来源：根据 Land Matrix 统计数据整理（http://www.landmatrix.org/en/）

从表 10.10 中可以看出，2006~2012 年日本企业海外耕地投资虽然较为分散，但仍可以看出日本主要投资区域是亚洲（东南亚）和南美洲，其中主要集中在巴西和智利等国。南美洲是日本企业海外耕地投资的重要地区，日本企业自 19 世纪末就开始在巴西、秘鲁等地进行殖民扩张，并迁徙大龄农业人口从事农业生产。20 世纪中期，日本企业逐渐在中国和东南亚国家进行海外耕地投资，并一度视中国为日本的"粮仓"。不难看出，日本企业海外耕地投资主要特点是集中在南美洲、亚洲（中国和东南亚），少部分在非洲国家。

（1）集中在南美洲的原因。

日本在南美洲进行海外耕地投资的原因主要是南美洲自然条件、历史渊源、投资环境较好。

第一，自然条件。南美洲的巴西等国的农业资源得天独厚，土地资源、生物资源、水资源等都十分丰富。这些国家仍处在"拓展农业边疆"的发展阶段，耕地面积仍在不断扩大。例如，巴西中西部著名的"稀树草原"占全国土地面积的21%，其国家可耕地总面积为2.8亿公顷。近20年来，巴西的耕地面积每年递增1.84%，从3 440万公顷扩大到4 950万公顷，但仍只占到国土面积的6%，人均0.3公顷（4.75亩）。巴西农业增产的潜力极大，甚至有专家认为，巴西将是"21世纪的世界粮仓"。

第二，历史渊源。日本在南美洲的土地开发很早就为人所关注。1968年，美国威斯康星大学地理学教授爱德特曾在《经济地理学》上发表文章，称日本的这种行为是"农业殖民"。他在阿根廷研究后发现，1899年，一家由日本官方资助的公司向秘鲁派出了农场工人，这是日本有组织地在拉美农业殖民的开始。1908年，日本人在巴西展开了类似活动。之后，日本东棉株式会社和巴西殖民合作组织合作在亚马孙河谷和圣保罗建起了农业聚居区。1917年，日本政府成立专门协调在拉美殖民活动的机构，该机构20世纪二三十年代将目光投向了哥伦比亚和巴拉圭。这些殖民点设立的目的之一就是为日本市场提供产品。

第三，投资环境。南美洲国家经济发展最初采取出口导向型经济，即通过招商引资的方式进行本国经济开发，鼓励农产品出口创汇。为此，巴西、哥伦比亚等国制定了一系列吸引外资的政策。以巴西为例，从内部条件看，巴西基础设施便利、政治和金融稳定、技术研发水平较高、劳动力供应充足、国内自由贸易区政策优惠；从外部环境看，巴西参加了相关的区域经济一体化组织。内外条件的结合决定了巴西投资环境的吸引力。

（2）集中在亚洲的原因。

日本海外耕地投资在亚洲主要集中在东南亚和中国，集中在中国主要原因是中国耕地资源总量丰富、劳动力廉价、气候条件较好；集中在东南亚国家主要原因有以下几点。

第一，东南亚自然条件优越，适宜农业生产。

第二，政治环境的影响。日本企业民族主义较为强烈，企业投资区域的选择往往也受到政治环境的影响。近些年来，日本政府一心建立中国包围圈，极力拉拢东南亚、南亚各国，通过投资、援助等方式，增强自身在各国的影响力。为给日本企业在东南亚投资铺路，日本采取了"政府撑腰"和"因国制宜"两大对策，并在具体投资实践中将二者有机地结合起来。所谓"政府撑腰"，即日本政府将推动投资作为东南亚外交要务之一，通过多边、双边合作，为投资开路，力促东南亚国家为日企创造有利条件。安倍晋三上台后选择东南亚作为首访地，并在不到十个月的时间里三次访问东南亚，几乎踏遍所有国家，副首相麻生太郎也到访缅甸，这就很好地证明了这个观点。

每次访问，安倍晋三等都将经济关系作为最优先课题，且均有庞大的产业界代表团随行。例如，2013年5月安倍晋三访缅时，有40家日本主要企业代表同往。此外，日本政府还利用ODA鼓励企业转向东南亚发展。例如，日本动用数十亿美元的ODA资金支持日本企业参与的项目，包括越南和缅甸的工业园区、柬埔寨的铁路以及老挝的机场。此外，日本政府还帮助日本企业在缅甸、越南和印度尼西亚等国家寻找当地的合作伙伴。所谓"因国制宜"，指的是日本政府和企业针对经济发展水平各异的东南亚国家有不同定位，投资推进工作各有侧重。

三、中日海外耕地投资经营模式对比

海外耕地投资模式指的是投资者进行海外耕地投资的各种关系综合，包括投资方式、土地获取方式、农产品处理方式等。投资国和投资者由于受历史条件、政治环境、投资目的等影响，会形成具有自身特性的投资经营模式。本章限于研究条件，仅仅研究投资方式。

（一）中国海外耕地投资方式

（1）农场企业化经营。

中国大型农垦企业及农业科研机构主要采用传统农场企业化经营模式。这类企业一般处于产业链最低端，是中国海外耕地投资的主体，在农产品加工和销售方面有系统化的经营模式。这类企业面临的主要问题是怎样与非洲农业一起实现市场化转型，怎样更好地适应农产品价值链中的全球化、私有化与垂直协调问题。

（2）农工商一体化经营。

农工商一体化指的是以农产品为中心，把农业生产的各阶段组织成有机整体。产前联合，指的是农业和农业生产资料的生产和供给的联合；产后联合，即农业生产与农产品加工、运输、销售的联合。一体化组织有两种形式：①水平式一体化，即横向联合，是各个相同专业化农业企业之间的联合，共同组织某项活动或另外组织一个新企业，从事某项专业化农业生产，或共同经营产前产后业务；②垂直联合，即纵向联合，是农、工、商几个部门之间的联合。实行农工商一体化有利于密切工农之间、产供销之间的联系，使它们协调发展；可合理组织生产，自行加工、运销，减少周转环节；有利于农业生产的技术改革，提高专业化水平，促使农业更快发展，故具有显著的经济效益。

（3）农业科技合作经营。

农业研发投入少、国际技术转移少造成非洲特别是撒哈拉以南的非洲谷物产量迟滞不前，非洲农业极其需要农业科学技术。近些年来，中国在农业技术方面取得很大成就，在非洲投资具有比较优势。但中国企业目前主要通过援助对非洲国家进行智力转移，耕地投资方式还没有成为主流。

（二）日本海外耕地投资方式

韩国媒体总结日本在国外经营农场的两个特点。一是与当地人联营。日本完全所有的农场几乎没有，大部分以共同出资的方式与当地人联合经营。外国提供土地，日本农民或者企业提供资本和技术。在投资比例上，外国政府以提供土地等方式出资51%，日本以提供农业机械、基础设施的方式出资49%。

二是日本不直接在海外农场种植玉米、大豆等需求量大的作物，而是以与当地农户签订购买合同的方式来确保供应。由于直接经营农场收益低，从20世纪70年代开始，以日本全国农协联合会和综合商社为中心，在当地购买谷物然后直接出口到日本。

值得一提的是日本企业海外耕地投资的投资方式。以三井公司为例，2007年8月，三井物产先购买了一家瑞典公司25%的股份，该公司的子公司"MULTIGRAINS.A."专门在巴西从事以黄豆为主的农产品贸易，这就保证了三井公司在贸易出口上的主动权。此后，三井物产又获得了在巴西经营农田生产的公司"XINGU AG"的股份。"XINGU AG"公司的一家子公司在巴西拥有土地，并专门从事农业生产。三井通过股份转让把"XINGU AG"完全变成了上述瑞典公司的子公司。这样三井物产不仅掌握了粮食的出口渠道，也掌握了生产自主权。

这种与东道国合作的方式一定程度上避免"日本威胁论"的出现。2007年底，日本三井公司在巴西购买了10万公顷农田以种植大豆，仅这一协议涉及的耕地面积就相当于日本本土可耕种农田面积的2%。根据非政府组织GRAIN在2008年公布的一份报告，日本的食品企业于2006~2008年在巴西、非洲和中亚等地租用和购买了大量农田以种植有机作物。日本目前已拥有超过国内农田面积3倍的海外农田，但至今仍然没有出现由国际媒体炒作"日本威胁论"。

中国由于人口数量庞大，人均耕地较少，在20世纪90年代开始就不断有国际媒体和学者渲染"中国威胁论"。但如果从粮食自给率和海外耕地占国内耕地比例的角度来考虑，日本粮食自给率只有39%左右，海外耕地是国内的3倍，人均耕地面积更无法与中国相比；相比之下，中国粮食基本实现自给，海外耕地只占国内耕地极小部分,但总有人叫嚣"中国威胁论"。这一方面跟日本的国际公关有关系,更重要的是,日本通过与当地人合作的投资方式,在一定程度上避免了外界对日本大规模海外耕地投资的关注和猜疑,这一点值得中国企业学习。

四、中日海外耕地投资政策对比

(一)日本海外耕地投资政策概述

农业对外投资直接参与国际经济竞争,企业要承担更多的风险和压力,为帮助投资企业缓解海外农业项目投资前期高昂的市场开发成本,众多国家都对农业涉外项目建立了金融支持、优惠保险、政策补贴体系。日本、韩国、美国等发达国家农业对外投资的顺利实施离不开其完善有效的信息支持体系。日本政府从直接金融支持、财政优惠、投资保险、信息与技术援助等方面支持本国企业。

企业跨国经营,形成了由私人金融机构、贸易公司、政府与政府组织、日本银行国际部、当地政府的部门组成的企业境外投资支持体系。

(1)税收政策。1960年建立海外投资亏损准备金;1962年起推行外国税额抵免制度,采取综合限额抵免法,允许分层间接抵免、超限额延期抵免。

(2)人才培训方面。成立"海外职业训练协会";设立"海外技术者研修资金",向企业对其海外员工进行培训提供资金补助。

(3)海外投资保险制度。1956年,日本政府制定了"海外投资保险制度",海外投资保险期为15~20年,主要承保收益、经营以及财产使用和所有权被剥夺险、战争险、不可抗力险,年保险费率在0.55%~1%,由保险人承担补偿损失的90%,被保险人承担损失的10%。

(4)粮食补贴政策。20世纪60年代之后,日本的农业现代化进入迅猛发展的阶段,粮食生产政策性补贴随之进入高潮,在1961年制定的《农业基本法》中涉及多种有关粮食补贴的政策,按补贴方式进行归类,可分为生产性直接补贴政策与生产性间接补贴政策。其中,生产性直接补贴政策主要有3项内容:①基础设施补贴政策。该政策补贴的对象是水利与生产基本设施建设。②耕地建设补贴。首先,政府采取补贴的方式来鼓励农户进行农田扩并;其次,实行耕地改良补贴政策。1945年日本以政策补贴为动力,以提高土地质量为内容。③机械设备补贴政策。日本农业现代化高速发展离不开农业机械化的支持,而农业机械化快速实现的诱因在于机械设备补贴政策。

(5)海外耕地投资鼓励政策。日本民间企业有意投资海外农业,投资环境调查费用的50%由国库提供。日本政府每年还发行4期《海外农业开发》,向企业提供海外农业投资信息。

（二）中国海外耕地投资政策概述

目前，中国鼓励农业对外投资的主要措施有以下几个方面。

（1）设立"对外经济技术合作专项资金"，对境外投资，境外农、林和渔业合作，对外承包工程，对外劳务合作，建立境外研发中心，对外设计咨询等，给予前期费用、运营费用、中长期贷款利息、突发事件处理费50%的资助。

（2）境外经济贸易合作区建设补贴。对境外经济贸易合作区的入区企业给予30%的前期费用支持；50%的厂房租赁、保险、合同论证费用支持。

（3）对外承包工程保函风险专项资金。对合同额在500万美元以上的对外承包工程项目，开具的投标保函、履约保函、预付款保函提供担保、垫支赔款；对单项合同在1 000万美元以上，贷款金额在150万美元以上的对外承包工程项目流动资金贷款予以1%的利息补贴。

（4）资源类境外投资前期费用扶持。对中方投资500万美元以上或合作项目合同额2 000万美元以上的资源类境外投资项目，前期费用分别补贴4%与0.4%。

（5）组织企业参加贸易投资促进团赴欧洲和美洲开展研讨、洽谈和项目对接活动，为企业开展对外投资搭建平台。

（6）保险制度。2001年，中国成立中国出口信用保险公司（以下简称中国信保），为企业开展对外投资活动提供股权保险和贷款保险两类。承保风险包括征收、汇兑限制、战争以及政府违约四类；合格的投保人限于境内注册的由大陆境内企业机构控股的金融机构、企业，包括在港、澳、台及境外注册的由境内企业、机构控股95%以上的企业及其他经批准的企业、机构和个人。中国信保积极推动对外农林渔牧合作，在农业开发和替代种植方面，承保了多个木材加工与森林采伐项目和替代种植项目，但参保门槛高，保险费率较高，导致企业的参保率低。

（7）双边投资保护协定。双边投资保护协定是资本输出国与资本输入国，或互有输出输入国家之间就其投资或与投资有关的业务活动如何给予保护达成的双边条约，缔约双方在协定规定的范围内承担保护外资的责任和义务。1982年，中国与瑞典签订第一个BIT，截至2009年，中国已与世界上100多个国家和地区建立了双边经贸混委会机制，与127个国家签订了BIT。

第三节　日本海外耕地投资对中国的启示

不可否认，日本在海外耕地投资方面有值得中国学习之处，这一方面得益于日本企业和日本政府长期历史积累，另一方面也得益于日本企业十分注重在国外的包装和表现，这使日本能够迅速、隐秘地扩大和发展海外耕地。总结来说，日本在海外耕地投资方面能够给予中国企业和政府以下启示。

一、海外耕地投资主体的设定

在当前中国政治经济影响力迅速发展的时期，中国的一举一动都备受世界各国关注，特别是中国政府和疑似与中国政府相关的企业，更是受到国外好事者的关注甚至质疑。在海外耕地投资方面，中国国有企业甚至部分地方政府参与耕地投资，这无疑为居心叵测的敌对势力渲染"中国威胁论"创造了条件。日本在这方面做得很好，日本参与海外耕地投资的都是私有企业，虽然有业内人士认为日本企业海外耕地投资企业后面有日本政府的身影，但至少在表面上，日本海外耕地投资主体私有化程度极高。中国政府应当鼓励私营企业走出国门，投资海外耕地项目。

二、日本企业海外投资政治风险的防控

中国海外耕地项目大多数分布在东南亚、非洲等地，特别是在非洲国家，文化差异大、国情复杂，投资企业很容易与当地人发生冲突。第二次世界大战以后，非洲地区是全球政治动荡最频繁的地区，政变、革命、战争以及内战不断。但"风险越大，收益越大"，被称为"边陲市场"的非洲，也成为全球商机潜力最大的地区之一。

日本防控政治风险的做法值得思考。首先，日本企业的海外投资充分利用了政府和行业协会的作用。由于日本的各种资源都很缺乏，在1950年的海外投资初期，日本的海外投资目的地主要是资源丰富的发展中国家和地区，为了达到长期占有丰富资源的目的，日本政府向东道国提供各种形式的贷款，以此来换取东道国向日本企业开放自然资源。北京大学中国战略研究中心刘国栋、祝世齐的研究表明，日本进行海外资源并购多依靠三菱商社、伊藤忠商社、丸红商社、三井物产商社等商业色彩浓厚的多种经济成分的组织。这些商社以资本借贷的融资形式与资源国签订长期供应协定，确保资源供应的稳定性和价格方面的优先权。参股但不参与资源国的资源开发和生产，在享受资源增长红利的同时，避免陷入当地就业和土地纠纷，尽量回避劳资双方矛盾，在一定程度上避免了政治影响。

其次，日本企业充分利用东道国的各种资源，开拓发展空间。1970年之前，日本产品出口主要面向东南亚、拉丁美洲等比日本技术落后、劳动力低廉的发展

中国家。行业主要是汽车组装和纤维、电子产品等劳动密集型产业。之后，日本企业海外投资从经济落后地区转向发达地区，开始在美国、欧洲建立电器、机械等生产工厂。另外，在中国台湾、中国香港、新加坡、韩国等亚洲新兴工业国家和地区建立工厂，其产品反向出口欧美国家或日本国内市场。20 世纪 70 年代，日本彩电企业利用其劳动力价格低的优势，生产出大量物美价廉的产品，通过全球营销网络大量销往世界各地，产品品牌的知名度迅速得到提升。然后在欧洲、美国等地区迅速建立起一批世界规模的彩电生产基地，轻易地就占据了东道国的市场，而没有受到任何的阻碍。

三、充分利用智库和新闻媒介来塑造公司形象

经过 30 多年的高速发展，日本企业在资源领域和制造业行业，取得了巨额的利润，在国际上声望日益扩大，给其他国家的企业带来了强大的竞争压力，引起了其他国家政府、企业和民众的警惕和反击，最典型的就是 1985 年的广场协议。为此，日本公司实施了多种策略，来减少或缓和国际社会对其的抵制。很多企业在东道国设立了办事处，专门处理公共事务，不断改善自己的形象。例如，尼康、索尼、松下和东芝等众多知名企业在华盛顿、伦敦、巴黎等地区建立办事处，其主要任务就是与当地的政府有关机构、智库、各类媒体、有影响力的各界人士进行多方沟通，传递日本企业的价值观和投资意图等信息，影响东道国对日本企业投资的政策。日本企业及其行业协会从 1980 年起就设立了多种基金，提供充足的经费支持，与东道国的相关协会、研究机构、媒体举办有关日本投资的各种论坛、学术活动、研究项目等，宣扬日本投资对东道国经济发展有益的各种观点。

四、海外发展初期应偏重合资和新建企业

由于海外并购企业方式比新建方式在经营管理能力上要求高很多，作为后发展型的日本跨国公司，在海外发展初期不得不采取以新建企业为主的进入方式。对发达国家投资多采用独资形式，对发展中国家多采用合资经营形式以避免与东道国的摩擦和降低投资风险。1970 年底对日本 60 家跨国公司的 562 家海外企业的调查表明，独资仅占 6%，合资则占 94%。而联合国跨国公司研究中心的数据显示，1951 年以前美国 180 家跨国公司海外企业中的独资比例为 58.4%。1980 年以后，随着发达国家投资方式的发展和发展中国家对外政策的拓宽，日本企业对发达国家投资多采用股票交易方式，市场进入以并购为主。

五、完善海外耕地投资保险制度

海外耕地投资保险制度，是指资本输出国政府对本国海外投资者在国外可能遇到的政治风险，提供保证或保险，投资者向本国投资保险机构申请保险后，若承保的政治风险发生，导致投资者遭受损失，则由国内保险机构补偿其损失的制度。它是国际投资保护的重要法制之一。日本在海外耕地投资保险制度方面起步较早，现今已较为完善，而中国仅仅是刚刚起步。中国政府应当引导中国金融机构尽早建立较为完善的海外耕地投资保险制度，降低投资风险。

六、改进海外耕地投资方式

中国企业海外耕地投资一般采取独资方式，鲜少与当地企业合作；即使与当地企业合作，一般是资金和劳动力上的合作，涉及技术入股的项目相对较少。日本企业一般采取与当地企业合作入股或者技术入股的方式投资海外耕地项目，这不但有助于处理与当地人的关系，也有助于减少国际社会的猜疑。

总而言之，中国和日本的海外耕地投资方向与本国基本国情，特别是粮食安全和经济发展方式密切相关，具体来说：①中国海外林地面积少，日本海外林地面积占据很大比重。中国现阶段总体上粗放型经济占据相当比重，发展经济时不注重环境保护；日本则不同，日本国土面积狭小，人口密集，日本政府和国民十分注重保护森林资源，国内严禁砍伐森林而是通过进口木材满足国内需求。因此体现在海外耕地投资方面，表现为中国和日本海外林地所占比例的差距。②中日两国海外耕地投资均十分注重粮食种植，这与中日两国人口众多，粮食供应远期压力较大的基本国情密切相关。

目前，中日两国海外耕地投资主体呈现公私差异。从表面上看，中国海外投资主体大部分与政府或多或少发生关联，日本则表现为以私营企业和外资企业为主。中国政府在引导企业海外耕地投资时应注意鼓励私有企业投资，以免给中国造成不良的国际声誉，影响中国企业未来在海外的发展。中国企业海外耕地投资主要集中在东南亚和非洲，日本企业主要集中在南美洲，近年来有向东南亚和非洲扩展的趋势。中国企业海外耕地投资一般采取独资或者和国内企业合资的方式，日本企业多采取与外资合资的方式进行。这种投资方式的差异导致了国际媒体和东道国在评价两国海外耕地投资的角色定位时产生一定的差异性。中国企业在参与海外耕地投资时应当注意和东道国的合作，可以考虑采取合资的方式减轻东道国的猜忌和质疑。

参 考 文 献

白石，梁书名. 2007. 世界粮食供求形势与中国农业走出去战略[J]. 世界农业，（11）：5-9.
卜爱华. 2011. 中韩农业支持体系比较研究[D]. 山东师范大学硕士学位论文.
蔡建琼，于惠芳，朱志洪，等. 2006. SPSS 统计分析实例精选[M]. 北京：清华大学出版社.
蔡运龙. 2000. 中国经济高速发展中的耕地问题[J]. 资源科学，22（3）：24-28.
陈百明. 2002. 未来中国的农业资源综合生产能力与食物保障[J]. 地理研究，21（3）：294-304.
陈百明，周小萍. 2005. 中国粮食自给率与耕地资源安全底线的探讨[J]. 经济地理，25（2）：145-148.
陈百明，向平南，封志明，等. 1991. 中国土地资源生产能力及人口承载量研究[M]. 北京：中国人民大学出版社.
陈诚. 2008. 日本开始海外屯田[J]. 农产品市场周刊，（23）：46-47.
陈浪南，洪如明，谢绵陛. 2005. 我国企业跨国市场进入方式的选择战略[J]. 国际贸易问题，（7）：85-90.
陈丽芳. 2013. 基于历史视角的海外耕地投资研究[D]. 华中科技大学硕士学位论文.
陈美球，魏晓华，刘桃菊. 2009. 欧美耕地保护的做法与启示[J]. 国际博览，（7）：42-43.
陈美球，魏晓华，刘桃菊. 2010. 国外耕地社会化保护对策与启示[J]. 国外农业，（2）：35-37.
陈前恒，吕之望. 2009. 中国与东盟农业合作状况与展望[J]. 东南亚研究，（4）：46-50.
陈爽英，唐小我. 2009. 基于因子分析的四川省城市循环经济发展的聚类实证研究[J]. 软科学，23（1）：109-112.
陈松，刘海云. 2012. 东道国治理水平对中国对外直接投资区位选择的影响——基于面板数据模型的实证研究[J]. 经济与管理研究，（6）：71-78.
成敏，潘昱，张春仁. 2009. 基于资源观的战略风险研究[J]. 湖北社会科学，（11）：78-80.
程国强. 2013. 全球农业战略：基于全球视野的中国粮食安全框架[M]. 北京：中国发展出版社.
程丽莉，吕成文，胥国麟. 2006. 安徽省土地资源人口承载力的动态研究[J]. 资源开发与市场，22（4）：318-320.
戴园晨. 1994. 投资环境及其评价体系[J]. 中国社会科学，（1）：39-46.
邓富华，胡兵. 2013. 制度约束下东道国腐败对中国对外直接投资的影响——基于跨国面板数据的门槛效应检验[J]. 中国经济问题, (4): 99-108.

邓宏兵. 2000. 投资环境学[M]. 武汉: 中国地质大学出版社.

邓健, 廖和平, 沈燕, 等. 2010. 基于粮食安全的重庆市耕地赤字/盈余核算与分析[J]. 西南师范大学学报(自然科学版), 35 (3): 288-292.

邓聚龙. 1986. 灰色预测与决策[M]. 武汉: 华中理工大学出版社.

杜娟, 郑新奇. 2006. 基于 Lindo 模型的济南市粮食安全与耕地保护研究[J]. 山东师范大学学报(自然科学版), 21 (1): 110-113.

方开泰, 潘恩沛. 1982. 聚类分析[M]. 北京: 地质出版社.

封志明. 2007. 中国未来人口发展的粮食安全与耕地保障[J]. 人口研究, 31 (2): 15-29.

封志明, 李香莲. 2000. 耕地与粮食安全战略: 藏粮于土, 提高中国土地资源的综合生产能力[J]. 地理学与国土研究, 16 (3): 1-5.

冯志强. 2008. 加拿大粮食经济模式研究[J]. 消费导刊, (24): 77, 121.

甘蓉蓉, 陈娜姿. 2010. 人口预测的方法比较——以生态足迹法、灰色模型法及回归分析法为例[J]. 西北人口, 31 (1): 57-60.

高铁生, 安毅. 2009. 世界粮食危机的深层原因、影响及启示[J]. 中国流通经济, (8): 9-12.

耿玉环, 张建军, 田明中. 2007. 论我国耕地保护与粮食安全[J]. 资源开发与市场, 23 (10): 906-909.

顾尧臣. 2004. 巴西有关粮食生产、贸易、加工、综合利用和消费情况[J]. 粮食与饲料工业, (4): 44-47.

桂婷婷. 2013. 当前国际海外耕地投资模式选择研究[D]. 华中科技大学硕士学位论文.

郭朝先. 2005. 中国企业"走出去"利用海外资源问题研究[J]. 经济研究参考, (64): 7-16.

郭继光. 2011. 中国企业在柬埔寨的投资及其影响[J]. 东南亚研究, (4): 37-44.

郭影. 2011. 黑龙江省县级市投资潜力研究[D]. 哈尔滨师范大学硕士学位论文.

国家粮食局赴南非、埃及考察团. 2005. 南非、埃及粮食流通考察报告[J]. 中国粮食经济, (12): 28-33.

韩剑萍, 窦学诚. 2012. 基于粮食供给能力与购买能力的世界主要国家粮食安全分类评价[J]. 世界农业, (2): 47-49, 54.

韩璟. 2014. 中国海外耕地投资: 地域与模式选择[D]. 华中科技大学博士学位论文.

韩俊. 2012. 14 亿人的粮食安全战略[M]. 北京: 学习出版社, 海口: 海南出版社.

韩俊. 2013. 中国人的饭碗必须牢端在自己手中[J]. 求是, (8): 21-22.

韩琪. 2010. 对中国农业对外投资规模状况的分析与思考[J]. 国际经济合作, (10): 13-17.

何昌垂. 2013. 粮食安全: 世纪应对与挑战[M]. 北京: 社会科学文献出版社.

何昌垂, 玄理. 2014. 重塑国家之责: 人的安全保护、冲突与治理[J]. 国际安全研究, (1): 35-61.

何顺果. 1992. 美国边疆史——西部开发模式研究[M]. 北京: 北京大学出版社.

何勇, 鲍一丹. 1992. 灰色马尔柯夫预测模型及其应用[J]. 系统工程理论与实践, 12（4）: 59-63.

贺慈浩. 2002. 我国中小企业国际化路径选择[J]. 商业经济与管理, 128（6）: 25-26.

胡明远, 孙英辉. 2009. 美国生物能源战略与粮食危机[J]. 北方经济, （1）: 3-4.

黄成毅. 2007. 四川省耕地供需动态变化研究[D]. 四川农业大学硕士学位论文.

黄寰. 2006. 以农业为依托促发展——泰国农业概况[J]. 南方国土资源, （7）: 27-29.

黄季焜, Rozelle S, Rosegrant M. 1996. 二十一世纪的中国粮食问题[J]. 科学决策, （2）: 27-29.

黄善林, 卢新海. 2010. 当前国际上海外耕地投资状况及其评析[J]. 中国土地科学, 24（7）: 71-76.

贾大林. 1999. 21世纪中国粮食安全和对水的需求与对策[J]. 中国农村水利水电（农田水利与小水电）, （3）: 1-5.

贾鹏. 2008. 中国企业对外直接投资进入模式影响因素研究[D]. 中南大学硕士学位论文.

贾善和. 2008. 全球粮食危机的深层原因、影响及启示[J]. 经济研究参考, 2163（35）: 11-12.

江东坡, 郑少锋. 2001. 论中国粮食安全问题[J]. 陕西农业科学（农村经济版）, （4）: 23-25.

蒋玉山. 2014. 柬埔寨: 2013年发展回顾与2014年展望[J]. 东南亚纵横, （2）: 34-40.

克瑞德. 2008. 中柬农业合作现状及展望[J]. 世界农业, （5）: 49-52.

寇宗来. 2010. 土地海外出让：中国粮食安全的可行的策略？机遇与莫桑比克中国农业投资的风险[D]. 复旦大学硕士学位论文.

李光. 2007. 中部地区投资环境比较研究[D]. 南昌大学硕士学位论文.

李汉东. 2007. 企业战略风险的模糊评价模型[J]. 北京师范大学学报（自然科学版）, 43（5）: 587-590.

李瑾, 泰富. 2007. 泰国食物消费升级对应的粮食安全水平测度与分析[J]. 中国食物与营养, （8）: 37-40.

李娟. 2010. 非洲投资环境的因子分析以及对我国企业对非洲直接投资决策的启示——基于"C-D缺口"模型的研究[D]. 山东大学硕士学位论文.

李瑞锋, 肖海峰. 2007. 我国贫困农村地区居民的家庭食物安全影响因素分析[J]. 农业技术经济, （3）: 44-49.

李睿璞. 2011. 海外耕地投资的利益分配研究[D]. 华中科技大学博士学位论文.

李睿璞, 卢新海. 2010. 中国发展海外耕地投资的机遇与风险[J]. 华中科技大学学报（社会科学版）, 24（6）: 74-78.

李淑芹, 石金贵. 2008. 全球粮食危机与非洲农业发展[J]. 世界农业, （10）: 1-2.

李宪文, 林培. 2001. 国内外耕地利用与保护的理论基础及其进展[J]. 地理科学进展, 20（4）: 305-312.

李晓钟, 张小蒂. 2004. 粮食进口贸易中"大国效应"的实证分析[J]. 中国农村经济, （10）:

26-32.

李秀峰,徐晓刚,刘利亚. 2008. 南美洲和非洲的农业资源及其开发[J]. 中国农业科技导报, 10（2）：56-66.

李植斌,吴绍华. 2005. 浙江省耕地资源的安全保障与评价[J]. 国土资源科技管理, 22（1）：8-11.

联合国开发计划署. 2014. 2013年人类发展报告[R].

梁斌. 2011. 略论我国矿业海外投资项目的风险评价[J]. 中国国土资源经济,（2）：45-47.

廖跃华,吴毅军. 2004. 跨国公司风险管理新视野——战略风险管理模型[J]. 上海理工大学学报（社会科学版）,（6）：10-13.

林海明,张文霖. 2005. 主成分分析与因子分析的异同和SPSS软件——兼与刘玉玫、卢纹岱等同志商榷[J]. 统计研究,（3）：65-68.

林洪,温拓. 2008. 广东省主要城市投资潜力分析[J]. 统计与信息论坛, 23（4）：52-56.

刘芳芳. 2012. 我国石油企业海外投资模式的比较及选择[D]. 东北石油大学硕士学位论文.

刘桂英,于增彪,龚道道. 2006. 战略：从内部控制到风险管理的关键[J]. 财务与会计,（11）：14-16.

刘景辉. 2002. 中国粮食安全技术对策研究[D]. 中国农业大学博士学位论文.

刘蓉. 2008. 区域投资环境评价研究[D]. 山西财经大学硕士学位论文.

刘升福. 2003. 企业战略风险管理理论综述[J]. 现代管理科学,（12）：31-32.

刘伟,周峰,濮励杰,等. 1999. 江苏省城市投资环境分等与评价[J]. 经济地理, 19（1）：47-51.

刘文平. 2011. 武汉市房地产投资开发潜力实证分析[D]. 华中师范大学硕士学位论文.

刘晓梅. 2004. 关于我国粮食安全评价指标体系的探讨[J]. 财贸经济,（9）：56-61.

刘耀林,刘艳芳,张玉梅. 2004. 基于灰色-马尔柯夫链预测模型的耕地需求量预测研究[J]. 武汉大学学报（信息科学版）, 29（7）：575-579, 596.

刘玉雪,王章虎. 2008. 层次分析法（AHP）在风险分析与评价中的应用[J]. 研究与探索, 22（1）：22-24.

龙晓柏,洪俊杰. 2013. 韩国海外农业投资的动因、政策及启示[J]. 国际贸易问题,（5）：78-86.

娄源功. 2003. 基于国家粮食安全的专项储备粮规模研究[J]. 农业技术经济,（4）：6-12.

卢新海,李书宁. 2012. 海外耕地投资模式探析[J]. 西北农林科技大学学报（社会科学版）, 12（6）：81-85.

卢新海,陈丽芳. 2013. 基于层次分析法的海外耕地投资风险评价[J]. 资源开发与市场, 29（3）：257-261.

卢新海,黄善林. 2013. 基于粮食安全的海外耕地投资及其对中国的启示[J]. 战略与风险管理,（7）：83-93.

卢新海, 韩璟. 2014. 当前非洲海外耕地投资东道国耕地投资潜力评价[J]. 中国土地科学, 28（1）：82-90.

鲁奇. 1999. 中国耕地资源开发、保护与粮食安全保障问题[J]. 资源科学, 21（6）：5-8.

陆伟国. 1996. 我国粮食消费量中长期预测模型——兼论趋势与对策[J]. 粮食问题研究, （1）：32-34.

吕玲丽, 王娟. 2006. 中国与东盟国家农业合作的模式选择[J]. 改革与战略, （11）：71-73.

吕兴霞, 裴家常. 2001. 重庆市人口对耕地和粮食资源的压力研究[J]. 重庆师范学院学报（自然科学版）, 18（2）：66-70.

马斌. 2015. "丝绸之路经济带"政治风险的识别与应对：以中亚为例[J]. 国际论坛, （6）：20-24.

马晶. 2009. 韩国资助失业者下乡务农[J]. 农村工作通讯, （8）：42-43.

马坤. 2009. 中国对外直接投资潜力研究[D]. 辽宁大学博士学位论文.

聂庆华, 包浩生. 1999. 国外农田资源保护经验与启示[J]. 经济地理, （4）：93-97.

宁高宁. 2013. 以全球视野审视中国的粮食安全[J]. 求是, （8）：22-23.

牛国良. 2007. 中国资源型企业海外投资所面临的风险与防范[J]. 北京市经济管理干部学院学报, 22（3）：16-19.

牛何兰. 2006. 越南革新开放以来农业发展研究[D]. 云南师范大学硕士学位论文.

戚维明. 2006. 英国·俄罗斯粮食流通体制考察[J]. 粮食问题研究, （6）：10-15.

漆雁斌. 2007. 农业竞争力研究[M]. 北京：中国农业出版社.

强百发, 黄天柱. 2008. 韩国农业支持政策及其启示[J]. 吉林工商学院学报, 24（5）：11-13.

邱立成, 于李娜. 2005. 中国对外直接投资：理论分析与实证检验[J]. 南开学报（哲学社会科学版）, （2）：72-77.

曲福田, 冯淑怡. 1998. 中国农地保护及其制度研究[J]. 南京农业大学学报, 21（3）：110-115.

申希兵. 2007. 新时期江津市粮食安全问题研究[D]. 西南大学硕士学位论文.

沈思韩. 2014. 柬埔寨的经济用地特许经营权问题研究[D]. 华中科技大学硕士学位论文.

石军红. 2009. "海外屯田"与我国粮食安全问题述论[J]. 湖北社会科学, （7）：81-83.

史培军, 杨明川, 陈世敏. 1999. 中国粮食自给率水平与安全性研究[J]. 北京师范大学学报（社会科学版）, （6）：74-80.

税尚楠. 2012. 全球化视角下我国粮食安全的新思维及战略[J]. 农业经济问题, （6）：21-25.

司智陟, 聂凤英. 2009. 浅析世界粮食生产贸易的特点[J]. 中国食物与营养, （4）：34-35.

宋海燕, 叶优良, 曲日涛. 2005. 山东省粮食生产与化肥施用状况研究[J]. 中国农学通报, （9）：380-384.

孙锦梅, 夏敏仁. 2003. 国际市场进入模式影响因素分析[J]. 商业研究, 262（2）：12-15.

谭术魁, 彭补拙. 2002. 我国粮食供给安全与耕地资源变化[J]. 世界地理研究, 11（4）：12-17.

檀学文. 2007. 中国对阿根廷农业投资问题研究[J]. 世界农业, （12）：18-21.

唐盛尧. 2008. 中国与东盟农业合作的战略选择[J]. 世界农业，（12）：3-6.
王大力. 2008. 从"南南合作"看尼日利亚粮食安全问题[J]. 山西水利，24（4）：80-81.
王蕾，卢新海. 2013. 当前国际上海外耕地投资区位选择现状及评析[J]. 中国外资，（1）：1-3.
王丽华. 2009. 中国企业对外直接投资模式选择的研究[D]. 江南大学硕士学位论文.
王士海，李先德. 2010. 全球粮食危机与后危机时代的国际粮食市场[J]. 郑州大学学报（哲学社会科学版），43（4）：146-150.
王燕婕. 2010. 中国的海外农作物种植：规模与争论[J]. 国际政治研究，（2）：10-38.
王雨濛，吴娟. 2010. 基于粮食安全的资源高效配置问题探讨[J]. 农业经济问题，31（4）：58-63.
王子昌. 2008. 越南农业政策变革与粮食生产[J]. 东南亚研究，（6）：17-22，56.
韦红. 2005. 马来西亚农业发展的困境及政府对策[J]. 社会主义研究，（5）：78-80.
魏凤. 2009. 俄罗斯粮食安全现状及其政策评价[J]. 农村经济，（8）：115-119.
闻海燕. 2003. 论市场化进程中浙江区域粮食安全体系的构建[J]. 浙江学刊，（5）：192-196.
吴志华. 2001. 中国粮食安全与成本优化研究[M]. 北京：中国农业出版社.
吴志华. 2002. 中国粮食安全研究——以合理成本保障粮食安全[D]. 河海大学博士学位论文.
肖政，盖斯特勒格 V. 2001. 影响外商直接投资的因素：兼论中国沿海与西部地区差别[J]. 世界经济，（3）：9-15.
谢宏，刘冶. 2004. 浅析世界粮食需给与粮食安全保障的课题和论点[J]. 粮食流通技术，（1）：5-9.
邢晓娜，高松峰. 2011. 国内外耕地保护研究进展[J]. 现代农业科技，（2）：386-388.
熊琼，唐海燕，胡峰. 2008. 基于投资模式选择的跨国并购研究综述[J]. 河南师范大学学报（哲学社会科学版），35（5）：41-45.
徐苗苗. 2010. 中国对非洲跨国农业投资的细分行业及区位选择[D]. 浙江工商大学硕士学位论文.
许世卫，信乃诠. 2010. 当代世界农业[M]. 北京：中国农业出版社.
许征飞，2007. 我国封闭式基金投资潜力评价[D]. 新疆财经大学硕士学位论文.
薛焱霆. 2009. 关于我国农业"走出去"的思考[D]. 国际贸易经济合作研究院硕士学位论文.
严运楼. 2008. 海外屯田应对粮食危机[J]. 科学生活，（10）：8-11.
阎大颖. 2008. 中国企业国际直接投资模式选择的影响因素——对跨国并购与合资新建的实证分析[J]. 山西财经大学学报，30（10）：24-33.
易炼红. 2005. 农业竞争力论[M]. 长沙：湖南人民出版社.
殷华方，鲁明泓. 2004. 中国吸引外商直接投资政策有效性研究[J]. 管理世界，（1）：39-45.
殷切，蓝雯斐. 2009. 从国际经济合作的角度探索解决我国粮食安全问题的新途径[J]. 农村经济与科技，20（1）：3-4.
尹康，杨涛. 2005. "中部崛起"的投资环境及政策建议[J]. 经济与管理，19（11）：12-15.

于静，张在旭. 2005. 模糊综合评价在投资环境分析中的应用[J]. 经济管理，（16）：39-43.
俞毅. 2009. 论我国对非洲跨国农业投资的战略构建[J]. 农业经济问题，（11）：33-39.
喻燕. 2011. 中国企业海外耕地投资战略风险研究[D]. 华中科技大学博士学位论文.
袁丽. 2008. 2008年农业机械化新技术推广培训班在中国农机院隆重开幕[J]. 农业机械，（15）：7.
袁平. 2013. 国际粮食市场演变趋势及其对中国粮食进出口政策选择的启示[J]. 南京农业大学学报（社会科学版），（1）：46-55.
袁远国，白壁，胡明文. 2008. 尼日利亚粮食安全问题浅析[J]. 贵州农业科学，36（1）：178-180.
张广翠. 2005. 中国粮食安全的现状与前瞻[J]. 人口学刊，（3）：37-41.
张会. 2009. 农业"走出去"战略背景下的中俄农业合作研究[J]. 商业经济，（9）：1-2，92.
张惠博. 2002. 中国海外直接投资战略研究[D]. 东北财经大学硕士学位论文.
张慧，黄建忠. 2014. 我国对外直接投资区位分布的影响因素分析——基于新经济地理理论的探讨[J]. 国际商务——对外经济贸易大学学报，（5）：53-65.
张磊，严会超，章家恩，等. 2005. 国外粮食安全保障机制及对中国的启示[J]. 中国农学通报，21（11）：417-421.
张磊，王秋龙，娄昭. 2011. 东盟国家农业发展水平的差异性分析[J]. 世界地理研究，（3）：50-55.
张秋奕，郑洁. 2011. FDI与国家政治风险分析[J]. 合作经济与科技，（2）：60-61.
张小庆. 2007. 跨国公司对外投资模式选择的决策过程[J]. 亚太经济，（3）：21-24.
张一弛，欧怡. 2001. 企业国际化的市场进入模式研究述评[J]. 经济科学，（4）：11-19.
张云华. 2009. 我国参与海外农业开发的机遇与对策[J]. 发展研究，（9）：50-52.
赵玉珍，蔡华. 2003. 我国各区域的投资环境因子分析及政策建议[J]. 西安石油学院学报（社会科学版），12（3）：21-26.
郑珍远. 2010. 基于因子分析的福建省优势服务业综合评价[J]. 经济问题，（11）：122-125.
中国国际贸易促进委员会经济信息部. 2009. 2009年中国企业对外投资现状及意向调查报告[R].
中国信保《国家风险分析报告》. 2013. 柬埔寨投资与经贸风险分析报告[J]. 国际融资，（3）：62-65.
钟甫宁，朱晶，曹宝明. 2004. 粮食市场的改革与全球化：中国粮食安全的另一种选择[M]. 北京：中国农业出版社.
周德群，张慧明. 2008. 跨国市场进入模式选择的影响因素[J]. 中南大学学报（社会科学版），14（2）：157-162.
周明建，叶文琴. 2005. 发达国家确保粮食安全的对策及对我国的借鉴意义[J]. 农业经济问题，（6）：74-78.
周雪春. 2007. 中国东盟农业合作进展与影响分析[J]. 农业经济，（1）：27-29.

周沂林. 1986. 投资环境及其评价[J]. 世界经济, (5): 41-44.

朱菲娜, 胡亮, 王月金. 2008. 外资欲掌控中国餐桌是福是祸? [J]. 当代社科视野, (10): 58.

朱行. 2006. 加拿大粮食业概述[J]. 粮食经济研究, (5): 54-61.

朱孔来. 1993. 灰色马尔柯夫链预测模型及其应用[J]. 系统工程理论与实践, 13 (2): 33-37.

宗芳宇, 路江涌, 武常岐. 2012. 双边投资协定、制度环境和企业对外直接投资区位选择[J]. 经济研究, (5): 71-82.

邹健, 龙花楼. 2009. 改革开放以来中国耕地利用与粮食生产安全格局变动研究[J]. 自然资源学报, 24 (8): 1366-1377.

Adilya B, Aynur A. 2000. Agricultural policy reforms and food security in Kazakhstan and Turkmenistan[J]. Food Policy, 25 (6): 733-747.

Aguiar S, Aguiar-Conraria L, Gulamhussen M A, et al. 2012. Foregin direct investment and home-country political risk, the case of Brazil[J]. Latin American Research Review, 47 (2): 144-165.

Al-Yaman F. 2004. MORTPAK for Windows Version 4.0 by Population Division, Department of Economic and Social Affairs, United Nations[J]. Journal of Population Research, 21 (2): 237-239.

Alberto V. 1981. Food Security for Developing Countries[M]. Boulder: Westview Press.

Anderson E, Gatignon H. 1986. Modes of entry: a transaction cost analysis and propositions[J]. Journal of International Business Studies, 17 (3): 1-26.

Anoop M. 1997. Cost, value and foreign market entry mode: the transaction and the firm[J]. Strategic Management Journal, 18 (1): 39-61.

Antkiewicz A, Whalley J. 2006. Recent Chinese Buyout Activity and the Implications for Global Architecture[R]. NBER Working Paper.

Arezki R, Dupuy A, Gelb A. 2012. Resource Windfalls, Optimal Public Investment and Redistribution: The Role of Total Factor Productivity and Administrative Capacity[C]. IMF Working Paper, WP/12/200.

Bamiere L, Bureau J C, Guindé L, et al. 2007. Prospects for EU Biofuel Production and Trade[R]. Working Paper.

Bertsimas D, Freund R M. 2002. Data Models and Decisions: The Fundamentals of Management Science[M]. Beijing: Beijing Citic Publishing House.

Borras S M, McMichael P, Scoones I. 2010. The polities of biofuels, land and agrarian change: editors' introduction[J]. Journal of Peasant Studies, 37 (4): 575-592.

Bringezu S, O'Brien M, Schütz H. 2012. Beyond biofuels: assessing global land use for domestic consumption of biomass: a conceptual and empirical contribution to sustainable management of global resources[J]. Land Use Policy, (29): 224-232.

Brouthers K D, Brouthers L E. 2000. Acquisition or greenfield start-up? Institutional, cultural and transaction cost influences[J]. Strategic Management Journal, 21 (1): 89-97.

Brown L R. 1995. Who Will Feed China? Wake-up Call for a Small Planet[M]. New York: Norton Press.

Brown L R, Halweil B. 1998. China's water shortage could shake world grain markets[J]. World Watch, 7: 10-21.

Buringh P, van Heemst H D J, Staring G J. 1975. Computation of the absolute maximum food production of the world[J]. Journal of General Virology, 89 (7): 1587-1592.

Camilla T. 2008. Securing land and property rights in Sub-Saharan Africa: the role of local institutions[J]. Land Use Policy, 26 (1): 10-19.

Cheung Y W, Haan J D, Qian X, et al. 2011. China's outward direct investment in Africa[J]. Review of International Economics, 20 (2): 201-220.

Cotula L, Vermeulen S. 2009. Deal or no deal the outlook for agricultural land investment in Africa[J]. International Affairs, 85: 1233-1247.

Daniel S. 2010. Investment in Agriculture: The Role of the International Finance Corporation in Global Land Grabs[R]. The Oakland Institute, 1-54.

de Schutter O. 2011. How not to think of land-grabbing: three critiques of large-scale investments in farmland[J]. Journal of Peasant Studies, 3 (1): 99-113.

Deininger K. 2011. Challenges posed by the new wave of farmland investment[J]. Journal of Peasant Studies, 38 (2): 217-247.

Duke M, Hyde R. 2002. Identifying public preference for land preservation using the analytic hierarchy process[J]. Ecological Economics, (42): 131-145.

Dupasquier C, Osakwe P N. 2006. Foreign direct investment in Africa: performance, challenges and responsibilities[J]. Journal of Asian Economies, (4): 241-260.

Eidt R C. 1968. Japanese agricultural colonization: a new attempt at land opening in Argentina[J]. Economic Geography, 44 (1): 1-20.

Elizabeth A. 2006. Foreign direct investment in Africa: the role of natural resources, market size, government policy, institutions and political instability[J]. World Economy, 29 (1): 63-77.

Enrico P, Leo S. 2004. The choice and timing of foreign direct investment under uncertainty[J]. Economic Modelling, 21 (6): 1101-1115.

FAO. 2002. The States of Food Insecurity in the World 2002[R]. Rome: Food and Agriculture Organization of the United Nations.

FAO. 2008. Status of the Stocks of the Western Central Atlantic-FAO Statistical Area 31[R].

FAO. 2009. Global Review of Forest Pests and Diseases[R].

FAO. 2013. FAO Statistical Yearbook 2012[R]. Rome: Food and Agriculture Organization of the United Nations.

FAO. 2014. FAO Statistical Yearbook 2013[R]. Rome: Food and Agriculture Organization of the United Nations.

Fargionel J, Hill J, Tilman D, et al. 2008. Land clearing and the biofuel carbon debt[J]. Science, 319 (5867): 1235-1238.

Folom'ev A, Revazov V. 2000. The Investment Climate of Russian Regions and Ways to Improve It[M]. Moscow: Problems of Economic Transition.

Frame D, Aina T, Christensen C, et al. 2007. First Results of the Climateprediction. net BBC Climate Change Experiment[C]. AGU Fall Meeting.

Genetic Resources Action International (GRAIN). 2011-12-14. New data sets on land grabbing [EB/OL]. http://www.grain.org/bulletin_board/entries/4429-new-data-sets-on-land-grabbing.html.

Gomes-Casseres B. 1990. Firm ownership preferences and host government restrictions: an integrated approach[J]. Journal of International Business Studies, 21 (1): 1-22.

Green G M, Sussman R W. 1990. Deforestation history of the eastern rain forests of Madagascar from satellite images[J]. Science, 24 (8): 212-215.

Greene R P, Stager J. 2001. Rangeland to cropland conversions as replacement land for prime farmland lost to urban development[J]. The Social Science Journal, (38): 543-555.

Hall D, Peluso N L, Lund C. 2011. Land grabs, land control, and Southeast Asian crop booms[J]. Journal of Peasant Studies, 38 (4): 837-857.

Head K, Ries J. 1996. Inter-city competition for foreign investment: static and dynamic effects of China's incentive areas[J]. Journal of Urban Economics, (40): 38-60.

Henley J, Kratzsch S, Külür M, et al. 2008. Foreign direct investment from China, India and South Africa in Sub-Saharan Africa: a new or old phenomenon?[J]. UNU World Institute for Development Economies Research, 24 (3): 207-235.

Hill C W L, Hwang P, Kim W C. 1990. An eclectic theory of the choice of international entry mode[J]. Strategic Management Journal, 11 (2): 117-128.

Huang Y, Tang Y. 2010. An estimate of greenhouse gas (N_2O and CO_2) mitigation potential under various scenarios of nitrogen use efficiency in Chinese croplands[J]. Global Change Biology, 16 (11): 2958-2970.

Huang Y, Ni X, Zhang X. 2010. Chinese enterprises in Laos and Cambodia[J]. Contemporary International Relations, (4): 87-104.

International Food Policy Research Institute. 2009-10-25. Global hunger index: the challenge of hunger: focus on financial crisis and gender inequality[EB/OL]. http://www.ifpri.org/sites/default/files/publications/ghi09.pdf.

Irwin E G, Bockstael N E. 2001. The problem of identifying land use spillovers: measuring the effects of open space on residential property values[J]. American Journal of Agricultural

Economics, 83 (3): 698-704.

James D B, Norris P E, Hoehn J P. 2003. Setting the standard for farmland preservation: do preservation criteria motivate citizen support for farmland preservation[J]. Agricultural and Resource Economics Review, 32 (3): 272-281.

Jeffrey K, Dennis W. 1996. Public preferences regarding the goals of farmland preservation programs[J]. Land Economics, 72 (4): 538-549.

Johanson J, Wiedersheim-Paul F. 1975. The internationalization of the firm-four Swedish cases[J]. Journal of Management Studies, 12 (3): 305-323.

Kendall A, Olson C M, Frongillo E A. 1996. Relationship of hunger and food insecurity to food availability and consumption[J]. Journal of the American Dietetic Association, 96 (10): 1019-1024.

Kogut B, Singh H. 1988. The effect of national culture on the choice of entry mode[J]. Journal of International Business Studies, 19 (3): 411-432.

Krieger D J. 1999. Saving Open Spaces: Public Support for Farmland Protection[R]. American Farmland Trust Center for Agriculture in the Environment.

Laquinta D L, Drescher A W. 2002. Food security in cities—a new challenge to development[J]. Advances in Architecture Series, (54): 983-994.

Large M, Ravenscroft N. 2009. A global land-grab[J]. The Ecologist, 39 (2): 87-88.

Li T M. 2011. Centering labor in the land grab debate[J]. Journal of Peasant Studies, 38 (2): 281-298.

Liu X, Chen B. 2007. Efficiency and sustainability analysis of grain production in Jiangsu and Shaanxi provinces of China[J]. Journal of Cleaner Production, 15 (4): 313-322.

Lorenzo C, Sonja V. 2009. Deal or no deal: the outlook for agricultural land investment in Africa[J]. International Affairs, 85 (6): 1233-1247.

Love D, Twomlow S, Mupangwa W, et al. 2006. Implementing the millennium development food security goals-challenges of the Southern African context[J]. Physics and Chemistry of the Ealth, 31 (15~16): 731-737.

Makhura M T. 1998. The development of food security policy for south Africa (SAFSP): a consultative process[J]. Food Policy, 23 (6): 571-585.

Margulis M E, Porter T. 2013. Governing the global land grab: multipolarity, ideas, and complexity in transnational governance[J]. Globalizations, 10 (1): 65-86.

Maxwell S, Smith M. 1992. Household Food Security: Concepts, Indicators, Measurements, a Technical Review[M]. Rome, New York: UNICEF/IFAD.

Maxwell D, Ahiadeke C, Levin C, et al. 2004. Alternative food-security indicators: revisiting the frequency and severity of coping strategies[J]. Food Policy, 24 (4): 411-429.

McMichael P. 2012. The land grab and corporate food regime restructuring[J]. Journal of Peasant Studies, 39（3~4）: 681-701.

Melissa A. 2002. Focus on Thailand, government takes lead in setting rice exporter: Cartel amid stiff competition, low prices[J]. World Grain, （12）: 20-24.

Millissa A. 2004. Focus on South Africa: land reform, redistribution plans worry commercial agri-sector[J]. World Grain, （2）: 22-27.

Ninno C D, Dorosh P A, Smith L C. 2003. Public policy, markets and household coping strategies in Bangladesh: avoiding a food security crisis following the 1998 floods[J]. World Development, 31（7）: 1221-1238.

OECD-FAO. 2009. Agricultural outlook: 2009-2018[EB/OL]. http://www.oecd-ilibrary.org/agriculture-and-food/oecd-fao-agricultural-outlook-2009_agr_outlook-2009-cn.

Pantulu J K. 2002. The Effects of Foreign Direct Investment on International Trade: Empirical Evidence from Germany, Japan, and the United States[M]. New York: State University of New York at Buffalo.

Quer D, Claver E, Rienda L. 2012. Political risk, cultural distance, and outward foreign direct investment: empirical evidence from large Chinese firms[J]. Asia Pacific Journal of Management, 29（4）: 1089-1104.

Rieple A, Singh R. 2010. A value chain analysis of the organic cotton industry: the case of UK retailers and Indian suppliers[J]. Ecological Economics, （69）: 2292-2302.

Robertson B, Pinstrup-Andersen P. 2010. Global land acquisition: neo-colonialism or development opportunity? [J]. Food Security, 2: 271-283.

Saing C H, Hem S, Ouch C, et al. 2012. Foreign Investment in Agriculture in Cambodia[R]. Phnom Penh.

Borras Jr S M, Hall R, Scoones I, et al. 2011. Towards a better understanding of global land grabbing an editorial introduction[J]. The Journal of Peasant Studies, 38（2）: 209-216.

Scheidel A, Sorman A H. 2012. Energy transitions and the global land rush: ultimate drivers and persistent consequences[J]. Global Environmental Change, （22）: 588-595.

Schneider A E. 2011. What Shall We Do Without Our Land? Land Grabs and Resistance in Rural Cambodia[C]. International Conference on Global Land Grabbing.

Schwab K. 2012. The Global Competitiveness Report 2012-2013[R]. World Economic Forum.

Shepherd B. 2012. GCS States' Land Investments Abroad: The Case of Cambodia[M]. New York: Social Science Electronic Publishing.

Shepherd B. 2012. GCC States' Land Investments Abroad: The Case of Cambodia[R]. Summary Report No.5, Center for International and Regional Studies, Georgetown University School of Foreign Service in Qatar.

Shoshany M, Goldshleger N. 2002. Land-use and population density changes in Israel—1950 to 1990: analysis of regional and local trends[J]. Land Use Policy, (19): 123-133.

Smith L, Obeid A, Jensen H. 2000. The geography and causes of food insecurity in developing countries[J]. Agricultural Economics, (22): 199-215.

Sutherland A J, Irungu J W, Kang'ara J, et al. 1999. Household food security in semi arid Africa—the contribution of participatory adaptive research and development to rural livelihoods in Eastern Kenya[J]. Food Policy, 24 (4): 363-390.

Tania L M. 2011. Centering labor in the land grab debate[J]. Journal of Peasant Studies, 38 (2): 281-298.

Theo E, Jong K W. 2005. Trade, foreign direct investment or acquisitio: optimal entry modes for multinationals[J]. Journal of Development Economics, 77 (1): 207-228.

Topmanda. 2009-03-23. Varun-Madagascar contract[EB/OL]. http://farmlandgrab.org/2849.

Toulmin C. 2009. Securing land and property rights in Sub-Saharan Africa: the role of local institutions[J]. Land Use Policy, 26 (1): 10-19.

United Nations Population Fund. 2007. Growing Up Urban. UNFPA State of World Population 2007. Youth Supplement[R].

Vermeulen S, Cotula L. 2010. Over the heads of local people: consultation, consent and recompense in large-scale land deals for biofuels projects in Africa[J]. Journal of Peasant Studies, 37 (4): 899-916.

Victor K. 2005. Industrial biotechnology applications for food security in Africa: opportunities and challenges[J]. International Journal of Biotechnology, 7 (1): 95-112.

Visser O, Spoor M. 2011. Land grabbing in Post-Soviet Eurasia: the world's largest agricultural land reserves at stake[J]. Journal of Peasant Studies, 38 (2): 299-323.

von Braun J. 2008. Food and Financial Crises: Implications for Agriculture and The Poor[R].

von Braun J, Meinzen-Dick R. 2009. "Land grabbing" by foreign investors in developing countries: risks and opportunities[J]. IFPRI Policy Brief, 13 (3): 1-9.

Wang Z, Swain N. 1997. Determinants of inflow of foreign direct investment in Hungary and China: time-series approach[J]. Journal of International Development, 9 (5): 695-726.

World Bank. 2009. Lao People's Democratic Republic investment and access to land and natural resources: challenges in developing countries: risks and opportunities[J]. IFPRI Policy Brief, 13 (3): 1-9.

World Bank. 2011. Lao People's Democratic Republic Investment and Access to Land and Natural Resources: Challenges in Promoting Sustainable Development [R]. Washington.

World Population Projections. 1991. World Population Prospects 1990[R]. United Nations: World Population Projections.

Xiong W, Declan C, Erda L, et al. 2009. Future cereal production in China: the interaction of climate change, water availability and socio-economic scenarios[J]. Global Environmental Change, 19: 34-44.

Zoomers A. 2010. Globalisation and the foreignisation of space: seven processes driving the current global land grab[J]. Journal of Peasant Studies, 37 (2): 429-447.

Zoomers A. 2011. Introduction: rushing for land: equitable and sustainable development in Africa, Asia and Latin America[J]. Development, 54 (1): 12-20.